eXtreme Programming

Dipl.-Inform. Henning Wolf ist Geschäftsführer der it-agile GmbH in Hamburg, bei der er auch als Senior IT-Berater tätig ist. Er leitet und begleitet seit 1999 XP-Projekte. Neben agilen Methoden und Vertragsmodellen gehören agiles Projektmanagement und Controlling, Aufwandsschätzungen, Software-Architekturen und Qualitätsmetriken zu seinen Arbeitsschwerpunkten. Im Rahmen seiner Beratertätigkeit veröffentlicht er Artikel und hält Vorträge und Schulungen zu diesen und weiteren Themen.

Dipl.-Inform. Stefan Roock ist Senior IT-Berater bei der it-agile GmbH in Hamburg. Seine Arbeitsschwerpunkte liegen in den Bereichen agile Methoden, Projektorganisation sowie Software-Architekturen. Er führt seit 1999 eXtreme-Programming-Projekte durch und berät Entwicklungsorganisationen bei der Einführung und Anwendung agiler Entwicklungsmethoden. Er hält regelmäßig Vorträge und führt Tutorials zu seinen Schwerpunktthemen durch. Er ist Autor zahlreicher Artikel sowie eines Buches über Refactorings in großen Softwareprojekten.

Dipl.-Inform. Martin Lippert ist Senior IT-Berater bei der it-agile GmbH in Hamburg. Er studierte Informatik mit den Schwerpunkten Softwaretechnik und Betriebswirtschaft an der Universität Hamburg. Seit 1999 führt er eXtreme-Programming-Projekte durch und hilft Entwicklungsorganisationen, agile Entwicklungsprozesse einzusetzen. Zu seinen Tätigkeitsschwerpunkten gehören zusätzlich Software-Architekturen, Framework-Design und Framework-Implementierung, Refactoring-Techniken und Projektmanagement. Zu diesen Themen hält er regelmäßig Seminare und Vorträge und ist Autor zahlreicher Artikel sowie eines Buches über Refactorings in großen Softwareprojekten.

Fotograf: Christian Kalnbach

Henning Wolf · Stefan Roock · Martin Lippert

eXtreme Programming

Eine Einführung mit Empfehlungen und Erfahrungen aus der Praxis

2., überarbeitete und erweiterte Auflage

dpunkt.verlag

Henning Wolf
henning.wolf@it-agile.de
Stefan Roock
stefan.roock@it-agile.de
Martin Lippert
martin.lippert@it-agile.de

Lektorat: Christa Preisendanz
Copy-Editing: Ursula Zimpfer, Herrenberg
Herstellung: Verlagsservice Hegele, Dossenheim
Umschlaggestaltung: Helmut Kraus, www.exclam.de
Druck und Bindung: Koninklijke Wöhrmann B.V., Zutphen, Niederlande

Bibliografische Information Der Deutschen Bibliothek
Die Deutsche Bibliothek verzeichnet diese Publikation in der Deutschen Nationalbibliografie; detaillierte bibliografische Daten sind im Internet über <http://dnb.ddb.de> abrufbar.

ISBN 3-89864-339-5

2. Auflage 2005

Ringstraße 19
69115 Heidelberg

5 4 3 2 1 0

Vorwort zur 2. Auflage

Wir hatten den ersten Kontakt zu eXtreme Programming (XP) Anfang 1999; Kent Beck hat sein XP-Manifest »eXtreme Programming explained« Ende 1999 veröffentlicht. Seitdem sind 6 Jahre vergangen.

In dieser Zeit hat sich herausgestellt, dass XP mehr ist als ein kurzfristiger Hype. Während viele der Themen der Jahre 1999 und 2000 längst auf dem Müllhaufen der Geschichte gelandet sind, ist XP den Kinderschuhen entwachsen. Es wird nicht mehr diskutiert, ob XP überhaupt realisierbar ist. Stattdessen wird nachgefragt, wie man die Vorteile von XP auch für die eigenen Projekte nutzen kann. Ablehnung ist Neugier gewichen.

XP hat den Weg bereitet, auf dem auch andere agile Methoden in das Bewusstsein der Fachöffentlichkeit eingezogen sind. Diese »Marketingarbeit« hat sich für XP ausgezahlt. »Agilität« gilt als positiv und erstrebenswert, und XP ist immer noch die bestimmende Kraft im Bereich agiler Entwicklungsmethoden.

Seit 1999 haben wir reichhaltige Erfahrungen mit XP und anderen agilen Entwicklungsmethoden gesammelt. Die erste Auflage dieses Buches hat die Erfahrungen bis 2002 zusammengefasst. Auch mit der hier vorliegenden zweiten Auflage haben wir uns das Ziel gesetzt, unsere Erkenntnisse weiterzugeben. Viele der Erfahrungen aus der ersten Auflage haben sich bis heute bestätigt. Wir haben versucht, sie noch klarer darzustellen. An anderen Stellen – wie z. B. beim *Projektcontrolling* – haben wir einen systematischeren Zugang gewonnen. Hier haben wir das Buch deutlich erweitert.

Nicht nur dieses Buch liegt damit in der zweiten Generation vor. Die Firma *Industrial Logic* hat ein adaptiertes XP vorgestellt und es *Industrial XP* (*IXP*) genannt (siehe *http://industrialxp.org*). Kent Beck hat Ende 2004 die zweite Auflage von »eXtreme Programming explained« veröffentlicht. Das Buch ist komplett neu geschrieben und entwickelt XP konsequent weiter.

Das vorliegende Buch liegt auf einer Linie sowohl mit IXP wie auch mit der zweiten Auflage des XP-Buches von Kent Beck. Dennoch orientiert es sich an der Terminologie des ursprünglichen XP; schließlich haben wir unsere Erfahrungen im Wesentlichen mit dieser XP-Beschreibung gesammelt. Wir skizzieren IXP und die zweite Auflage des XP-Buches von Kent Beck daher in einem eigenen Kapitel und stellen Bezüge zu unseren Erfahrungen her.

Hamburg, Juli 2005

Henning Wolf, Stefan Roock, Martin Lippert

Leseweg für Leser der 1. Auflage

Wenn Sie bereits die erste Auflage gelesen haben, dann möchten wir Ihnen dafür erst einmal danken. Einige Leser haben uns Anregungen und Verbesserungswünsche mitgeteilt. Vor allem aber haben uns viele positive Stimmen dazu animiert, die Überarbeitung und Aktualisierung vorzunehmen, die hiermit vorliegt.

Hier folgt eine kleine Hilfestellung, an welchen Stellen sich lohnenswerte neue Erfahrungen finden lassen:

- Die Einleitung in Kapitel 1 wurde nur leicht überarbeitet und enthält bis auf einige Verweise auf neue Buchteile nur wenig Neues.
- Kapitel 2 bringt einige neue Erfahrungen zu den einzelnen XP-Techniken, die meisten in Abschnitt 2.7 beim Testen zu Akzeptanztests. Die neu aufgenommenen Techniken »Standup-Meeting« (Abschnitt 2.3) und »Retrospektive« (Abschnitt 2.6) befanden sich zwar auch schon in der ersten Auflage, sind jetzt aber ausführlicher beschrieben.
- Kapitel 3 ist komplett neu und behandelt im Überblick die agilen Methoden Scrum, Feature Driven Development (FDD) und Industrial XP. Außerdem haben wir einen kurzen Abschnitt über den Eclipse-Entwicklungsprozess und einen längeren Abschnitt über die zweite Auflage des XP-Buches von Kent Beck hinzugefügt. Bernd Oestereich hat für dieses Kapitel einen Abschnitt zum V-Modell XT beigesteuert.
- Kapitel 4 haben wir um die Rollen »Produktmanager« (Abschnitt 4.1.3), »Business-Coach« (Abschnitt 4.8) und einige Erfahrungen und Empfehlungen erweitert.
- Kapitel 5 ist bzgl. der im XP-Entwicklungsprozess verwendbaren Artefakte gestrafft und hoffentlich verständlicher geworden.
- Kapitel 6 über die Organisation von XP-Projekten ist bzgl. Aufwandsschätzungen (Abschnitt 6.3), Tracking und Projektcontrolling (Abschnitt 6.4), Skalierung (Abschnitt 6.5) und Vertragsgestaltung (Abschnitt 6.6) erheblich überarbeitet bzw. ergänzt worden.
- Kapitel 7 über die Bedeutung und Durchführung der Explorationsphase sowie unsere Erfahrungen damit ist komplett neu hinzugekommen.
- Kapitel 8 über die Einführung von XP ist um einige Erfahrungen erweitert worden.
- Kapitel 9 enthält im Abschnitt 9.5 einen Projektbericht jüngeren Datums, der interessante neue Erfahrungen darstellt.

- Kapitel 10 über spezielle Konstellationen ist in Abschnitt 10.7 um unsere ersten Erfahrungen im Embedded-Bereich ergänzt.
- Kapitel 11 enthält jetzt neu den Abschnitt 11.3 über die zwölf häufigsten Fehler, die in XP-Projekten begangen werden.
- Anhang B (in der ersten Auflage Anhang C) wurde von Grund auf renoviert und enthält jetzt Beschreibungen und Erfahrungen zu Programmierwerkzeugen und Tools für XP-Projekte.

Sie können sich gezielt diese Neuerungen und Änderungen herauspicken, wir empfehlen aber, dass Sie das Buch einfach noch einmal komplett von vorne bis hinten durchlesen. Vergleichen Sie unsere mit Ihren Erfahrungen. Überdenken Sie, warum Sie bestimmte Techniken nicht verwenden oder auf größere Widerstände stoßen. Teilen Sie Ihre Erfahrungen mit uns unter *xpbuch.it-agile.de*.

Wir wünschen Ihnen beim Lesen und Ausprobieren viel Freude.

Geleitwort zur 1. Auflage
von Frank Westphal

Tom DeMarco erklärt im Vorwort zu *Planning Extreme Programming*, dass die Prinzipien von XP ein Weg sind, um Prozesse bedeutungslos zu machen. Was hat er damit wohl gemeint?

Jedes Team und jedes Projekt ist einzigartig und benötigt damit seinen eigenen maßgeschneiderten Prozess. Tatsächlich will ein Entwicklungsprozess an die Umgebung angepasst und fortlaufend verbessert werden. Dies erfordert ständige Reflexion und Reorientierung. Der Entwicklungsprozess selbst durchläuft einen eigenen Entwicklungsprozess. Deshalb ist es notwendig, dass Sie sich bewusst mit ihm auseinander setzen. Wobei kann Sie XP unterstützen?

Extreme Programming beschreibt ein Wertesystem sowie eine Menge generativer Prinzipien und empfiehlt ein System von Techniken, die einander im höchsten Maße unterstützen. Tatsächlich stellen diese Techniken jedoch noch nicht XP dar. Sie führen erst zu XP. Sie sind wirklich nur die Startlinie. Das Ziel besteht darin, die XP-Techniken anzuwenden, bis sie vollständig in die Gewohnheit übergegangen sind, und mit dieser Basis einen eigenen Prozess zu entwickeln. Wie soll das funktionieren?

Regelmäßige Retrospektiven helfen, den Entwicklungsprozess fortlaufend zu verbessern und die Wiederholung von Fehlern zu vermeiden. Tatsächlich würden Sie kein XP praktizieren, wenn Sie Ihren Prozess über mehrere Iterationen hinweg nicht weiterentwickelten. Lernen ist ein ungeschriebener Wert des Extreme Programming und gerade kurze Iterationen erlauben, mit dem Prozess selbst zu experimentieren.

Martin, Stefan und Henning sprechen aus praktischer Erfahrung. Sie haben mehrere Projekte erfolgreich durchgeführt mit dem Ziel, dem XP-Ideal möglichst nahe zu kommen. Sie sind nicht blind einem Dogma gefolgt. Stattdessen haben sie regelmäßig reflektiert. Was hat funktioniert? Was nicht? Wo sind Verbesserungen möglich? Was sollte nicht vergessen werden? Auf diese Weise sind sie auf sinnvolle Anpassungen gestoßen. Ich bin mir sicher, dass die diskutierten Techniken Ihren Werkzeugkasten wertvoll ergänzen werden. Entweder werden diese Techniken direkt wie beschrieben funktionieren oder Sie müssen sie entsprechend für Ihre aktuelle Situation adaptieren. Experimentieren Sie einfach, spielen Sie mit Ihrem Prozess!

Hamburg, Dezember 2001

Frank Westphal

Freier Berater und Trainer

Inhalt

1 Einleitung

- Kann man Software nicht wesentlich schneller entwickeln, als es heute üblich ist?
- Führen die gängigen Entwicklungsprozesse sicher zu hochqualitativer Software?
- Ist das Risiko für gescheiterte Softwareprojekte so gering, wie das in anderen Entwicklungsdisziplinen der Fall ist?

Diese und ähnliche Fragen werden seit über fünf Jahres heiß diskutiert. Ein wesentlicher Auslöser ist die Diskussion um *eXtreme Programming (XP)*. Wir können diese Fragen natürlich auch nicht endgültig beantworten, wollen aber auf Grundlage unserer Erfahrungen mit XP einige Denkanstöße geben. Wir hoffen, dass wir in diesem Buch unsere Erfahrungen so aufbereitet haben, dass sie auch beim Ausprobieren hilfreich sind. Letztlich kann sich jedes Entwicklungsteam die oben aufgeführten Fragen nur selbst auf Basis eigener Erfahrung beantworten.

XP ist eine relativ neue Entwicklungsmethodik, die in den letzten fünf Jahren unglaublich bekannt geworden ist. Dazu haben wesentlich die provokanten Thesen von XP beigetragen. So verwundert es auch nicht weiter, dass XP in einigen Kreisen regelrecht *berüchtigt* ist. Neuerdings reicht es für Entwicklungsmethoden nicht mehr aus, dass sie besonders mächtig und allumfassend sind. Ganz im Gegenteil wird immer häufiger ein schlanker, leichtgewichtiger (agiler) Entwicklungsprozess angestrebt, so dass heute alles ausgiebig gerechtfertigt werden muss, was zusätzlich in eine Entwicklungsmethode aufgenommen wird. In einigen Fällen mag der Puritismus zu weit gehen. Fest steht aber, dass XP viel frischen Wind in die Diskussion um Entwicklungsmethoden gebracht hat.

Kent Beck hat als Vater von XP im Jahr 2000 das erste Buch zu dem Thema veröffentlicht (siehe [Beck 00]) und knapp fünf Jahr später mit der deutlich überarbeiteten Auflage des XP-Manifests (siehe [Beck

04]) die Messlatte noch einmal ein gutes Stück höher gelegt. Wir werden uns im Folgenden häufig auf diese Bücher beziehen. XP ist allerdings nicht ausschließlich von Kent Beck entwickelt worden. Eine Reihe seiner Kollegen, sowohl aus seinem direkten Umfeld als auch aus der Software-Engineering-Gemeinde, setzt ebenfalls XP ein, und inzwischen hat sich eine ganze Community zu dieser Art der Softwareentwicklung zusammengefunden. Prominente Mitglieder sind unter anderem Ron Jeffries, Martin Fowler, Ward Cunnigham und Robert C. Martin, die ebenfalls Bücher zu Themen rund um XP und agile Methoden veröffentlicht haben[1]. Auf Konferenzen ist das Thema mit entsprechenden Tutorials, Workshops und Panels präsent. Seit dem Jahr 2000 gibt es sogar eine spezielle Konferenz zum Thema eXtreme Programming und agile Entwicklungsprozesse.

Unser Hintergrund

Wir nutzen XP-Techniken seit Anfang 1999 für die Anwendungsentwicklung in einer Reihe von kommerziellen Projekten[2] (siehe Kapitel 9). Wir wissen, dass XP große Potenziale für die Softwareentwicklung bietet. In diesem Buch wollen wir unsere Erfahrungen mit XP schildern und damit anderen Softwareentwicklern in ihren Projekten helfen, XP erfolgreich anzuwenden. Wir beschäftigen uns sowohl im Rahmen der professionellen Projektarbeit als auch auf den entsprechenden Konferenzen mit XP und tauschen unsere Erfahrungen mit anderen aus der Community aus. Beide Linien sind in dieses Buch eingeflossen.

In den letzten Jahren haben wir mit zu vielen Personen XP-Erfahrungen und -Konzepte diskutiert, als dass wir alle namentlich nennen könnten. Wir möchten daher stellvertretend denen danken, mit denen wir besonders intensive Diskussionen geführt haben:

Dank

- Mit den Mitgliedern der deutschsprachigen XP-Mailingliste haben wir einen Teil der hier vorgestellten Erfahrungen und Konzepte diskutiert. Die Erfahrungen der Mitglieder der Mailingliste haben uns

1. Die XP-Bücher sind so erfolgreich, dass sie ins Deutsche übersetzt sind oder die Übersetzung für die nahe Zukunft ansteht.
2. Wir werden manchmal gefragt, wie wir seit Anfang 1999 XP-Techniken einsetzen können, wenn das XP-Buch von Kent Beck erst Ende 1999 erschienen ist. Die Techniken sind allerdings nicht mit dem Buch von Kent Beck zum ersten Mal beschrieben und diskutiert worden. Viele der Techniken wurden schon Jahre vorher in unterschiedlichen Kontexten erörtert. So finden sich viele XP-Ansätze inkl. dem Programmieren in Paaren (engl. *Pair Programming*) in [Cunningham 96]. Zudem haben wir bereits im April 1999 an einem Workshop von Kent Beck zum Thema »eXtreme Programming« teilgenommen.

immer wieder neue Perspektiven und Zugangsweisen zu XP eröffnet.

- In ganz Deutschland existieren XP-User-Groups, die sich mehr oder weniger regelmäßig treffen. Die XP-User-Group-Hamburg trifft sich ca. einmal im Monat. Auch hier haben sich wertvolle Diskussionen ergeben.
- Mit Jutta Eckstein, Johannes Link, Frank Westphal, Tammo Freese, Christian Wege und Hans Wegener haben wir interessante Gespräche auf unterschiedlichen Konferenzen geführt.
- Auf den XP-Konferenzen haben wir eine Reihe von Artikeln veröffentlicht und sowohl von den Reviewern als auch von den Teilnehmern der Konferenzen wichtiges Feedback erhalten.
- Jürgen Ahting, Alex Bepple, Jutta Eckstein, Tammo Freese, Dierk König, Johannes Link, Matthias Lübken, Helmut Neukirchen, Björn Ostermann, Marko Schulz und Frank Westphal haben frühe Versionen dieses Buches gelesen und uns detailliertes und konstruktives Feedback gegeben.
- Bernd Oestereich hat die Beschreibung des V-Modells XT in Kapitel 3 beigesteuert.
- Olaf Thiel und Sebastian Sanitz waren bereit, sich für Kapitel 2 beim Programmieren in Paaren ablichten zu lassen.
- Jürgen Ahting hat für das Kapitel 6 den Abschnitt 6.7 beigesteuert, der die Sicht des Kunden auf Softwareprojekte beleuchtet.
- 2000 bis 2004 arbeiteten wir als Berater und Entwickler bei der C1 Workplace Solutions GmbH. Die Mitarbeiter standen uns immer wieder als Gesprächspartner für unsere zum Teil recht »spinnerten« Ideen zur Verfügung; unsere damaligen Chefs haben uns gewähren lassen.
- Seit 2005 arbeiten wir im Rahmen der it-agile GmbH fokussiert an der Anwendung und Weiterentwicklung agiler Methoden. Den Kollegen der it-agile gebührt unser Dank für ihre Unterstützung.
- Im Rahmen unserer Arbeit haben wir eine Vielzahl von Entwicklungsprojekten begleitet und selbst durchgeführt. In diesen Projekten haben wir die Erfahrungen machen können, die wir hier vorstellen. Allen Projektpartnern gebührt Dank für die fruchtbare Zusammenarbeit.
- Neben der Arbeit in kommerziellen Projekten arbeiteten wir als wissenschaftliche Mitarbeiter am Fachbereich Informatik der Universität Hamburg. Die Mitarbeiter am Arbeitsbereich Softwaretechnik haben unsere Arbeit nach Kräften unterstützt und uns die Möglichkeit gegeben, in Seminaren und Praktika XP zu thematisieren.

- Außerdem möchten wir dem dpunkt.verlag und persönlich Christa Preisendanz für die Betreuung dieses Buchprojektes danken.
- Nicht zuletzt gehört unser Dank unseren Frauen für mehr, als man hier hinschreiben könnte.

Terminologie

XP stammt aus dem englischen Sprachraum. Wir haben deutsche Übersetzungen verwendet, wo diese in der XP-Szene akzeptiert sind, geben aber jeweils den englischen Originalbegriff mit an. Ist keine akzeptierte Übersetzung vorhanden, verwenden wir den englischen Originalbegriff.

Überblick über dieses Kapitel

Im Rest dieses Kapitels geben wir eine Kurzübersicht über XP. Dazu beschreiben wir zuerst die XP-Werte, kommen dann zu den Prinzipien und schließlich zu den XP-Techniken. Schließlich veranschaulichen wir den Unterschied zwischen klassischen Vorgehensweisen und XP anhand eines Beispielprojektes. Wir beschreiben zuerst, wie ein klassisches Projekt verlaufen könnte, und anschließend, wie ein XP-Projekt ablaufen könnte. Dabei haben wir die Unterschiede auf die Spitze getrieben, um sie zu kontrastieren.

1.1 Die XP-Werte

Vier Werte

XP ruht auf vier Werten: Einfachheit (engl. *Simplicity*), Kommunikation (engl. *Communication*), Feedback (engl. *Feedback*) und Mut (engl. *Courage*) (siehe Abb. 1–1). In diesen Werten liegt der wesentliche Schlüssel zu XP. Wer diese Werte lebt, kann die XP-Techniken einfach erlernen und erfolgreich einsetzen. Wer sich mit den Werten nicht identifizieren kann, dem werden die XP-Techniken auch nicht wesentlich weiterhelfen.

Abb. 1–1: *XP-Werte*

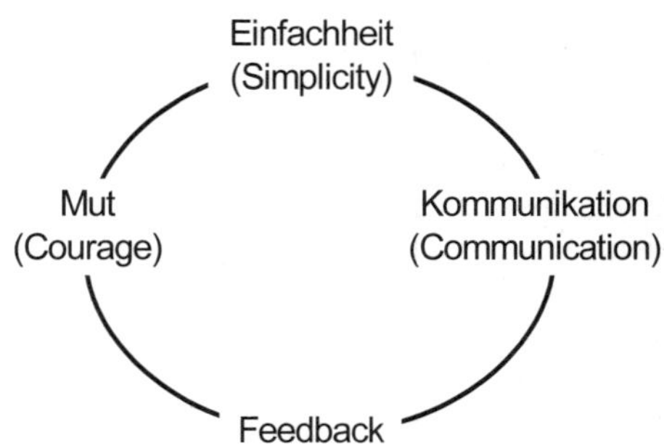

XP will möglichst *einfache Lösungen* finden, weil sie schneller und kostengünstiger zu realisieren sind als komplexe Lösungen. Außerdem lassen sich einfache Lösungen leichter erklären sowie einfacher warten und weiterentwickeln. Aus dieser Erkenntnis entstammt die Leitlinie, stets die einfachste Lösung zu realisieren (engl. *The simplest thing that could possibly work*). Einfachheit bezieht sich im Übrigen auch auf den Entwicklungsprozess. Daher ist XP selbst einfach gehalten.

Einfache Lösungen

Ein wichtiger Punkt bei jedem Softwareentwicklungsprojekt ist die Qualitätssicherung. In XP-Projekten wird Qualität über *Feedback* gesichert. Das Feedback findet dabei auf verschiedenen Ebenen statt. Entwickler schreiben Komponententests, um Feedback über die Korrektheit ihrer Software zu erhalten. Neue Systemversionen werden den Anwendern möglichst schnell zur Verfügung gestellt, um von den Anwendern Feedback darüber zu erhalten, ob die Software bei der Aufgabenerledigung hilft.

Feedback

Alle Projektmitglieder sollen intensiv miteinander *kommunizieren*. Dabei steht das persönliche Gespräch im Vordergrund, da auf diesem Wege Informationen am effektivsten auszutauschen sind. Insbesondere können Missverständnisse und Unklarheiten direkt ausgeräumt werden. Wenn eine intensive Kommunikation der Projektmitglieder sichergestellt ist, kann auf einen Gutteil der sonst üblichen Dokumentation verzichtet werden. Eine geschriebene Dokumentation kann aus unterschiedlichen Gründen weiterhin sinnvoll oder notwendig sein (z. B. Revisionssicherheit in Banken und Versicherungen). Allerdings ist diese Dokumentation für den Projekterfolg nicht primär entscheidend.

Kommunikation

Einfache Lösungen, Feedback und Kommunikation erfordern eine Menge *Mut*. Dies gilt vor allem dann, wenn man es nicht gewohnt ist, nach diesen Werten zu handeln. Einfache Lösungen erfordern Mut, weil man etwas weglassen muss. Man muss die Aspekte bewusst *abwählen*, die weniger wichtig sind und die Lösung komplex machen würden. In diesem Sinne braucht man für einfache Lösungen den *Mut zur Lücke*. Feedback erfordert Mut, weil eine negative Bewertung als persönliche Kritik aufgefasst werden könnte. Entwickler halten sich manchmal – bewusst oder unbewusst – für unfehlbar und können Kritik an der von ihnen entwickelten Software nur schwer ertragen. Kommunikation erfordert Mut, weil sich herausstellen kann, dass man einem Missverständnis aufgesessen ist und etwas an der erstellten Software wieder ändern muss. Bei der Kommunikation mit Kunden und Anwendern müssen sich die Entwickler auf deren Fachsprache einlassen. Sie entfernen sich damit von dem festen Boden der ihnen bekannten Technologien und müssen Unwissenheit im Anwendungsbereich

Mut

eingestehen. Schließlich müssen Entwickler mit ihren Vorgesetzten kommunizieren, um XP in einem Unternehmen einzuführen.

Sprechen wir von einem XP-Projekt oder von eXtreme Programming allgemein, so sprechen wir immer über die beteiligten Menschen. Durch die Werte wird deutlich, dass die Projektbeteiligten im Mittelpunkt stehen, im Gegensatz zu Werkzeugen, Prozessen oder dem Produkt.

1.2 Die XP-Prinzipien

XP-Prinzipien

Die 15 XP-Prinzipien leiten sich aus den XP-Werten ab. Die fünf zentralen Prinzipien sind

- *Unmittelbares Feedback* (engl. *Rapid Feedback*)
- *Einfachheit anstreben* (engl. *Assume Simplicity*)
- *Inkrementelle Veränderung* (engl. *Incremental Change*)
- *Veränderung wollen* (engl. *Embracing Change*)
- *Qualitätsarbeit* (engl. *Quality Work*).

Unmittelbares Feedback

Unmittelbares Feedback: Feedback sollte so schnell wie möglich eingeholt werden. Aus der Lernpsychologie weiß man, dass der zeitliche Abstand zwischen Aktion und Feedback eine entscheidende Rolle für den Lernerfolg spielt. Je kürzer die zeitliche Differenz, desto größer der Lernerfolg. Gleichzeitig verhindern wir durch unmittelbares Feedback, dass wir unnötig lange in die falsche Richtung denken und arbeiten.

Einfachheit anstreben

Einfachheit anstreben: Einfache Lösungen haben eine Reihe wichtiger Vorteile gegenüber komplizierten Lösungen. Sie sind schneller zu erstellen, so dass wir schneller Feedback bekommen können. Einfache Lösungen sind leichter zu verstehen und damit leichter zu kommunizieren. Nicht zuletzt sind einfache Lösungen schneller änderbar, wodurch wir im Entwicklungsprozess flexibler auf geänderte Gegebenheiten reagieren können. Das Streben nach Einfachheit bereitet vielen Softwareentwicklern zunächst Probleme, da uns (nicht nur) in unserer Ausbildung immer wieder eingebläut wurde, dass wir für die Zukunft planen müssen. Es mag paradox erscheinen, aber gerade durch einfache Lösungen sind wir bestens für die Zukunft vorbereitet. Da wir schlichtweg nicht wissen, welche Anforderungen die Zukunft für uns bereithält, ist es am effektivsten, nicht über zukünftige Anforderungen zu spekulieren. Stattdessen sind wir darauf vorbereitet, jede beliebige in der Zukunft auftretende Anforderung umzusetzen, weil unsere einfachen Lösungen leicht änderbar sind.

Inkrementelle Veränderung

Inkrementelle Veränderung: Auch wenn wir Einfachheit anstreben, werden Softwaresysteme im Laufe ihrer Entwicklung so komplex, dass Änderungen unerwartete Effekte verursachen können. Nur wenn wir stets kleine Änderungen vornehmen, bleiben diese Effekte beherrschbar. Jeder so auftretende Seiteneffekt kann leicht in Beziehung zu kleinen Änderungen gesetzt werden. Nehmen wir hingegen große Veränderungen vor, so bedeutet dies ein sehr hohes Risiko, dass nicht beherrschbare Seiteneffekte auftreten. Dann ruft nämlich eine Menge von Änderungen eine Menge von Seiteneffekten hervor und wir können nicht feststellen, in welcher Beziehung diese zueinander stehen.

Veränderung wollen

Veränderung wollen: Fortschritt bedeutet Veränderung. Nur, wer Veränderungen will, wird mit Fortschritt belohnt. Veränderung bedeutet aber auch, dass man seine *Komfortzone* verlassen muss. Man muss neue Dinge wagen und Fehlschläge riskieren – immer in dem Bewusstsein, dass man vor allem aus Fehlern lernt.

Qualitätsarbeit

Qualitätsarbeit: Kein Softwareentwickler programmiert gerne schlechte Software. Softwareentwickler liefern gerne Qualitätsarbeit. Das erhöht ihre Arbeitszufriedenheit und damit wiederum ihre Produktivität. In einem XP-Projekt muss daher die Möglichkeit geschaffen werden, Qualitätsarbeit abzuliefern. Allerdings muss jeweils klar definiert sein, wer bestimmt, ob eine hohe oder niedrige Qualität vorliegt. Mitunter verwechseln Softwareentwickler ihre eigenen Qualitätsmaßstäbe mit denen der Anwender. Letztlich geht es darum, für die Anwender hochqualitative Software zu entwickeln. Also definieren die Anwender zumindest den Maßstab für die Gebrauchsqualität der Software. Unmittelbares Feedback durch die Anwender hilft, möglichst häufig die Gebrauchsqualität bewerten zu lassen und Erfolgserlebnisse zu produzieren.

Die weiteren XP-Prinzipien sind

- *Lernen lehren* (engl. *Teach Learning*)
- *Geringe Anfangsinvestition* (engl. *Small Initial Investment*)
- *Auf Sieg spielen* (engl. *Play to win*)
- *Gezielte Experimente* (engl. *Concrete Experiments*)
- *Offene, aufrichtige Kommunikation* (engl. *Open, honest Communication*)
- *Die Instinkte des Teams nutzen, nicht dagegen arbeiten* (engl. *Work with people's instincts, not against them*)
- *Verantwortung übernehmen* (engl. *Accepted Responsibility*)
- *An örtliche Gegebenheiten anpassen* (engl. *Local Adaptations*)
- *Mit leichtem Gepäck reisen* (engl. *Travel light*)
- *Ehrliches Messen* (engl. *Honest Measurement*).

Lernen lehren

Lernen lehren: XP wird von einigen Verfechtern dogmatisch vertreten. Allerdings hat XP genau den entgegengesetzten Anspruch. XP will auch lehren zu lernen. Entwickler sollen z. B. nicht den »Befehl« erhalten, eine bestimmte Anzahl von Tests zu schreiben. Stattdessen sollen die Entwickler selbst lernen, wie viele Tests sie benötigen.

Geringe Anfangsinvestitionen

Geringe Anfangsinvestitionen: Wir leben in einer unsicheren Welt, insbesondere was Softwareentwicklung angeht. Auch wenn ein Projekt über einen längeren Zeitraum geplant wird, kann es sein, dass es vorzeitig wieder beendet wird. Um den finanziellen Verlust in solchen Fällen gering zu halten, sollen die Anfangsinvestitionen möglichst klein sein. Gleichzeitig werden Entwickler und Anwender gezwungen, sich in einem engen finanziellen Rahmen zu bewegen und sich auf die wirklich wichtigen Aspekte des Projektes zu konzentrieren. In der Vergangenheit wurden einige Projekte mit sehr großen Budgets und finanziellen Freiheiten durchgeführt. Die meisten endeten in einem Desaster.

Auf Sieg spielen

Auf Sieg spielen: XP-Projekte spielen, um zu *gewinnen*. Viele andere Projekte spielen, um *nicht zu verlieren*. Das ist keineswegs das Gleiche. Während das erste Projektteam offensiv die anstehenden Aufgaben angeht, ist das zweite Projektteam stets darauf bedacht, nur keine Fehler zu machen. Das erste Team ist dabei klar im Vorteil. Sie werden natürlich Fehler machen. Sie können jedoch aus den Fehlern lernen und so an ihren Aufgaben wachsen. Die zweite Interpretation dieses Prinzips läuft darauf hinaus, keine Ressourcen in toten Projekten zu verschwenden. Wenn nicht mehr gewonnen werden kann, sollten wir uns dies klar eingestehen und das Projekt lieber beenden.

Gezielte Experimente

Gezielte Experimente: Jedes Mal, wenn wir eine Entscheidung fällen, könnte diese falsch sein. Um Risiken zu minimieren, versuchen wir, möglichst schnell darüber Klarheit zu erlangen, ob eine Entscheidung falsch war. Gezielte Experimente können häufig diese Klarheit bringen. Die Experimente können sich sowohl auf das Softwaresystem als auch auf den Entwicklungsprozess beziehen. Im Softwaresystem nutzen wir Tests, um festzustellen, ob eine Entwurfsentscheidung geeignet ist. Im Entwicklungsprozess führen die Projektmitglieder häufig Reviews über den Prozess durch, um zu beurteilen, ob eine Entscheidung richtig oder falsch war.

Offene, aufrichtige Kommunikation

Offene, aufrichtige Kommunikation: Dieses Prinzip ist im Grunde eine Binsenweisheit. Natürlich können Softwareentwicklungsprojekte nur dann funktionieren, wenn die Projektmitglieder offen und aufrichtig sind. Leider ist dies in vielen Entwicklungsprojekten aufgrund von Ängsten, Eitelkeiten und Rivalitäten nicht gegeben. Diese Defizite in der Kommunikation sind häufig verantwortlich für das Scheitern von Projekten. Damit wird das Herstellen einer offenen und aufrichtigen Kommunikation zu einer zentralen und sehr anspruchsvollen Aufgabe.

Die Instinkte des Teams nutzen, nicht dagegen arbeiten: Einige der XP-Techniken (z. B. Programmieren in Paaren, engl. *Pair Programming*) scheinen ungewöhnlich. Andererseits finden sich Entwickler seit jeher in Paaren zusammen, wenn sie eine besonders schwierige Funktionalität realisieren müssen. Das Programmieren in Paaren kann also als eine instinktive Technik von Softwareentwicklern verstanden werden. Dies gilt für die anderen XP-Techniken in ähnlicher Form. In der Praxis ist dieses Prinzip allerdings nicht einfach umzusetzen, da »Instinkt« und »angelerntes Verhalten« nur schwer zu trennen sind. So kann man in unerfahrenen XP-Teams gelegentlich beobachten, dass das Programmieren in Paaren unter Zeitdruck ebenso aufgegeben wird wie das Schreiben von Tests. Ist dies ein instinktives Verhalten oder fallen die Entwickler zurück in angelernte Verhaltensweisen? Wenn das ganze Team jedoch gemeinsam der Meinung ist, dass etwas Unsinn ist, kann dies ein starkes Indiz dafür sein, dass es tatsächlich Unsinn ist. Diese Erkenntnis findet sich im folgenden Ausspruch wieder: »Was sich wie Quatsch anhört, ist häufig auch Quatsch.«

Die Instinkte des Teams nutzen, nicht dagegen arbeiten

Verantwortung übernehmen: Verantwortung soll nicht zugewiesen, sondern übernommen werden. Wird einem Team die Verantwortung zugewiesen, ein unmögliches Projekt durchzuführen, wird das mit Sicherheit katastrophale Auswirkungen auf die Motivation des Teams und damit auch auf die Projektergebnisse haben. Hat das Team hingegen die Möglichkeit, Verantwortung zu *übernehmen*, so fühlen sich die Entwickler auch verantwortlich für ihre Aufgaben. Das steigert die Motivation im Team und damit die Erfolgschancen des Projektes.

Verantwortung übernehmen

An örtliche Gegebenheiten anpassen: Es ist höchst unwahrscheinlich, dass sich XP in genau der von Kent Beck beschriebenen Form in Ihrem Projekt einsetzen lässt. XP muss wahrscheinlich auf die lokalen Gegebenheiten angepasst werden. Schließlich ist das primäre Ziel nicht die exakte Nachahmung, sondern die erfolgreiche Projektdurchführung. Jede Anpassung von XP, die dieses Ziel unterstützt, ist gerechtfertigt.

An örtliche Gegebenheiten anpassen

Mit leichtem Gepäck reisen: Mit schwerem Gepäck kann man sich nicht schnell vorwärts bewegen. Daher sollte das »Marschgepäck« sorgfältig ausgewählt werden. Es sollte insbesondere aus wenigen einfachen, aber sehr nützlichen Dingen bestehen (z. B. Wiki-Web als Wissensbasis im Projekt). Dabei spielt die flexible Kombinierbarkeit dieser Dinge eine wichtige Rolle.

Mit leichtem Gepäck reisen

Ehrliches Messen: Um den Entwicklungsprozess unter Kontrolle zu haben, müssen Messungen unterschiedlichster Art vorgenommen werden. So messen wir mit Komponententests z. B. das korrekte Funk-

Ehrliches Messen

tionieren unserer Klassen. Alle diese Messungen haben jedoch nur dann einen Sinn, wenn das Team ehrlich misst. So sehen erfolgreiche Tests zwar sehr schön aus. Wenn sie aber nur deshalb erfolgreich sind, weil die Entwickler alle nicht funktionierenden Teile auskommentiert haben, ist die Messung nicht mehr aussagekräftig. Sie kann sogar negative Auswirkungen auf das Projekt haben, weil sie eine Sicherheit suggeriert, die so nicht existiert.

1.3 Die XP-Techniken

Die vier XP-Werte und die 15 XP-Prinzipien werden durch 14 XP-Techniken[3] unterstützt. Sie helfen den Entwicklern, sich »prinzipientreu« zu verhalten. Die XP-Techniken sind im Überblick in Abbildung 1–2 dargestellt. Sie werden in den folgenden Kapiteln detailliert beschrieben.

Begriff »Technik«

Im englischen Original heißen die Techniken »Practices«. Da im Deutschen der Begriff »Praktik« etwas anders belegt ist, haben wir uns dafür entschieden, den Begriff »Technik« zu verwenden. Damit geht leider eine Konnotation verloren: »Practice« wie in »Best Practice« bezieht sich immer auch auf Erfahrungen, was beim deutschen Begriff »Technik« nicht automatisch der Fall ist.

3. In ursprünglichen XP-Manifest von Kent Beck sind zwölf XP-Techniken beschrieben. Inzwischen haben sich Standup-Meetings und Retrospektiven als zusätzliche Techniken etabliert.

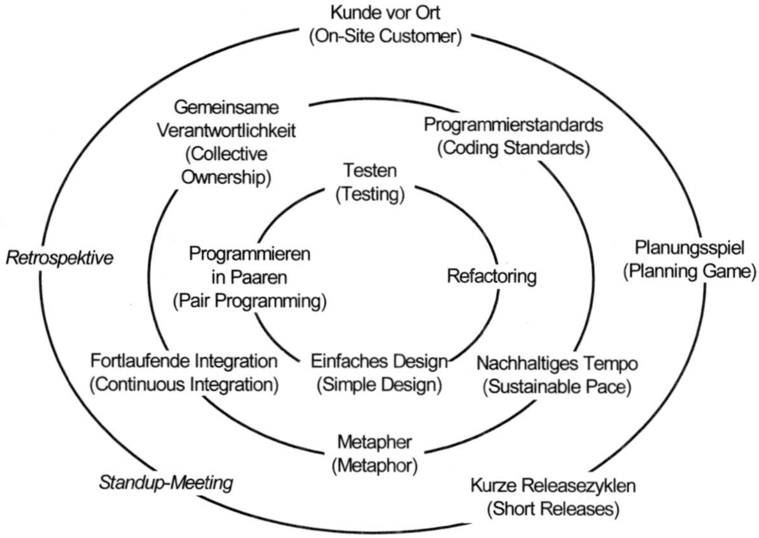

Abb. 1–2: *XP-Techniken im Überblick, angelehnt an www.xprogramming.com*

Eine wichtige Voraussetzung für die Wirksamkeit der XP-Techniken ist eine flache Aufwandskurve (siehe Abb. 1–3). Traditionelle Entwicklungsprozesse gehen häufig von einer steilen Aufwandskurve aus. Demnach wird die Realisierung einer Anforderung mit der Zeit exponentiell teurer, wenn die Anforderung erst spät entdeckt wird. Also ist die vollständige Analyse aller Anforderungen zu Projektbeginn eine unabdingbare Notwendigkeit. XP hingegen geht davon aus, dass der Aufwand für die Umsetzung einer Anforderung im Wesentlichen unabhängig vom Zeitpunkt der Umsetzung ist. Insbesondere geht XP davon aus, dass die Aufwandskurve über die Zeit *nicht* exponentiell wächst. Damit entfällt der Zwang, alle Anforderungen bereits zu Projektbeginn zu kennen. Aus diesem Grund konzentriert sich XP stets auf die *aktuellen* Aufgaben.

Der Verlauf der Aufwandskurve hängt wesentlich von der verwendeten Technologie ab. So führen die traditionellen imperativen Programmiersprachen häufig zu steilen Aufwandskurven, während objektorientierte Technologien zumindest das Potenzial für flache Aufwandskurven mitbringen. Ob diese flache Aufwandskurve in Projekten tatsächlich erreicht werden kann, hängt wesentlich von der Verwendung der eingesetzten Technologien ab. Insbesondere sollte das DRY-Prinzip (*DRY: Don't repeat yourself*) beachtet werden, wonach jede Kernidee im System an genau einer Stelle ausgedrückt werden soll.

Abb. 1–3: Steile vs. flache Aufwandskurve

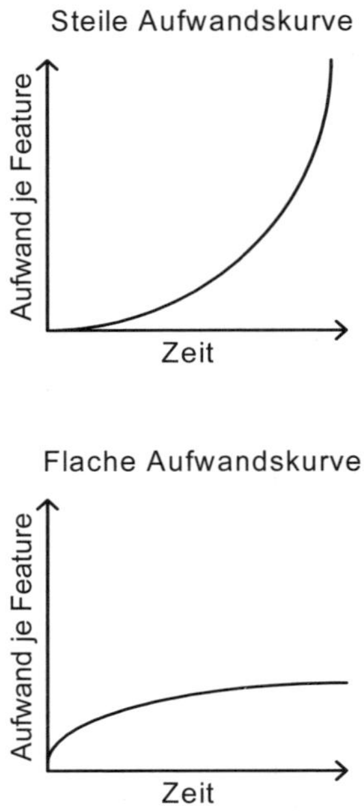

Ist die Aufwandskurve nicht flach, können viele XP-Techniken nicht umgesetzt werden (z. B. *Refactoring*, *einfaches Design*, *kurze Releasezyklen*, *fortlaufende Integration*). Nach unserer Erfahrung sind objektorientierte Technologien geeignet, um eine flache Aufwandskurve zu erreichen. Sie geben jedoch keine Garantie. Wir müssen die Technologien auch geeignet anwenden. Insbesondere sollten Kernabstraktionen der Anwendung in überschaubar wenigen Systemkomponenten umgesetzt werden. Zusätzlich spielen die verfügbaren Tools eine große Rolle. Java mit Refactoring-Browser à la Eclipse lässt sich viel flexibler handhaben als C++ ohne Refactoring-Unterstützung.

1.3.1 Managementtechniken

Kunde vor Ort

XP-Projekte sind stets an den fachlichen Anforderungen orientiert und beziehen Anwender und Kunden[4] ins Projekt mit ein (*Kunde vor Ort*, engl. *On-Site Customer*, siehe Abschnitt 2.1). Anwender und Kunden geben die fachlichen Anforderungen für das Projekt vor. Entwickler müssen diese Anforderungen *verstehen* und bekommen von Anwen-

4. In XP wird keine Differenzierung zwischen Anwendern und Kunden vorgenommen. Wir werden später argumentieren, dass eine solche Differenzierung in vielen Fällen notwendig und auch mit XP kompatibel ist.

dern und Kunden *keine* Spezifikation des zu erstellenden Systems[5]. Anwender und Kunden stehen den Entwicklern dafür als Ansprechpartner für fachliches Wissen zur Verfügung und können jederzeit befragt werden.

Planungsspiel

XP-Projekte verlaufen iterativ und inkrementell. Der Umfang des jeweils nächsten Inkrements wird im *Planungsspiel* (engl. *Planning Game,* siehe Abschnitt 2.2) zusammen von Anwendern, Kunden und Entwicklern festgelegt. Dabei priorisieren die Anwender und Kunden die zu realisierenden Anforderungen. Die Entwickler sind für die Aufwandsschätzung der einzelnen Anforderungen zuständig. Die Priorisierung der Anforderungen kann von den geschätzten Aufwänden abhängen.

Standup-Meetings

Alle Projektteilnehmer treffen sich täglich zu einer festgelegten Zeit zum *Standup-Meeting* (siehe Abschnitt 2.3), um sich für 15 Minuten über den Projektfortschritt auszutauschen.

Kurze Releasezyklen

Neue und geänderte Systemkomponenten sollen in kurzen Abständen (*kurze Releasezyklen*, engl. *Short Releases,* siehe Abschnitt 2.5) den Anwendern zur Verfügung gestellt werden. Dadurch können die Anwender und Kunden schnell vom System profitieren. Außerdem können die freigegebenen Versionen schnell durch die Anwender bewertet werden. Diese Bewertung kann dann zusammen mit ggf. geänderten Anforderungen in die weitere Entwicklung eingehen.

Retrospektive

Retrospektiven (engl. *Retrospective*, siehe Abschnitt 2.6) in der Softwareentwicklung sind rückblickende Reflexionen der Projektbeteiligten. Mit Hilfe von Retrospektiven sollen Probleme und Blockaden im Softwareentwicklungsprozess gefunden und für die zukünftige Entwicklung beseitigt werden. Retrospektiven werden in der Regel in Abständen von ein bis sechs Monaten mit allen oder ausgewählten Projektbeteiligten durchgeführt. Eine Retrospektive dauert zwischen einem halben und drei Tagen.

1.3.2 Teamtechniken

Metapher

XP-Systeme sollen wenigen klaren *Metaphern* (engl. *Metaphor,* siehe Abschnitt 2.4) folgen, welche die Kernideen des Systems beschreiben. Damit wird den Entwicklern eine Richtlinie für die Systementwicklung gegeben, welche die konsistente Entwicklung des Systems unterstützt.

5. »Keine Spezifikation« bezieht sich hier auf herkömmliche Spezifikationsdokumente wie Pflichtenhefte oder Ähnliches, in denen die komplette Systembeschreibung haarklein enthalten sein muss. Im Rahmen der Qualitätssicherung mittels Testens übernehmen Akzeptanztests (siehe *Testen,* Abschnitt 2.7) in gewisser Weise die Rolle der Spezifikation.

Gemeinsame Verantwortlichkeit

In XP-Projekten sind alle Entwickler für das System *gemeinsam verantwortlich* (engl. *Collective Ownership*, siehe Abschnitt 2.11). Dies impliziert insbesondere, dass sämtlicher Quellcode von jedem Entwickler zu jedem Zeitpunkt geändert werden darf. Dadurch ist sichergestellt, dass die Entwicklung nicht dadurch ins Stocken gerät, dass einzelne Entwickler nicht verfügbar sind. Ist ein Entwickler nicht verfügbar, kann jeder andere Entwickler seine Arbeit fortführen.

Fortlaufende Integration

Änderungen am System werden möglichst schnell integriert. Durch diese *fortlaufende Integration* (engl. *Continuous Integration*, siehe Abschnitt 2.12) werden die geänderten Systemteile den anderen Entwicklern schnell zur Verfügung gestellt. So können Änderungen sofort vom ganzen Team getestet werden. Außerdem werden die Integrationsaufwände insgesamt reduziert, da Konflikte früher erkannt und behoben werden können.

Programmierstandards

Damit das *Programmieren in Paaren* und *gemeinsame Verantwortlichkeit* funktionieren können, muss der Quellcode einheitlich gestaltet sein. Dazu werden pragmatische *Programmierstandards* (engl. *Coding Standards,* siehe Abschnitt 2.13) definiert.

Nachhaltiges Tempo

In einem XP-Projekt sollen die Entwickler nicht mehr als ihre Regelarbeitszeit arbeiten, also mit einem *nachhaltigen Tempo* (engl. *Sustainable Pace*, siehe Abschnitt 2.14) vorgehen. Dadurch ist es möglich, ihre Kreativität und ihr Engagement über einen langen Zeitraum zu erhalten. Überstunden werden in XP-Projekten nur in engen Grenzen geduldet. Längere Perioden mit Überstunden deuten auf ein Problem hin, beispielsweise ist XP nicht komplett oder adäquat umgesetzt worden.

1.3.3 Programmiertechniken

Testen

Alles, was programmiert wurde, muss zur Qualitätssicherung getestet werden (*Testen*, engl. *Testing,* siehe Abschnitt 2.7). Zum einen werden Komponententests programmiert, die automatisiert ausgeführt werden können und die Funktion einzelner Systemkomponenten testen. Zusätzlich wird die Erfüllung fachlicher Anforderungen mit Akzeptanztests geprüft. Der endgültige Akzeptanztest findet allerdings erst durch die Verwendung des Systems durch die Anwender statt.

Einfaches Design

Das entwickelte Softwaresystem sollte möglichst einfach gestaltet werden (*einfaches Design*, engl. *Simple Design,* siehe Abschnitt 2.8). Einfache Entwürfe können einfacher und schneller umgesetzt werden. Außerdem sind sie leichter zu verstehen, schneller zu kommunizieren und einfacher zu testen.

Strukturdefizite im Entwurf der entwickelten Software behindern die Weiterentwicklung. Sie werden daher *sofort* behoben. Diese Umstrukturierungen von Software unter Beibehaltung der Funktionalität nennt man *Refactoring* (siehe Abschnitt 2.9). Durch die Komponententests wird sichergestellt, dass das Refactoring keine unerwünschten Seiteneffekte erzeugt.

Refactoring

In XP-Projekten sitzen stets zwei Entwickler vor einem Rechner. Durch dieses *Programmieren in Paaren* (engl. *Pair Programming*, siehe Abschnitt 2.10) wird die Qualität der entwickelten Software erhöht. Außerdem verbreitet sich durch wechselnde Paare schnell das Wissen über das Softwaresystem im Projekt.

Programmieren in Paaren

1.4 Projektbeispiel

Vielfach behaupten Entwickler oder Manager, sie würden im Grunde schon seit Jahren XP anwenden, vielleicht mit geringen Einschränkungen. Kent Beck spricht jedoch davon, dass mit 80 % der XP-Techniken nur 20 % des Effektes erzielt wird. Man kann sicher darüber streiten, ob diese Aussage wirklich zutrifft. Zwischen einem Projekt, in dem einige der beschriebenen Techniken angewendet werden, und einem XP-Projekt besteht jedoch ein himmelweiter Unterschied.

(K)ein XP-Projekt

Im Folgenden skizzieren wir zwei Projektverläufe, die wir in ähnlicher Form bereits mehrfach erlebt haben. Das erste Projekt ist mit Sicherheit *kein* XP-Projekt, da hier keine einzige XP-Technik verwendet wird. Währenddessen nutzt das zweite Projekt die Vorteile von XP. In der ersten Projektbeschreibung haben wir absichtlich fast alle XP-Lehren ins Gegenteil verkehrt, um auf die Effekte der XP-Techniken zu fokussieren. Das soll natürlich keineswegs darüber hinwegtäuschen, dass auch ohne XP erfolgreiche Projekte durchgeführt wurden und immer noch werden.

1.4.1 Kein XP-Projekt

Es soll ein existierendes Softwaresystem ersetzt werden, da dieses nicht mehr den aktuellen Anforderungen genügt. Insbesondere ist das System nicht flexibel genug und Erweiterungen sind insgesamt zu aufwändig. Daher wird beschlossen, das neue System mit objektorientierten Technologien zu realisieren. Als Projektlaufzeit werden 12 Monate anvisiert.

Zuerst wird das Projektteam zusammengestellt. Dazu werden drei Entwickler mit Erfahrungen in objektorientierter Entwicklung ausgewählt. Weiterhin nehmen an dem Projekt drei Entwickler teil, die bisher lediglich Schulungen in der Objektorientierung genossen haben. Um die Entwicklung der existierenden Anwendungen nicht zu beeinträchtigen, werden die Entwickler nur mit 50 % ihrer Arbeitszeit dem Projekt zugeteilt.

Um gleich zu Anfang eine ausgereifte Entwicklungsumgebung zur Verfügung zu haben, wird bereits die Technologie ausgewählt. Es wird eine integrierte Entwicklungsumgebung, ein EJB-Application-Server, ein Webserver mit Servlet-Engine sowie ein UML-Tool beschafft und auf den Arbeitsplatzrechnern installiert.

Jetzt geht es an die fachliche Analyse. Diese wird von Analyseexperten durchgeführt, die Anforderungen erheben und als Anwendungsfälle im UML-Tool formulieren. Neben den textuellen Beschreibungen werden die Abläufe als Sequenz- und Aktivitätendiagramme im UML-Tool beschrieben. Die so modellierten Sachverhalte werden den Anwendern zur Prüfung vorgelegt. Diese bestätigen die Korrektheit der Modellierung.

Anschließend gehen die Entwickler an die objektorientierte Modellierung des Anwendungssystems. Sie verwenden das Tool und die UML-Diagramme wie Klassendiagramme, Objektdiagramme etc. Die Modellierung findet arbeitsteilig und iterativ statt. Das System wird anhand technischer Kriterien zerteilt und dann von den Entwicklern modelliert. So entstehen Modelle für die fachlichen Kernkonzepte, für die Benutzungsoberfläche sowie den Datenbankanschluss. Die Entwickler bewerten ihre Modellierungen dabei gegenseitig und gehen nach jeder Bewertung in eine neue Iteration, in der sie die neuen Erkenntnisse in ihre Modelle einarbeiten. Während der Besprechungen kommt eine Reihe von technischen Fragen (Performance, Ausfallsicherheit etc.) zur Sprache, die jeweils Eingang in die Modellierung finden.

Schließlich werden aus den Diagrammen im UML-Tool Coderümpfe generiert, die von den Entwicklern ausimplementiert werden. Hierbei bekommt jeder Entwickler einen Teil der Klassen zugewiesen. Es stellt sich schnell heraus, dass sich die modellierten Klassen nicht problemlos implementieren lassen. An einigen Stellen werden daher weitere Klassen entwickelt und an anderen Stellen werden die Beziehungen zwischen Klassen oder die Klassenschnittstellen geändert.

Das Projekt wird nicht termingerecht abgeschlossen. Da das System auch nach 14 Monaten immer noch nicht fertig ist, wird entsprechender Druck auf die Entwickler ausgeübt. Also liefern die Entwickler ein inkonsistentes und stark fehlerbehaftetes System aus. In der Folge verläuft die Entwicklung chaotisch. Benutzer finden Fehler in der Anwendung und stellen fest, dass viele ihrer Anforderungen nicht angemessen umgesetzt wurden. Dies wird den Entwicklern mitgeteilt. Diese versuchen, die Änderungen möglichst schnell umzusetzen und degenerieren dabei die interne Struktur der Anwendung. Dadurch steigen die Aufwände für zukünftige Änderungen immer weiter und letztlich ist die Situation mit der neuen Software nicht besser als mit dem alten System.

Bewertung des Projektes

Entwickler, die gerade erst angefangen haben, die Objektorientierung (OO) kennen zu lernen, sind anfangs lange nicht so effektiv wie Entwickler mit OO-Projekterfahrung. Es muss also zumindest bei der Projektplanung berücksichtigt werden, dass die Hälfte der Entwickler am Anfang nicht besonders effektiv sein wird. Diese Entwickler werden außerdem die erfahrenen Entwickler durch Rückfragen etc. »abbremsen«.

Entwickler nur Teilzeit in Projekten arbeiten zu lassen, ist ebenso verbreitet wie ineffektiv. Der Kontextwechsel zwischen den Projekten bedeutet für die Entwickler einen Mehraufwand. Wir schätzen aus unserer Erfahrung, dass ein Entwickler, der dem Projekt zu 50 % zugeordnet ist, nicht 50 %, sondern lediglich 30 % bis 40 % seiner Maximalleistung erbringen kann. Es ist besser, weniger Entwickler mit 100 % am Projekt teilnehmen zu lassen.

Es ist keine besonders gute Idee, Technologien einzukaufen, bevor auch nur annähernd klar ist, was entwickelt werden soll. Die Technologien erhöhen zunächst die Komplexität im Projekt, und den unerfahrenen Entwicklern ist unklar, wie diese einzusetzen sind.

Softwareentwicklung ist zuerst ein Lernprozess. Auf jeden Fall müssen Entwickler verstehen, wie Anwender arbeiten und welche Anforderungen an die Software daraus erwachsen. Werden Fachanalysierer zwischen Anwender und Entwickler geschaltet, so findet ein »Stille Post«-Spiel statt, das den Lernprozess behindert. Missverständnisse sind dann an der Tagesordnung. Es ist generell keine gute Idee, Anwendern Diagramme aus dem Bereich der Softwareentwicklung vorzulegen. Aus unserer Erfahrung können Anwender aus dem Repertoire der UML-Beschreibungsmittel lediglich Anwendungsfälle verstehen und bewerten. Ihnen Sequenz- oder Aktivitätendiagramme vorzulegen ist in der Regel sinnlos. Sie können diese Diagramme nicht wirklich bewerten. Fordern Softwareentwickler die Anwender auf, diese Diagramme zu bewerten, so werden sie die Diagramme für angemessen befinden, solange die ihnen wichtig erscheinenden Begriffe auftauchen.

Die Kernkonzepte der Anwendung sollten nicht stark arbeitsteilig modelliert werden. Sie müssen nicht nur allen Entwicklern bekannt sein, sondern auch vom gesamten Projektteam getragen werden. Die Aufteilung nach technischen Gesichtspunkten erscheint Softwareentwicklern zunächst nahe liegend, führt aber in der Regel zu aufwändigen Modellierungen. Insbesondere die Modellierung technischer Komponenten wie der Datenbankanschluss ist dann nicht direkt mit den fachlichen Anforderungen verbunden. Folglich versuchen die Entwickler, alle erdenklichen Anforderungen abzudecken. Das führt zu viel zu komplexen Modellen. Dieser Trend zu komplexen Modellen wird noch verstärkt durch die diskutierten technischen Aspekte wie Performance und Ausfallsicherheit. In der Regel haben die Entwickler zu diesem Zeitpunkt noch überhaupt keine Ahnung bzgl. der Anforderungen in diesem Bereich. Und selbst wenn diese Anforderungen einigermaßen klar sind, ist den Entwicklern immer noch unbekannt, wie sich die modellierten Systeme im Einsatz verhalten werden. Folglich erhöhen die Entwickler die Komplexität der Modellierung, um allen möglichen Problemen in diesen Bereichen von vornherein entgegenzutreten. Dies führt in der Summe zu »Technologie auf Vorrat«, was schlicht Geldverschwendung im großen Stil bedeutet.

Die Zuteilung von Klassen zu Entwicklern führt zu einem hohen Truck-Faktor[6]. Fällt einer der Entwickler aus, so ist die Einarbeitung eines anderen Entwicklers in die Klassen sehr aufwändig. Fällt der Entwickler lediglich für einen begrenzten Zeitraum aus (z. B. wegen Krankheit), so werden die Entwickler sich nicht in seinen Code einarbeiten, sondern darum herum arbeiten. Der Truck-Faktor wird noch weiter durch die Tatsache erhöht, dass sich eben nicht alle benötigten Klassen vorher in einem UML-Tool modellieren lassen. Es ist aus unserer Erfahrung *immer* notwendig, während der Programmierung noch Änderungen an der Modellierung vorzunehmen. Damit sind die ehemals vorgenommenen Modellierungen auch für die Dokumentation wenig nützlich, weil sie nicht den aktuellen Zustand des entwickelten Systems widerspiegeln.

Es ist generell schlecht, wenn Analyse, Entwurf und Konstruktion stark voneinander getrennt sind. Diese Aktivitäten müssen stets eng verzahnt werden, weil sich erst bei der Programmierung Lücken oder Unklarheiten der fachlichen Analyse und des Entwurfs zeigen.

---

6. Der Truck-Faktor beschreibt die Wahrscheinlichkeit, mit der das Projekt scheitert, wenn ein Entwickler von einem Truck überfahren wird oder aus anderen Gründen nicht mehr für das Projekt zur Verfügung steht (siehe Abschnitt 2.11).

1.4.2 Ein XP-Projekt

Das gleiche Projekt würde als XP-Projekt ganz anders verlaufen.

Zunächst werden die Entwickler zu 100 % dem Projekt zugeordnet. Das Projektteam wird mit offenen Karten bzgl. der Qualifikation der Entwickler spielen. Damit ist den erfahrenen Entwicklern auch klar, dass sie die weniger erfahrenen Entwickler teilweise im Projekt mit ausbilden müssen.

Zunächst kümmert sich das Projekt um eine erste fachliche Analyse. Diese wird im direkten Kontakt mit den Anwendern durchgeführt. Es ist den Entwicklern klar, dass alle jetzt erstellten Dokumente und Diagramme nur zum Lernen dienen und anschließend im Grunde weggeworfen werden können. Daher machen sich die Entwickler ihre Notizen auf Papier oder auf Whiteboards. Wird ein Whiteboard-Bild für so wichtig erachtet, dass es konserviert werden soll, wird es mit einer Digitalkamera abfotografiert oder mit einem passenden Grafikprogramm (z. B. Visio) abgezeichnet.

Sobald die Entwickler einen ersten Überblick haben, beginnen sie sofort mit der Programmierung. Zunächst haben sie noch ein unscharfes Bild über das zu entwickelnde System. Sie erstellen daher einige Prototypen, um noch offene Fragen bzgl. der Handhabung des Systems sowie technischer Aspekte zu klären. Die Handhabungsprototypen werden den Anwendern präsentiert und mit ihnen diskutiert. Sie stellen ein wichtiges Instrument für Anwender und Entwickler dar, um ein gemeinsames Verständnis über das zu entwickelnde System herauszubilden.

Nachdem klar ist, welche Systemteile zuerst entwickelt werden sollen, erstellen Entwickler zusammen mit dem Kunden und den Anwendern eine Planung für die erste Iteration. Für die Iteration wollen sich Anwender, Kunden und Entwickler einen Zeitraum von zwei Wochen nehmen. Die Entwickler schätzen für die einzelnen Anforderungen die Aufwände, und die Kunden und Anwender entscheiden, welche Anforderungen in welcher Reihenfolge umgesetzt werden.

Die Entwickler realisieren anschließend genau den geplanten Funktionsumfang – nicht mehr und nicht weniger. Treten während der Programmierung fachliche Unklarheiten auf, fragen die Entwickler direkt bei den Anwendern nach. Entwickler integrieren Projektfortschritte mehrfach am Tag in den gemeinsamen Bestand. Daher kann zu jedem Zeitpunkt ein vollständig lauffähiges System erstellt werden, wenn dies erforderlich sein sollte. Dann ist es auch keine Katastrophe, dass die Entwickler in den zwei Wochen nicht die gesamte Funktionalität schaffen. Sie liefern nach Ablauf der zwei Wochen den Systemstand, der bis dahin erreicht ist. Auf Basis dieser Erfahrung korrigieren die Entwickler ihr Schätzverfahren, um bei der nächsten Iteration genauere Schätzungen abgeben zu können. Auch wenn sich die Entwickler verschätzt haben, haben die Anwender zum geplanten Zeitpunkt ein einsetzbares System erhalten, das zumindest die wichtigen Funktionalitäten anbietet.

In diesem Verfahren wird so lange weitergearbeitet, bis die gewünschte Gesamtfunktionalität realisiert wurde. Insgesamt kann durch dieses Vorgehen schnell eine erste einsetzbare Systemversion erstellt werden, während gleichzeitig auf neue Anforderungen flexibel reagiert werden kann.

Bewertung des Projektes

Die 100 %-Zuordnung der Entwickler zum Projekt sorgt dafür, dass sich die Entwickler voll und ganz auf das Projekt konzentrieren können. Es entstehen damit keine Reibungsverluste durch den Wechsel zwischen Projekten. Die Offenheit bzgl. der Qualifikationen der Entwickler entspricht dem XP-Prinzip »offene, aufrichtige Kommunikation« und hilft, spätere unangenehme Überraschungen zu vermeiden.

Die fachliche Analyse wird im engen Kontakt mit den Anwendern durchgeführt. Damit wird bereits in diesem frühen Projektstadium akzeptiert, dass die Anwender eine wichtige Rolle bei der Systementwicklung spielen. Die Entwickler halten den engen Kontakt mit den Anwendern während des gesamten Projektverlaufes, weil sie wissen, dass letztlich nicht die Erfüllung eines Pflichtenheftes über den Projekterfolg entscheidet. Sie sind sich darüber im Klaren, dass die Anwender über Projekterfolg oder -misserfolg entscheiden. Nur wenn die Anwender das entwickelte System sinnvoll einsetzen können, wird das Projekt zum Erfolg.

Die Entwickler üben sich über das gesamte Projekt hinweg in »Bescheidenheit«. Insbesondere entwickeln sie nur genau die benötigte Funktionalität und nicht, was »gerade interessant« erscheint. Sie konzentrieren sich in diesem Sinne auf die fachlichen Anforderungen und begreifen Technologie als Mittel zum Zweck. Dadurch können sie ihre Kräfte auf einen Punkt konzentrieren: die fachlichen Anforderungen.

Die kurzen Iterationszyklen sorgen dafür, dass die Anwender stets genaue und verlässliche Informationen über den Projektzustand erhalten. Sie können sich am »lebenden Objekt« vergewissern, was in welcher Qualität realisiert wurde. In diesem Projekt unterscheiden die Entwickler allerdings nicht zwischen Iterationen und Releases, wie dies bei XP üblich ist. In einem größeren XP-Projekt werden in der

Regel mehrere Iterationen zu einem Release (1 bis 3 Monate) zusammengefasst. Ein Release kann im Anwendungsbereich sinnvoll eingesetzt werden, während Iterationen dem schnellen Feedback durch den Kunden und einer verbesserten Planung dienen.

1.5 Überblick über das Buch

Die folgenden Kapitel des Buches gliedern sich in zwei große Bereiche. Kapitel 2 geht ausführlich auf jede einzelne XP-Technik ein. Zu jeder Technik wird neben einer kurzen Beschreibung vor allem auf unsere konkreten Erfahrungen und Empfehlungen fokussiert. Kapitel 3 stellt die bekanntesten anderen agilen Methoden (Scrum, Feature Driven Development, Industrial XP und XP, wie Kent Beck es in der zweiten Auflage seines XP-Buches beschreibt) im Vergleich dar und skizziert auch das neue V-Modell XT. Das V-Modell XT ist die Neuauflage des V-Modell des Bundes. Es soll in der Lage sein, auch agile Projekte zu unterstützen.

Die darauf folgenden Kapitel des Buches (Kapitel 4 bis 9) befassen sich mit speziellen Themen, die sich nicht direkt einzelnen XP-Techniken zuordnen lassen. Wir diskutieren dort zunächst die Rollen, die im Rahmen eines XP-Projektes zu besetzen sind (siehe Kapitel 4). Anschließend gehen wir auf eine Reihe von Artefakten ein, die für ein XP-Projekt verwendet werden können (siehe Kapitel 5). Darauf folgt eine genauere Betrachtung, wie XP-Projekte organisiert werden können und welche organisatorischen Randbedingungen erfüllt werden müssen (siehe Kapitel 6). Kapitel 7 beschreibt die Explorationsphase, mit der XP-Projekte beginnen. Schließlich widmet sich Kapitel 8 der Einführung von XP in Projekten und im Unternehmen. Im Rahmen unserer Erfahrungen arbeiteten wir in sehr unterschiedlichen Projektkontexten. Einige Projekterfahrungen haben wir in Projektberichten in Kapitel 9 zusammengefasst. Im gesamten Buch beziehen wir uns immer wieder auf diese Erfahrungen. Dass XP für unterschiedliche Kontexte jeweils angepasst werden muss, beschreiben wir in Kapitel 10. Hier sind die Kontexte Framework-Entwicklung, Produktentwicklung, Migration von Legacy-Systemen, E-Business, Outsourcing, Zertifizierung und eingebettete Systeme berücksichtigt.

Literaturverweise befinden sich im Text nur an ausgewählten Stellen und sind keinesfalls vollständig. Dafür befindet sich am Ende eines jeden Kapitels eine kommentierte Literaturliste. Dort sind auch zusätzliche, im Text nicht erwähnte, aber aus unserer Sicht interessante Referenzen aufgeführt.

Nach dem Buch

Für die Beschäftigung mit der agilen Softwareentwicklung ist dieses Buch als Einstieg geeignet. Es ist aber bei weitem nicht erschöpfend. Weiterführende Informationen und Diskussionen findet man unter [XPBuch]. Hier kann man auch seine konkreten Fragen diskutieren, die sich vor oder beim Projekteinsatz ergeben.

1.6 Literatur

[AgileAlliance] The Agile Alliance: Agile Manifesto http://www.agilealliance.org

eXtreme Programming gehört zur Gruppe der agilen Prozesse. Neben den Vätern von XP hat sich eine Reihe anderer Interessierter zur Agile Alliance zusammengetan, um die Grundfesten agiler, leichtgewichtiger Softwareentwicklung festzuhalten.

[Beck 00] Kent Beck: eXtreme Programming Explained – Embrace Change, Reading, Massachusetts, Addison-Wesley, 2000.

Das Standardwerk zum Thema eXtreme Programming. In diesem ersten Buch zu XP beschreibt Kent Beck die Grundlagen und generellen Überlegungen zu XP. Das Buch gibt einen guten Überblick über XP und die Philosophie hinter XP, enthält aber wenig Details. Es ist als Einstieg in XP jedoch unverzichtbar. Eine deutsche Übersetzung ist inzwischen von Addison-Wesley veröffentlicht worden.

[Beck 04] Kent Beck: eXtreme Programming Explained – Embrace Change. 2. Auflage, Reading, Massachusetts, Addison-Wesley, 2004.

Die zweite Auflage des XP-Buches ist gegenüber der ersten Auflage vollständig neu geschrieben. Kent Beck hat erhebliche Umbenennungen in der Terminologie und Verschiebungen in der Bedeutung der XP-Techniken vorgenommen. Einige neue Techniken stellen auch die Entwicklungsteams vor neue Herausforderungen, welche die ursprünglichen XP-Techniken beherrschen.

[Beedle & Schwaber 01] Mike Beedle, Ken Schwaber: Agile Software Development with Scrum. Prentice Hall, 2001.

Originalbeschreibung der agilen Methode Scrum mit einer glänzenden ersten Hälfte.

[Cunningham 96] Ward Cunningham: EPISODES: A Pattern Language of Competitive Development. In: Vlissides, Coplien, Kerth

(Eds.): Pattern Languages of Program Design. Addison-Wesley, S. 371-388, 1996.

[ExtremeProgramming] http://www.extremeprogramming.org

Website rund um eXtreme Programming (XP).

[Feature Driven Development] http://www.featuredrivendevelopment.com

Website rund um Feature Driven Development (FDD).

[IndustrialXP] http://www.industrialxp.org

Einführung in Industrial XP (IXP).

[it-agile] http://www.it-agile.de

Website der it-agile GmbH. Hier finden sich im Newsbereich (Blog) Neuigkeiten rund um die agile Softwareentwicklung.

[Palmer & Felsing 02] Stephen R. Palmer, John M. Felsing: A Practical Guide to the Feature-Driven Development. Prentice Hall, 2002.

Einführung in Feature Driven Development (FDD).

[Schwaber 04] Ken Schwaber: Agile Project Management with Scrum. Microsoft Press, 2004.

Neuere Beschreibung von Scrum mit Schwerpunkt auf Projektmanagement.

[Scrum] http://www.controlchaos.com

Zentrale Website rund um Scrum.

[Westphal 05] Frank Westphal: eXtreme Programming (und andere einführende Texte), http://www.frankwestphal.de, 2005.

Frank Westphal veröffentlicht auf seiner Website eine Reihe von einleitenden Texten zu verschiedenen Themen rund um eXtreme Programming. Sowohl die kurze Einleitung zu eXtreme Programming selbst als auch »Der Weg zu XP« und einführende Worte zum Umgang mit Unit Testing sind für den Einsteiger empfehlenswert. Zudem finden sich dort noch eine Reihe von nützlichen Links und Buch-Tipps. Seit 2005 veröffentlicht Frank Westphal auf seiner Website den Tonabnehmer, in dem Interviews zu agilen Themen als MP3-Dateien zum Download angeboten werden.

[XP-Mailingliste] xp-forum@yahoogroups.com

Deutschsprache Mailingliste zu eXtreme Programming und anderen agilen Methoden.

[XP-UG-HH] xpug-hh@yahoogroups.com

Mailingliste der XP-User-Group Hamburg.

[XPBuch] http://community.it-agile.de

Interaktives Web-System zu diesem Buch. Hier finden Diskussionen rund um agile Softwareentwicklung im Allgemeinen und dieses Buch im Speziellen statt. Die Autoren dieses Buches sind regelmäßige Besucher der Website und geben gerne ihre Erfahrungen weiter.

[XProgramming] http://www.xprogramming.com

Website rund um eXtreme Programming (XP).

2 Die XP-Techniken

In diesem Kapitel stellen wir die einzelnen XP-Techniken vor, die in der Einleitung skizziert wurden. Für jede Technik geben wir eine kurze Beschreibung, stellen unsere Erfahrungen mit der Technik dar, geben auf dieser Basis Empfehlungen für den Einsatz und beleuchten schließlich die Verbindungen zu anderen XP-Techniken.

Die Originalliste der XP-Techniken ist hier um zwei Techniken ergänzt, die heute in fast jedem XP-Projekt angewendet werden: *Standup-Meetings* und *Retrospektiven*. Diese Techniken haben über die reichhaltigen Diskussionen der XP-Gemeinde Einzug in XP gefunden.

2.1 Kunde vor Ort (engl. On-Site Customer)

Der Kunde arbeitet vor Ort bei den Entwicklern.

2.1.1 Beschreibung

Die Entwicklung des Softwaresystems wird von einem Kunden in Auftrag gegeben. XP fordert den Kunden auf, aktiv am Entwicklungsprozess teilzunehmen und möglichst oft im Projekt *vor Ort* zu sein. Der Kunde vor Ort beschreibt die Anforderungen an das zu entwickelnde System mit so genannten *User-Stories*. Mit dieser Benennung wird der informelle Aspekt in den Vordergrund gestellt. Im Gegensatz zu anderen Entwicklungsmethoden wird nicht erwartet, vollständige oder gar formale Spezifikationen der Anforderungen zu erhalten. User-Stories sind kleine Geschichten aus Sicht des Anwenders, die eine Eigenschaft des Systems beschreiben. Meist wird jede einzelne Geschichte für sich auf einer Karte festgehalten. Diese Karten nennt man *Story-Cards*. Sie sind die »Spielkarten« beim Planungsspiel (siehe Abschnitt 2.2 *Planungsspiel (engl. Planning Game)*).

Der Kunde nimmt am Planungsspiel teil und priorisiert dort die Story-Cards. Während der Programmierzeiten steht der Kunde den Entwicklern als Ansprechpartner zur Verfügung. Fachliche Fragen können so schnell und unkompliziert geklärt werden. Der direkte Zugriff auf Kunden und Anwender entscheidet bei der Softwareentwicklung fast immer über den Projekterfolg.

Verfügbarkeit des Kunden

Vielfach wird gefordert, der Kunde soll 100 % seiner Zeit im Projekt mitarbeiten. So ist sichergestellt, dass das Projekt nicht ins Stocken geraten kann, nur weil den Entwicklern anwendungsfachliches Wissen fehlt. Das Management in der Anwendungsorganisation wird jedoch nicht besonders begeistert sein, wenn über die Laufzeit des Projektes ein kompletter Mitarbeiter ausfällt. Wir werden diesen Punkt im Abschnitt 2.1.3 *Erfahrungen* detailliert diskutieren.

In vielen XP-Projekten arbeitet der Kunde jedoch nicht zu 100 % seiner Zeit im Projekt mit. Er kann durchaus seiner täglichen Arbeit nachgehen, muss aber für Fragen jederzeit zur Verfügung stehen. Das bedingt, dass keine zu starke räumliche Trennung zwischen den Entwicklern und dem Kunden existieren sollte.

2.1.2 Beispiel: Kunde vor Ort

In einer Bank wird ein XP-Projekt zur Unterstützung der Definition von Bankprodukten aufgesetzt. Das Projekt wird mit acht Entwicklern und einem Kunden ausgestattet. Der Kunde ist Mitarbeiter des Produktbereiches, der das spätere System verwenden wird. Der Kunde steht dem Projekt zu 100 % seiner Zeit zur Verfügung. Er kennt die fachlichen Hintergründe sowie die geschäftspolitischen Interessen seiner Abteilung.

Der Kunde vermittelt den Entwicklern in Gesprächen einen ersten Eindruck von den Anforderungen an das neue System. In diesem Zusammenhang schält sich eine erste wichtige Systemkomponente heraus: das Softwarewerkzeug *Produktdefinierer.* Entwickler und Kunde kommen überein, mit dieser Systemkomponente zu beginnen. Der Kunde schreibt die entsprechenden User-Stories auf Story-Cards, welche die wichtigsten Aspekte des Systems aus seiner Sicht abdecken. So entstehen insgesamt zwölf Story-Cards.

Mit diesen Story-Cards gehen Kunde und Entwickler in das *Planungsspiel.* Die Entwickler schätzen die Aufwände der einzelnen Story-Cards. Zusammengerechnet entstehen Entwicklungsaufwände für zehn Wochen. Dieser Aufwand ist für eine Iteration viel zu hoch. Es wird eine Iterationslänge von drei Wochen festgelegt. Der Kunde priorisiert die Story-Cards, so dass der erste Satz in der nächsten Iteration erledigt werden kann. Diese Story-Cards priorisiert er nochmals untereinander, um eine Reihenfolge innerhalb der Iteration festzulegen. Damit ist sichergestellt, dass die für den Kunden wichtigsten Anforderungen zuerst erledigt werden. So wird auch dann etwas maximal Nützliches für den Kunden hergestellt, wenn nicht alle Story-Cards in der Iteration erledigt werden können.

Nach dem Planungsspiel haben die Entwickler einen Satz Story-Cards für einen überschaubar kurzen Zeitraum an der Hand. Sie beginnen sofort mit der Entwicklung. Die Story-Cards stellen keine vollständige Spezifikationen dar und schon bald werden Lücken im fachlichen Verständnis der Entwickler offensichtlich. Die dadurch entstehenden Fragen klären die Entwickler sofort mit dem Kunden. Der Arbeitsplatz des Kunden befindet sich im selben Gebäude auf einer anderen Etage. Der Kunde trifft sich täglich mit den Entwicklern für einen kurzen Fortschrittsbericht (siehe dazu auch die Technik *Standup-Meeting*).

Die Entwickler stellen dem Kunden wöchentlich neue Versionen des Systems zum Testen zur Verfügung. Nach dem ersten Release hält der Kunde das System für so nützlich und stabil, dass er es für seine Arbeit einsetzt. Er fungiert damit als Pilotanwender.

2.1.3 Erfahrungen

Kompetenzen des Kunden

In XP übernimmt der Kunde die fachliche Projektplanung. Er entscheidet, wann welche Funktionalitäten realisiert werden. Damit sind erhebliche Anforderungen an den Kunden verbunden: Er muss nicht nur die großen fachlichen Zusammenhänge verstehen. Er muss außerdem die Geschäftsziele in konkrete Anforderungen an Software wandeln. Er muss die Fähigkeit und die Befugnis besitzen, die Anforderungen in sinnvolle Blöcke zu gliedern. Und nicht zuletzt muss er abschätzen, bis zu welchem Punkt sich die Softwareentwicklung finanziell rechnet.

Vollzeit- und Teilzeitkunden

Es ist schwierig, einen so qualifizierten Kunden zu 100 % seiner Arbeitszeit für ein Projekt zu bekommen. Schließlich wird ein guter Mitarbeiter des Fachbereiches dort eine entsprechende Lücke reißen. Häufig müssen wir uns mit »Teilzeitkunden« zufrieden geben. Das stellt nach unserer Erfahrung jedoch kein großes Problem dar, wenn es zwischen Entwicklern und Fachabteilung eine generelle Übereinkunft darüber gibt, dass Entwickler mit den Anwendern sprechen dürfen. Steht der Kunde dem Projekt zu 100 % zur Verfügung, kann dies in lang laufenden Projekten sogar auch zu Problemen führen. Bei Versicherungen und Banken ist es schon seit Dekaden gängige Praxis, Mitarbeiter aus Fachbereichen Entwicklungsprojekten Vollzeit zur Verfügung zu stellen. Dies hat jedoch dazu geführt, dass sich die Fachbereichsmitarbeiter über den Projektverlauf immer weiter von der Arbeitspraxis ihrer Kollegen entfernt haben und dafür immer stärker in IT-Kategorien gedacht haben. Die Fachbereichsmitarbeiter hatten teilweise schon nach einem halben Jahr Projektmitarbeit nur noch verschwommene Vorstellungen darüber, wie ihre Kollegen in den Fachbereichen arbeiten. Die Entwickler sollten sich dieses Problems bewusst sein, um diese Gefahr frühzeitig zu erkennen und ggf. angemessen reagieren zu können. Dies könnte z. B. durch Rotation des Kunden oder durch stärkere Einbindung zusätzlicher Anwender geschehen.

Den Kunden substituieren

Problematisch wird es jedoch, wenn selbst dieser situative Zugriff auf Anwender nicht möglich ist – z. B., weil ein Standardprodukt entwickelt wird. Dann muss man sich Gedanken machen, wie Kunden und Anwender substituiert werden können. In so einem Fall ist es angemessen, explizit jemanden aus der Entwicklerorganisation zu benennen, der die Kundenrolle einnimmt. Soll ein Standardprodukt entwickelt werden, ist es häufig sogar angebracht, extra für diesen Zweck Mitarbeiter mit dem benötigten Fachwissen einzustellen. In größeren Organisationen kann der Produktmanager diese Rolle übernehmen. Den Spezialfall einer Softwareproduktentwicklung diskutieren wir in Kapitel 7.

Multi-Channeling-Anwendungen

Viele der heute zu entwickelnden Systeme sind so genannte *Multi-Channeling-Anwendungen*, die ganz unterschiedliche Anwendergruppen unterstützen sollen. So wird man einen Tarifrechner für Versicherungen mit unterschiedlichen Frontends, aber mit demselben Rechenkern verschiedenen Anwendergruppen zur Verfügung stellen. Zu diesen Anwendergruppen gehören z. B. Internetkunden, Makler, Außendienstmitarbeiter, Innendienstmitarbeiter sowie Produktspezialisten. In solchen Fällen ist es fast unmöglich, einen Kunden zu finden, der alle diese Anwendergruppen angemessen repräsentieren kann. Stattdessen wird der Kunde dazu neigen, »seine« Anwendergruppe zu »bevorzugen«. Dies geschieht nicht aus Bösartigkeit, sondern weil er eben die Interessen und Bedürfnisse der anderen Anwendergruppen nicht ausreichend gut kennt.

In diesem Fall müssen weitere »Kunden« einbezogen werden, z. B. indem mehrere Kunden am Projekt teilnehmen. Eine solche Situation ist natürlich nicht unproblematisch, da zusätzlicher Abstimmungsbedarf entsteht.

Alternativ kann ein einzelner Kunde ausgewählt werden, der die anderen Kunden vertritt. Er ist dann dafür verantwortlich, sich mit den anderen Kunden abzusprechen und deren Interessen und Bedürfnisse ins Projekt einzubringen. Dieser Kundenvertreter trägt die Interessen der Kunden gebündelt ins Projekt. Erkauft wird diese Bündelung durch eine zusätzliche Kommunikationsstufe. Die Kunden müssen ihre Interessen und Anforderungen dem Kundenvertreter erläutern, der sie danach den Entwicklern erklärt.

Kunde vs. Anwender

Im Grunde vermischt XP Auftraggeber und Anwender in der Kundenrolle. Das führt zu Problemen, wenn Anwenderinteressen und die Geschäftsinteressen des Auftraggebers sich nicht ohne weiteres zur Deckung bringen lassen. In solchen Fällen kann weder der Auftraggeber noch der Anwender beide Interessen angemessen vertreten. Ähnlich wie bei den Multi-Channeling-Anwendungen könnte man auch hier einen künstlichen Kunden einführen, der sich mit Anwendern und Kunden abspricht und deren Interessen gegenüber den Entwicklern vertritt. Auch hier entsteht durch die Indirektion in der Kommunikation die Gefahr von Kommunikationsproblemen. Wir würden daher eher dazu neigen, sowohl den Auftraggeber als auch Anwender in das Projekt zu integrieren. In diesem Fall sind die Anwender für die fachlichen Rückfragen zuständig und der Auftraggeber für die Priorisierung der Story-Cards. Natürlich kann der Auftraggeber die Kundenrolle an einen seiner Mitarbeiter delegieren. Wichtig ist dann, dass dieser Mitarbeiter auch die Befugnis hat, Entscheidungen im Planungsspiel zu fällen.

Fachliche Zusammenhänge verstehen

Durch den starken Einsatz der EDV in den meisten Unternehmen entsteht ein verhängnisvolles Problem: Anwender wissen z.T. trotz Ausbildung im Bereich, in dem sie arbeiten, nicht mehr, wie etwas anwendungsfachlich ohne Systemunterstützung zu erledigen ist und was hinter bestimmten bereits jetzt automatisierten Vorgängen steckt. Man bekommt dann Antworten wie »das ist so, weil das System das so berechnet hat«, »das mache ich immer dann, wenn in diesem Feld ein X steht«.

Fast immer unterscheiden sich in großen Unternehmen die offiziellen Regelungen und Verfahrensvorschriften von der gelebten Unternehmenskultur. Diese gelebte Unternehmenskultur hat sich über Jahrzehnte herausgebildet. Sie ist nicht in jedem Detail den offiziellen Regelungen überlegen. Häufig ist die Gesamtheit der Regelungen jedoch praktisch undurchführbar. In diesem Sinne trägt die gelebte Unternehmenskultur deutlich zum Überleben des Unternehmens bei. Ein gutes Anwendungssystem lässt sich nur dann entwickeln, wenn die gelebte Unternehmenskultur angemessen berücksichtigt wird. Andernfalls wirkt sich das Anwendungssystem kontraproduktiv aus. In der Regel arbeiten die Anwender dann »um das System herum«.

Bei Gesprächen mit den Anwendern müssen wir uns als Entwickler im Klaren darüber sein, dass es diese zwei Sichtweisen auf die Arbeit im Unternehmen gibt (offizielle Regeln und gelebte Kultur). Vor allem am Anfang des Projektes kann es passieren, dass die Anwender und Kunden uns die offiziellen Regelungen als gelebte Praxis präsentieren. Dies hängt damit zusammen, dass Anwender mitunter Repressionen befürchten, wenn bekannt wird, dass sie gegen offizielle Unternehmensregelungen verstoßen. Erst wenn sich zwischen Anwendern und Entwicklern eine Vertrauensbasis gebildet hat, besteht die Möglichkeit, die gelebte Unternehmenskultur kennen zu lernen.

Anwender neigen dazu, konservativ über ihre Arbeitsumgebung nachzudenken. Sie wollen in der Regel gar nicht ein komplett neues System, sondern nur, dass automatisch ein paar Felder gefüllt werden mit Informationen, die irgendwo anders sowieso schon im System schlummern; dazu vielleicht noch ein paar neue Möglichkeiten, flexibler zu sein, ohne dass das System (noch) schwerer zu bedienen wird. Diese Option existiert aber für viele Systeme nicht, da alte Lösungen an die Grenzen ihrer Erweiterbarkeit gestoßen sind. Wir dürfen als Softwareentwickler nicht vergessen, dass wir mehr Übung als die Anwender darin haben, uns zukünftiger Systeme vorzustellen. Für Anwender ist es mitunter sehr schwer, über andere als ihnen bekannte Systeme nachzudenken.

Wer schreibt die Story-Cards?

Wir tendieren in solchen Situationen daher dazu, die Story-Cards von den Entwicklern zusammen mit den Anwendern schreiben zu lassen. Gespräche zwischen Anwendern und Entwicklern bilden die Grundlage dafür. Die Entwickler dürfen sich natürlich nicht von eigenen Interessen leiten lassen, sondern müssen sich in den Kunden hineindenken. Sie identifizieren dann mit dem Anwender zusammen wichtige Eigenschaften des zukünftigen Systems und notieren diese auf Story-Cards. In der Tat folgen die meisten unserer Projekte diesem Schema. Wir haben mit dieser Form gute Erfahrungen gesammelt, speziell in Situationen, in denen die Anwender stark durch vorhandene EDV-Altsysteme geprägt sind.

2.1.4 Beispiel: Angepasste Technik

Der Leiter der Beschaffungsabteilung eines Produktionsunternehmens sieht Bedarf für ein neues Verwaltungssystem der angeschafften Güter. Seine primäre Motivation ist der Wunsch nach besseren statistischen Auswertungsmöglichkeiten. Er möchte z. B. in kurzer Zeit die mittlere Verweildauer bestimmter Güter im Lager ermitteln können.

Es wird schnell klar, dass das System nur dann verlässliche Informationen liefern wird, wenn die statistischen Daten quasi »nebenbei« während der täglichen Arbeit der Mitarbeiter der Beschaffungsabteilung anfallen.

Damit entsteht die Situation, dass das System sowohl die Arbeit des Abteilungsleiters (statistische Daten) als auch die Arbeit seiner Mitarbeiter (Beschaffungsvorgänge) unterstützen muss. Es müssen also die Anforderungen beider Anwendergruppen berücksichtigt werden. Da weder der Abteilungsleiter genau weiß, wie seine Mitarbeiter arbeiten, noch seine Mitarbeiter eine genaue Vorstellung über die notwendigen statistischen Auswertungen haben, erarbeiten die Entwickler mit dem Abteilungsleiter *und* seinen Mitarbeitern entsprechende Story-Cards.

Die Entwickler stellen fest, dass sich die Arbeit der Abteilungsmitarbeiter durch weiter gehende Systemunterstützung deutlich effektiver gestalten lässt. Sie bereiten daher zwei Szenarios der Systemunterstützung vor. Im ersten Szenario liegt der Schwerpunkt auf den statistischen Auswertungen für den Abteilungsleiter. Das zweite Szenario stellt die weiter gehende Systemunterstützung für die Abteilungsmitarbeiter in den Vordergrund und verschiebt die statistischen Auswertungen im Zeitplan nach hinten.

In einem gemeinsamen Workshop mit dem Abteilungsleiter, einem ausgewählten Abteilungsmitarbeiter sowie Entwicklern werden die verschiedenen Szenarios vorgestellt und diskutiert. Da der Abteilungsleiter der Geldgeber für das Projekt ist, entscheidet letztlich er, was zuerst realisiert wird. Er lässt sich im Workshop von seinem Mitarbeiter überzeugen, dass es sinnvoll ist, zunächst die weiter gehende Unterstützung für die Abteilungsmitarbeiter zu realisieren. Anschließend werden dann die statistischen Auswertungen realisiert.

2.1.5 Empfehlungen

- Der Kontakt zu den Anwendern ist essenziell. Wenn Sie Anwender ins Projekt integrieren können, dann tun Sie das.
- Die Kundenrolle muss passend ausgefüllt werden. Achten Sie darauf, dass der Kunde Entscheidungen treffen darf und das auch tut.
- Wenn Sie sich als Entwickler dabei erwischen, nicht definitiv zu wissen, was etwas fachlich bedeutet und wie es fachlich umzusetzen ist, dann diskutieren Sie nicht weiter: Fragen Sie einen Anwender (direkt, per Telefon, per E-Mail, auf dem nächsten gemeinsamen Treffen).

- Wenn es Alternativen gibt, für die Sie eine Entscheidung benötigen, lassen Sie den Kunden bzw. den Anwender entscheiden.
- Überlegen Sie, wie Sie die Kundenrolle in Ihrem Projekt ausgestalten wollen. Reicht ein Kunde oder brauchen Sie mehrere »Kunden«? Ist eine Unterscheidung in Kunde und Anwender notwendig? Scheuen Sie nicht davor zurück, die Kundenrolle im Projektverlauf umzudefinieren, falls das sinnvoll erscheint.

2.1.6 Bezug zu anderen XP-Techniken

- *Planungsspiel*: Der Kunde nimmt am Planungsspiel teil und schreibt und priorisiert die Story-Cards. Treten während der Entwicklung Fragen zu den Story-Cards auf, kann der Kunde vor Ort diese sofort beantworten. Muss die Planung angepasst werden, kann der Kunde vor Ort an der Planänderung partizipieren.
- *Metapher*: Die Zusammenarbeit mit dem Kunden vor Ort ist wesentlich einfacher, wenn sie auf Basis von Metaphern über das System sprechen können. Das bewahrt die Entwickler davor, technische Details und damit ggf. unverständliche Dinge dem Kunden zu präsentieren. Metaphern fördern somit die Kommunikation und das gegenseitige Verständnis über das zu entwickelnde Produkt.
- *Testen*: Kunden vor Ort schreiben Akzeptanztests und können die realisierte Funktionalität testen. Die Entwickler können auf diese Art und Weise schnell Rückkopplung über ihre Arbeit erhalten und Fehler oder Missverständnisse früh erkennen.

2.2 Planungsspiel (engl. Planning Game)

Der Kunde gibt die Anforderungen vor, die Entwickler schätzen die Aufwände, der Kunde priorisiert.

2.2.1 Beschreibung

Beim Planungsspiel sitzen Entwickler und Kunde zusammen und planen das nächste Release bzw. die nächste Iteration. Der Kunde notiert seine Anforderungen auf Story-Cards (einfache Karteikarten genügen). Die Entwickler schätzen dann die Stories bezüglich ihres Realisierungsumfanges. Schließlich priorisiert der Kunde die Stories. Die Entwickler setzen die so gewonnene Priorisierung dann in der nächsten Iteration (bzw. im nächsten Release) um.

Die Story-Cards sind ein wichtiges Mittel während des Planungsspiels. Sie dienen den Entwicklern und Anwendern, über Anforderungen zu diskutieren. Entwickler können über Stories diskutieren und überlegen, wie kompliziert oder aufwändig sie diese einschätzen. Dabei auftretende Fragen können sofort an den Kunden gerichtet werden. Anwender können sie priorisieren, sortieren oder ergänzen.

Schätzen

Die von den Entwicklern abgegebenen Zeitschätzungen basieren auf ihren Erfahrungen in der letzten Iteration. Dazu notieren die Entwickler die für die einzelnen Anforderungen tatsächlich benötigten Ist-Aufwände. Diese werden zu den geschätzten Zeiten in Beziehung gesetzt. Auf dieser Basis können die Entwickler lernen, ihre Schätzgenauigkeit zu erhöhen. Neben diesem Soll-Ist-Abgleich wird festgehalten, wie viel Zeit in der letzten Iteration insgesamt verbraucht wurde.

Load-Faktor, Velocity

XP differenziert zwischen erbrachten Aufwänden und verbrauchter Zeit. Die verbrauchte Zeit ist aufgrund von Besprechungen, Telefonanrufen, Supportanfragen etc. häufig viel höher als die erbrachten Aufwände. Das Verhältnis zwischen der tatsächlich verbrauchten Zeit (Realzeit) und den tatsächlich erbrachten Aufwänden (Idealzeit) wird im Load-Faktor bzw. der Velocity (siehe [Jeffries et al. 00]) ausgedrückt. Wenn die Entwickler z. B. fünf Tage benötigen, um eine Anforderung umzusetzen, für die sie lediglich einen Tag Aufwand erbringen, so hat der Load-Faktor den Wert fünf. Der Load-Faktor kann damit einfach nach jeder Iteration berechnet werden. Hier ist zu beachten, dass für die Berechnung des Load-Faktors nur benötigte Zeit in Beziehung zum benötigten Aufwand gesetzt wird. Die geschätzte Zeit ist in diesem Zusammenhang irrelevant.

Wenn man den Load-Faktor der letzten Iteration kennt, so kann man einfach die geschätzten Aufwände (in Idealtagen) mit dem Load-Faktor multiplizieren, um die Zeit zu berechnen, die für die nächste Iteration benötigt würde. Allerdings richtet sich bei XP die Dauer der nächsten Iteration nicht nach den Anforderungen, sondern die Anforderungen werden an der Dauer der nächsten Iteration ausgerichtet. So kann man z. B. eine generelle Iterationsdauer von zwei Wochen festlegen und dann nur die Anforderungen in die Iteration übernehmen, die in der zur Verfügung stehenden Zeit auch realisierbar sind.

Abstrakte Schätzgrößen

Wenn man sich dieses Schätzverfahren genauer ansieht, stellt man fest, dass es hier nur um die Verhältnisse zwischen den Zahlen geht und gar nicht um reale Aufwände. Daher gehen viele XP-Projekte inzwischen so vor, dass sie Anforderungen nicht mit Personentagen schätzen, sondern mit vollkommen abstrakten Werten, z. B. Gummibärchen. Dann kann jede Anforderung z. B. mit ein bis fünf Gummibärchen bewertet werden. Die Verhältnisse der Gummibärchen-Zahlen geben die relativen Aufwände der Anforderungen zueinander an. Ist eine Anforderung so aufwändig, dass fünf Gummibärchen nicht reichen, so muss sie in mehrere kleinere Anforderungen aufgeteilt werden. Jetzt muss lediglich noch gezählt werden, wie viele Gummibärchen während der letzten Iteration erledigt wurden. Genau dieselbe Anzahl an Gummibärchen nimmt sich das Projekt für die nächste Iteration vor.

2.2.2 Erfahrungen

Karteikarten

Anforderungen auf Karteikarten zu notieren ist eine hervorragende Möglichkeit, Anforderungen zu vergegenständlichen. Wenn ein Entwicklerpaar eine neue Aufgabe sucht, nimmt es einfach die nächste Karte und realisiert diese. Dadurch ist bereits sichergestellt, dass nicht mehrere Entwickler parallel an derselben Aufgabe arbeiten. Wenn die Aufgabe erledigt ist, kann einfach der benötigte Aufwand auf der Karte notiert werden. Außerdem können sich die Entwickler Anmerkungen auf die Karten schreiben oder eine Karte an ein anderes Entwicklerpaar weitergeben. Bei uns haben sich DIN A5 große, linierte Karteikarten aus Pappe bewährt (andere XP-Projekte arbeiten erfolgreich mit DIN A6 und teilweise sogar mit DIN A7 großen Karten). Auf diesen werden die Anforderungen relativ informal beschrieben. Es ist auch möglich, die Anforderungen an einem Rechner zu schreiben und diese dann auf DIN-A4-Papier auszudrucken. Der Ausdruck kann dann einmal gefaltet und an die Karteikarte getackert werden.

Karten an die Wand

In vielen Projekten haben wir die Karteikarten in einem Karteikasten aufbewahrt und dort verschiedene Unterteilungen vorgenommen wie »offen«, »in Arbeit«, »erledigt«. In anderen Projekten haben wir sehr gute Erfahrungen damit gemacht, wenn man zumindest für die aktuelle Iteration die Karten auf einer Pinwand in unterschiedlichen Abteilungen für offene, in Arbeit befindliche und erledigte Karten für das gesamte Projektteam sichtbar macht. So weiß jeder immer auf einen Blick, welchen Stand die aktuelle Iteration hat. Statt Pinwänden sind auch magnetische Whiteboards oder einfach die Bürowände geeignet.

Elektronische Story-Cards

Inzwischen haben wir in mehreren Projekten Erfahrungen mit elektronischen Systemen zur Story-Card-Verwaltung gesammelt. Insbesondere der XPlanner unterstützt die Verwaltung von Stories relativ gut. Die Planungsspiele wurden dann z.T. mit einem Beamer durchgeführt. Das hört sich zwar ganz gut an, funktioniert aber nicht so gut wie Planungsspiele mit Karteikarten. In Planungsspielen mit elektronischer Unterstützung entwickelt sich nicht die Dynamik, die bei der

Verwendung von Karteikarten entsteht. Beim elektronisch unterstützten Planungsspiel konzentriert sich die Aufmerksamkeit stets auf das projizierte Bild. Dadurch wird die Interaktion zwischen den Teilnehmern behindert.

Das Planungsspiel sollte daher ohne Rechner stattfinden. Wenn die Stories elektronisch verwaltet werden, sollten sie vor dem Planungsspiel ausgedruckt werden. Im Planungsspiel kommen dann nur noch die Ausdrucke zum Einsatz. Evtl. anfallende Notizen werden auf den Ausdrucken gemacht und später im System nachgezogen.

Story- und Task-Cards

Es ist häufig sinnvoll, zwischen Story-Cards und Task-Cards zu differenzieren. Auf den Story-Cards beschreiben wir die fachlichen Anforderungen aus Sicht des Kunden. Die Story-Cards können auf Task-Cards heruntergebrochen werden. Das kann z. B. dann sinnvoll sein, wenn die Story-Card relativ groß ist oder sich einfach in parallelisierbare Task-Cards zerlegen lässt. Auf Task-Cards können neben heruntergebrochenen Story-Cards auch technische Anforderungen beschrieben werden. Diese technischen Anforderungen sind für den Kunden irrelevant und in der Regel auch nicht verständlich.

Es gibt demnach zwei Motivationen für Task-Cards. Einerseits entstehen sie aus heruntergebrochenen Story-Cards und dienen so direkt der Umsetzung einer Story-Card. Stellen die Entwickler beim Schätzen der Task-Cards fest, dass sie eine Story-Card falsch eingeschätzt haben, muss das dem Kunden mitgeteilt werden, der ggf. die Story-Cards für die Iteration anders priorisiert und den Umfang der Iteration gemessen in Story-Cards anpasst.

Andererseits schreiben die Entwickler Task-Cards für nötige Arbeiten, die nicht direkt aus den Story-Cards abgeleitet werden können. Für solche Task-Cards überlegen sich die Entwickler unabhängig vom Planungsspiel, wann sich die zusätzlichen technischen Task-Cards sinnvoll umsetzen lassen. Als hilfreich hat sich die Richtlinie erwiesen, technische Task-Cards dann umzusetzen, wenn sie die Realisierung einer fachlichen Story-Card erleichtern.

Formalisierung der Karteikarten

Nachdem wir erste Erfahrungen mit den Karteikarten gesammelt hatten, haben sich Muster für die Form der Karten herausgebildet. Diese Muster sind jedoch stark vom jeweiligen Projektkontext abhängig. Daher sind die skizzierten Karteikarten lediglich als ein mögliches Beispiel zu verstehen. Generell muss sich zuerst ein Umgang mit den Karteikarten etablieren, bevor dieser Umgang formal vergegenständlicht werden kann. Bei uns hat es ca. 2 Jahre gedauert, bis wir eine erste leichte Formalisierung erreicht haben. Wir schreiben auf jede Karte die folgenden Informationen: Titel, Datum, Autor, Art der Karte (fachliche Anforderung, technisches Refactoring, Bug), Beschreibung der Anforderung, Akzeptanztest, geschätzter Aufwand (z. B. in Gummibärchen), tatsächlicher Aufwand, Datum der Erledigung, Entwickler. Möglicherweise macht diese Einteilung auch für andere Projekte Sinn. Allerdings sollte nicht blind unsere Einteilung übernommen werden. So gibt es beispielsweise XP-Projekte, in denen nur ein Stichwort auf den Karteikarten steht. Dies kann ausreichen, wenn mit dem Kunden besprochen wurde, was zu tun ist. Dann dienen die Karteikarten nur als Erinnerungshilfe für die Entwickler. Wenn ein Projekt mit nur einem Stichwort auskommt, ist das wunderbar, weil dann die Karten ganz einfach zu erstellen sind. Solche Karteikarten setzen die XP-Leitlinie vorbildlich um, nach der Stories »ein Versprechen für ein Gespräch sind« (»promise for conversation«).

Protokollierung der Aufwände

Wenn Aufwände geschätzt und notiert werden, sollte einheitlich geregelt werden, in welcher Einheit das geschieht. Insbesondere ist zu klären, ob über Paarstunden/-tage oder Personenstunden/-tage gesprochen wird. Es kann dann leicht Verwirrung entstehen, wenn von PT die Rede ist, weil die Abkürzung sowohl Personen- als auch Paartage meinen kann. Wir schreiben daher die Einheit ganz aus oder kürzen eindeutig mit PeT (Personentage) bzw. PaT (Paartage) ab. Wir selbst benutzen als Einheit immer Paartage, damit schon auf dieser Ebene klar ist, dass Anforderungen immer im Paar und niemals alleine umgesetzt werden. Allerdings sind wir inzwischen dazu übergegangen, nur noch mit abstrakten Größen zu schätzen.

Schätzen mit abstrakten Größen

Das Schätzen von Aufwänden mit abstrakten Größen, wie z. B. Gummibärchen, hat eine Reihe von Vorteilen. So zeigt die Erfahrung, dass Entwickler Aufwände häufig zu gering schätzen. Dies scheint auch mit den konkreten Aufwänden zu tun zu haben. Die Entwickler stellen sich dann vor, was sie für eine Anforderung programmieren müssen, und kommen so zu einem Idealwert. Leider trifft dieser nur zu, wenn die Entwickler gleich alles richtig machen. Programmierfehler, Debuggingzeit etc. werden leicht vernachlässigt. Gummibärchen helfen, sich von dieser konkreten Ebene zu lösen. In konventionellen Schätzmethoden wie Function Point wird übrigens eine ganz ähnliche Trennung vorgenommen. Zunächst wird der Aufwand in der abstrakten Größe »Function Point« berechnet und erst anschließend der zugehörige Aufwand in Personentagen ermittelt.

Teilweise treffen wir Projekte an, in denen in jeder Iteration unterschiedlich viel Zeit zur Verfügung steht. Die Gummibärchen der letzten Iteration können dann nicht als Planungsgrundlage verwendet werden. Es muss zusätzlich noch die in dieser Iteration zur Verfügung stehende Realzeit mit der Realzeit der letzten Iteration in Beziehung gesetzt werden.

Auf den ersten Blick mag es vielleicht etwas merkwürdig erscheinen, den tatsächlich benötigten Aufwand für eine Anforderung in Gummibärchen zu notieren. Das ist jedoch möglich, wenn wir uns einfach auf die relativen Aufwände der Anforderungen zueinander konzentrieren. Nachdem wir eine Anforderung erledigt haben, können wir uns überlegen, ob die Gummibärchen-Schätzung wirklich zutraf oder ob die Anforderung leichter oder schwieriger zu realisieren war. Den benötigten Aufwand notieren wir dann auf der Karteikarte. Die Differenzierung zwischen Aufwand und Zeit ist mit konkreten Größen wie Stunden oder Tagen viel schwieriger, da Entwickler z.T. Zeiten unbewusst mitrechnen, in denen sie nicht programmieren. Nehmen wir an, jemand arbeitet mit einem Partner an einem Tag vier Anforderungen ab. Vielleicht notiert er für die Anforderungen Aufwände von 1, 2, 2 und 1 Stunde. Dann hat er an dem Tag zwei Stunden nicht programmiert. Wenn er jedoch eine Karte an diesem Tag geschafft hat, so wird er wahrscheinlich »1 PaT« auf der Karte notieren und damit vernachlässigen, dass er aufgrund von Pausen oder anderen Tätigkeiten zwei Stunden nicht programmiert hat.

Typischer Load-Faktor

Es ist schwer zu glauben, aber der Load-Faktor beträgt in den meisten großen Unternehmen zwischen drei und fünf. Damit ist auch klar, wo anzusetzen ist, um die Produktivität der Entwicklung zu erhöhen: Die unproduktiven Zeiten müssen minimiert werden. Obwohl es schwierig sein kann, die unproduktiven Zeiten herauszufinden und zu eliminieren, lohnt sich der Aufwand. Sehr gute Teams kommen auf einen Load-Faktor von 1,2 bis 2,0. Diese Werte kann man nicht sinnvoll weiter unterschreiten, weil diese schlicht die notwendigen Pausen und Koordinationen wiedergeben. In diesem Sinne sind die verbleibenden Nicht-Programmierstunden zwar nicht direkt produktiv, aber der Produktivität doch förderlich. Dazu zählen beispielsweise auch Design-Sessions, die ebenfalls keine reine Programmierzeit darstellen, aber für die Produktivität sehr wichtig sein können.

Akzeptanz des Eegriffs »Planungsspiel«

Der Begriff des Planungs»spiels« stößt beim Management in Entwicklerorganisationen und bei Kunden z.T. auf wenig Gegenliebe. Wenn diese ohnehin den Eindruck haben, die Entwickler würden nicht ernsthaft arbeiten, sondern »rumalbern«, dann kann der Begriff diesen Eindruck noch verstärken. Wir verwenden daher gegenüber unseren Kunden Begriffe wie »Planungsworkshop« oder »Planungsmeeting«, meinen aber die hier beschriebene Technik. Auch in [Beck & Fowler 00] wird von *Planning Meetings* anstelle von *Planning Game* gesprochen.

In diesem Sinne schätzen wir Aufwände intern zwar in Gummibärchen, nennen diese aber gegenüber Kunden und Management meist »Aufwandspunkte« (AP).

Kunden und Anwender

XP differenziert nicht zwischen Kunden und Anwendern (siehe dazu auch Abschnitt 2.1 *Kunde vor Ort*). Häufig ist es sinnvoll, am Planungsspiel sowohl Kunden als auch Anwender teilnehmen zu lassen. Natürlich bleibt die letzte Entscheidung über die Priorisierung der Anforderungen beim Kunden, da dieser die Ressourcen für das Projekt bereitstellt. Meist berücksichtigt der Kunde jedoch die Wünsche der Anwender, wenn diese am Planungsprozess beteiligt werden. Auf jeden Fall werden die Planung und die Entscheidungsfindung transparent. Die Anwender erfahren, dass die Entscheidung für oder gegen die Umsetzung einer Anforderung nicht von den Entwicklern, sondern vom Kunden gefällt wird. Die Entwickler geraten nicht in die unangenehme Position, zwischen beiden Parteien zu stehen. Hin und wieder kann es bei solchen Planungsspielen, an denen sowohl Kunden als auch Anwender teilnehmen, zu heftigen Diskussionen zwischen diesen beiden Parteien kommen. In diesem Fall sind die teilnehmenden Entwickler als Moderatoren gefragt. Sind die Entwickler mit dieser Aufgabe überfordert, so muss ggf. ein professioneller Moderator hinzugezogen werden.

Wer schreibt Anforderungen?

XP fordert, dass die Kunden ihre Anforderungen selbst auf Story-Cards aufschreiben. Die Erfahrung zeigt, dass die Formulierung von Anforderungen nicht trivial ist. Wir haben bereits in Abschnitt 2.1 *Kunde vor Ort (engl. On-Site Customer)* diskutiert, dass es sinnvoll sein kann, die Story-Cards von den Entwicklern zusammen mit den Anwendern schreiben zu lassen. Hinzu kommt, dass der Inhalt der Story-Card testbar sein muss. Außerdem darf der Umfang weder zu klein noch zu groß sein.

2.2.3 Empfehlungen

- Reduzieren Sie den Load-Faktor, um die Produktivität Ihrer Entwickler zu erhöhen. Gehen Sie dabei aber auch nicht blind vor. Alle Designbesprechungen zu streichen, reduziert zwar auf den ersten Blick auch den Load-Faktor, verbessert Ihre Produktivität aber nicht. Ansatzpunkte sind: Streichen Sie unnötige Besprechungen; minimieren Sie die Teilnehmerzahlen in Besprechungen; straffen Sie die notwendigen Besprechungen: Designbesprechungen benötigen keine Stühle; keine Besprechung dauert deutlich länger als 15 Minuten; keine Besprechung benötigt einen Tisch; jeder darf jede Besprechung jederzeit ohne Rechtfertigung verlassen.

- Teilen Sie Entwickler dem Projekt zu 100 % zu. Belasten Sie sie nicht parallel mit Supportaufgaben.
- Benutzen Sie DIN-A5-Karteikarten, um die Anforderungen zu vergegenständlichen.
- Hängen Sie die Karten der aktuellen Iteration für alle sichtbar an die Wand.
- Formalisieren Sie die Karteikarten nur so weit, wie es absolut notwendig ist. Wenn Ihre Entwickler mit den Karteikarten nichts Rechtes anzufangen wissen, lässt sich dieses Problem nicht durch Formalisierung lösen.
- Schätzen Sie Aufwände mit abstrakten Größen (z. B. Gummibärchen).
- Geben Sie dem Ganzen einen anderen Namen, wenn der Kunde sich mit dem Begriff »Planungsspiel« unwohl fühlt. Nennen Sie es doch einfach »Planungsworkshop« oder »Planungsmeeting«.
- Differenzieren Sie zwischen Kunden und Anwendern, wenn sinnvoll. Der Kunde gibt die Ziele für das Projekt vor und die Anwender dienen als Quelle für Anwendungswissen.
- Sorgen Sie dafür, dass die Umsetzung einer Anforderung nicht länger als fünf Paartage (oder dem Äquivalent in einer abstrakten Schätzgröße) dauert.

2.2.4 Bezug zu anderen XP-Techniken

- *Kurze Releasezyklen*: Wir können nur dann sinnvoll mit den Anforderungen »spielen«, wenn diese überschaubar sind. Nur dann können wir ein ausreichendes Verständnis der einzelnen Anforderungen entwickeln, um verlässliche Zeitschätzungen vorzunehmen. Kurze Releasezyklen sind das Mittel der Wahl, um die Menge der Anforderungen überschaubar zu halten.
- *Kunde vor Ort*: Beim Planungsspiel werden die Anforderungen »lediglich« priorisiert. Es ist also notwendig, dass Entwickler, Kunden und Anwender vorher geklärt haben, was die einzelnen Anforderungen bedeuten. Dies funktioniert nur, wenn ein kontinuierlicher Austausch mit Kunden und Anwendern möglich ist.
- *Testen*: Anforderungen müssen testbar sein. Dafür verwenden wir Akzeptanztests. Nur wenn die Akzeptanztests klar definiert sind, kann eine verlässliche Aufwandsschätzung für die Anforderungen angegeben werden.

2.3 Standup-Meetings

Treffen Sie sich täglich mit allen Projektbeteiligten für 15 Minuten, um sich gegenseitig über den Projektfortschritt zu informieren.

2.3.1 Beschreibung

Kommunikation zwischen Entwicklern ist gut und notwendig, dies haben wir an einigen Stellen in diesem Buch bereits deutlich hervorgehoben. Das Programmieren in (wechselnden) Paaren fördert erheblich die Kommunikation im Entwicklerteam. Darüber hinaus ist Kommunikation im gesamten Team notwendig. Oft werden hierzu wöchentliche Projektmeetings eingerichtet. Allerdings haben diese Meetings die Eigenart, zeitlich auszuufern. Außerdem werden in der Regel Einzelpunkte diskutiert, die für die meisten Teilnehmer irrelevant und damit langweilig sind.

Die Lösung für dieses Problem sind tägliche Standup-Meetings (siehe [Beedle et al. 00]), die am besten zu einer festgelegten Zeit stattfinden (z. B. vor dem Mittagessen) und eine festgelegte Dauer haben. Diese dürfen 10 bis 15 Minuten nicht übersteigen. Um ein Treffen in so kurzer Zeit abhalten zu können, werden drei Regeln angewendet:

1. Die Teilnehmer stehen (manchmal ist daher auch von einer *Stehung* im Gegensatz zu einer *Sitzung* die Rede). Es geht nicht um Gemütlichkeit mit Kaffeetrinken und Kekseessen. Dafür gibt es andere gemeinsame Aktivitäten. Es geht um den Projektfortschritt und die Frage, was welcher Entwickler derzeit gerade macht und welche Probleme er dabei ggf. hat oder welche neuen für alle interessanten Erkenntnisse gewonnen wurden.
2. Jeder Teilnehmer beantwortet dieselben drei Fragen:
   - Woran habe ich seit dem letzten Standup-Meeting gearbeitet?
   - Woran werde ich bis zum nächsten Standup-Meeting arbeiten?
   - Welche Probleme sind aufgetreten?
3. Es sind keine Diskussionen erlaubt und Rückfragen höchstens kurz zum Verständnis. Wer mehr zu einem Thema erfahren will, kann sich nach dem Treffen direkt mit dem entsprechenden Kollegen zusammensetzen und ihn fragen.

Der dritte Punkt ist vor allem dem Umstand geschuldet, dass solche Diskussionen in der Regel nur für einzelne Projektmitglieder interessant sind. Dann ist es für das Team (und seine Effektivität) besser, wenn nur wenige diskutieren und ggf. ein aus der Diskussion gewonnenes Ergebnis am nächsten Tag beim nächsten Treffen kundgegeben wird. Selbst wenn das Thema für alle Projektmitglieder relevant sein sollte, ist es ratsam, ein explizites Meeting anzusetzen. So haben die Teilnehmer die Möglichkeit, sich auf dieses Meeting vorzubereiten.

2.3.2 Erfahrungen

Einführung von Standup-Meetings

Standup-Meetings lassen sich mit sehr wenig Aufwand in so gut wie jedem Projekt etablieren. Wird in einem Unternehmen eXtreme Programming eingeführt, werden die Standup-Meetings häufig außerhalb des Projektes als die erste deutlich sichtbare Veränderung im Projekt wahrgenommen. Auf einmal »pilgern« täglich alle Entwickler zur immer gleichen Zeit zum Raum, in dem das Standup-Meeting stattfindet.

Unpünktlichkeit

Insbesondere wenn nicht alle Entwickler im selben Raum arbeiten, können Probleme mit dem pünktlichen Beginn der Standup-Meetings entstehen. Die Teilnehmer trudeln erst nach und nach ein, und das Standup-Meeting beginnt mit variierender Verspätung. Das wird von den Entwicklern in unseren Projekten unterschiedlich bewertet. Wir persönlich empfinden Unpünktlichkeit als sehr ärgerlich. Die Standup-Meetings sind sehr wichtig für das Projekt, und wer zu spät kommt, respektiert diese Stellung nicht. Daher haben wir auch schon symbolische Strafen für verspätete Teilnehmer eingeführt: Wer unentschuldigt fehlt oder zu spät kommt, zahlt einen Euro in die Standup-Kasse. Wenn die Standup-Kasse ausreichend gefüllt ist, wird der Inhalt wohltätigen Zwecken gespendet. Es ist wichtig, dass die Standup-Kasse nicht wieder den Entwicklern zugute kommt (z. B. indem man vom Inhalt eine Party finanziert): Unerwünschtes Verhalten soll auch nicht indirekt belohnt werden.

Teilnehmer

Manchmal kommt es vor, dass der Teilnehmerkreis beim Standup-Meeting zu groß wird. Mit der Zeit hat das Projekt vielleicht das Interesse von Managern, Anwendern und Entwicklern geweckt. Dann kann es sehr nützlich sein, die Teilnahme am Standup-Meeting zu erlauben. Allerdings muss dann eine Zwei-Klassen-Gesellschaft eingeführt werden: Die projektexternen Teilnehmer dürfen zuhören, aber selbst nichts sagen. Dazu wird häufig die Geschichte von Schweinen und Hühnern verwendet (siehe [Schwaber & Beedle 01]): Wenn ein Schwein und ein Huhn sich zusammentun, um Speck und Eier zu verkaufen, dann ist das für das Huhn ein *Agreement* und für das Schwein ein *Commitment*. Übertragen auf Softwareprojekte sind die direkt beteiligten Entwickler und der Kunde Schweine, während die Projekt-externen Hühner sind. Die Schweine stehen beim Standup-Meeting in einem inneren Kreis, während die Hühner außerhalb des Kreises stehen.

Bei aller Offenheit gegenüber Neugierigen darf der Zweck der Standup-Meetings nicht vergessen werden. Wenn die Entwickler nicht mehr offen kommunizieren, weil bestimmte Manager oder Kunden bei den Standup-Meetings anwesend sind, ist es besser, den Teilnehmerkreis zu beschränken.

Standup-Meeting je Team

In der Regel ist es sinnvoll, ein Standup-Meeting je Projektteam abzuhalten. Mehrere Teams in einem Standup-Meeting zu integrieren, ist oft gut gemeint, hat aber meist nicht den gewünschten Effekt. Die Aufgaben der einzelnen Teams sind zu unterschiedlich, und der Teilnehmerkreis wird schnell zu groß.

In einem großen Projekt mit mehreren Teams ist es daher besser, jedes Team sein eigenes Standup-Meeting durchführen zu lassen und anschließend noch ein Manager-Standup-Meeting durchzuführen, an dem die Teamleiter oder ausgewählte Entwickler aus den Teams teilnehmen. So kann sichergestellt werden, dass auch der notwendige Informationsfluss zwischen den Teams stattfindet.

2.3.3 Empfehlungen

- Führen Sie die Standup-Meetings gleich beim Projektstart ein.
- Wenn die Arbeitszeiten es erlauben, führen Sie das Standup-Meeting gleich morgens als Startschuss für den Arbeitstag durch. Wenn das nicht möglich ist, halten Sie das Standup-Meeting direkt vor dem Mittagessen ab.
- Sorgen Sie dafür, dass die Anfangszeiten streng eingehalten werden. Wenn die Anfangszeiten nicht eingehalten werden, vereinbaren Sie eine symbolische Strafe, z. B. 1 Euro in die Standup-Kasse.
- Stellen Sie sicher, dass auch die anderen Regeln der Standup-Meetings strikt eingehalten werden.
- Verwenden Sie sehr einfache Regeln für das Stattfinden der Standup-Meetings. Führen Sie die Standup-Meetings jeden Tag zur exakt gleichen Zeit durch.
- Prüfen Sie sehr genau, ob Sie aus den Standup-Meetings etwas mitnehmen. Wird viel geredet, aber nichts ausgesagt, thematisieren Sie das Problem sofort. Fragen Sie nach, wenn etwas unklar bleibt.
- Gehen Sie vor dem Standup-Meeting für einige Sekunden in sich, um einen wirklich sinnvollen Beitrag zu liefern.

- Vergessen Sie nicht, die Dinge zu erwähnen, die Sie nach dem Standup-Meeting gestern noch erledigt haben.
- Haben Sie keine Angst, Probleme und Fehler einzugestehen.
- Nutzen Sie das Standup-Meeting, um schnell ein Meinungsbild zu einem Thema zu erheben und eine Entscheidung zu bekommen (z. B. »Sollen wir das Refactoring XYZ sofort machen?«).

2.3.4 Bezug zu anderen XP-Techniken

- *Metapher:* Gemeinsame Metaphern zwischen den Projektbeteiligten erleichtern die Kommunikation – auch im Standup-Meeting.
- *Einfaches Design*: Einfache Designs lassen sich häufig in Standup-Meetings so weit skizzieren, dass alle Teilnehmer ungefähr wissen, was gemeint ist.
- *Refactoring*: Haben Refactorings potenziell Auswirkungen auf weite Teile des Systems, kann beim Standup-Meeting abgestimmt werden, wann das Refactoring durchgeführt werden soll. Bei einem umstrittenen Refactoring kann darüber abgestimmt werden, ob es überhaupt durchgeführt werden soll. Nach Refactorings sollte im Standup-Meeting mitgeteilt werden, was sich geändert hat.

2.4 Metapher (engl. Metaphor)

Beschreiben Sie den Kern des Systems mit einer Metapher.

2.4.1 Beschreibung

Jedes Softwareprojekt sollte von Metaphern geleitet sein. Dies können ganz einfache bildliche Vorstellungen davon sein, wie ein System funktioniert und auf welchen grundsätzlichen Annahmen es basiert. Wenn man z. B. für ein System sagen kann, dass es sich in etwa wie ein Kalkulationsblatt verhält, kann das als gemeinsame Basisvorstellung zwischen allen Projektbeteiligten dienen und ihre gemeinsamen Diskussionen befruchten. Eine Metapher gibt immer auch technische Anleitungen im Sinne einer Architekturvorgabe, weil sich in objektorientierten Systemen die Strukturen zwischen den technischen Objekten und denen der entliehenen Metapher ähneln.

Kent Beck geht so weit, dass er behauptet, die Verwendung von Metaphern könnte die Systemarchitektur bzw. die explizite Beschäftigung mit Systemarchitekturen ersetzen. Aus unserer Sicht ist aber vielmehr die Verwendung von Metaphern handlungsleitend bei der Beschäftigung mit Architekturen.

Eine Metapher ist nur dann sinnvoll, wenn sie von allen Projektbeteiligten verstanden und geteilt wird. Dafür ist es notwendig, dass explizit eine Metapher oder ein Satz von Metaphern ausgewählt wird.

Stellen wir uns beispielsweise einmal vor, wir müssten ein System bauen, das Sachbearbeiter bei ihrer Tätigkeit, Rechnungen zu erstellen, unterstützen soll. Es macht dann einen großen Unterschied, ob Entwickler an ein Kalkulationsblatt oder eine um Rechenfunktionen erweiterte Textverarbeitung denken.

2.4.2 Erfahrungen

Unklare Handlungsanweisung

Aus unserer Sicht wird eine gemeinsame Metapher häufig in XP-Projekten vernachlässigt. Nur selten finden wir Diskussionen um passende Metaphern. Das liegt sicher darin begründet, dass die XP-Technik »Metapher« im Gegensatz zu den anderen XP-Techniken keine klare Handlungsanleitung gibt, wie sie umzusetzen ist. Viele Entwicklungsteams wissen schlicht nicht, was sie tun sollen, um eine Metapher zu definieren.

Nützliche Metaphern

Metaphern bergen ein hohes Nutzenpotenzial und können den Entwicklungsprozess unschätzbar bereichern. Die Einheitlichkeit größerer Systeme ist mit Hilfe von Metaphern unserer Erfahrung nach deutlich einfacher zu gewährleisten als ohne. Metaphern erfüllen genau die erforderliche Eigenschaft für Einheitlichkeit, dass nämlich zwischen den Entwicklern eine gemeinsame Idee vom System vorhanden ist. Trotzdem bedarf es zusätzlichen Aufwands, die Einheitlichkeit zu gewährleisten, was aber dank der XP-Techniken gemeinsame Verantwortlichkeiten (siehe Abschnitt 2.11) und Programmieren in Paaren (siehe Abschnitt 2.10) einfach in XP-Projekten gelingt.

Einfluss von Metaphern

Die Auswahl einer geeigneten Metapher hat starken Einfluss auf die Systemgestaltung. Wählen Sie beispielsweise für eine Textverarbeitung die Metapher »Schreibmaschine«, wird Ihr System gänzlich anders aussehen und völlig andere Dinge realisieren, als wenn Sie mit Ihrem Kunden die Metapher »Sekretärin« gewählt haben. Dieses Beispiel ist einem XP-Workshop entnommen. Drei unterschiedliche Gruppen hatten dort drei recht unterschiedliche Metaphern gewählt. Entsprechend unterschiedlich fielen auch die Story-Cards aus. Alle drei Projekte hatten ein völlig anderes Ziel angesteuert.

Die »richtige« Metapher

Dabei kann ein neutraler Beobachter nicht feststellen, ob sich eine Gruppe die »richtige« Metapher herausgesucht hat. Die drei Gruppen haben anscheinend ganz unterschiedliche Zielvorstellungen gehabt. Für jede einzelne Zielvorstellung mag die Metapher geeignet gewählt worden sein. Wichtig war allerdings, dass sich alle Mitglieder einer

Gruppe auf die Metapher einigen konnten und so eine gemeinsame Zielvorstellung vertraten.

Abweichungen vom Urbild

Metaphern sind allerdings nicht immer einfach konstruktiv umzusetzen. Hat man einmal Urbilder für seine Metaphern gewählt (z. B. Schreibmaschine), stellt sich die Frage, welche Eigenschaften der Urbilder in die Metaphern übernommen werden sollen. Erfolgreiche Metaphern trennen sich irgendwann von ihrem Urbild und entwickeln eine Art Eigenleben. So steht der Papierkorb *auf* dem elektronischen Schreibtisch und nicht darunter. Wenn man einer Textverarbeitung die Metapher der Schreibmaschine zugrunde legt, wird man z. B. auf den expliziten Blattwechsel am Seitenende verzichten.

Existierende Metaphern

Inzwischen existieren Listen erfolgreicher Metaphern für Softwaresysteme. Sie umfassen (siehe z. B. [WikiSystemMetaphor]):

- *Kalkulationsblatt* (Zellen, in denen sehr frei Berechnungen durchgeführt werden können)
- *Produktion* (z. B. Fließband, um Geschäftsprozesse abzubilden; gut geeignet für Batch-Systeme)
- *Buchführung* (mit fachlichem Transaktionsbegriff; gut geeignet, wenn Nachvollziehbarkeit der Historie sehr wichtig ist)
- *Einkaufswagen* (Shopsysteme im Internet)
- *Auktion* (Auktionssysteme im Internet)
- *Schreibtisch* (der elektronische Schreibtisch/Desktop findet sich heute auf jedem PC-Betriebssystem)
- *Dokumente* (Benutzer bearbeitet Dokumente, die frei gestaltet werden können und in Dateien gespeichert werden; verbreitete Metapher für Office-Programme)
- *WAM: Werkzeug, Automat, Material* (Anwender bearbeiten Materialien mit Werkzeugen, Automaten verarbeiten Materialien automatisch)
- *Direkte Manipulation* (man kann die fachlichen Kernobjekte direkt manipulieren mit Drag&Drop und Kontextmenüs; verbreitete Metapher für Zeichenprogramme)
- *Schwarzes Brett* (künstliche Intelligenz, Diskussionsgruppen)
- *Virtuelle Realität* (möglichst genaue optische Abbildung der Realität; findet sich z. B. in vielen Computerspielen)

Metaphern können auch kombiniert werden. So könnte z. B. ein Werkzeug nach der WAM-Metapher die Buchführungsmetapher verwenden, um Nachvollziehbarkeit der Modifikationen an Materialien sicherzustellen.

Metaphern und Systementwurf

Mit der ausgewählten Systemmetapher im Hintergrund erfolgt der fachliche Entwurf. Leider wird der fachliche Entwurf in sehr vielen (agilen sowie klassischen) Projekten nicht ernst genommen. So entstehen zweitklassige fachliche Klassen, die ihren Zweck nicht ausreichend kommunizieren. Die Folge sind Verständnis- und Verständigungsprobleme im Projekt. Viele fachliche Fehler lassen sich auf schlechte fachliche Entwürfe zurückführen. Ein hervorragendes Buch zum fachlichen Entwurf ist [Evans 2003].

2.4.3 Beispiel: WAM-Metaphern

WAM (Werkzeug, Automat, Material) ist ein Methodenrahmen, der ausgehend von unterschiedlichen Leitbildern und Arbeitsplatztypen die Metaphern Werkzeug, Automat und Material zur Ausgestaltung dieser Art von Arbeitsplätzen heranzieht.

Im WAM-Ansatz, der sich auch in vielen professionellen Softwareprojekten bewährt hat, werden die Metaphern schließlich über Entwurfsmuster für Softwarearchitekturen ausgestaltet.

Im WAM-Ansatz reden wir mit unseren Anwendern über Arbeitsmaterialien wie Formulare, Stammblätter etc., die ihnen aus ihrer alltäglichen Tätigkeit bekannt sind. Zusätzlich erklären wir dann aktive Systemteile zu Werkzeugen (»der Vertragseditor«, »der Plausibilisierer«, »der Kreditbearbeiter«) bzw. Automaten (»der Bestandsvergleicher«, »der Kreditantragsvorbereiter«).

Umgekehrt ist für solche WAM-Systeme aber auch die Kommunikation der Metaphern an die Anwender notwendig. Wenn beispielsweise ein WAM-System Anwendern vermittelt wird von jemandem, der an 3270-Terminal-Anwendungen gewöhnt ist und jetzt versucht, das neue System mit der alten Herangehensweise zu erklären, geht das erfahrungsgemäß schief. Zur Metapher des flexiblen Softwarewerkzeugs passt eben nicht die von Menüstrukturen und streng getrennten Funktionalitäten geprägte Herangehensweise.

Metaphern sind handlungsleitend

Ein weiterer großer Vorteil der Metaphern ist es, dass sie handlungsleitend sind, wenn Entscheidungen zu treffen sind – und Entscheidungen treffen Softwareentwickler ständig. Geht es z. B. um die Frage, ob ein Material gleichzeitig von zwei Werkzeugen bearbeitet werden kann, so lässt sich klar an der Metapher des Materials argumentieren, dass das nur an einem Arbeitsplatz von einer Person möglich ist, die an einem Werkstück auch mit Hammer und Schraubenzieher gleichzeitig arbeiten könnte. Zwei voneinander entfernt arbeitende Anwender sollten hingegen nicht auf demselben Material gleichzeitig arbeiten. Dies widerspricht nämlich der Einheit von Zeit und Raum für ein Material, so wie wir Menschen es von Dingen gewohnt sind. Abhilfe für solche

Arbeitssituationen kann aber in der Realität wie im Softwaresystem die Verwendung der Metapher »Kopie« bringen.

Die häufige Verwendung der Metaphern Werkzeug, Automat und Material in unseren Entwicklungsprojekten führte dazu, dass sich neue Entwickler im Projekt, die mit WAM vertraut sind, schnell zurechtfinden. Sie beginnen ihre Betrachtungen meist bei den Materialien und schauen sich dann an, welche Automaten und Werkzeuge auf welchen Materialien arbeiten. Dies gibt schon eine gute Orientierung über das System. Diese Orientierung macht sich auch für die Anwender der Systeme bezahlt, die ihre gewohnten Arbeitsgegenstände in elektronifizierter Form im System wiederfinden und den Umgang mit den neu geschaffenen Werkzeugen zur Bearbeitung der Materialien meist schnell lernen, weil Werkzeuge generell an Aufgaben orientiert gestaltet sind und daher für Anwender im Gegensatz zu reinen Dateneingabemasken sofort Sinn ergeben.

2.4.4 Empfehlungen

- Nehmen Sie die XP-Metapher sehr ernst. Denken Sie über geeignete Metaphern für Ihr System nach!
- Wählen Sie Ihre Metaphern sorgfältig aus, nicht jede Metapher eignet sich gleich gut!
- Prüfen Sie, ob eine der genannten erprobten Metaphern für Ihr System geeignet ist.
- Passen Sie die Metaphern an, wenn es sinnvoll erscheint.
- Achten Sie darauf, dass die Metapher auch nach Anpassung noch von allen Projektbeteiligten verstanden und mitgetragen wird.

2.4.5 Bezug zu anderen XP-Techniken

- *Programmieren in Paaren, Planungsspiel:* Gemeinsame Metaphern erleichtern hierfür die Kommunikation. Es lässt sich über die Teile des zukünftigen Softwaresystems, über die Beziehungen der Teile untereinander und Benutzungsmodelle viel effektiver und auf einer gemeinsamen ausreichend abstrakten, aber dennoch handlungsleitenden Ebene diskutieren.
- *Kunde vor Ort:* Was für die Kommunikation der Entwickler untereinander gilt, gilt noch viel stärker in der Kommunikation mit Anwendern. Metaphern helfen, die Idee hinter einem System zu verstehen.

- *Einfaches Design:* Während Metaphern Anleitung geben können, was im System zu realisieren ist, dienen sie gleichzeitig auch zur Abgrenzung zu Teilen, die nicht notwendig sind.
- *Refactoring:* Vorhandener Quelltext kann immer anhand der Frage betrachtet werden, wie gut die handlungsleitende Metapher durch ihn abgebildet wird. In diesem Sinne können Metaphern auch handlungsleitend für Refactoring sein.

2.5 Kurze Releasezyklen (engl. Short Releases)

Liefern Sie früh aus, liefern Sie häufig aus.

2.5.1 Beschreibung

Ob ein Softwaresystem erfolgreich ist oder nicht, stellt sich erst bei der Benutzung durch die Anwender heraus. In traditionellen Entwicklungsprozessen erhalten die Anwender eine einsetzbare Version des Systems häufig erst spät, z.T. nachdem bereits mehrere Jahre im Projekt an dem System gearbeitet wurde.

Im Rahmen des XP verkürzt man diese Abstände zwischen einzelnen Releases drastisch auf ein bis drei Monate. Natürlich wirken sich die kurzen Releasezyklen insofern auf das Produkt aus, als dass weniger Änderungen von einem Release bis zum nächsten realisiert werden können. Kurze Releasezyklen alleine bedeuten schließlich nicht, dass die gleiche Arbeit, die ansonsten in Jahren geleistet wird, nun in wenigen Wochen oder einem Monat erbracht werden muss (oder kann). Trotzdem werden die Releases so geplant, dass sie eine einsetzbare Software hervorbringen, die jeweils einen für den Anwender erkennbaren Fortschritt darstellt. Bei kurzen Releases handelt es sich also nicht um Snapshots aus der Entwicklung, in denen eventuell einige Dinge »gerade einmal wieder nicht funktionieren könnten, weil an ihnen gearbeitet wird«. Es handelt sich im Gegenteil um voll einsetzbare Systeme.

Dieses Ziel erscheint in vielen Projekten zunächst nicht praktikabel. Auf den ersten Blick betrachtet ergibt es keinen Sinn, nur einen Teil eines Systems auszuliefern. Soll beispielsweise die Personalabrechnung in einem Unternehmen durch eine neue Software abgelöst werden, wirken kurze Releasezyklen nicht durchführbar. Doch mit einem scharfen Blick lassen sich immer Versionen finden, die zwar nicht den gesamten Umfang des zu entwickelnden Systems umfassen, dafür aber einen kleinen Bereich sinnvoll unterstützen. So kann das kleine Release der neuen Software bereits frühzeitig eingesetzt werden. Konkrete Beispiele finden sich in [Jeffries et al. 00, Seite 49 ff.] sowie weiter unten.

Ziel von kurzen Releasezyklen ist es, praktische Erfahrungen mit den realisierten Funktionen der Software zu sammeln. Auf Basis des Feedbacks lässt sich frühzeitig erkennen, ob sich die Zielvorstellungen von Entwicklern und Kunden auseinander bewegen oder Missverständnisse aufgetreten sind. Natürlich werden an diesem Punkt diejenigen einhaken, die eine genaue Spezifikation der zu entwickelnden Software erstellen, und behaupten, auf Basis dieser Spezifikation könnten natürlich keine Missverständnisse oder Fehlentwicklungen auftreten. Die Entwicklung der letzten Jahre hat allerdings gezeigt, dass diese Vorstellung nie in die Realität umgesetzt werden kann, da im Laufe der Entwicklung immer wieder Änderungen auftreten.

Letztlich erlangen die Entwickler durch kurze Releasezyklen Gewissheit darüber, ob sie noch die Software entwickeln, die dem Kunden nützt. Anhand einer solchen Einschätzung ist die weitere Entwicklung besser zu planen und eventuell vorhandene Fehlentwicklungen werden frühzeitig erkannt. Mit kurzen Releasezyklen tragen wir erheblich dazu bei, das Risiko bei der Softwareentwicklung zu minimieren.

Iterationen

XP-Projekte unterteilen Releasezyklen nochmal in Iterationen. Am Ende einer Iteration findet die Präsentation der Ergebnisse für den Kunden statt und die nächste Iteration wird im Planungsspiel geplant. Obwohl im Prinzip eine lauffähige Version der Software vorliegt, handelt es sich nicht automatisch um ein Release. Diese Unterteilung ist wichtig, weil in der Regel ein Release zusätzliche Aufwände verlangt (z. B. Installationsprogramm erstellen, ggf. Schulungen, Installationen durchführen). Diese Aufwände können in der Regel nicht mehrmals im Monat erbracht werden. Eine Iteration sollte zwischen einer und vier Wochen dauern.

2.5.2 Beispiel: Kurze Releasezyklen bei der Ablösung eines Hostsystems

In einer Versicherung soll ein existierendes monolithisches Hostsystem zur Vertragsverwaltung abgelöst werden. Da an dem Hostsystem eine große Menge von Batch-Programmen hängt, scheinen kurze Releasezyklen zunächst nicht umsetzbar. Der erste Eindruck vermittelt, dass das System als Ganzes inkl. aller Hostprogramme abgelöst werden müsste.

Es stellt sich jedoch heraus, dass dem nicht so ist. Mit dem existierenden System arbeiten unterschiedliche Nutzergruppen: Sachbearbeiter, Versicherungsvertreter und Versicherungsmakler. Jede dieser Gruppen nutzt nur einen Teil des Systems. Aus geschäftspolitischen Gründen soll zunächst die Unterstützung für die Makler verbessert werden. Die Makler müssen in der Lage sein, Versicherungsverträge zu berechnen und zu beantragen. Für die Berechnung der Versicherungstarife wird eine Produktdatenbank benötigt, die bereits auf dem Hostsystem verfügbar ist. Da sich die Produkte relativ selten ändern, scheint es akzeptabel, diese für die Makler zu replizieren. Es wird also auf Basis der replizierten Produktdatenbank zunächst ein Tarifrechner entwickelt und ausgeliefert. Im nächsten Release wird die Möglichkeit ergänzt, Versicherungen zu beantragen. Dafür müssen die Vertragsdaten auf den Host transportiert werden. Es stellt sich heraus, dass bereits entsprechende Transferprogramme für die Versicherungsvertreter existieren, die unverändert benutzt werden können.

Mit der Unterstützung für die Versicherungsmakler ist bereits ein solides Fundament für die anderen Nutzergruppen gelegt. Tarifberechnung und Antragstellung ist für Sachbearbeiter und Versicherungsvertreter gleichermaßen interessant. Die Sachbearbeiter benötigen jedoch zusätzlich die Möglichkeit, Versicherungsverträge zu bearbeiten. Dazu scheint ein direkter Zugriff auf die Hostdatenbestände notwendig zu sein. Stattdessen entscheiden sich die Entwickler für eine Duplizierung der Datenbestände. Die Neuanträge werden jetzt nicht nur auf den Host übertragen. Sie werden zusätzlich in eine Paralleldatenbank auf dem Applikationsserver gespeichert. Die Bearbeitung solcher Neuverträge erfolgt mit dem neuen System, die alten Verträge werden zunächst weiter mit dem Hostsystem bearbeitet. Die Datenbank mit den neuen Verträgen wird direkt vor und nach dem Nacht-Batch mit dem Hostsystem synchronisiert. Dadurch werden auch die neuen Verträge durch die Batch-Verarbeitung erfasst. Durch die strikte Trennung zwischen Host und neuem System ist die Synchronisation relativ einfach, da das neue System tagsüber nur die neuen Verträge bearbeitet und nachts die Batch-Programme auf dem Host.

In den nachfolgenden Releases werden die Batch-Programme schrittweise abgelöst. Dazu wird jeweils ein Batch-Programm des Hostsystems für das neue System nachprogrammiert (falls das Batch-Programm überhaupt noch notwendig ist). So laufen eine ganze Weile funktional identische Batch-Programme auf dem Hostsystem und im neuen System. Durch organisatorische Maßnahmen wird sichergestellt, dass notwendige Änderungen an den Batch-Programmen sowohl auf dem Host als auch im neuen System durchgeführt werden. Im Prinzip kann nach Fertigstellung eines jeden Batch-Programms ein neues Release erstellt werden.

Bewertung des Beispiels

Man sieht an dem Beispiel, dass kurze Releasezyklen häufig zunächst unmöglich scheinen. Mit etwas Kreativität sind bzw. wären sie aber in jedem uns bekannten Projekt möglich gewesen. Es wird aber auch deutlich, dass Aufwand investiert werden muss, um kurze Releasezyklen zu realisieren (im Beispiel die Programme zur Synchronisation der Datenbestände). Aus unserer Sicht lohnt sich der Aufwand aber allemal, da kurze Releasezyklen sehr schnell profundes Feedback ermöglichen und damit ein wichtiges Instrument zur Risikominimierung darstellen.

Außerdem ermöglichen sie es, Systemfunktionalitäten früh zu nutzen und so auch den damit verbundenen Geschäftswert früh zu erzielen.

2.5.3 Erfahrungen

Der erste Eindruck aus Entwicklersicht ist häufig, dass kurze Releasezyklen mehr Stress und einen höheren Zeitdruck bedeuten. Wer kennt nicht die stressige Zeit vor einem Release. Und die Vorstellung, dass dieser Stress jetzt auch noch in kürzeren Abständen, vielleicht sogar einmal pro Monat oder einmal in der Woche anfällt, schreckt viele ab. Aus unserer Erfahrung heraus stellt sich die Situation keinesfalls so extrem dar. Sicherlich ist ein Tag, an dessen Ende ein Release erstellt wird, immer ein Tag, der etwas hektischer und vielleicht auch einmal länger wird. Aber wir sprechen hier von einem Tag, nicht einer Woche oder gar mehr Zeit, die hektischer und stressiger ist.

Werkzeuge helfen bei der Releaseerstellung

Damit ein Release Hektik für höchstens einen Tag erzeugt, müssen eine Reihe von Voraussetzungen erfüllt sein. Zum einen muss natürlich auf technischer Ebene dafür gesorgt werden, dass eine Systemversion schnell und unkompliziert erstellt werden kann. Dafür können wir nur empfehlen, ein entsprechendes Tool einzusetzen. Für unsere Java-basierten Projekte setzen wir Ant ein (siehe [Ant]). Dieses kleine Werkzeug erlaubt es, nach entsprechender Konfiguration ein Release in wenigen Minuten zusammenzustellen.

Ant kann jedoch nur die technische Releaseerstellung vereinfachen. Das ist unbedingt sinnvoll, stellt aber nicht die einzige Voraussetzung dar, um kurze Releasezyklen zu ermöglichen. Eine entsprechende Planung der nächsten Entwicklungsschritte bis zu einem Release ist zwingend erforderlich, um die Anforderungen für das nächste Release termingerecht zu erfüllen. Im Rahmen des Planungsspiels müssen die Kunden in diesen Prozess einbezogen werden. Sie entscheiden letztlich, welche Eigenschaften sinnvollerweise im nächsten Release enthalten sein sollten. Dass dabei kein unrealistischer und überzogener Zeitdruck aufgebaut wird, wird durch die Kommunikation während des Planungsspiels (siehe Abschnitt 2.2) sichergestellt.

Hohe Testabdeckung vereinfacht kurze Releasezyklen

Ebenfalls aus unseren Projekten haben wir die Lehre gezogen, dass eine hohe Abdeckung mit automatisierten Tests (siehe Abschnitt 2.7) die Releaseerstellung erheblich vereinfacht. Je mehr Funktionalität des Systems manuell geprüft werden muss, nachdem ein Release erstellt worden ist, desto aufwändiger wird die Releaseerstellung. Dies kann mit einer hohen Testabdeckung erheblich vereinfacht und beschleunigt werden. Tritt beim manuellen Test ein Fehler auf, so muss schließlich die gesamte Prozedur der Releaseerstellung wiederholt werden. Lässt sich die Zahl dieser Fehler mit Komponententests (Unit Tests, siehe [Link 05]) frühzeitig verringern, profitiert das Team bei der Releaseerstellung erheblich.

In einem unserer Projekte hatten wir extrem kurze Releasezyklen. Wir lieferten ca. einmal pro Woche ein neues Release an den Kunden. Dabei hatten wir unbeabsichtigt eine Funktion des Systems nicht mit Tests abgeprüft. Bei der nächsten Releaseerstellung ist uns dieses Problem durch manuelle Tests aufgefallen. Wir mussten für das Release dieses Problem beseitigen. Dadurch hat sich die Erstellung des Releases hinausgezögert[1]. Hinzu kam, dass die Fehlersuche wegen des Zeitdrucks überaus stressig wurde. Letztlich haben wir den Fehler gefunden und konnten ihn für das Release beseitigen. Doch die Erfahrung lehrt in einem solchen Fall, dass sich umfangreiche Komponententests besonders positiv auf kurze Releasezyklen auswirken.

Im Gegenzug bedingen kurze Releasezyklen auch angenehme Effekte und Erfolgserlebnisse. Ist nicht jeder Entwickler stolz und glücklich, wenn ein von ihm entwickeltes System eingesetzt wird und dem Anwender die Arbeit erleichtert? Und was für ein Gefühl ist es erst, wenn die Anwender dann auch noch sagen, dass es sich um ein tolles System handelt und sie gerne mit dem System arbeiten!

Kurze Releasezyklen sind nicht immer einfach zu realisieren

Allerdings erkennen wir in unseren Projekten auch, dass kurze Releasezyklen nicht überall einfach zu realisieren sind. Tatsächlich ist es in den meisten unserer Projekte so, dass wir zunächst einen »Lernabschnitt« einplanen, bevor wir wirklich daran gehen, neue Releases in kurzen Abständen fertig zu stellen. Wenn der Anwendungsbereich komplex oder neu ist, so müssen sich die Entwickler zunächst einen ersten Überblick über das fachliche Anwendungsgebiet verschaffen. Während dieser Zeit entwickeln wir in der Regel Handhabungsprototypen, um unser Verständnis zu überprüfen. Im Gegensatz zu den

---

1. Hinauszögern eines Releases ist im engeren Sinne in einem XP-Projekt nicht erlaubt.

Releases werden diese Prototypen aber nur zum Lernen gebaut und erheben nicht den Anspruch, im Praxisbetrieb einsetzbar zu sein. Sie entsprechen damit einer konkreten Art von *Spike Solutions*, wie sie in [Jeffries et al. 00] beschrieben werden. Wir achten jedoch darauf, diese Lernphase möglichst kurz und kompakt zu halten. Je nach Projekt sollten ein bis drei Monate ausreichen. Diese Lernphase hat inzwischen auch einen richtigen Namen bekommen. Unter dem Begriff *Explorationsphase* (siehe Kapitel 7) werden in XP-Projekten alle Tätigkeiten zusammengefasst, die zum Starten des Projektes notwendig sind: grobe Systemabgrenzung vornehmen, erstes fachliches Verständnis erwerben, technische Risiken abschätzen, Machbarkeit prüfen etc.

Kein Big-Bang

Ein relevanter Bereich, in dem kurze Releasezyklen nicht offensichtlich auf der Hand liegen, ist die Ablösung von großen Legacy-Systemen. Vielfach wird versucht, diese Legacy-Systeme auf einen Schlag durch ein neues System zu ersetzen. Kleinere Schritte scheinen nicht realisierbar.

Wir gehen hier häufig den Weg der kleinen Releasezyklen, indem wir das Legacy-System einkapseln, ohne zunächst Funktionalität zu ersetzen. Dazu implementieren wir eine objektorientierte Schicht, die uns den Zugriff auf das Legacy-System beispielsweise mit Java gestattet. Diese Schicht ist so realisiert, dass sie fast keine eigene fachliche Funktionalität bietet. Sie erbringt ihren Service lediglich dadurch, dass sie das weiter existierende Legacy-System anspricht.

Für die Anwendungsentwicklung verbergen wir so das Legacy-System. In den nächsten Schritten können wir die Kapsel um das Legacy-System schrittweise von demselben lösen. Dazu bauen wir die Legacy-Kapsel schrittweise aus und implementieren immer mehr Funktionalität in der Legacy-Kapsel selbst. Am Ende ist die Legacy-Kapsel so weit ausimplementiert, dass sie nicht mehr auf das dahinter liegende Legacy-System zugreift – das Legacy-System wurde schrittweise abgelöst. Die Legacy-Kapsel ist zu einer Sammlung von Geschäftsservices geworden.

Die Erfahrung zeigt, dass dieses Vorgehen schnell und unkompliziert zum Erfolg führt. Eine Big-Bang-Ablösung eines umfangreichen Legacy-Systems ist im Gegensatz dazu immer mit extremen Schwierigkeiten und Risiken verbunden.

Auswirkungen kurzer Releasezyklen

Nachdem wir betrachtet haben, wie kurze Releasezyklen umgesetzt werden können, wollen wir uns im Weiteren damit beschäftigen, welche Erfahrungen wir mit den Auswirkungen kurzer Releasezyklen gemacht haben.

Das frühzeitige Feedback führt dazu, dass immer wieder Teile identifiziert werden, die verbessert werden können. Für den nächsten Zyklus muss also entschieden werden, welche neuen Eigenschaften entwickelt und welche Eigenschaften des letzten Releases verbessert werden. Das erschwert natürlich die Planung über ein Release hinaus. Wird über ein Release hinaus geplant, müssen diese Verbesserungen der letzten Releases mit eingeplant werden. Daraus resultiert auch eine veränderte Vertragsgestaltung. Kent Beck (siehe [OptionalScopeContracts]) hat das Thema der Vertragsgestaltung in einem eigenen Papier diskutiert. Die wesentliche Argumentation geht dahin, dass die Kunden von Festpreisprojekten mit festgelegtem Funktionsumfang keinen Vorteil gegenüber Projekten haben, deren Vertragsgestaltung »weicher« ist. Die Erfahrung mit Pflichtenheften und Gerichtsverfahren um gescheiterte Softwareentwicklungsprojekte zeigt ganz deutlich, dass es eine Illusion ist, den Funktionsumfang einer zu entwickelnden Software vorher »gerichtsfest« zu definieren. Selbst wenn dies gelänge, entstünden sofort Probleme, wenn sich die Anforderungen während der Entwicklung ändern. Wie wir bereits in der Einleitung diskutiert haben, ist diese Änderung der Anforderungen aber gerade das Wesen von Softwareentwicklungsprojekten.

Wir haben für unsere Projekte die Konsequenz gezogen, dass wir entweder nach Aufwand abrechnen oder nur kleine Festpreisprojekte (max. 200.000 Euro) abwickeln. Und selbst diesen kleinen Festpreisprojekten ist eine Explorationsphase (auch: Vorprojekt) für die Analyse vorwegzuschalten, indem Prototypen gebaut werden, um die Anforderungen zu klären. In unseren Projekten haben wir es bisher auch immer geschafft, dem Kunden diese Vorgehensweise zu vermitteln. Wichtig ist hier, dass wir als Softwareentwickler uns immer professionell verhalten und hochqualitative Software erstellen. So baut sich zwischen Kunden und Softwareentwicklern ein Vertrauensverhältnis auf, auf dessen Basis wir kurze Verträge mit flexiblen Formulierungen aushandeln können. Unsere Verträge sind in der Regel nur ein paar Seiten lang und referenzieren mitunter bereits vorhandene Prototypen.

Welche positiven Konsequenzen ein solches Vertrauensverhältnis haben kann, zeigt eines unserer Projekte. Dort hatten wir einen Festpreis vereinbart und gegen Projektende festgestellt, dass wir den Preis um ca. 20 % überschreiten würden. Natürlich ist das unser Problem, weil wir den Aufwand geschätzt und den Vertrag unterschrieben haben. Wir haben also beschlossen, diese Mehrkosten auf unsere Kappe zu nehmen. Interessanterweise hat der Kunde gegen Projektende von selbst nachgefragt, ob wir mit dem vereinbarten Betrag auskommen. Wir haben dann mit offenen Karten gespielt und der Kunde hat von sich aus angeboten, die Hälfte der Mehrkosten zu übernehmen. Dieses Kundenverhalten wird sicher viele gestandene Softwareentwickler überraschen. Es ist aber leicht erklärbar: Der Kunde hat gesehen, dass wir gute Arbeit leisten und er von uns genau das System bekommt, das er haben will. Da der Kunde sich diese Situation auch für die Zukunft wünscht, hilft er aktiv mit, dass das Projekt für beide Seiten zum Erfolg wird.

Prototyping und kurze Releasezyklen

In einem anderen Projekt haben wir eine zweimonatige Prototyp-Entwicklung durchgeführt, um das Projektziel zu definieren und eine Vorstellung über das zu entwickelnde System zu erarbeiten. Während dieser Zeit haben wir in wöchentlichen oder zweiwöchentlichen Abständen Prototypen präsentiert und diskutiert. Anschließend ist die Prototyp-Entwicklung übergegangen in die Produktentwicklung. Dabei haben wir den Releasezyklen-Abstand auf eine Woche gesetzt.

Ob es sich bei diesen Releases wirklich um Releases im XP-Sinne handelte, ist allerdings diskussionswürdig. In diesem Projekt haben wir Software für einen Projektpartner erstellt, der diese Software an Endkunden verkauft. Es handelte sich dabei um keine Individualsoftware, sondern ein Standardprodukt. Wir hatten demnach keine direkte Verbindung zum Endanwender. Unser Feedback haben wir von unserem Projektpartner erhalten, der die Zielausrichtung des Produktes bestimmte. Insofern ist dies nicht ganz vergleichbar mit den kleinen Releases, wie sie von Kent Beck beschrieben sind (vgl. [Beck 00]). Allerdings haben wir unsererseits diese Releases im XP-Sinne betrachtet. Der Projektpartner stellte für uns den Kunden dar, der seine wöchentlichen Releases bekommt und damit auch für ihn sinnvolle Dinge tun konnte. Hinzu kommt, dass unser Kunde die Releases bereits verwendet hat, um Beispiele und Dokumentation zu produzieren.

Im genannten Projekt hat sich das Prototyping bewährt, weil die Anforderungen an das System bei Projektbeginn auch dem Kunden vollkommen unklar waren. Er wäre schlicht nicht in der Lage gewesen, die Anforderungen in User-Stories zu beschreiben. Dieser Erfolg soll jedoch nicht über die Gefahren hinwegtäuschen, die mit Prototyping entstehen können. Auf der einen Seite können Anwender schnell den Eindruck bekommen, das System wäre bereits so gut wie fertig. Wird dann die Entwicklung des eigentlichen Systems begonnen, ist für die Anwender lange kein Projektfortschritt sichtbar. Auf der anderen Seite verleiten Prototypen Entwickler mitunter dazu, wichtige ungeklärte technische Fragestellungen zu ignorieren. Häufig stellt sich einiges zu spät heraus, dass beispielsweise die Datenbankanbindung doch nicht so trivial ist wie zunächst angenommen.

Wegwerf-Prototypen

Ausdrücklich warnen können wir vor der Weiterentwicklung von Prototypen in Richtung operativer Systeme. Prototypen werden ohne Tests entwickelt und die interne Struktur ist nur von sekundärem Interesse. Wir haben selbst extrem unangenehme Erfahrungen mit Prototypen gemacht, die zum Endprodukt weiterentwickelt wurden. Der Aufwand für einen Neubeginn ist auf jeden Fall geringer, als die Probleme im Prototypen auszumerzen und Tests nachzuschreiben. Prototypen sind daher für uns immer *Wegwerf-Prototypen.*

Zusammenfassend sind Prototypen damit nur die zweite Wahl. Wenn es möglich ist, ein echtes Release zu erstellen, sollte das getan werden. Nur wenn das nicht möglich ist (z. B. aufgrund vollkommen unklarer Anforderungen), sollten Prototypen eingesetzt werden. Auf jeden Fall sollte die Prototyp-Entwicklung dann auf einen kurzen Zeitraum (z. B. 2 Monate) beschränkt werden.

Prototypen und Spike Solutions

In XP nehmen die so genannten *Spike Solutions* den Platz herkömlicher Prototypen ein. Beide Ansätze haben viel Ähnlichkeit, jedoch fokussieren Spike Solutions sehr stark auf die zu beantwortende Fragestellung (z. B. »Kann die Datenbankanbindung so wie gedacht funktionieren?«). Der Prototyp-Begriff wird häufig mit einer ähnlichen Bedeutung verwendet. Allerdings wird er auch für jedes beliebige nicht einsatzfähige Stück Software verwendet. Eine komplette Diskussion des Prototyping-Begriffes würde hier zu weit führen. Wichtig ist, dass die Entwickler sich – unabhängig ob sie es nun Prototyp oder Spike Solution nennen – über die Fragestellung klar sind, die sie beantworten möchten.

Kurze Releasezyklen haben sich bewährt

Insgesamt haben sich kurze Releasezyklen für unsere Projekte bewährt. Auch wenn sicherlich die Zahl von einem Release pro Woche nicht auf jedes andere Projekt übertragbar ist, lassen sich kurze Releasezyklen meist gut realisieren. Der Beitrag zur Risikominimierung ist dabei nicht zu unterschätzen.

2.5.4 Empfehlungen

- XP-Projekte beginnen in der Regel nicht mit der ersten Releaseplanung, sondern mit einer *Explorationsphase.*
- Führen Sie bei Projekten in komplexen oder neuen Anwendungsgebieten im Rahmen der Explorationsphase zunächst Prototyp-Entwicklungen durch, um die Anforderungen zu konkretisieren.

- Wählen Sie die Releasezyklen nicht zu groß. Mehr als drei Monate machen bei keinem Projekt Sinn. Wenn diese Releasezyklen zu eng erscheinen, muss die Projektplanung überarbeitet werden.
- Unterscheiden Sie ggf. zwischen veröffentlichten und nicht veröffentlichten Releases. Für beide Typen von Releases gelten aber dieselben Qualitätsanforderungen.
- Achten Sie darauf, dass ein Release für den Anwender einsetzbar ist und für ihn einen Fortschritt darstellt. Nur so wird erreicht, dass ein Release eingesetzt wird und Feedback auf realistischen Erfahrungen beruht.
- Sorgen Sie dafür, dass Build-Prozess und Releaseerstellung weitgehend automatisiert sind (Ziel: 100 %ige Automatisierung).
- Lösen Sie auch große (Legacy-)Systeme in kleinen Schritten ab. Akzeptieren Sie dabei keinen Satz wie »Es geht in diesem Fall aber nicht«. Unsere Erfahrung zeigt: Es geht immer.

2.5.5 Bezug zu anderen XP-Techniken

- *Fortlaufende Integration*: Kurze Releasezyklen werden erleichtert, wenn im Projekt fortlaufende Integration stattfindet. Da zu jedem Zeitpunkt ein komplett funktionierender Stand des Gesamtsystems auf dem Integrationsrechner zu finden ist, können Releases von diesem Stand aus einfach erzeugt werden. Integrationstests und zeitintensive Aktivitäten wie eine Gesamtintegration von über Monate getrennt entwickelten Systemteilen entfallen.
- *Testen*: Akzeptanztests können verwendet werden, um für die Releasezyklen den Projektfortschritt zu messen und zu planen. Anhand der Akzeptanztests kann an einem Release abgelesen werden, welche Teile des Gesamtsystems in dem Release bereits realisiert sind. Komponententests spielen in diesem Zusammenhang eher eine untergeordnete Rolle. Sie sind aber unentbehrlich beim Test der aktuellen Integration und beeinflussen somit kurze Releasezyklen positiv, aber nur im Zusammenhang mit fortlaufenden Integrationen.
- *Einfaches Design*: Für ein kleines Release ist es weitaus einfacher, ein gutes Design zu erstellen. Durch die schnelle Rückkopplung im Rahmen von kurzen Releasezyklen können einfache Designs schnell geändert und den aktuellen Anforderungen angepasst werden.
- *Planungsspiel*: Im Rahmen des Planungsspiels werden Iterationen und Releases geplant. Dabei können die Eigenschaften des Systems herausgearbeitet werden, die am wertvollsten für den Benutzer

sind und somit früh realisiert werden sollten. Das führt dazu, dass der nächste Releasezyklus klein und auf besonders wichtige Dinge ausgerichtet ist.

2.6 Retrospektive (engl. Retrospective)

Reflektieren Sie regelmäßig über Ihr Tun und lernen Sie daraus für die Zukunft.

2.6.1 Beschreibung

Retrospektiven in der Softwareentwicklung sind rückblickende Reflexionen der Projektbeteiligten. In der Regel meint man mit dem Begriff der Projekt-Retrospektive eine Nachbetrachtung eines Projektes nach Projektende (hervorragend beschrieben auch für zukünftige Retrospektiven-Moderatoren in [Kerth 01]). Wir verstehen den Begriff aber durchaus auch allgemeiner als jede organisierte Form des Lernens durch explizite Rückschau.

Mit Hilfe von Retrospektiven sollen Probleme und Blockaden im Softwareentwicklungsprozess gefunden und für die zukünftige Entwicklung beseitigt werden. Retrospektiven werden in Projekten in der Regel in Abständen von ein bis sechs Monaten mit allen oder ausgewählten Projektbeteiligten durchgeführt. Eine Retrospektive dauert zwischen einem halben und drei Tagen – je nachdem, wann die letzte Retrospektive durchgeführt wurde.

Moderator

Generell sollte man möglichst einen expliziten Moderator für die Retrospektiven haben. Das hilft natürlich insbesondere, wenn die Teilnehmer der Retrospektive wenig Erfahrungen mit Retrospektiven haben oder die Teilnehmerzahl sehr groß wird. Der Moderator sollte mit den klassischen Moderationstechniken vertraut sein. Im Zweifelsfall kann das ruhig auch ein Teammitglied sein, besser wäre jedoch jemand Externes, z. B. ein Firmenkollege aus einem anderen Projekt. Kompetente externe Berater haben den Vorteil, dass sie Erfahrungen haben aus vielen XP-Projekten und wertvolle Tipps zur Verbesserung geben können.

Ablauf

Die kritische Betrachtung der Vergangenheit birgt Konfliktpotenzial. Für die meisten Probleme sind schließlich Menschen verantwortlich. Daher muss zuerst eine möglichst angstarme Atmosphäre geschaffen werden. Angsterfüllte Teilnehmer werden sich verteidigen und so verhindern, dass Lösungen für die Zukunft gefunden werden.

Also beginnt jede Retrospektive mit einigen wichtigen Vereinbarungen zwischen den Beteiligten:

1. Alle Teilnehmer akzeptieren, dass jeder zu jedem Zeitpunkt das getan hat, was seiner Meinung nach hilfreich gewesen ist.
2. Alle Teilnehmer stimmen überein, dass das Ziel der Retrospektive die Verbesserung des Entwicklungsprozesses ist. Es wird nicht nach Schuldigen gesucht.
3. Alle Teilnehmer prüfen für sich, ob sie angstfrei sprechen können und dass sie sich insbesondere im Kreise der anderen Teilnehmer wohl fühlen.

Weiterer Ablauf in einem kleinen Projekt

Wie es konkret weitergeht, hängt sehr vom Projektzustand ab. In einem kleinen Projekt reicht es häufig aus, wenn die Teilnehmer zusammen die Vergangenheit seit der letzten Retrospektive betrachten. Sie sollten die wichtigen Ereignisse kurz skizzieren (z. B. auf einem Flipchart). Anschließend bewerten sie gemeinsam ihre Historie. Dabei sollte darauf geachtet werden, dass nicht nur die negativen, sondern auch die positiven Aspekte herausgearbeitet werden. Nach unserer Erfahrung sind viele Entwickler sehr kritisch, selbst wenn das Projekt nicht gescheitert ist, sondern Software ausgeliefert hat. Bei der heutigen Quote an scheiternden Projekten kann man in jedem Fall stolz sein, wenn man tatsächlich Software ausliefert und diese verwendet wird.

Die Teilnehmer versuchen, Lösungsansätze für die identifizierten Probleme zu finden. Es werden sich nicht alle Probleme vollständig innerhalb der Retrospektive lösen lassen. Dann werden Verantwortliche benannt, die Lösungsvorschläge erarbeiten.

Retrospektiven mit vielen Teilnehmern

Mit wachsender Teilnehmerzahl wird die Selbstorganisation der Gruppe zunehmend zum Glücksspiel. Dann sind eine Vorbereitung der Retrospektive und ein Moderator sinnvoll, der in die Vorbereitung einbezogen wird. Als Daumenregel gehen wir davon aus, dass mehr als sieben Teilnehmer einen Moderator benötigen. Generell ist es aber eine gute Idee, einen expliziten Moderator zu haben.

Vorbereitung von Retrospektiven

Für die Vorbereitung der Retrospektive muss man einen Eindruck vom Projekt haben. Nur so kann man die passende Form wählen. Eine Retrospektive für ein Projekt, das Kommunikationsprobleme mit seinem Management hat, muss anders durchgeführt werden als eine Retrospektive für ein Projekt, bei dem die Entwickler die verwendeten Technologien nicht beherrschen.

Neue XP-Technik

Wie auch die Standup-Meetings gehörten die Retrospektiven zunächst nicht zum Repertoire der XP-Techniken. Inzwischen verwenden die meisten XP-Projekte jedoch Retrospektiven.

2.6.2 Erfahrungen

Tuning-Workshops

Wir haben durchweg positive Erfahrungen mit Retrospektiven gemacht. Sie haben immer wieder geholfen, Probleme im Entwicklungsprozess zu entdecken und Lösungen zu erarbeiten. Eine vernünftige Vorbereitung und das Hinzuziehen eines Moderators haben sich dabei immer ausgezahlt. Unsere Erfahrung bezieht sich überwiegend auf während der Projektlaufzeit durchgeführte Retrospektiven, die wir dann meist Tuning-Workshops nennen und die einen halben bis einen Tag dauern.

Technologie-Gefahr

Ist der Teilnehmerkreis klein und wird kein Moderator hinzugezogen, sollte man darauf achten, dass auch tatsächlich über den Entwicklungsprozess diskutiert wird. Allzu leicht driften die Diskussionen der Entwickler auf Themen ab, in denen sie sich zu Hause fühlen: Technologien, Entwürfe, Quellcode. Sehr häufig werden in ersten Retrospektiven-Versuchen von Projekten Unzulänglichkeiten der eingesetzten Technologien beklagt oder bestimmte Ungereimtheiten im Entwurf der Software.

Eine Konzentration auf diese technischen Aspekte des Projektes ist nur selten dadurch begründet, dass es keinen Verbesserungsbedarf im Entwicklungsprozess gibt. Viel wahrscheinlicher ist es, dass die Entwickler den potenziellen Konflikt scheuen, der mit den tatsächlichen Problemen einhergeht. Häufig sind technische Probleme im Projekt nur Symptome für tiefer liegende Probleme *zwischen* den Projektbeteiligten. Vielleicht hält sich ein Entwickler ständig nicht an Absprachen und erstellt daher Entwürfe, die inkompatibel mit dem Rest des Systems sind. Oder Entwickler und Kunde können nicht vernünftig miteinander reden, so dass tatsächlich eine unpassende Technologie für die Anforderungen des Kunden ausgewählt wurde.

Die Teilnehmer der Retrospektive müssen versuchen, technische Symptome als solche in der Retrospektive zu erkennen und die tiefer liegenden Probleme zu adressieren. Gelingt das nicht, sollte bei der nächsten Retrospektive unbedingt ein erfahrener Moderator hinzugezogen werden.

Berater als Moderator

Bei unseren Beratungsaufträgen nehmen wir häufig die Moderatorrolle ein. Dann muss nicht extra ein externer Moderator hinzugezogen werden. Außerdem haben wir bereits Einblicke in das Projekt und können so die Retrospektive mit wenig Aufwand vorbereiten. Wenn so eine Doppelrolle existiert, sollte jedoch nicht immer dieselbe Person die Retrospektiven moderieren. Wenn sie selbst in relevante Probleme des Projektes verwickelt ist, entsteht ein Rollenkonflikt. Durch variierende Moderatoren wird das Risiko reduziert, dass Probleme nicht genannt werden, weil der Moderator involviert ist.

2.6.3 Empfehlungen

- Führen Sie regelmäßig Retrospektiven durch. Installieren Sie einfache Regeln für die Zeitpunkte, an denen die Retrospektiven stattfinden. Eine Möglichkeit ist es, nach jedem Release eine Retrospektive durchzuführen, wenn die Releasezyklen nicht deutlich länger als drei Monate sind. Alternativ kann man sich an den Iterationen orientieren, wenn die Iterationen drei oder vier Wochen dauern. Oder man führt die Retrospektiven einfach einmal im Monat oder alle zwei Monate an einem festen Termin durch.
- Widerstehen Sie der Versuchung, Projektverzug durch das Streichen der Retrospektiven zu kompensieren. Die eingesparte Zeit wäre minimal, und Sie nehmen sich selbst die Chance, bessere Möglichkeiten zur Beseitigung des Problems zu finden.
- Bereiten Sie die Retrospektive explizit vor.
- Wenn mehr als sieben Personen teilnehmen, ziehen Sie auf jeden Fall einen Moderator hinzu. Auch bei weniger als sieben Personen kann ein Moderator nützlich sein.
- Variieren Sie das Vorgehen von Retrospektive zu Retrospektive. Die Retrospektive soll die Teilnehmer immer wieder anregen, auch einmal neue Gedanken zu verfolgen. Das wird durch einseitige Routine bei der Durchführung behindert.
- Vergessen Sie nicht, am Ende eine Liste der zu ergreifenden Aktionen aufzustellen und Verantwortliche nach dem klassischen Schema »Wer tut was bis wann?« zu benennen.

2.6.4 Bezug zu anderen XP-Techniken

- *Standup-Meeting*: Man kann Standup-Meetings als Miniretrospektiven auffassen.
- *Alle Techniken*: Die Retrospektive ist die Technik, die es erlaubt, den Entwicklungsprozess den aktuellen Gegebenheiten anzupassen. Damit kann mit Hilfe der Retrospektive auch entschieden werden, bestimmte Techniken wegzulassen, anzupassen oder durch etwas anderes zu ersetzen. Häufig werden Retrospektiven daher als erste Technik auf dem Weg hin zu XP eingeführt. Nach und nach können über die Retrospektiven die weiteren XP-Techniken zum Entwicklungsprozess hinzugefügt werden. Übertragen ins Reich der Märchen kann man sagen, dass die Retrospektive der Wunsch

ist, der es erlaubt, sich beliebig viele Wünsche zu wünschen. Die Antwort auf die Frage eines Teilnehmers eines unserer XP-Trainings, welche Technik wir auf eine einsame Insel mitnehmen würden, ist damit auch klar: Die *Retrospektive*, weil sie es uns erlaubt, die anderen Techniken nachzuholen.

2.7 Testen (engl. Testing)

Schreiben Sie erst automatisierte Tests und dann den Code.

In XP werden im Wesentlichen zwei Typen von Tests unterschieden: Komponententests und Akzeptanztests. Akzeptanztests werden auch als Funktionstests bezeichnet. Die meisten anderen Testarten wie Modul- oder Integrationstests lassen sich als spezielle Komponententests (Unit Tests) auffassen.

2.7.1 Komponententests: Beschreibung

Entwickler schreiben Komponententests, um ihre eigenen Klassen zu testen. Sie entwickeln Klasse und Komponententest gleichzeitig. Die Tests für die Operationen in einer Klasse sollen implementiert werden, bevor die Operationen selbst implementiert werden. In der XP-Community wird diese Art der Programmierung *testgetriebene Entwicklung (Test-First Programming*, siehe [Link 05]) genannt. So entsteht ein schneller Wechsel zwischen Programmieren und Testen. Die Tests werden alle paar Minuten ausgeführt.

Werden Komponententests auf diese Art und Weise entwickelt, so hat dies schon während der Programmierung eine Reihe von positiven Konsequenzen:

- Die implementierten Operationen werden sofort ausgeführt und getestet. Dadurch bekommen Entwickler schnell eine Rückkopplung darüber, ob ihre Klassen Programmierfehler enthalten.
- Da es schwierig ist, komplexe Klassen zu testen, werden Entwürfe tendenziell einfacher. Entwickler konstruieren beim Test-First Programming ihre Klassen von vornherein so, dass sie leicht zu testen sind.
- Wird der Test für eine Operation geschrieben, bevor die Operation selbst programmiert wird, so finden sich leichter aussagekräftige Operationsnamen. Dies liegt darin begründet, dass die Klasse zuerst aus Sicht einer nutzenden Klasse betrachtet wird und nicht aus der »Egoperspektive«.

Komponententests sollen nicht nur während der Entwicklung einer Klasse verwendet werden, sondern auch während der restlichen Entwicklung. Insbesondere im Zusammenhang mit *Refactoring* nehmen Komponententests eine zentrale Stellung ein. Können alle existierenden Komponententests mit wenig Aufwand automatisch ablaufen, so kann nach jeder Änderung am System leicht sichergestellt werden, dass diese keine negativen Seiteneffekte produziert hat.

Für die Konstruktion von Komponententests sowie deren automatisierte Ausführung stehen frei verfügbare Frameworks und Testtools für alle gängigen Programmiersprachen zur Verfügung (siehe [JUnit], [XPWeb]).

Bei objektorientiert entwickelten Systemen empfiehlt es sich als Daumenregel, je Klasse eine Testklasse zu schreiben. In der Testklasse sollte jede typische Verwendung der zu testenden Klasse getestet werden. In der Konsequenz wird jede Operation der zu testenden Klasse mindestens einmal aufgerufen[2].

Klassen dürfen nur dann in den gemeinsamen Bestand des Projektes integriert werden, wenn alle Tests erfolgreich ablaufen (siehe dazu auch Abschnitt 2.12).

Komponententests lassen sich konstruktiv für Fehlerbehebungen einsetzen. Wird ein Fehler gefunden, so wird zunächst der Testfall so erweitert, dass er den Fehler feststellt. Jetzt kann der Fehler in der getesteten Klasse testgetrieben behoben werden. Damit wird ausgeschlossen, dass derselbe Fehler später erneut auftritt.

2.7.2 Komponententests: Beispiel

Es soll eine Klasse `Auftrag` in Java entwickelt werden. Als Testwerkzeug wird JUnit eingesetzt. Dazu beginnen wir mit der Testklasse. In dieser beschreiben wir zunächst nur, dass ein Auftrag erzeugt und anschließend mit Kunden- und Auftragsnummer initialisiert werden kann. Jede parameterlose Operation der Testklasse, die mit `test` beginnt, wird automatisch von JUnit ausgeführt. Die `setUp`-Operation wird vor jeder Testoperation aufgerufen, um den Kontext für den Test herzustellen. Über die `assertEquals`-Operation wird geprüft, ob eine Operation einen erwarteten Wert zurückliefert.

2. Nähere Informationen und detailliertere Hinweise finden sich z. B. in [Link 05] und [Beck 02].

```
public class Auftrag_Test extends TestCase
{
  public void testAuftragsinitialisierung ()
  {
    _auftrag.initialisiere(1234, 5678);
    assertEquals(1234, _auftrag.kundennummer());
    assertEquals(5678, _auftrag.auftragsnummer());
  }
  protected void setUp ()
  {
    _auftrag = new Auftrag();
  }
  private Auftrag _auftrag;
}
```

Dieser Test lässt sich nicht einmal übersetzen. Allerdings ist dadurch genau festgelegt, was als Nächstes zu tun ist: Die Testklasse muss kompilierbar werden. Die einfachste Lösung ist die folgende:

```
public class Auftrag
{
  public void initialisiere (int kdnr, int auftragsnr)
  {
  }
  public int kundennummer ()
  {
    return 0;
  }
  public int auftragsnummer ()
  {
    return 0;
  }
}
```

Jetzt lässt sich die Testklasse übersetzen und ausführen. Natürlich schlägt der Test fehl. Dies wird wie in Abbildung 2–1 mit einem roten (hier dunklen) Balken visualisiert.

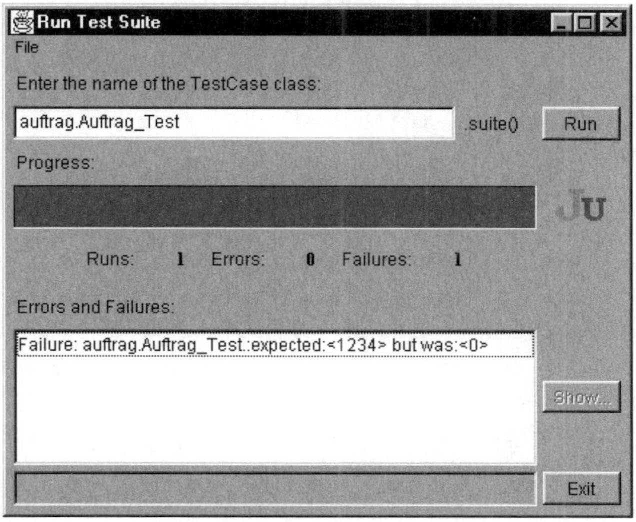

Abb. 2–1:
Screenshot JUnit

Damit haben wir wieder einen Impuls für die weitere Entwicklung: Der Test muss ablaufen. Also implementieren wir die einzelnen Operationen:

```
public void initialisiere (int kdnr, int auftragsnr)
{
  _kundennummer = kdnr;
  _auftragsnummer = auftragsnr;
}
public int kundennummer ()
{
  return _kundennummer;
}
public int auftragsnummer ()
{
  return _auftragsnummer;
}
private int _kundennummer, _auftragsnummer;
```

Damit läuft der Testfall fehlerfrei durch. Jetzt kommen wir wieder auf die Testklasse zurück und erweitern diese um die Verwaltung von Auftragspositionen:

```
public void testPositionen ()
{
  assertEquals(0, _auftrag.anzahlPositionen());
  _auftrag.erzeugePosition("XP-Buch", 2, 56);
  assertEquals(1, _auftrag.anzahlPositionen());
  assertEquals("XP-Buch",
              _auftrag.position(1).bezeichnung());
  assertEquals(2, _auftrag.position(1).anzahl());
  assertEquals(56, _auftrag.position(1).einzelpreis());
  assertEquals(112,
              _auftrag.position(1).gesamtpreis());
}
```

Damit beginnt das Spiel von vorne. Der Test lässt sich nicht übersetzen. Daher wird die Auftragsklasse um die beschriebenen Operationen erweitert. Außerdem stellen wir fest, dass wir eine Positionsklasse benötigen. Also implementieren wir diese zusammen mit ihrer Testklasse und vollenden dann die Auftragsklasse. Anschließend lassen wir beide Tests erneut ablaufen. Wenn alle Tests erfolgreich durchlaufen, sind wir zunächst fertig.

Wir stellen fest, dass die Impulse für die Programmierung immer von den Testklassen ausgehen. Entweder lassen sich die Testklassen nicht übersetzen oder die Tests laufen nicht erfolgreich durch. Dies ist für uns der Anstoß für die Programmierung und wir hören genau dann mit dem Programmieren auf, wenn die Tests erfolgreich durchlaufen. Vor diesem Hintergrund wird klar, warum im XP-Kontext auch von testgetriebener Entwicklung (engl. *Test Driven Development*) gesprochen wird. Testgetriebenes Programmieren vermindert unnötige Operationen in fachlichen Klassen.

2.7.3 Komponententests: Erfahrungen

Komponententests führen zu einer deutlichen Qualitätssteigerung in Projekten. Programmierfehler werden früher entdeckt und schneller lokalisiert. Entwürfe werden einfacher, damit sie sich besser testen lassen. Das erhöht das Vertrauen der Entwickler in den eigenen Code. Wir haben mehrfach beobachtet, dass Entwickler immer wieder die Tests durchlaufen ließen, ohne dass sie den getesteten Code geändert haben. Wir führen dies darauf zurück, dass das erfolgreiche Durchlaufen der Tests ein Erfolgserlebnis für Entwickler darstellt.

Entwickler schreiben nur dann Tests, wenn diese einfach zu schreiben sind und automatisch ablaufen können. Der Einsatz entsprechender Frameworks und Werkzeuge (z. B. JUnit) hat sich absolut bewährt. Natürlich müssen sich die Entwickler mit den Werkzeugen auskennen, um sie effektiv einsetzen zu können.

Testklassen unterstützen die Dokumentation des Systems. Sie zeigen die intendierte Benutzung der getesteten Klassen.

Außerdem dokumentieren die Testklassen, was die Entwickler getestet haben. Dies ist vor allem bei Klassenbibliotheken und Frameworks wichtig, damit die Anwendungsentwickler prüfen können, was getestet wurde. Sind nicht alle Fälle abgedeckt, die für die Anwendungsentwickler relevant sind, können diese einfach die mitgelieferten Tests erweitern und erneut ausführen.

Werden Klassenbibliotheken oder Frameworks für die Anwendungsentwicklung eingesetzt, ist es problematisch, einen Fehler zu lokalisieren. Es kann nicht immer einfach entschieden werden, ob ein Problem seine Ursache im Framework oder der Anwendung hat. Testklassen können bei der Fehlerlokalisierung helfen, indem die Anwendungsentwickler die Frameworktests erweitern.

Es ist unseres Erachtens nach wichtig, dass im Projektteam alle Entwickler Tests schreiben, gerade weil auch in unseren Teams das Schreiben von Tests nach wie vor nicht zu den Lieblingstätigkeiten gehört. Wenn Einzelne also aufhören würden zu testen, dann hätte das schnell auch Auswirkungen auf andere, deren Motivation schwindet, weil das konsequente Testen bereits aufgehört hat. Letztendlich kommt das Testen gänzlich zum Stehen. Dies haben wir leider auch schon in Projekten erlebt. Konsequentes Testen gehört sicherlich mit zu den zerbrechlichsten Techniken, die von Entwicklern mit Zeitdruck oder angeblicher »Untestbarkeit« bestimmter Programmteile begründet werden. Nach einem Teststillstand ist es nur sehr schwer möglich, wieder volle Testabdeckung zu erreichen, weil unklar ist, an welchen Stellen Tests in welcher Qualität vorhanden sind. Wir sehen hier durchaus Parallelen zur Broken Window Theory (siehe Kasten).

Broken Window Theory[a]

Nach der Broken Window Theory zieht Schmutz und Zerstörung weitere Verschmutzungen und Zerstörungen an. In einem Versuch in den USA wurde ein Auto mit geöffneter Motorhaube in New York abgestellt. Innerhalb weniger Minuten wurde es geplündert. Ein vergleichbares Auto blieb abgestellt in Palo Alto eine Woche unangerührt. Dann hat man gezielt eine Scheibe des Autos zerstört. Diese kaputte Scheibe zog weitere Beschädigungen nach sich und in kurzer Zeit wurden die anderen Scheiben auch eingeschlagen, die Reifen wurden geklaut etc.

a. Die Broken Window Theory wurde von James Q. Wilson und George Kelling in [Wilson & Kelling 82] beschrieben. Das beschriebene Experiment wurde ursprünglich von Philip Zimbardo schon 1969 durchgeführt. Andrew Hunt und David Thomas bringen die Broken Window Theory erstmals mit Softwareentwicklung in Verbindung (siehe [Hunt & Thomas 99]).

2.7.4 Diskussion: Komponententests als Testlabor für erbende Klassen

Ein großes Problem bei der Verwendung von Frameworks ist die so genannte semantische Verschiebung (engl. *Semantic Shift*) bei der Subklassenbildung. Dieser Effekt tritt dann ein, wenn Anwendungsentwickler von Framework-Klassen Subklassen bilden und die »Regeln« für die Subklassenbildung nicht einhalten. Diese »Regeln« beschreiben, auf welche Art und Weise Subklassen gebildet werden müssen, damit sie problemlos mit den anderen Framework-Klassen kooperieren können. Werden diese Regeln nicht eingehalten, treten schwer lokalisierbare Anomalien bei der Framework-Nutzung auf.

Das Problem besteht darin, dass es keinen etablierten Formalismus gibt, mit dem beschrieben werden kann, wie Subklassen zu bilden sind. Daher erfolgt diese Beschreibung bestenfalls als Kommentar zur Framework-Klasse. Dies führt zu Unvollständigkeiten und Missverständnissen.

Tests für Framework-Klassen können hier Abhilfe schaffen. Wenn diese Tests wiederverwendbar entwickelt sind, können die Anwendungsentwickler ihre Klassen von diesen Framework-Tests prüfen lassen und so sicherstellen, dass sie die Regeln zur Subklassenbildung nicht verletzt haben.

2.7.5 Diskussion: Testen und das Vertragsmodell

Es wird manchmal argumentiert, dass Testklassen die Verwendung des Vertragsmodells (siehe [Meyer 97], [Hunt & Thomas 99]) überflüssig machen. In anderen Fällen wird das Gegenteil behauptet, wonach Testklassen nicht notwendig sind, wenn das Vertragsmodell eingesetzt wird. Nach unserer Erfahrung ergänzen sich Vertragsmodell und Komponententests hervorragend.

Das Vertragsmodell basiert auf dem Konzept der abstrakten Datentypen (ADT). ADTs spezifizieren neben den Signaturen von Operationen Vorbedingungen und Axiome. Die Vorbedingungen der ADTs entsprechen direkt den Vorbedingungen des Vertragsmodells. Die Axiome hingegen lassen sich nur rudimentär durch Vor- und Nachbedingungen des Vertragsmodells ausdrücken. Die Axiome können allerdings als Komponententest implementiert werden.

Durch das Vertragsmodell wird überhaupt erst spezifiziert, gegen welches Verhalten der Test zu schreiben ist. Insbesondere ist klar, mit welchen Werten die Parameter getestet werden müssen, weil Verträge angeben, in welchem Bereich gültige Werte liegen. Der Test selbst sorgt dafür, dass alle Operationen aufgerufen und damit alle Verträge einmal geprüft werden.

In der Praxis bleiben Vertragsprüfungen auch dann noch aktiv, wenn die Anwendung eingesetzt wird. So können Fehler, die erst beim Anwender auftreten, protokolliert und später leicht behoben werden. Dies kann man mit Komponententests alleine nicht erreichen.

Mitunter wird die Meinung vertreten, für Vorbedingungen müssten auch so genannte Negativtests durchgeführt werden. Negativtests verletzen absichtlich die Vorbedingung einer Operation und fangen die Vertragsverletzung ab. Der Test ist nur dann erfolgreich, wenn die Vorbedingung auch verletzt wird. Diese Negativtests sind aus einer Reihe von Gründen unsinnig:

- Nach dem Vertragsmodell ist es erlaubt, in Subklassen die Vorbedingungen aufzuweichen und die Nachbedingungen zu verschärfen. Gleichzeitig möchten wir die Testklasse einer Klasse auch für deren Subklassen verwenden. Weichen die Subklassen die Vorbedingungen auf, erfüllen sie die Tests der Oberklasse nicht mehr.
- Der Vertrag einer Klasse spezifiziert, welche Fälle im Modell der Klasse behandelt werden und was außerhalb dieses Modells liegt. Damit definiert der Vertrag die Grenze zwischen dem noch definierten und dem bereits undefinierten Verhalten der Klasse. Schreiben wir Negativtests für Vorbedingungen, würden wir fordern, dass dieses undefinierte Verhalten doch definiert ist (Ausnahme bei Verletzung der Vorbedingung).
- Bei einem Automotor würde z. B. die Vorbedingung lauten, dass nicht vom fünften Gang direkt in den Rückwärtsgang geschaltet werden darf. Diese Vorbedingung wird vom Hersteller definiert, weil er keine Garantien über das Verhalten des Motors in diesem Fall machen will oder kann. Allerdings würde sich wohl kein Kunde darüber beschweren, wenn der Motor in diesem Fall nicht zerstört wird. Daher wird der Motorhersteller natürlich auch nicht testen, ob der Motor wirklich zerstört wird, und den Motor nicht ausliefern, falls der Motor unversehrt bleibt.
- Wir können also festhalten, dass ein Negativtest von Vorbedingungen zwei Ergebnisse haben kann: Im ersten Fall wird die Vorbedingung verletzt und der Test ist erfolgreich. Im zweiten Fall wird die Vorbedingung nicht verletzt, was der Negativtest als Fehler wertet. Würden alle nachfolgenden Operationen allerdings trotzdem korrekte Ergebnisse liefern, können wir wohl kaum von einem Fehler sprechen. Liefern die nachfolgenden Operationen fehlerhafte

Ergebnisse, wird dies durch die nachfolgenden Tests sowieso aufgedeckt.

- Per Definition dürfen Verträge die Ausführung von Programmen nicht verändern (mit Ausnahme der Laufzeit). Ein Programm, in dem die Verträge geprüft werden, soll sich genauso verhalten wie dasselbe Programm, in dem die Verträge nicht geprüft werden. Würde man aber die Prüfung der Vorbedingungen deaktivieren, würden die Testfälle fehlschlagen.

2.7.6 Akzeptanztests: Beschreibung

Akzeptanztests (auch Anwendertests oder Funktionstests) geben an, ob der Kunde das System akzeptieren wird. Daher werden Akzeptanztests auch häufig als »Spezifikation« des zu erstellenden Systems bezeichnet.

Akzeptanztests werden realisiert, indem Tests aus Sicht des Anwenders beschrieben werden. Wenn die Akzeptanztests automatisiert ablaufen können, wird die Entwicklung enorm erleichtert.

Allerdings sind *vollständig* automatisierbare Akzeptanztests in der Regel nicht realisierbar. Schließlich gehört zu den Akzeptanzkriterien nicht nur die korrekte interne Berechnung, sondern auch eine lesbare Visualisierung. Letzteres kann mit vertretbarem Aufwand nicht automatisiert getestet werden. Daher decken die automatisch ablaufenden Akzeptanztests in der Regel »nur« den funktionalen Anteil ab. Ein manueller Akzeptanztest durch die Anwender ist also zusätzlich notwendig.

Es kann in seltenen Fällen auch praktikabel sein, Akzeptanztests manuell auszuführen. Manuelle Akzeptanztests beinhalten aber die Gefahr, dass die Beschreibung des Akzeptanztests vom Tester interpretiert wird und so eine Unsicherheit entsteht. Die Akzeptanztests bieten dann nur noch eine eingeschränkte Sicherheit für die Entwickler. Sie können nicht mehr unbedingt sicher sein, dass sie die Kundenanforderung umgesetzt haben. Außerdem werden manuelle Akzeptanztests bei großen Systemen schnell unpraktikabel, weil sehr viel Aufwand in ihre Durchführung investiert werden muss.

Ansatzpunkte für Akzeptanztests

Prinzipiell gibt es zwei mögliche Ansatzpunkte für Akzeptanztests (siehe Abb. 2–2): die Benutzungsoberfläche oder die Fachlogik. Es ist nahe liegend, die Akzeptanztests auf die Benutzungsoberfläche des Systems aufzusetzen. Die Tests würden die Anwendung dann quasi fernsteuern und das sichtbare Verhalten der Anwendung mit dem erwarteten Verhalten vergleichen. Der Nachteil dieses Ansatzes ist die Anfälligkeit gegenüber Änderungen an der Benutzungsoberfläche.

Viele Änderungen an der Benutzungsoberfläche ziehen Änderungen an den Tests nach sich. Möchte man testgetrieben vorgehen, muss man außerdem schon sehr früh eine Vorstellung über die Benutzungsoberfläche haben, um die Akzeptanztests überhaupt formulieren zu können.

Schließt man die Akzeptanztests an die Fachlogik des Systems an, erfasst man natürlich die Benutzungsoberfläche beim Test nicht. Ist die Fachlogik nur unzureichend von der Benutzungsoberfläche getrennt, werden bei diesem Ansatz relevante Anteile des Systems nicht getestet. Dafür sind die Akzeptanztests auf Ebene der Fachlogik robust gegenüber Änderungen an der Benutzungsoberfläche. Außerdem lassen sie sich testgetrieben einfach formulieren, weil keine Vorstellungen über die Benutzungsoberfläche vorhanden sein müssen.

Schließlich kann man Akzeptanztests auf Ebene der Fachlogik zur Selbstdisziplinierung bei Entwurf und Programmierung einsetzen. Eine hohe Testabdeckung kann man mit diesem Ansatz aber nur dann erreichen, wenn man Benutzungsoberfläche und Fachlogik sauber voneinander trennt.

Natürlich kann man auch beide Ansätze kombinieren. Dann sollte man allerdings möglichst keine Fachlogik über die Oberflächen-Akzeptanztests testen. Sonst bekommt man viele Redundanzen in den Akzeptanztests, wodurch Änderungen an der Fachlogik erschwert werden.

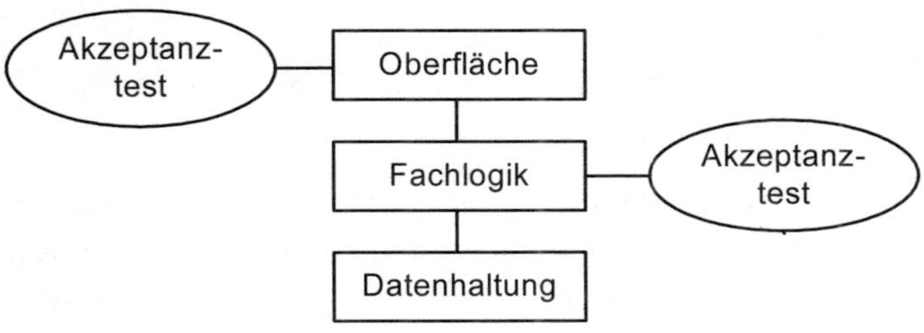

Abb. 2–2: *Ansatzpunkte für Akzeptanztests: GUI oder Fachlogik*

Akzeptanztests zur Fortschrittskontrolle

Da die Akzeptanztests Anforderungen an das System beschreiben, können sie für die Fortschrittskontrolle im Entwicklungsprojekt verwendet werden. Dies bedeutet zwar nicht exakt, dass das System zu 50 % fertig ist, wenn die Hälfte der Akzeptanztests durchläuft. Allerdings ist die Anzahl der erfüllten Akzeptanztests ein sicheres Indiz für Projektfortschritt, während Stagnation oder gar Verringerung auf Probleme im Entwicklungsprozess hinweisen. Damit werden Akzeptanztests zu einem mächtigen Instrument für das Projektmanagement.

Akzeptanztest-Werkzeuge

Bei den Werkzeugen für Akzeptanztests ist die Situation nicht ganz so einfach wie bei den Komponententests. Für Akzeptanztests existieren viele sehr unterschiedliche Werkzeuge. Diese komplett zu beschreiben, würde den Rahmen dieses Buches sprengen. Wir stellen eine Auswahl in Anhang B (Programmierwerkzeuge) vor.

2.7.7 Akzeptanztests: Beispiel

Anwender definieren als Anforderung an ein Zeiterfassungssystem, dass stets die Tages-, Wochen- und Monatssumme der erfassten Zeiten angezeigt werden. Dazu wird die folgende User-Story formuliert:

Ein Mitarbeiter startet das Zeiterfassungssystem und beginnt mit der Eingabe von Zeiten für einen neuen Monat. Es wird stets die Tages-, Wochen- und Monatssumme der erfassten Zeiten für den Mitarbeiter angezeigt. Der Mitarbeiter kann durch den Monat »wandern«, wobei die Summe des jeweils aktuellen Tages, der aktuellen Woche sowie des aktuellen Monats angezeigt werden. Dies gilt auch dann, wenn die erfassten Zeiten in der Zukunft liegen.

Zu dieser User-Story werden ein paar Akzeptanztests definiert, z. B.:

- Der Mitarbeiter gibt für den 1. November ein: 8:00-12:00, 13:00-17:00
  - Anzeige: 1. November 8 Stunden, Wochensumme 8 Stunden, Monatssumme 8 Stunden
- Weitere Eingabe für den 2. November: 8:00-12:00, 13:00-17:00
  - Anzeige: 2. November 8 Stunden, Wochensumme 16 Stunden, Monatssumme 16 Stunden

Akzeptanztests wie dieser definieren nicht einfach nur Akzeptanzkriterien für das zu entwickelnde System. Sie geben außerdem einen guten Einblick in die konkrete Situation, in der das System angewendet wird. Aus der Kombination von User-Story und Akzeptanztest kann z. B. ersehen werden, dass Mitarbeiter ihre Zeiten selbst eingeben. Dies kann den Entwicklern hilfreiche Hinweise für die Entwicklung des Systems geben. So ist es z. B. sinnvoll, dem Mitarbeiter seine bereits aufgelaufenen Überstunden ebenfalls stets aktuell anzuzeigen. Würden die Zeiten von der Lohnbuchhaltung für die Mitarbeiter eingetragen, so wäre die Anzeige der aktuellen Überstunden überflüssig. Es würde ausreichen, wenn die Überstunden in einer Gesamtübersicht angezeigt würden.

2.7.8 Akzeptanztests: Erfahrungen

Unsere bisherigen Erfahrungen zeigen, dass sich Akzeptanztests für die Kommunikation mit dem Kunden sowie zur Fortschrittskontrolle im Projekt eignen.

Akzeptanztests als Vertragsbestandteil

Akzeptanztests sind geeignet, um sie in den Vertrag zwischen Entwicklern und Kunden aufzunehmen. Allerdings kann dies auch zu Problemen im Entwicklungsprozess führen. Sollen die Akzeptanztests z. B. Bestandteil eines Festpreisvertrages werden, so werden zusätzliche – juristische – Anforderungen an die Akzeptanztests gestellt. Mitunter führt dies zu einem zähen Ringen zwischen Anwälten von Auftraggeber und -nehmer. Tritt dieser Fall ein, so dauert das Schreiben der Akzeptanztests unverhältnismäßig lange. Dann ist es besser, doch zwischen Vertrag und Akzeptanztests zu unterscheiden.

Automatisierung von Akzeptanztests

Wir haben in vielen Projekten zu lange mit der Einführung automatisierter Akzeptanztests gewartet. In den frühen Projektphasen ist das manuelle Ausführen der Akzeptanztests auch kein Problem. Solange das System klein ist, muss man dafür nur wenige Minuten investieren. Dann wächst das System, und die Aufwände für die Testausführung werden unangenehm groß. Gleichzeitig wächst der Aufwand, der für die nachträgliche Automatisierung der Akzeptanztests notwendig wäre. Daher bleiben viele Projekte dann doch zu lange bei den manuellen Akzeptanztests. Dabei würde eine einfache Kosten-Nutzen-Betrachtung häufig auch noch die späte Automatisierung der Akzeptanztests rechtfertigen. In einem Projekt dauert die manuelle Ausführung der Akzeptanztests zwei Stunden. Im Rahmen der kurzen Iterations- und Releasezyklen werden die Akzeptanztests mindestens einmal wöchentlich ausgeführt. Das Projekt läuft noch mindestens acht Wochen. Also lohnt sich die Automatisierung, wenn sie weniger als 16 Stunden in Anspruch nimmt.

GUI-Capture/Replay-Werkzeuge

Prinzipiell können Akzeptanztests mit so genannten GUI-Capture/Replay-Werkzeugen aufgezeichnet und durchgeführt werden. Die Erfahrungen mit diesen Werkzeugen deuten jedoch darauf hin, dass sie iterative Entwicklungsprozesse nur schwach unterstützen. Der Aufwand, bereits existierende Tests anzupassen, ist leider oft zu hoch. Außerdem kann ein Akzeptanztest erst entwickelt werden, wenn schon Teile des zu entwickelnden Systems sichtbar sind. Wenn man aber die Akzeptanztests auch dazu verwenden möchte, den fachlichen Projektinhalt besser zu verstehen, müssen Akzeptanztests schon früher beschrieben werden können. Sollen die Akzeptanztests als Spezifikation verwendet werden, müssen sie ebenfalls sehr früh erstellt werden (*Test-First*).

Dummies für GUI-Bibliothek

Als Alternative kann eines der Werkzeuge für Komponententests erweitert werden. Akzeptanztests können mit Hilfe von Dummy-Klassen für die GUI-Bibliothek genauso programmiert werden wie Komponententests. Allerdings unterscheidet sich der Umgang mit den Tests. Während Komponententests stets zu 100 % erfolgreich durchlaufen müssen, gilt diese Forderung nicht für Akzeptanztests. Wir können also eines der verbreiteten Frameworks für das Schreiben von Komponententests für Akzeptanztests verwenden, müssen aber das Testwerkzeug oder unseren Umgang mit dem Testwerkzeug anpassen.

Fit und Fitnesse

Wir haben gute Erfahrungen mit Fit und Fitnesse gemacht (siehe [Fit], [Fitnesse]). Beide Systeme sind einfach zu erlernen und sehr flexibel. Außerdem bieten beide die Möglichkeit, die Tests durch Fachexperten formulieren zu lassen.

Wer schreibt Akzeptanztests?

Eine wichtige Frage ist, wer die Akzeptanztests schreibt. Da sie die Sicht des Kunden bzw. Anwenders auf das System vergegenständlichen, liegt es nahe, die Akzeptanztests vom Kunden bzw. Anwender schreiben zu lassen.

Kunden/Anwender schreiben Akzeptanztests

Diesen Wunsch müssen wir allerdings immer mit den Fähigkeiten des Kunden bzw. Anwenders zur Deckung bringen. Werden die Akzeptanztests ähnlich wie Komponententests programmiert, kann das natürlich nur von Entwicklern geschehen. Aber selbst wenn die Akzeptanztests in Prosa beschrieben werden, können Kunden bzw. Anwender damit überfordert sein. Das Schreiben guter Akzeptanztests muss gelernt werden. Akzeptanztests müssen möglichst exakt und testbar sein. Daher ist es sinnvoll, wenn Entwickler mindestens unterstützend beim Schreiben von Akzeptanztests beteiligt sind. In Projekten, bei denen es hauptsächlich um betriebswirtschaftliche Berechnungen ging, haben die Anwender aber auch schon mal die Tests selbst geschrieben. Hier haben die Anwender die Akzeptanztests z. B. in Excel-Tabellen beschrieben.

Tester schreiben Akzeptanztests

Insbesondere Unternehmen, die Softwareprodukte entwickeln, haben eigene Testabteilungen. Das Schreiben von Akzeptanztests fällt damit zunächst in deren Aufgabenbereich. Damit das reibungslos funktioniert, muss die Testabteilung sehr früh in die Softwareentwicklung einbezogen werden. Schließlich bedeutet der testgetriebene Umgang mit Akzeptanztests ein Umdenken für die meisten Testabteilungen. In der Regel erstellen sie nämlich die Tests, *nachdem* das System fertig programmiert ist. Mit diesem Umdenken beim Vorgehen ist häufig auch ein Umdenken bzgl. der Akzeptanztest-Werkzeuge verbunden. Es stellt sich in vielen Fällen heraus, dass die bisher verwendeten Werkzeuge für eine testgetriebene Entwicklung nicht geeignet sind.

Entwickler schreiben Akzeptanztests

Wenn die Anwender bzw. Kunden die Akzeptanztests nicht schreiben, sollten die Entwickler das selber erledigen. Das ist immer noch besser, als keine Akzeptanztests zu haben. Allerdings sind in diesem Vorgehen einige Fußangeln versteckt. Entwickler sind keine Anwender und nehmen daher zwangsläufig eine andere Perspektive auf das System ein. Insbesondere ist die Gefahr groß, dass sie wegen Betriebsblindheit bestimmte Randbedingungen oder Fehlersituationen nicht testen.

Alle schreiben Akzeptanztests

Natürlich kann man sich auch vorstellen, dass jeder am Projekt Beteiligte Akzeptanztests schreibt. Das funktioniert aber nur dann, wenn jede Gruppe ihren eigenen Bereich innerhalb der Akzeptanztests hat oder die Kommunikation zwischen den Projektbeteiligten sehr gut ist. Ansonsten entstehen schnell Unklarheiten über Aktualität, Zustand und Verbindlichkeit von Akzeptanztests.

Insbesondere dürfen Akzeptanztests nicht jederzeit beliebig geändert werden. Abgesehen von Korrekturen an existierenden Akzeptanztests würde man so ja neue Stories erstellen oder existierende Stories verändern. Das bedeutet auch, dass man Akzeptanztests ansehen können muss, ob sie in Arbeit oder »scharf geschaltet« sind.

Problemfall: persistente Daten

Persistente Daten können Probleme beim Formulieren automatisierter Akzeptanztests bereiten, insbesondere wenn große Datenbestände aus Legacy-Systemen in die Neuentwicklung eingebunden werden müssen. In solchen Fällen kann die Bereitstellung einer aussagekräftigen und eindeutigen Datenbasis eine Vollzeitaufgabe für mehrere Entwickler sein.

Aufwand für die Testerstellung

Der Aufwand für die Erstellung der Akzeptanztests schwankt natürlich stark von Projekt zu Projekt. Er hängt auch vom Anspruch der Tests ab. Sollen die Tests auch alle Details der Benutzungsoberfläche testen, benötigen sie mehr Aufwand, als wenn sie nur die Fachlogik testen.

In einem Projekt, in dem eine Testabteilung relativ detaillierte Tests auf Ebene der Benutzungsoberfläche geschrieben hat, wurden knapp 20 % des Gesamtaufwandes in die Erstellung von Akzeptanztests investiert.

Andere Projekte geben sich mit rudimentären Akzeptanztests zufrieden, die nur sicherstellen, dass das System *im Prinzip* funktioniert. Sie testen die Abläufe im System und nur stichprobenartig die eigentliche Fachlogik. Diese Projekte investieren deutlich weniger als 1 % der Aufwände in die Erstellung und Pflege der Akzeptanztests.

2.7.9 Komponententests: Empfehlungen

- Schreiben Sie eine Testklasse für jede Klasse (Ausnahme können GUI-Klassen sein) und rufen Sie jede Operation der zu testenden Klasse mindestens einmal auf. Wird eine einzelne Testklasse zu komplex, können auch mehrere Testklassen für eine zu testende Klasse erstellt werden.
- Benutzen Sie eines der verfügbaren Testwerkzeuge für Komponententests (z. B. [JUnit], siehe auch [XPWeb]).
- Lassen Sie alle Tests immer wieder und häufig laufen.
- Gehen Sie testgetrieben vor.
- Führen Sie Refactorings für Tests durch, wenn dadurch die Lesbarkeit der Tests verbessert wird.
- Sorgen Sie dafür, dass alle Projektmitglieder Tests schreiben.
- Verhindern Sie, dass Klassen in den gemeinsamen Projektbestand integriert werden, wenn nicht alle Komponententests durchlaufen.
- Wenn Tests des gemeinsamen Quellcodebestandes nicht durchlaufen, korrigieren Sie den Fehler *sofort*.
- Nutzen Sie zusätzlich zu den Komponententests das Vertragsmodell (*Design By Contract*) für alle ihre Klassen.
- Implementieren Sie keine Negativtests für Vor- und Nachbedingungen.

2.7.10 Akzeptanztests: Empfehlungen

- Schreiben Sie Akzeptanztests vor dem zu testenden Code (Test-First). Nutzen Sie die Akzeptanztests als Spezifikation für die Programmierung.
- Beziehen Sie die Anwender bzw. den Kunden in die Erstellung der Akzeptanztests ein. Lassen Sie die Anwender/Kunden die Akzeptanztests selber schreiben, wenn das möglich ist.
- Sorgen Sie dafür, dass die Akzeptanztests automatisch ausgeführt werden können (z. B. mit Fit oder Fitnesse, weitere Tools werden in Anhang B beschrieben). Stellen Sie die automatische Testausführung bereits früh im Projekt sicher.
- Nutzen Sie Akzeptanztests für die Fortschrittskontrolle im Projekt.

2.7.11 Bezug zu anderen XP-Techniken

- *Kunde vor Ort*: Bei der Einbindung von Kunden und Anwendern spielt das Testen auf verschiedenen Ebenen eine wichtige Rolle. Haben wir eine gute Abdeckung des Systems mit Komponententests, werden die Anwender beim Testen der Akzeptanzkriterien nicht durch einfache Programmierfehler behindert. Kunden- bzw. Anwenderwünsche werden direkt in Beziehung zu Akzeptanztests gesetzt, damit Entwickler die Akzeptanzkriterien prüfen können, bevor sie die Software an Kunden und Anwender zum Testen geben.

- *Einfaches Design*: Einfaches Design lässt sich einfacher testen als komplexes. Durch die Konvention, für jede Klasse eine Testklasse zu schreiben, wird einfaches Design gefördert.
- *Planungsspiel*: Den Akzeptanztests kommt beim Planungsspiel eine zentrale Bedeutung zu. Sie »spezifizieren« den Umfang einer Story-Card, so dass Entwickler für jede Story-Card testen können, ob sie erfüllt wurde. Entwickler können sich so gewiss sein, welche Story-Cards sie in einer Iteration gemäß den Kundenanforderungen tatsächlich realisiert haben. Sie können außerdem gut zur Fortschrittskontrolle im Projekt verwendet werden. Die Menge der erledigten Akzeptanztests sagt sowohl für die Entwickler als auch den Kunden deutlich mehr über den Projektfortschritt aus als Aussagen wie »80 % der Klassen sind kodiert« oder »Das Pflichtenheft ist fertig«.
- *Kurze Releasezyklen*: Vor jedem Release muss die Software getestet werden. Es muss dabei unter anderem sichergestellt werden, dass alle Funktionen, die mit dem vorigen Release möglich waren, auch noch mit der neuen Version möglich sind. Bei kurzen Releasezyklen ist diese Anforderung nur dann mit realistischem Aufwand zu erfüllen, wenn automatisierte Komponententests zur Verfügung stehen und die Akzeptanztests klar formuliert sind.
- *Fortlaufende Integration*: Fortlaufende Integration ist nur dann sicher möglich, wenn eine gute Abdeckung mit Komponententests erreicht wird. Ansonsten besteht eine große Gefahr, dass durch eine Integration ein bisher lauffähiges System »beschädigt« wird.
- *Gemeinsame Verantwortlichkeit*: Gemeinsame Verantwortlichkeit profitiert erheblich von den Komponententests. Die Komponententests definieren die Anforderungen, die Klassen erfüllen müssen. Damit ist sichergestellt, dass bei einer Änderung nicht versehentlich eine Anforderung wieder »zerstört« wird.
- *Programmieren in Paaren*: Wir programmieren immer in Paaren. Dies gilt auch für das Schreiben von Testfällen. Der Partner sorgt außerdem dafür, dass Testfälle bereits während der Entwicklung einer Klasse geschrieben werden und nicht erst hinterher oder gar nicht.
- *Refactoring*: Refactoring ist nur möglich, wenn ausreichend viele Komponententests vorhanden sind. Ansonsten ist die Gefahr zu

groß, durch Refactoring unerwünschte Seiteneffekte zu produzieren. Auch Komponententests werden einem Refactoring unterzogen, wenn sie besser strukturiert werden können. Komponententests sind keine Quelltexte zweiter Klasse!

2.8 Einfaches Design (engl. Simple Design)

Wählen Sie das einfachste Design, das den Anforderungen gerecht wird.

2.8.1 Beschreibung

Ein gutes Design ist für eine Software unersetzlich. Bei XP ist das nicht anders. Es stellt sich aber immer wieder die Frage, was ein gutes Design ist und wie viel Design wofür und zu welchem Zeitpunkt erstellt werden sollte.

Auf diese Fragen antwortet der geübte XPler mit einer Gegenfrage: Was ist das Einfachste, das noch funktioniert? Bei der Softwareentwicklung im Sinne von XP bewegen wir uns in einem leichtgewichtigen Prozess und können auf Änderungen schnell und einfach reagieren. Daher wird bei XP kein »Big Design Upfront« (Design auf Vorrat) verfolgt, sondern sich auf das Nötigste beschränkt. Das bedeutet nicht, dass ohne jegliches Design einfach »drauflos programmiert« wird. Ganz im Gegenteil. Design ist weiterhin wichtig für die Softwareentwicklung und besitzt auch bei XP einen hohen Stellenwert. In einem XP-Prozess wird nur kein großes, all umfassendes Design am Anfang des Entwicklungsprozesses erstellt und danach jegliches Design für beendet erklärt.

Inkrementelles Design

Design findet bei XP begleitend während der gesamten Entwicklung statt. Daher wird auch von *inkrementellem Design* gesprochen. Damit haben die Entwickler die Möglichkeit, zu jedem Zeitpunkt ein optimales Design für ein gerade aktuelles Problem zu erstellen. Ändern sich die Annahmen, unter denen ein früherer Entwurf entstanden ist, kann er jederzeit mit Hilfe von *Refactoring* revidiert und durch einen besseren, den aktuellen Umständen entsprechenden Entwurf ersetzt werden.

Um dies zu ermöglichen, muss ein anderes Verständnis von Design zugrunde gelegt werden. Die Designs, die in einem XP-Prozess erstellt werden, sind nicht allumfassend und beschreiben auf keinen Fall ein komplettes System. Sie beziehen sich immer auf einen kleinen Ausschnitt oder ein spezifisches Problem, das überschaubar ist und aktuell im Prozess gelöst werden muss. Es sind kleine Designs, die ein kleines

Problem gut lösen und schnell umgesetzt werden können. Wird ein Entwurf demzufolge schnell eingesetzt, kann man auch zu einem sehr frühen Zeitpunkt in der Entwicklung Erfahrungen mit diesem Entwurf machen. Schlechte Designentscheidungen können so schnell entdeckt werden und lassen sich leicht ändern.

Gutes Design in XP

Was heute ein gutes Design ist, kann morgen ein schlechtes Design sein. Das Geheimnis der kleinen Designs liegt deshalb darin, dass sie leichter geändert werden können als große schwergewichtige Entwürfe. Und dies muss in einem XP-Prozess konsequent verfolgt werden. Kent Beck nennt beispielsweise als eine Regel für ein gutes Design, dass keine Logik doppelt implementiert ist. Passiert es während der Entwicklung, dass durch einen neuen oder geänderten Teil des Systems Logik doppelt implementiert wurde, muss das Design revidiert werden. Ein entsprechendes Refactoring ist nötig (siehe Abschnitt 2.9). Dafür muss ein kleines neues Design erstellt werden, das die doppelte Implementierung auflöst und wieder zu einem gut designten Gesamtsystem führt. Insgesamt gibt Kent Beck vier Richtlinien vor, die ein einfaches Design charakterisieren (siehe [Beck 00, Seite 109]):

- Das System (der Sourcecode und die Testklassen) sollte all das verständlich ausdrücken, was in ihm enthalten sein sollte.
- Das System sollte keinen duplizierten Code enthalten (»Once and Only Once«-Prinzip, siehe Kapitel 1).
- Das System sollte so wenig Klassen wie möglich besitzen.
- Das System sollte so wenig Methoden wie möglich enthalten.

Die Reihenfolge der Aufzählung impliziert eine Priorisierung. So darf z. B. die Reduktion der Anzahl Klassen und Methoden auf keinen Fall zu Lasten der Verständlichkeit (siehe Punkt 1) gehen.

Auf der einen Seite hilft ein einfaches Design also, schnell voranzukommen und übersichtliche, leicht verständliche Entwürfe zu erstellen. Das macht es leichter, das gesamte System zu handhaben und zu ändern. Auf der anderen Seite bewahrt uns ein einfaches Design davor, Technologie auf Vorrat zu bauen. Wie oft kann man Entwickler bei einem Satz ertappen wie: »Das ist jetzt nicht für diese Story-Card wichtig, aber das brauchen wir ja sowieso bald. Und wenn wir jetzt hier schon mal dabei sind, können wir das gleich miterledigen.« Doch Vorsicht: Eine solche Vorratshaltung bindet Ressourcen zum falschen Zeitpunkt. Unter der Prämisse, dass diese oder jene Eigenschaft in Zukunft implementiert werden soll, erscheint es zunächst egal, wann diese Eigenschaft realisiert wird. Doch weit gefehlt! Es macht einen großen Unterschied.

Technologie auf Vorrat

Technologie auf Vorrat wird per Definition zu dem Zeitpunkt ihrer Realisierung nicht gebraucht. Folglich wird die Eigenschaft nicht angesprochen, wenn das System benutzt wird. Dadurch wird es bei Praxistests nicht erfasst. Das führt dazu, dass die Eigenschaft beim Refactoring stiefmütterlich behandelt wird. Die entsprechenden Klassen erfüllen dann nur noch degenerierte Pseudotests oder der Test beschränkt sich darauf, dass die Klasse kompilierbar ist.

Darüber hinaus kann die Eigenschaft häufig in Zukunft einfacher und eleganter realisiert werden. Verschiebt man also den Zeitpunkt der Implementierung so weit wie möglich in die Zukunft, wird diese Eigenschaft höchstwahrscheinlich weniger Aufwand kosten als jetzt. Dies ist natürlich nur dann der Fall, wenn das Design und die Implementierung der Anwendung ständig systematisch verbessert werden. Schiebt man das Refactoring und andere Verbesserungen zu weit auf, muss die zukünftige Entwicklung zwangsläufig langsamer und träger werden. Und dann werden auch neue Eigenschaften oder Änderungen mühsam und zeitaufwändig.

Abgesehen davon, dass eine noch nicht benötigte Eigenschaft höchstwahrscheinlich in der Zukunft einfacher und besser realisiert werden kann, fällt ein weiteres Problem der Vorratshaltung auf. Oft trifft man den Fall an, dass die Entwickler gar nicht mit Sicherheit wissen können, ob diese Eigenschaft tatsächlich in der Zukunft überhaupt noch benötigt wird. In einem solchen Fall, und man kann solche Fälle täglich erleben, verschenkt die Entwicklungsorganisation den Entwicklungsaufwand für diese Eigenschaft nutzlos.

Technologie auf Vorrat lässt sich mit der Lagerhaltung in der Warenwirtschaft vergleichen. Auch dort versucht man, Waren möglichst kurz zu lagern, da Lagerhaltung Kosten verursacht und selbst keine Gewinne bringt. Minimale Lagerkosten entstehen, wenn die Ware direkt nach der Produktion verkauft wird. Genau diese Optimierung ist u.a. das Ziel von XP.

Muss das Projekt also mit sich verändernden Voraussetzungen, Anforderungen oder anderen Gegebenheiten umgehen, bietet sich ein einfaches Design an, um schnell auf Änderungen reagieren zu können. Und diese Situation ist in den meisten Projekten gegeben.

Quick Design Sessions

Auch bei der Erstellung eines Designs steht im Vordergrund, möglichst schnell und auf unkompliziertem Wege Erfahrungen zu sammeln. Nur so kann man letztendlich sichergehen, dass das erstellte Design ein gutes Design ist. Daher wird in XP-Projekten gerne eine »Quick Design Session« durchgeführt. In einer Runde von wenigen Entwicklern wird an einem Whiteboard ein Design entwickelt oder diskutiert. Dies sollte möglichst schnell gehen und nicht in endlosen

Diskussionen enden. Lieber probiert man ein Design aus, indem man es implementiert, und ggf. aufgrund von Schwierigkeiten dann ein neues oder verändertes Design erstellt.

Kent Beck empfiehlt dazu: »Do not make two design decisions in a row.« Sobald eine erste Designentscheidung gefällt ist, wird diese implementiert. Erst danach wird auf Basis der dabei gewonnenen Erkenntnisse weiter diskutiert.

Test First Design

Eine wichtige Technik für einfaches Design ist das so genannte *Test First Design*. Dabei wird zuerst die Testklasse und dann die zu testende Klasse geschrieben. Die Erfahrung zeigt, dass dadurch einfaches Design geradezu erzwungen wird.

2.8.2 Erfahrungen

Kleine einfache Designs sind leicht und schnell zu ändern. Diese Eigenschaft kommt uns besonders entgegen, wenn sich Rahmenbedingungen oder die Anforderungen an das System häufig ändern. Dabei bleibt aber die Befürchtung bestehen, dass durch zu wenig Design im Voraus spätere Änderungen an dem System schwieriger zu realisieren sind, weil sie nicht vorausgedacht wurden. Oft geäußerte Bedenken beziehen sich vor allem darauf, dass man doch bestimmte Eigenschaften des zu erstellenden Systems vorausplanen muss, damit sie später nicht zu unverhältnismäßig viel Aufwand führen und das gesamte System negativ beeinflussen.

Diese Bedenken sind berechtigt. Besitzt das XP-Team nicht genügend Erfahrung mit ähnlichen Systemen und schiebt es ein nötiges Refactoring und Designänderungen zu lange auf, werden spätere Änderungen unter Umständen schmerzhaft für das Projekt. Wir entwickeln in unseren Projekten daher recht früh eine gewisse Vorstellung über die Makro-Architektur des zu entwickelnden Systems.

Metaphern

Metaphern, wie sie auch für ein XP-Projekt verwendet werden, ergänzen die Vorstellung von einer Makro-Architektur auf einer feineren Ebene und helfen uns, einen gemeinsamen Blickwinkel auf das System unter den Entwicklern zu etablieren. Dabei verwenden wir Metaphern nicht nur im Entwicklerkreis. Sie stellen für uns ein elementares Mittel dar, um enge Rückkopplungszyklen mit den Anwendern zu ermöglichen.

Mit einer passenden Makro-Architektur und entsprechenden Metaphern ist es uns möglich, die Software strukturähnlich zum Anwendungsbereich zu gestalten. Das bedeutet, dass sich die Struktur des Anwendungsbereichs unmittelbar auf unsere Software niederschlägt und dadurch eine hohe Korrespondenz zwischen der Software und dem Anwendungsbereich hergestellt wird. Konzepte und Begriffe des Anwendungsbereichs lassen sich in der Software ohne weiteres wiederfinden.

Dieser Blickwinkel auf das System, angereichert um entsprechende Entwurfsmuster, prägt eine grobe Architektur für beispielsweise ein interaktives Arbeitsplatzsystem. Geleitet durch diese Architekturvorstellungen wird von Anfang an eine Architektur verwendet, die sich bereits in einer Reihe von Projekten als tragfähig erwiesen hat. Einerseits profitiert man dadurch von vergegenständlichten Erfahrungen. Andererseits verhindert man durch eine solche Architekturvorstellung, dass sich die Entwicklung im Projekt in eine grundsätzlich falsche Richtung bewegt. Die Entwickler bewegen sich flexibel innerhalb der gegebenen Architektur.

Eine Architektur hebt also nicht die Idee von einfachen Designs im XP-Sinne auf, sondern ergänzt diese. Mit einer entsprechenden Architektur kann man sich aber davor schützen, grundsätzliche Änderungen erst zu einem zu späten Zeitpunkt zu erkennen. Das setzt natürlich voraus, dass die gewählte Architektur für den Anwendungsbereich passend ausgesucht wurde. Ist dies nicht passiert, werden spätere Architekturänderungen natürlich umso schwieriger.

Der Architektur-Begriff hat in XP-Projekten traditionell keinen guten Klang. Er steht für ein kompliziertes Design und »Technologie auf Vorrat«. Wenn wir trotzdem vorschlagen, eine grobe Vorstellung der Makro-Architektur zu haben, ist dies sicherlich eine Gratwanderung. Auf der anderen Seite grenzt das Wegschieben des Themas schon fast an Ignoranz. In aller Regel haben die Entwickler ohnehin eine Architekturvorstellung im Hinterkopf. Treffen im Team unterschiedliche nicht ausgesprochene Architekturvorstellungen aufeinander, so kann dies zu unangenehmen Schwierigkeiten führen. Man führe sich bloß einmal die mit der J2EE-Spezifikation verbundene Architekturvorstellung vor Augen: JSP-Seiten visualisieren Informationen, Servlets verarbeiten diese und kommunizieren mit Session-Beans. Diese wiederum benutzen Entity-Beans, über welche auch die Datenhaltung geregelt wird. Wenn es also eine Entscheidung zum Einsatz dieser Technologie gibt, dann ist implizit damit auch eine Architekturentscheidung gefallen.

Architektur und Verantwortlichkeiten

Häufig werden Architekturen dazu verwendet, Veranwortlichkeiten zu trennen. So wird jedem Entwickler die Verantwortung für jeweils einen oder mehrere Systemteile zugewiesen. Das ist definitiv nicht mehr XP. Allerdings kann die Architektur verwendet werden, um die Zusammenarbeit mehrerer XP-Teams zu organisieren. Mehrere XP-Teams entstehen zunächst auf eine organische Art und Weise:

Wenn sie zu groß werden, teilen sie sich in zwei Teams auf. Dabei muss projektabhängig geklärt werden, in welchem Verhältnis die beiden neuen Teams zueinander stehen. Es gibt bisher nur wenige Erfahrungen darüber, wie dies in der Praxis aussehen kann. Eine Architekturvorstellung könnte jedoch bei der Definition der beiden neuen Teams hilfreich sein. Möglicherweise *wächst* die Architektur auch parallel zur Teamaufteilung.

Architektur und Infrastruktur

Auf keinen Fall sind Architekturen ein Grund, erst einmal irgendeine Form von Infrastruktur zu programmieren. Sie entsteht während der Umsetzung fachlicher Anforderungen. Oben haben wir beschrieben, wie XP-Teams aufgeteilt werden können. Es ist selten eine gute Idee, die Teams horizontal mit der Architektur zu teilen. Dann entstünden ein Team, das für die fachlichen Anforderungen zuständig ist, und eines für die Infrastruktur. Dies führt in der Regel dazu, dass das zweite Team zu weit von den konkreten fachlichen Anforderungen entfernt arbeitet und immer wieder »Technologie auf Vorrat« produziert.

Flexible Handhabung von Makro-Architekturen

Makro-Architekturen sind keine starren Strukturen. Eine starre Makro-Architektur würde die flexible Arbeit an einfachen Lösungen behindern. Wir gehen deshalb flexibel mit Makro-Architekturen um und passen sie an aktuelle Bedürfnisse an. So sind Refactoring und einfache Designs weiterhin möglich. Zusätzlich wird eine lose Kopplung zwischen den Komponenten gefördert.

Was ist ein einfaches Design?

Architektur und einfache Designs widersprechen sich also nicht, sondern ergänzen sich in einer sinnvollen Art und Weise. Es stellt sich aber immer noch die Frage, was ein einfaches Design ist oder wann ein Design als einfach betrachtet werden kann.

Um ein gutes, kleines Design zu erstellen, benötigt es in der Regel nicht mehr als qualifizierte Entwickler und ein Whiteboard. Das klingt zwar auf den ersten Blick wie eine abgedroschene Phrase, gibt uns aber einen guten Anhaltspunkt für den Umfang eines einfachen Entwurfs. Geht das Design nicht mehr auf ein oder zwei Whiteboards, scheint es zu groß geraten zu sein. Ein kleines Design hingegen kann gut in einer Quick Design Session erstellt werden und lässt sich in der Regel mit geringem Aufwand implementieren.

Dokumentation von Designs

Zur Dokumentation von kleinen Designs hat sich aus unserer Erfahrung nicht unbedingt ein großes CASE-Tool bewährt. Eine Applikation zum Zeichnen von Diagrammen (wie beispielsweise Visio von Microsoft) reicht meistens völlig aus. Nützlich sind Digitalkameras, mit denen sich das Whiteboard-Bild einfach und schnell zu Papier bringen lässt.

In unseren Projekten haben sich einfache Designs bewährt, und wir übertragen die Idee auf andere Bereiche des Entwicklungsprozesses. Wir versuchen auch den Code so einfach wie möglich zu halten und keine zu komplizierten Konstrukte zu implementieren. Auch der Prozess selbst kann möglichst einfach und schlicht gehalten werden. So können wir auch den Prozess flexibel an sich verändernde Bedingungen anpassen und sind nicht in eine starre Struktur gepresst.

Besonders geeignet sind einfache Designs aus unserer Sicht für Projekte, in denen die Anforderungen unklar sind oder sich oft ändern und flexibel auf solche Änderungen reagiert werden muss. Unter solchen Randbedingungen kommt man nach unserer Erfahrung mit dem Grundsatz einfacher Designs deutlich schneller ans Ziel.

2.8.3 Diskussion: Einfache Designs etablieren

Einfache Designs einzuführen und zu etablieren ist keine leichte Aufgabe. Ein großes Problem der einfachen Designs ist, dass sie das genaue Gegenteil dessen realisieren, was viele Informatiker und Entwickler über Jahre hinweg gelernt haben und was auch heute noch vorherrschend ist: Allgemeine Lösungen finden, vorausschauend entwickeln, Anforderungen und Änderungen an Anforderungen antizipieren und vieles mehr.

Einfache Designs bilden in Projekten immer wieder ein recht hohes Konfliktpotenzial, da grundsätzlich andere Ansichten aufeinander prallen und sich die Entwickler in der Anfangsphase ihrer XP-Tätigkeit nur schwer mit dieser Idee anfreunden können. Umso wichtiger ist an dieser Stelle der Einsatz eines XP-Trainers (siehe Abschnitt 4.6) und/oder stetiges Beharren auf einfachen Designs, die leicht und schnell realisiert werden können.

2.8.4 Diskussion: Einfaches Design und Frameworks

Ein Grundsatz für einfache Designs ist, dass keine Technologie auf Vorrat gebaut werden soll. Die Entwickler sollen jeweils ein Design für ein gerade aktuelles Problem entwickeln und nicht an zukünftige mögliche Anforderungen denken und im Voraus designen. Dies scheint für eine Produktentwicklung einleuchtend zu sein und ist unmittelbar realisierbar. Für die Entwicklung von Frameworks scheint dieser Ansatz zunächst widersprüchlich. Schließlich kann man ein Framework als reines Stück Software (oder Design) auf Vorrat betrachten. In Frameworks bilden wir schließlich allgemeine Lösungen und Abstraktionen ab, die für eine Reihe gleichartiger Probleme als Hilfe dienen sollen.

Wir haben in den letzten Jahren auch Frameworks mit XP-Techniken entwickelt. Dabei stellte sich die Frage, wie wir mit der XP-Technik des einfachen Designs umgehen sollen. Sicherlich ist die grundsätzliche Herangehensweise bei der Framework-Entwicklung getrieben von Erfahrungen und Anregungen aus der Applikationsentwicklung. Frameworks werden in der Regel nicht auf der grünen Wiese entwickelt, sondern auf Basis gemachter Erfahrungen und der Analyse mehrerer ähnlich gearteter Applikationen. Insofern lässt sich einfaches Design auf Frameworks bestens übertragen, denn auch hier sollte das Framework nur so viel Design mitbringen, wie nötig ist, das entsprechende Problem zu lösen. Dabei bezeichnet das »Problem« hier einen Teil der realisierten Applikationen, der mit einem Framework beispielsweise wiederverwendbar implementiert werden könnte, so dass die Applikationen einfacher werden.

Erst verwenden, dann wiederverwenden!

Damit liegt das Grundprinzip eines einfachen Designs für Frameworks auf der Hand: Baue nur Elemente in das Framework ein, durch die mehrere existierende Applikationen im Sinne eines Refactorings einfacher werden. Man kann dies auf den schlichten Satz reduzieren: Erst verwenden, dann wiederverwenden.

2.8.5 Diskussion: Performance-Optimierungen

Bei Diskussionen über einfache Designs entbrennt häufig eine hitzige Debatte über Performance-Optimierungen. Wann soll über die Performance des Systems nachgedacht werden, wann soll Performance optimiert werden? Kommt es nicht bei einfachen Designs zwangsläufig dazu, dass am Ende der Entwicklung ein zusammengestückeltes System existiert, das schwerwiegende Performance-Probleme offenbart?

Zunächst halten wir fest, dass es zu solchen bösartigen Systemen in einem XP-Entwicklungsprozess eigentlich nicht kommen darf. Schließlich wird das Design des Systems immer an die gerade aktuellen Anforderungen angepasst. Refactoring sorgt dafür, dass zusammengefügte Teile eines Systems auch im Ganzen noch eine angemessene Realisierung des Problems darstellen. Treten also im Laufe der Entwicklung Performance-Probleme auf, handelt es sich um nichts anderes als ein nicht optimales Design für das System, das in ein besseres Design umgewandelt werden muss. Das setzt natürlich voraus, dass die anderen XP-Techniken, wie beispielsweise Refactoring, beherzt eingesetzt und auch einfache Designs kontinuierlich verbessert werden. Einfache Designs zu erstellen und zu ändern bedeutet eben nicht, auf Design zu verzichten. Anmerkung: In der Regel sind einfache Designs sogar performanter als komplizierte, da weniger Objekte und Objektinteraktionen beteiligt sind.

Grundsätzlich verfolgen wir bei Performance-Fragen die Richtlinie von Kent Beck: »Make it run, make it right, make it fast.« Also erst wenn ein Teil des Systems fachlich zufriedenstellend funktioniert, optimieren wir die Performance des Systems. Dazu ermitteln wir mit entsprechenden Profiler-Werkzeugen die Performance-Schwachstellen im System und optimieren diese Schwachstellen gezielt. Dieses Vorgehen reduziert den Optimierungsaufwand auf die wirklich wichtigen Stellen im System.

Wie beschrieben sind wir in einem Projekt vorgegangen. Dort hat der Kunde zunächst besonders viel Wert darauf gelegt, die fachliche Funktionalität fertig zu stellen. Daher haben wir unsere Entwicklungskapazitäten ganz auf dieses Ziel ausgerichtet. Als im Anschluss daran die Ausführungsgeschwindigkeit des Systems stark erhöht werden sollte, haben wir mit einem Profiler gezielt die Schwachstellen identifizieren und ausmerzen können. Durch die kontinuierliche Verbesserung des Designs während der Entwicklung waren wir in der Lage, die Optimierungen mit geringst möglichem Aufwand umzusetzen. Insgesamt ist XP als Entwicklungsprozess sehr gut geeignet, um leicht profilierbare und optimierbare Systeme zu konstruieren.

2.8.6 Empfehlungen

- Erstellen Sie in einer Design-Session kein Design, das nicht auf ein oder zwei Whiteboards passt.
- Streben Sie einen schnellen Wechsel zwischen Design und Implementierung an. Keine Design-Session sollte länger als einen halben Tag dauern.
- Begrenzen Sie die Anzahl der Teilnehmer einer Design-Session auf maximal fünf Personen. Eine Anzahl von drei Personen ist optimal. Mehr Teilnehmer wirken sich negativ aus.
- Praktizieren Sie Test First Design.
- Lassen Sie schlechte Designs nicht zu lange liegen. Ändern Sie diese so schnell wie möglich mit Refactoring (siehe Abschnitt 2.9).
- Optimieren Sie Performance nur dann, wenn Sie ein Performance-Problem haben. Profiler-Tools können helfen, Performance-schwache Stellen im System zu finden. Diese können dann gezielt eliminiert werden.

2.8.7 Bezug zu anderen XP-Techniken

- *Refactoring*: Einfache Designs geben eine Anleitung für Refactorings. Ein Refactoring ist nur dann sinnvoll, wenn es das Design vereinfacht. Ebenso stellen wir durch einfache Designs sicher, dass bestehender Code schnell und einfach zu ändern ist, wodurch ein Refactoring begünstigt wird.
- *Testen*: Einfache Designs und einfache Klassen lassen sich einfacher testen als komplexe. Somit begünstigt ein einfaches Design das Testen. Dies führt andererseits dazu, dass Klassen möglichst einfach gestaltet werden, um sie einfacher testen zu können[3].
- *Kurze Releasezyklen*: Kurze Releasezyklen geben schnell Feedback darüber, ob das bisher implementierte System den Erwartungen entspricht und sich in die richtige Richtung entwickelt. So erkennen wir schnell, ob das Design des letzten Releases falsch ist und geändert werden muss. Durch einfache Designs stellen wir zudem sicher, dass wir nur so viel Design erstellen, wie auch wirklich für das Release nötig ist. Das reduziert das Risiko möglicher Designänderungen auf ein angenehm kleines Maß.
- *Programmieren in Paaren*: Einfaches Design wird durch Programmieren in Paaren gefördert. Ständige Reviews führen dazu, dass das implementierte Design einfach und verständlich ist. Gleichzeitig achtet der Partner am Rechner darauf, dass das Design nicht schlecht oder ungeeignet ist.
- *Metapher*: Sie bestimmt die generelle Richtung bei der Systementwicklung und sichert somit, dass die einfachen Designs auf ein gemeinsames Ziel zusteuern. Der Rahmen, in denen sich die einfachen Designs bewegen können, wird durch die verwendeten Metaphern gegeben.
- *Nachhaltiges Tempo*: Ein Ziel einfacher Entwürfe ist, dass sich Änderungen einfach und schnell umsetzen lassen. Im Zusammenspiel mit einem gut zerlegten Refactoring bedeutet das, dass sich Änderungen in kleineren Schritten und in weniger Zeit umsetzen lassen. Somit reduziert sich die Gefahr erheblich, Überstunden machen zu müssen, um das System »wieder zum Laufen zu bekommen«. Es kann die ganze Zeit über mit demselben nachhaltigen Tempo gearbeitet werden.

---

3. Obwohl es für die Testbarkeit einer Klasse auch vorkommen kann, dass das Interface der Klasse um spezielle Operationen erweitert werden muss. Das kann dann notwendig sein, wenn von der Klasse benutzte Objekte innerhalb eines Tests durch Stub- oder Mock-Objekte (siehe [Link 05]) ersetzt werden müssen.

2.9 Refactoring

Beseitigen Sie Unschönheiten im Entwurf, wenn Sie sie sehen. Sofort!

2.9.1 Beschreibung

In der Praxis der Softwareentwicklung finden wir immer wieder die Leitlinie »Never change a running system«. Allzu oft haben Entwickler erfahren müssen, dass eine Änderung an einer Stelle im Softwaresystem zu unerwünschten Effekten an ganz anderen Stellen des Systems führte. Daher werden Änderungen am System auf das absolut Notwendige beschränkt. Insbesondere werden Änderungen dann nicht durchgeführt, wenn sie »nur« die interne Struktur verbessern. Dies führt allerdings zu den bekannten »Alterungserscheinungen« von Software. Zunächst entstehen die so genannten »historisch gewachsenen« Strukturen, dann wird die Weiterentwicklung (bzw. Wartung) des Systems so aufwändig, dass keine Ressourcen für Neuentwicklungen mehr zur Verfügung stehen, und schließlich wird das System »unwartbar«.

Zeitdruck

In den letzten Jahrzehnten hat sich unsere Welt dramatisch beschleunigt. Das gilt auch und vor allem für die Softwareentwicklung. Der Zeitdruck bei der Neuentwicklung von Software wird immer größer und damit wird die Zeit zwischen Neuentwicklung und Unwartbarkeit immer kürzer. Wir haben einige Systeme gesehen, die bereits den Großteil ihrer Struktur verloren hatten, bevor sie das erste Mal benutzt wurden.

Refactoring

XP stellt dieser Entwicklung das Refactoring entgegen. Refactoring ist die Umstrukturierung eines Softwaresystems unter Beibehaltung seiner Funktionalität. Das Ziel ist die Verbesserung der Struktur, um die Aufwandskurve im Projekt niedrig zu halten. Durch Refactoring kann die Struktur eines Softwaresystems flexibel gestaltet und ständig mit wenig Aufwand an die aktuellen Bedürfnisse angepasst werden: Der Alterungsprozess wird verlangsamt, im Idealfall sogar gestoppt.

Voraussetzung: Testen

Damit durch Refactoring nicht unerwünschte Seiteneffekte auftreten, müssen Komponententests vorhanden sein. Refactoring ohne Komponententests ist ein Himmelfahrtskommando. Existieren keine oder nur unzureichende Tests müssen für ein Refactoring ggf. zuerst die noch fehlenden Tests nachgeschrieben werden.

Refactorings zerlegen

Auch mit Komponententests bleiben Refactorings eine gefährliche Angelegenheit. Durch Lücken in der Testabdeckung können immer noch Seiteneffekte durchschlüpfen. Daher werden Refactorings in sehr kleine Einzelschritte zerlegt, deren Konsequenzen leicht abzuschätzen sind. Kein Einzelschritt sollte im Idealfall länger als ein paar Minuten dauern.

2.9.2 Erfahrungen

Zerlegbarkeit von Refactorings

Softwareentwickler bezweifeln häufig, dass jede Änderung an einem Softwaresystem in kleine Refactoringschritte zerlegt werden kann. Wir haben in den letzten Jahren tausende von Änderungen an Softwaresystemen durchgeführt und in unserer XP-Anfangszeit nicht jede Änderung in kleine Refactorings zerlegt. Gerade die nicht zerlegten Änderungen haben uns die größten Probleme bereitet: Unerwünschte Seiteneffekte sind aufgetreten; die Änderungen waren extrem aufwändig; es entstanden Codezweige, die sich nur schwer wieder in den zentralen Codebestand integrieren ließen.

Wir haben mit der Zeit gelernt, dass *jede* Änderung in kleine Refactorings aufgeteilt werden kann. Die Aufteilung eines Refactorings in kleine Schritte ist allerdings keine leichte Tätigkeit. Sie zu erlernen erfordert Disziplin, Durchhaltevermögen und Hilfe. Das Buch von Martin Fowler (siehe [Fowler 99]) gibt einen Einblick in feingranular zerlegte Refactorings. Für fortgeschrittene »Refaktorisierer« haben wir Hilfestellungen für große Refactorings in einem eigenen Buch festgehalten (siehe [Roock & Lippert 04]).

Zur Orientierung sei gesagt, dass ein einzelnes Refactoring nicht länger als 30 Minuten dauern sollte. Viel besser sind Zeiten zwischen 2 und 5 Minuten.

Refactoring und Tests

Die Voraussetzung für Refactoring sind Tests. Ohne Tests besteht die große Gefahr, dass beim Refactoring unerwünschte Seiteneffekte eingeführt werden und das System nach dem Refactoring nicht mehr korrekt funktioniert. Allerdings müssen im Zuge von Refactorings häufig auch die Tests angepasst werden. Will man beispielsweise eine Klasse umbenennen, müssen natürlich alle Tests angepasst werden, die diese Klasse verwenden.

Generell kann man zwei Vorgehensweisen für die Anpassung der Tests unterscheiden: *vorher anpassen*, *hinterher anpassen*. Es harmoniert am besten mit dem Test-First-Vorgehen, wenn man erst die Tests anpasst und dann das Refactoring durchführt (*Test-First Refactoring*). Dazu gehört aber einiges an Refactoring-Erfahrung. Vermeintlich einfacher ist das Anpassen der Tests nach dem Refactoring (*Test-Last Refactoring*). Compilefehler und fehlschlagende Tests weisen den Weg, welche Tests anzupassen sind. Allerdings ist dann nicht immer einfach zu entscheiden, ob der Test wirklich angepasst werden muss oder ob das Refactoring nicht korrekt durchgeführt wurde.

Beide Varianten können auch mit dem Neuschreiben von Code kombiniert werden. Wenn das Refactoring sehr starke Auswirkungen auf die Tests hat, kann es auch mal angebracht sein, die anzupassenden Tests zu löschen und komplett neu zu schreiben. Wird der Code neu geschrieben, kann man *Test-First Refactoring* meistens relativ leicht umsetzen. Wenn einem das nicht gelingt, kann das bedeuten, dass man gar nicht so genau weiß, was man tut.

Quelltextverwaltung

Führen Entwickler kleine feingranulare Refactorings durch, so können sie die geänderten Quelltexte schnell wieder in den gemeinsamen Bestand (Quelltextverwaltung) überführen. Damit wird es möglich, Quelltext-Verwaltungssysteme mit optimistischen Sperrmechanismen einzusetzen (z. B. *CVS* oder *Subversion*). Dabei kann jeder Entwickler jede Datei zu einem beliebigen Zeitpunkt ändern. Möchte er geänderte Quelltexte wieder in den gemeinsamen Bestand einspielen, so überprüft das Quelltext-Verwaltungssystem, ob die Datei in der Zwischenzeit von einem anderen Entwickler geändert eingespielt wurde. Wird ein solcher Konflikt festgestellt, so kann der Entwickler die Datei nicht integrieren und muss den Konflikt beheben. Bei kleinen Refactoringschritten ist die Gefahr solcher Konflikte gering.

Im Gegensatz zu Quelltext-Verwaltungssystemen mit optimistischen Sperrmechanismen setzen viele konventionelle Systeme eine pessimistische Strategie um. Ein Entwickler kann eine Datei nur dann ändern, wenn er sie vorher gesperrt hat. Wurde die Datei bereits durch einen anderen Entwickler gesperrt, so kann er sie nicht ändern. Pessimistisches Sperren verhindert die oben diskutierten Konfliktsituationen. Auf der anderen Seite müssen Entwickler vorher genau wissen, welche Dateien sie ändern wollen. Stellt sich heraus, dass weitere Dateien geändert werden müssen, so müssen diese mehr oder weniger umständlich einzeln gesperrt werden. Im schlimmsten Fall sind gerade die benötigten Dateien bereits durch andere Entwickler gesperrt.

Nach unserer Erfahrung behindern pessimistische Sperrmechanismen den Entwicklungsfluss deutlich und richten sich gegen eine gemeinsame Verantwortlichkeit. Optimistische Sperrverfahren harmonieren viel besser mit einem agilen Entwicklungsprozess wie XP. Außerdem fördern sie die Zerlegung großer Änderungen in kleine Refactorings, da nur häufiges Integrieren Konfliktsituationen effektiv verhindert.

Zielorientiertes Refactoring

Haben Entwickler erst einmal Geschmack am Refactoring gefunden, können sie Gefahr laufen, Refactoring als Selbstzweck zu begreifen. Sie verbessern die interne Struktur immer weiter und vernachlässigen so die Anforderungen der Kunden. Schließlich bringt Refactoring als solches dem Kunden keinen direkten Gewinn. Er ist in der Regel nur an dem von außen beobachtbaren Verhalten des Systems interessiert. Damit kommen wir zu einer wichtigen »Anleitung« für das Refactoring: Wir betreiben genau so viel Refactoring, dass die nächsten Anwenderanforderungen leicht umgesetzt werden können. Ein Refactoring, das sich nicht direkt in Verbindung mit einer Anwenderanforderung bringen lässt, ist überflüssig. (Bugfixes begreifen wir in diesem Sinne als Anforderung.) Auf der anderen Seite sollten Refactorings nicht ständig aufgeschoben werden, nur um Anwenderforderungen im Moment etwas schneller umzusetzen (siehe *Broken Window Theory*). Dies führt schnell dazu, dass zukünftige Änderungswünsche nur noch schwierig und kostenintensiv erfüllt werden können.

Die beschriebene Richtlinie kann helfen, das richtige Maß an Refactorings durchzuführen. Sie beinhaltet aber auch einen gewissen Spielraum. Den richtigen Mittelweg zu finden ist am Anfang nicht einfach. Je länger man mit dem Refactoring experimentiert, desto einfacher wird die Entscheidung für den richtigen Zeitpunkt für Refactoring fallen.

Make it run, make it right, make it fast

Weil wir Refactoring einsetzen können, um die Struktur einer Software später noch zu verbessern, können wir ohne schlechtes Gewissen auch einmal ein weniger durchdachtes Design umsetzen. Unsere Erfahrung zeigt ganz deutlich, dass Softwareentwicklung ein Lernprozess ist. In diesem Prozess lernen wir viel über fachliche Anforderungen, Architekturen und Technologien. Allerdings brauchen wir als Menschen einen Gegenstand, an dem wir lernen können. Lernen durch reines Nachdenken fällt uns schwer. Ein laufendes Softwaresystem hingegen ist ideal, um daran etwas zu lernen. Wir folgen hier der Leitlinie von Kent Beck »Make it run, make it right, make it fast«. Mit dieser Leitlinie lagen wir bisher immer ganz gut. Wichtig ist, dass man sich über die Einheiten im Klaren ist, auf die sie angewendet wird. Wir haben Systeme gebaut, wo wir sie auf das Gesamtsystem angewendet haben. Das kann bei großen Systemen leicht dazu führen, dass am Projektende unerwartet hohe Aufwände für Refactorings und Performance-Optimierungen anfallen.

Daher wenden wir Becks Leitlinie i.d.R. auf kleinere Einheiten (z.B. Subsysteme) an. Damit wird der Zyklus »Make it run, make it right, make it fast« kürzer und die Aufwände für Korrekturen und Performance-Optimierungen werden schneller fällig. Außerdem nimmt dieses Vorgehen den Entwicklern die Angst, das System könnte später viel zu langsam sein und das Projekt daher scheitern. Die Angst vor mangelnder Performance scheint eine Urangst von Softwareentwicklern zu sein.

2.9.3 Beispiel: Umbenennen einer Operation in einer Oberklasse

Das Umbenennen einer Operation, die in vielen Subklassen redefiniert wird, ist ein einfaches Beispiel eines Refactorings. In modernen Entwicklungsumgebungen ist dieses Refactoring heute automatisiert.

Ohne Automatisierung sind Entwickler zunächst der intuitiven Meinung, dass sich diese Änderung nicht sinnvoll in kleinere Refactorings zerlegen lässt. Stellen wir uns vor, wir entwickeln einen grafischen Editor. In diesem spielt die Oberklasse *Figur* eine zentrale Rolle. Von dieser Klasse sind alle anderen konkreten Figuren wie Kreise, Rechtecke, Ovale etc. abgeleitet. In der Oberklasse könnte sich eine Operation namens `zeichne` befinden, die in jeder Subklasse redefiniert wird.

```
public class Figur
{
  public void zeichne ()
  {...}
}
```

Wir stellen nun fest, dass die Operation `zeichne` einen zusätzlichen Parameter benötigt, der angibt, mit welcher Vergrößerung die Figur gezeichnet werden soll:

```
  public void zeichne (int vergroesserungsfaktor)
```

Nicht nur die `zeichne`-Operation in der Klasse `Figur` muss angepasst werden, sondern die Redefinitionen in allen Subklassen ebenfalls. Bei vielen Subklassen ist diese Änderung so umfangreich, dass sie nicht mehr in einem »Rutsch« erledigt werden kann.

Ein übliches Verfahren, um größere Änderungen zu zerlegen, besteht darin, neue und alte Versionen von Klassen oder Operationen parallel zu verwenden. Dies ist dem Vorgehen beim Straßenbau ähnlich. Auch hier werden temporäre Straßen gebaut, um an einer existierenden Straße größere Änderungen durchzuführen.

In unserem Beispiel können wir zunächst die `zeichne`-Operation mit dem zusätzlichen Parameter in die Klasse `Figur` aufnehmen.

```
public class Figur
{
  public void zeichne ()
  {...}
  public void zeichne (int vergroesserungsfaktor)
  {...}
}
```

Im nächsten Schritt ändern wir die Implementation der alten `zeichne`-Operation so, dass sie die neue `zeichne`-Operation aufruft. Danach markieren wir die alte `zeichne`-Operation mit dem Deprecated-Tag als veraltet. Anschließend ändern wir die Redefinitionen der `zeichne`-Operation in den Subklassen von Figur so, dass sie die Signatur der neuen `zeichne`-Operation erfüllt. Schließlich löschen wir die alte `zeichne`-Operation aus der Klasse `Figur`.

Damit haben wir die gewünschte Änderung in viele kleine Schritte zerlegt und hatten nach jedem Schritt ein lauffähiges System, das wir hätten integrieren können. Die temporäre Verwendung des Deprecated-Tags für Refactorings in Java-Programmen ist im Übrigen typisch für eine Reihe von Refactorings.

Buchtipp: Fowler

Martin Fowler hat in seinem Buch *Refactoring* die häufigsten Refactorings und ihre Zerlegung beschrieben. Wenn man das Buch das erste Mal liest, so hat man mitunter den Eindruck, dass dort nichts wirklich Neues steht. Wenn man sich jedoch anschließend ans Refactoring macht, wird man höchstwahrscheinlich Probleme haben, Änderungen in Teilschritte zu zerlegen. Liest man dann nochmal die entsprechenden Stellen im Buch, so stellt man fest, dass dort viel Wertvolles beschrieben ist. Das Refactoring-Buch von Fowler gehört also auf den Schreibtisch jedes Entwicklers, zumindest wenn er noch keine jahrelange Refactoring-Erfahrung hat.

Refactoring-Browser

Es existiert schon sehr lange für Smalltalk der Refactoring-Browser (siehe [SmalltalkRefactoringBrowser]). Dieses Werkzeug unterstützt den Entwickler bei verschiedenen Refactorings. Möchte der Entwickler beispielsweise eine Operation umbenennen, kann er diese Aufgabe dem Refactoring-Browser überlassen. Dieser benennt dann nicht nur die Operation in der Klasse um, sondern ändert alle Verwendungen der Operation auf den neuen Operationsnamen. Für Java sind ähnliche Funktionalitäten mittlerweile in einigen IDEs (z. B. Eclipse oder IDEA) integriert oder können durch zusätzliche Plug-ins hinzugefügt werden. [Refactoring] gibt einen guten Überblick über erhältliche Werkzeuge und ergänzende Informationen zum Thema.

2.9.4 Empfehlungen

- Never believe in »Never change a running system«!
- Machen Sie Refactoring zu einer Grundhaltung, die aus Ihrer Art der Softwareentwicklung nicht wegzudenken ist. Kent Beck nennt das »merciless refactoring«.
- Probieren Sie »Make it run, make it right, make it fast« aus.

- Verwenden Sie ein Quelltext-Verwaltungssystem mit optimistischem Sperrmechanismus (z. B. CVS oder Subversion).
- Zerlegen Sie größere Änderungen in kleine Refactorings. Das funktioniert immer. Suchen Sie hartnäckig nach Zerlegungsstrategien.
- Planen Sie, welche Refactorings in welcher Reihenfolge notwendig sind, um eine größere Änderung durchzuführen.
- Führen Sie Refactorings immer orientiert an den Zielen der Kunden durch. Refactoring ist kein Selbstzweck.
- Lesen Sie das *Refactoring*-Buch von Martin Fowler einmal komplett durch und benutzen Sie es danach als Handbuch für das Refactoring.

2.9.5 Bezug zu anderen XP-Techniken

- *Metapher*: Wenn Sie klare Metaphern für Ihr System haben, geben diese den Architekturrahmen vor, in dem Refactorings sich bewegen dürfen. Damit ist sichergestellt, dass Sie durch die vielen kleinen Refactorings die Architektur des Gesamtsystems nicht degenerieren.
- *Gemeinsame Verantwortlichkeit*: In einem XP-Projekt sind alle Entwickler gemeinsam für das System verantwortlich. Wenn ein Entwickler ein Problem oder eine Unschönheit feststellt, so beseitigt er dies sofort – auch wenn der zu bereinigende Code gar nicht von ihm stammt.
- *Testing*: Nur wenn eine ausreichende Abdeckung mit Komponententests sichergestellt ist, können Refactorings durchgeführt werden. Die Komponententests garantieren zwar nicht, dass Refactorings keine unerwünschten Seiteneffekte erzeugen, sie reduzieren aber das Risiko deutlich.
- *Programmieren in Paaren*: Komponententests helfen, die Konsistenz bei Refactorings zu wahren. Wird in Paaren programmiert, gibt es zusätzlich noch ein paralleles Codereview. Damit wird die Gefahr weiter reduziert, unerwünschte Seiteneffekte beim Refactoring zu erzeugen. Das Programmieren in Paaren hilft außerdem bei der Zerlegung von größeren Refactorings sowie der Durchführungsplanung der so erhaltenen kleinen Refactorings.
- *Fortlaufende Integration*: Kleinere Refactorings begünstigen die fortlaufende Integration. Quelltext-Verwaltungssysteme mit optimistischer Sperrstrategie »erzwingen« kleine Refactorings.
- *Einfaches Design*: Die Richtlinie, die einfachste Lösung zu bauen, gibt eine klare Zielrichtung für Refactorings vor. Ein Refactoring ist nur dann sinnvoll, wenn es das Design vereinfacht. Hier muss

man klar trennen zwischen dem Refactoring und der Weiterentwicklung. Wird das System entlang der Anforderungen der Anwender und Kunden weiterentwickelt, so muss manchmal ein einfaches Design etwas komplizierter gemacht werden, um die neuen Anforderungen abdecken zu können. In späteren Refactorings kann das System dann wieder vereinfacht werden.

- *Nachhaltiges Tempo*: Wenn Sie kleine Refactorings durchführen und diese durch Komponententests absichern, haben Sie zu jedem Zeitpunkt ein lauffähiges System. Sie können also nach Hause gehen, wenn Ihre Arbeitszeit beendet ist. Es gibt keinen Grund, mal eben vier Stunden länger zu bleiben, um das System wieder »zum Laufen« zu bekommen. Durch Refactoring stellen Sie sicher, dass Ihr System immer eine änderungsfreundliche Architektur behält. Dadurch bleiben die Aufwände für Änderungen im Laufe der Entwicklung annähernd konstant. Sie laufen dann nicht so schnell Gefahr, sich bei einer Anforderung zu verschätzen, und müssen also auch nicht versuchen, enttäuschte Kunden durch Überstunden wieder zu versöhnen.

2.10 Programmieren in Paaren (engl. Pair Programming)

Setzen Sie sich immer mit zwei Entwicklern vor einen Rechner, um eine Programmieraufgabe gemeinsam zu erledigen.

2.10.1 Beschreibung

Programmieren in Paaren meint, dass zum Programmieren ständig zwei Entwickler vor einem Entwicklungsrechner sitzen und gemeinsam arbeiten. Es existiert keine feste Aufgabenteilung zwischen ihnen. Beide Entwickler sind gleichberechtigt, diskutieren und erarbeiten gemeinsam mögliche Lösungen und implementieren sie.

Das Programmieren in Paaren sorgt für kontinuierliche Reviews auf Code- und Designebene. Wir betrachten das Programmieren in Paaren auch als das Vier-Augen-Prinzip[4] in der Softwareentwicklung.

Natürlich können nicht zwei Entwickler wirklich gleichzeitig die Tastatur benutzen. Die Tastatur wechselt immer wieder zwischen den beiden Entwicklern. Daher kann man zwei Rollen unterscheiden: Zum

4. Das Vier-Augen-Prinzip wird vor allem im Bankenbereich angewendet. Ein Mitarbeiter bereitet eine Entscheidung vor, ein zweiter (häufig der Abteilungsleiter) muss die Entscheidung begutachten und abzeichnen, so dass keine willkürlichen individuellen Entscheidungen gefällt werden.

einen gibt es den Entwickler mit Maus und Tastatur, der gerade eine Problemlösung kodiert und dabei seinem Programmierpartner erläutert, was er tut und warum er es tut. Zum anderen beurteilt der zweite Entwickler die Lösungen des ersten und denkt über Vereinfachungen, neue Testfälle, alternative Lösungswege, Designalternativen etc. nach. Wir können uns den ersten Entwickler als Piloten und den zweiten als »Co-Piloten« vorstellen.

Die Rollen werden nicht statisch festgelegt. Sie wechseln in kurzen Abständen (wenige Minuten), indem die Tastatur zum anderen Entwickler wechselt. Die beiden Programmierpartner sollen gleichberechtigt sein.

Abb. 2–3: *Programmieren in Paaren, gesehen durch die Augen eines Kindes (vielen Dank an Anna Wolf)*

2.10.2 Erfahrungen

Weniger Rechner

Wir berichten insbesondere vor IT-Managern gerne von der Erfahrung, dass sie weniger Geld für Rechner ausgeben müssen – es sitzen ja jetzt immer zwei vor demselben Rechner! Zugegeben: Es ist fast ein Scherz, aber wir benötigen tatsächlich weniger Rechner als Entwickler. Insbesondere der Bedarf an hochperformanten Rechnern mit großen Monitoren (21") sinkt, da viele der allein ausgeführten Tätigkeiten wie das Schreiben von Texten und Lesen/Beantworten von E-Mails auch gut an leistungsärmeren Rechnern mit kleineren Monitoren oder an Notebooks erledigt werden können.

Höhere Qualität

Wir arbeiten seit 1999 mit Programmieren in Paaren und sind damit sehr zufrieden. Wir sind der Meinung, dass sich unsere Qualität deutlich gesteigert hat. Wir sind effektiver und haben mehr Spaß bei der Arbeit. Die durch das Programmieren in Paaren hervorgerufenen Effekte lassen sich aber nicht nur intern beobachten, die Zufriedenheit unserer Kunden ist auch erfreulich hoch. Tatsächlich deuten Kunden das Programmieren in Paaren häufig als wichtiges Indiz dafür, dass in Qualität investiert wird.

Truck-Faktor

Kent Beck führt in [Beck 00] den Begriff des Truck-Faktors ein, der angibt, wie hoch die Wahrscheinlichkeit ist, dass ein Softwareprojekt scheitert, wenn ein Teammitglied von einem Truck überfahren wird. Ein Truck-Faktor von 1,0 bedeutet also, dass es eine 100 %ige Wahrscheinlichkeit (Nichtinformatiker sprechen auch von einer 100%igen Sicherheit) gibt, dass das Projekt scheitert, wenn ein Teammitglied ausfällt. Typischerweise trifft es den Datenbankspezialisten oder das einzige Teammitglied, das über einen bestimmten wichtigen Bereich des Projekts Bescheid weiß.

Nun haben Entwickler natürlich neben großen Lastkraftwagen relativ wenige natürliche Feinde, aber denken wir auch an längere Krankheiten (eigene und die von Angehörigen), Unfälle, fleißige Headhunter oder den plötzlichen Gehalts- oder Karrieresprung, der einem Mitarbeiter womöglich nur bei der Konkurrenz erreichbar scheint. Programmieren in Paaren sorgt dafür, dass sich das Wissen über das System und die eingesetzten Technologien im ganzen Team verbreitet.

Sicherlich ist es für jedes Softwareentwicklungsprojekt ein Segen, wenn es für die benötigten einzusetzenden Techniken über Experten mit Erfahrung verfügt. Sicher scheint auch, dass bei der heutigen Fülle an verfügbaren unterschiedlichen Technologien kein einzelner Entwickler alles bis zum Expertenstatus beherrschen kann. Wir wollen aber, dass sich der Teil des Spezialwissens, der für das jeweilige Projekt notwendig ist, über das Projektteam verbreitet. Dafür ist das Programmieren in Paaren besonders gut geeignet, weil anfangs der ggf. vorhandene Experte einem weiteren Teammitglied erforderliche Details beibringt. Dieses Teammitglied und der Experte arbeiten am nächsten Tag dann schon wieder mit anderen weiteren Teammitgliedern und wieder verbreitet sich das Wissen. Hier gibt es natürlich auch einen starken Zusammenhang mit der Technik der *gemeinsamen Verantwortlichkeit*. Denn es geht nicht nur um technisches Spezialwissen, sondern auch um bestimmte Systemteile, die in klassischen Entwicklungsprojekten stark arbeitsteilig von unterschiedlichen Teammitgliedern entwickelt werden.

Wenn wir vom Programmieren in Paaren schreiben, dann meinen wir immer das Programmieren in wechselnden Paaren, denn die Bildung fester Paare fördert den Wissenstransfer nur wenig.

Die Bandscheibe

Die folgende Begebenheit soll einen Eindruck davon vermitteln, wie sich ein reduzierter Truck-Faktor bezahlt machen kann: Auf unseren Kollegen Henning Wolf (Projektleiter und Architekt in einem unserer Projekte) mussten wir aufgrund eines Bandscheibenvorfalls für neun Wochen verzichten und auch wenn es seinem Ego geschadet haben mag, es war ohne Probleme möglich! Das Programmieren in Paaren hatte dafür gesorgt, das Wissen so weit im Team zu verbreiten, dass das Projekt ohne nennenswerte Verzögerungen weitergeführt werden konnte.

Netto-Programmierzeit

Entwickler sind häufig gestresste Leute. Sie sitzen an ihren Rechnern und wollen gerade wieder eine bahnbrechende Methode implementieren, da klingelt das Telefon. Kurz nach dem Gespräch mit dem Kunden ruft auch noch ein Freund an, der nach längerem USA-Aufenthalt wieder da ist und viel zu berichten weiß. Sitzt man dann wieder vor dem Rechner, winkt ein kleines Symbol und deutet auf eine neue E-Mail hin. Diese wird kurz überflogen und schnell noch beantwortet. Da fällt dem Entwickler ein, dass sich der ganze Stress doch auch lohnen soll und er dafür doch Geld an der Börse angelegt hat. Gut, dass er einen Internetanschluss hat und nur mal schnell nachgucken kann, wie die Aktien stehen.

Diese kleine Geschichte ist nicht gänzlich realitätsfern; wir kennen sie aus eigener Erfahrung. Es gibt viele Möglichkeiten, sich ablenken zu lassen. Dagegen hilft das Programmieren in Paaren, weil man (insbesondere private) Telefonate minimiert, wenn jemand auf einen wartet. Man liest auch nicht seine E-Mail, während der Kollege direkt neben einem sitzt, von Börsenkursen mal ganz zu schweigen. Kurzum, das Programmieren in Paaren erhöht die Konzentration auf die anstehende Aufgabe und die anderen Tätigkeiten des normalen Arbeitstages müssen zu anderen Zeiten erledigt werden. Es kann z. B. hilfreich sein, morgens, mittags und abends jeweils eine halbe Stunde zu vereinbaren, in der E-Mails, Memos, Reisekostenabrechungen etc. erledigt werden können – von jedem für sich alleine.

Es soll an dieser Stelle auch nicht verschwiegen werden, dass mit der erhöhten Konzentration eine höhere Anstrengung einhergeht. Einen Tag im Paar zu programmieren ist deutlich anstrengender als ein Tag alleine vor dem Rechner zu sitzen. Deshalb legen wir großen Wert darauf, dass die Paare ausreichend Pausen machen. Die Pausen werden neben der Erholung meist von ganz alleine auch für die Reflektion über die anstehende Aufgabe genutzt. Wir haben den Retrospektiven-Becher entwickelt, um diese Reflektionen in der Kaffee-/Teepause zu fördern (siehe [RetrospektivenBecher]).

Für die Ausbildung empfehlenswert

Unsere eigene Erfahrung findet Bestätigung in einer von Laurie Williams (siehe [Williams 00]) durchgeführten Studie: Programmieren in Paaren ist hervorragend geeignet, um praktisches Programmierwissen, guten Programmierstil und Erfahrungen zu vermitteln. Dazu braucht in einem Paar einfach nur ein »alter Hase« mit einem weniger erfahrenen Entwickler zusammenzuarbeiten und es geht von ganz alleine. Selbst zwei weniger erfahrene Entwickler haben im Paar programmierend eine steilere Lernkurve. Wir führen das auch darauf zurück, dass man im Paar viele Erläuterungen zu seinen Beweggründen gibt, warum man etwas so gestaltet und nicht anders. Dies entspricht der landläufigen Ansicht, dass man etwas dann erst richtig verstanden hat, wenn man es anderen erklären kann.

Es sei an dieser Stelle noch deutlich darauf hingewiesen, dass die Ausbildung von Entwicklern beim Programmieren in Paaren nicht so effektiv ist, dass der erfahrenere Entwickler ungebremst arbeiten könnte. Dennoch kommen beide trotz Ausbildung zu produktiv einsetzbaren Ergebnissen.

Wir sind Fans des Programmierens in Paaren! Das hat neben den bereits genannten Vorteilen auch Gründe, die auf feingranularer Ebene beobachtbar sind.

Besserer einheitlicher Code

Die Zahl der Programmierfehler und damit auch der Programmfehler reduziert sich stark. Es gibt weniger vergessene und leer gelassene `else`-Zweige im Code, keine vernachlässigten Ausnahmebehandlungen. Die Styleguides werden besser eingehalten, die Dokumentation erfolgt verständlicher, Variablen, Methoden und Klassen erhalten sinnvolle Namen. Selbst auf der Ebene von Syntaxfehlern lässt sich eine Reduzierung beobachten, so dass sich Klassen in der Regel auf Anhieb kompilieren lassen. Insgesamt ist auch die in Nicht-XP-Projekten beobachtbare Tendenz gerade in Stresszeiten vor Meilenstein-Terminen häufiger mal Fünfe gerade sein zu lassen, erfreulich gering ausgeprägt dank Programmieren in Paaren. Es sitzt eben noch immer einer dabei, der dafür sorgt, dass die Testklasse noch geschrieben wird und die Variable jetzt sofort richtig benannt wird.

Tastaturwechsel

Eine wiederkehrende Hürde beim Programmieren in Paaren ist der Tastaturwechsel: Die Tastatur wird zu selten gewechselt. Das Problem ist, dass der »Pilot« sich an das Tippen gewöhnt und nicht häufig genug dem »Co-Piloten« die Tastatur anbietet, wenn dieser gerade eine Idee hat und diese erläutert. Häufig entsteht dieses Problem auch gerade dann, wenn es zwischen den beiden Entwicklern einen Hierarchie- oder Qualifikationsunterschied gibt. Der weniger Qualifizierte traut sich dann nicht, einfach die Tastatur an sich zu nehmen. Es ist in diesem Fall die Aufgabe des erfahrenen Entwicklers, die Tastatur anzubieten. Das Wechseln der Tastatur in festen zeitlichen Intervallen scheint uns wenig sinnvoll, man sollte den Wechsel auch nicht zu dogmatisch betreiben. Wir sind sehr zufrieden mit unseren im Paar produzierten Ergebnissen, wissen aber, dass wir uns immer noch weiter verbessern können.

Wie viele Paare in einem Raum?

Wir hören von vielen Leuten (meist ohne XP-Erfahrung), dass es doch bestimmt laut zugehen muss, wenn mehrere Programmierpaare in einem Büro zusammenarbeiten. Das ist auch manchmal so. Trotzdem ist es möglich, dass eine ganze Reihe von Programmierteams in einem Raum arbeiten kann, ohne sich gegenseitig zu stören. Die Abmachung sollte natürlich sein, dass sich die Programmierer nicht unbedingt in lautester Art und Weise unterhalten, sondern in ruhigem Ton miteinander kommunizieren. Wir haben Erfahrungen mit bis zu sechs Paaren in einem Büro, die erstaunlich gut sind. Wenn morgens die Aufgaben verteilt werden und die Paare mit der Arbeit beginnen, ist es laut, zuweilen extrem laut, aber schon nach wenigen Minuten reguliert sich die Lautstärke auf ein annehmbares Maß. Der Raum darf natürlich nicht zu klein sein, denn in einem ca. 8 qm großen Büro mit drei Paaren sitzen zu müssen, gehört zu den weniger angenehmen Erfahrungen, die wir gemacht haben. Da sitzen die Paare zu nah beieinander und die Lautstärke hat einen konstant zu hohen Pegel, ca. 16 qm hätten aber ausgereicht.

Für Projektteams ist es unserer Erfahrung nach wichtig, dass möglichst alle Entwickler des Teams in einem Raum beieinander sitzen. Da sind wir mit Kent Beck einer Meinung, auch wenn wir das zuweilen räumlich nicht immer optimal organisiert bekommen. Es ist nämlich mitunter von großem Wert, dass gerade die »Co-Piloten« mit einem halben Ohr mitbekommen, worüber die anderen sich unterhalten. Denn dann können die Teams untereinander schnell Missverständnisse ausräumen oder frühzeitig funktionale Überschneidungen erkennen und vermeiden. Bei Abstimmungsbedarf kann man schnell aufstehen und im ganzen Team eine kurze Diskussion führen.

Die richtigen Möbel

Als wir anfingen mit dem Programmieren in Paaren gab es erkennbare Probleme mit dem Mobiliar, das wir in unseren Büros hatten. Schreibtische mit seitlich angebrachten Schubladen erlauben gerade mal einer Person, an diesem Schreibtisch zu sitzen. Die zweite Person sitzt dann vor den Schubladen und kann die Beine nicht unter den Tisch stellen. Dadurch sitzt der zweite Entwickler meist hinter dem ersten und ist deutlich weiter vom Rechner entfernt. Außerdem ist ein schneller Wechsel der Tastatur nicht möglich, weil jedes Mal die Entwickler auch die Sitze wechseln müssen. Also mussten die Schreibtische raus bzw. die Schubladen abmontiert werden. Dann lässt sich schon besser und gleichberechtigter arbeiten.

Noch schlechter sind Schreibtische, die in L-Form gestaltet sind und den Rechner in der Ecke haben, wie in Abbildung 2–4 dargestellt. Solchen Schreibtischen ist nicht zu helfen, die müssen raus[5]. Je nach

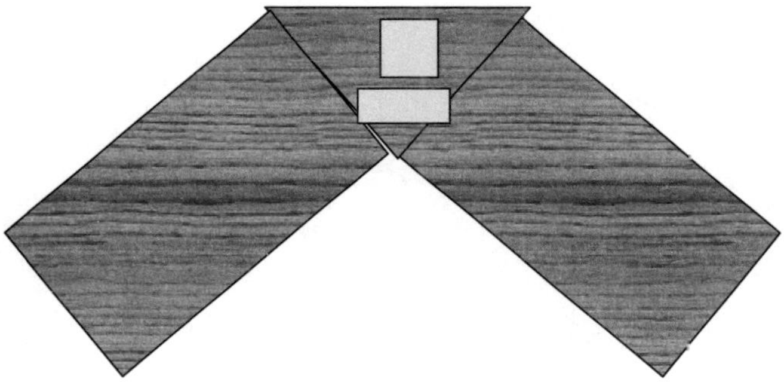

Abb. 2–4: *Schlecht geeignet: L-förmige Schreibtischanordnung*

konkreter Beschaffenheit des Schreibtisches haben wir aber auch schon gehört, dass sich Entwickler entschieden haben, Monitor und Tastatur umzudrehen und von der anderen Seite an einem solchen Tisch zu arbeiten.

Oft verwenden wir eine Sitzstellung wie in Abbildung 2–5 dargestellt und sitzen über Eck an einem ganz normalen Tisch ohne Schubladen. Das Tischbein trennt die Bereiche der Entwickler und stört dabei relativ wenig.

5. Ein Reviewer des Buches berichtete uns, dass man sich an solche Tische durchaus anders setzen kann, so dass beide Partner gleichberechtigt vor der Tastatur sitzen. Dies kann allerdings nur an der langen Seite des Tisches funktionieren, nicht innerhalb des Knickes.

Abb. 2–5:
Besser geeignet: Rechner über Eck

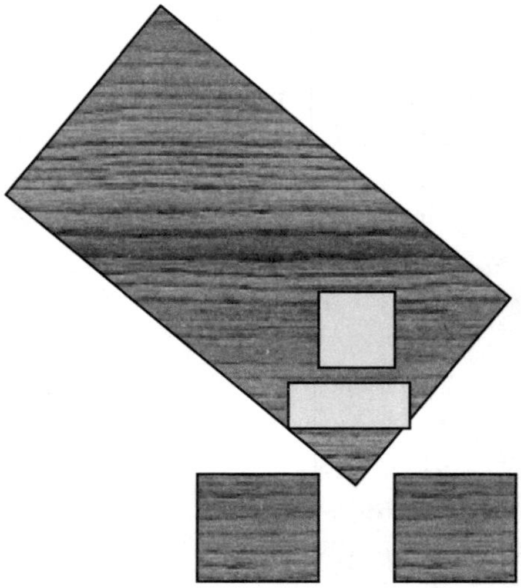

Allerdings könnten wir uns gut vorstellen, dass eine abgerundete Ecke wie in Abbildung 2–6 dargestellt mit tiefer angebrachtem Tischbein optimaler wäre.

Abb: 2–6:
Optimal: Runde Tische für das Programmieren in Paaren

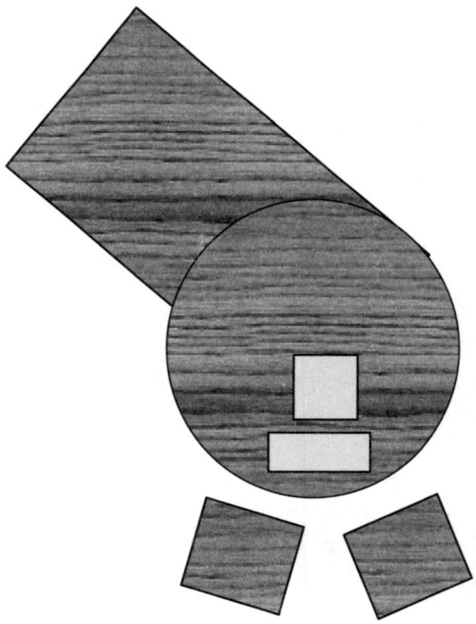

Grundsätzlich wollen wir aber darauf hinweisen, dass es eine schlechte Entschuldigung ist, wenn auf das Programmieren in Paaren verzichtet wird, weil das Mobiliar ungeeignet ist. Das bekommt man überall organisiert, wenn man nur wirklich will!

Auch die Haltung am Rechner ist wichtig. Der Wechsel der Tastatur muss möglich sein, ohne große Veränderungen an der Sitzposition oder Haltung vornehmen zu müssen. In Abbildung 2–7 erkennt man, dass der Entwickler auf der linken Seite leicht schief in seinem Stuhl sitzt. Das erschwert den Wechsel der Tastatur, da die Sitzhaltung erst verändert werden muss, um aufrecht an der Tastatur schreiben zu können.

Abb. 2–7: *Ein Beispiel aus unserem Büro*

Soft-Skills

Das Programmieren in Paaren verlangt den Einzelnen sicherlich mehr ab, als man im Rahmen einer Ausbildung zum Entwickler, egal ob Studium oder nicht, vermittelt bekommt. Insbesondere haben wir festgestellt, dass es vielen Kollegen zu Beginn schwer fällt, Kritik zu ertragen. Mit der Kommunikationsfähigkeit untereinander haben wir im eigenen Hause kaum Probleme gehabt, wissen aber aus von uns durchgeführten und begleiteten Projekten, dass es auch auf dieser Ebene zu Problemen kommen kann.

Entscheidend ist aus unserer Sicht, dass das Team sich als ein Ganzes versteht, das eine gemeinsame Aufgabe erledigt und nur gemeinsam an dieser Aufgabenerledigung gemessen wird. Keiner im Team ist besser als der andere. Dies ist ein Ideal, an dessen Erreichen ein Team ständig arbeiten sollte. Vertrauensvoller und respektabler Umgang miteinander ohne Kämpfe und Diskussionen bis aufs Messer erleichtern die Arbeit für alle.

Unsere Einschätzung

Wir haben schon mit vielen Entwicklern auch aus anderen Unternehmen und Organisationen über das Programmieren in Paaren diskutiert. Dabei begegnen uns immer wieder Skeptiker, die es noch nie wirklich ausprobiert haben oder es kategorisch ablehnen, aber auch Kollegen, die meinen, dass Programmieren in Paaren ihrer Produktivität schadet. Zugespitzt wird diese Diskussion in der Frage, was denn nun schneller sei: Programmieren in Paaren oder Programmieren alleine.

Wir werden diese Diskussion hier nicht zu Ende führen, wollen unsere persönliche Einschätzung aber weitergeben: In Sachen Produktivität vermuten wir beim Programmieren in Paaren eine leichte Steigerung, auch und gerade aufgrund der oben beschriebenen Erhöhung der Netto-Programmierzeit. In Sachen Qualität empfinden wir unsere Steigerung seit Einführung des Programmierens in Paaren als mehr als deutlich.

Einzelkämpfer

Wer wie wir überzeugt vom Programmieren in Paaren ist, den mag die Frage quälen, was zu tun ist, wenn ein oder mehrere Mitarbeiter nicht in Paaren mitarbeiten wollen. Das stellt in der Tat ein Problem dar, denn organisatorisch lässt sich in ein in Paaren programmierendes Team ein Einzelkämpfer nur schwer integrieren. Programmieren in Paaren dient wie oben beschrieben dem ständigen Review und fördert die Verbreitung des Wissens um das System unter allen Teammitgliedern.

Wenn wir damals gekonnt hätten, hätten wir in einem unserer Projekte aus heutiger Sicht auf einen bestimmten Projektmitarbeiter lieber verzichtet. Zu wenig Alternativen und insgesamt zu wenig Ressourcen für das Projekt schienen diese Entscheidung damals nicht zu erlauben. Das mag auch anderen passieren und für diese Fälle ist es angebracht, dass systematisch der Code des Einzelentwicklers begutachtet wird. Das erfordert aber auch wieder freie Ressourcen eines weiteren Mitarbeiters. Wir haben bei uns in diesem Zusammenhang auch festgestellt, dass wir versucht haben, die »einfachen Aufgaben« dem Einzelentwickler zu geben, was die Planung verkompliziert. Im Nachhinein lässt sich feststellen, dass auch die vermeintlich einfachen Aufgaben bzgl. der Schnittstellen- und Codequalität besser in Paaren erstellt worden wären.

Ungerade Entwicklerzahl

Es sei trotzdem erwähnt, dass wir gelegentlich auch in die Situation geraten, dass wir eine ungerade Zahl an Entwicklern in einem Projekt sind. Wir achten dann darauf, dass kein Entwickler länger als einen Tag alleine arbeiten muss. Dies ist auch deshalb notwendig, weil die meisten unserer Kollegen vom Programmieren in Paaren so angetan sind, dass sie gar nicht mehr alleine arbeiten mögen. Zusätzlich gelten in diesem Fall auch die oben gemachten Bemerkungen zu den Reviews, die dann nötig werden. In diesem Zusammenhang haben wir eine interessante Beobachtung gemacht: Programmierer, die gewöhnlich in Paaren programmieren, entwickeln auch dann besseren Code, wenn sie ausnahmsweise allein vor dem Rechner sitzen. Wir vermuten, dass die stärker gelebte Projektkultur dafür mitverantwortlich ist. Diese Beobachtung trifft nicht auf Programmierer zu, die ständig alleine arbeiten.

2.10.3 Empfehlungen

- Man muss Programmieren in Paaren erst lernen. Acht Stunden im Paar zu arbeiten ist viel anstrengender als acht Stunden alleine zu arbeiten. Also langsam einführen!
- Während des Lernprozesses jeweils Feedback geben, was gut und was nicht so gut war.
- Viele Pausen machen, ggf. erzwingen.
- Konzeptdiskussionen während der Programmierung begrenzen.
- Für Pausen den Ort wechseln (z. B. Cafeteria).
- Keine E-Mails, Aktienkurse oder Telefonate während des Programmierens in Paaren.
- Unterbrechungen minimieren.
- Auch für Routine- und Massenänderungen sinnvoll.
- Management muss deutlich machen, dass Programmieren in Paaren gewollt ist.
- Schneller PC und vor allem großer Monitor (min. 19 Zoll) sind wichtig.
- Tisch darf keine festen Container an den Seiten haben.
- Beinfreiheit herstellen.
- Rollenwechsel (Tastaturwechsel) muss einfach möglich sein.
- Trennung zwischen Arbeitsplatz- und Entwicklungs-PC kann sinnvoll sein.
- Tastaturwechsel sollte alle paar Minuten erfolgen. Auch daran muss man sich langsam herantasten.
- Wenn ein Mitarbeiter nicht im Paar programmieren will, nehmen Sie ihn aus Ihrem Team heraus. Wenn Sie das nicht können, führen Sie intensiv Reviews des Codes durch. Machen Sie das Programmieren in Paaren weiterhin schmackhaft und suchen Sie sich Ersatz für diesen Entwickler.

2.10.4 Bezug zu anderen XP-Techniken

- *Gemeinsame Verantwortung:* Programmieren in Paaren passt gut zu gemeinsamer Wahrnehmung der Verantwortung. Das Wissen um den Aufbau des Systems und um Details bestimmter Systemteile verbreitet sich schnell im Team, gerade wenn die Paare gut »durchgemischt« und gewechselt werden.

- *Einfaches Design:* Während sich Entwickler alleine nur zu oft in Technologie auf Vorrat verrennen, hilft der zweite Entwickler eines Paares dabei, dass eine Lösung gewählt wird, die einfacher und schneller zu implementieren ist und dabei völlig ausreicht. »Vier Augen designen einfacher als zwei.«
- *Testen:* In den meisten Softwareentwicklungsprojekten wird das Testen sträflich vernachlässigt. Programmieren in Paaren fördert das testgetriebene Vorgehen durch eine Erhöhung der Programmierdisziplin.
- *Programmierstandards:* Die erhöhte Disziplin bei der Arbeit zu zweit fördert die Einhaltung der gesetzten Standards. Außerdem ist jedem Entwickler klar, dass sein Code schon bald auch von anderen gesehen wird.
- *Fortlaufende Integration:* Die gemeinsame Planung von Programmieraufgaben zu zweit fördert eine geeignete Zerteilung der Programmierung in kleine Schritte, so dass fortlaufend Ergebnisse integriert werden können.
- *Refactoring:* Sowohl das Ermitteln von Stellen im Quelltext, die einer Überarbeitung bedürfen, als auch das Planen der zuweilen recht komplizierten Refactorings ist zu zweit deutlich leichter als alleine.
- *Metapher:* Beim Programmieren in Paaren haben schon mal zwei dieselbe Vorstellung eines geeigneten Designs vor Augen. Dahinter verbirgt sich eine bildhafte Vorstellung über das zu erstellende System. Andererseits arbeiten Entwickler mit einem ähnlichen Hintergrund an Entwurfsmetaphern (wie z. B. Werkzeug, Automat und Material) schnell besonders harmonisch zusammen.[5]
- *Nachhaltiges Tempo:* Programmieren in Paaren ist anstrengend, aber erfolgreich. Die Regelarbeitszeit lässt sich nicht dauerhaft überschreiten, wenn in Paaren programmiert wird. Erschöpfungszustände der Entwickler wären sehr schnell die Folge. Unserer Erfahrung nach arbeitet man beim Programmieren in Paaren innerhalb der Regelarbeitszeit deutlich intensiver als bei individueller Arbeit.

2.11 Gemeinsame Verantwortlichkeit (engl. Collective Ownership)

Alle Entwickler arbeiten an einem Codebestand und sind gemeinsam verantwortlich.

2.11.1 Beschreibung

In einem XP-Projekt gehören alle erstellten Quelltexte und Dokumente dem ganzen Team. Jeder im Projekt kann zu jeder Zeit alle Quelltexte und Dokumente ändern. Das funktioniert so uneingeschränkt natürlich nur, wenn die Projektmitglieder das ganze Projekt im Überblick kennen und im Wesentlichen die gleichen Qualifikationen haben.

Ähnliche Qualifikationsniveaus

Daraus resultiert die Forderung, alle Projektmitglieder auf ein Qualifikationsniveau zu heben. Diese Forderung kann erfüllt werden, wenn die Projektmitglieder, die in einem Bereich einen Wissensvorsprung haben, die anderen in diesem Gebiet »ausbilden«. Das Programmieren in Paaren leistet hier wertvolle Hilfe. So kann man ähnliche Qualifikationen erreichen und trotzdem die besonderen Kenntnisse der Projektmitglieder nutzen.

Keine Schuldzuweisungen

Gemeinsame Verantwortlichkeit bedeutet außerdem, dass bei einem Problem im Projekt immer das gesamte Team verantwortlich ist. Tritt z. B. ein Fehler in der entwickelten Software auf, so wird derjenige diesen so schnell wie möglich beseitigen, der ihn zuerst bemerkt. Dabei kann es trotzdem sinnvoll sein, den verursachenden Entwicklern einen Hinweis zu geben, damit diese aus dem Fehler lernen können. Das unterscheidet die in XP-Projekten gelebte gemeinsame Verantwortlichkeit auch von nicht vorhandener Verantwortlichkeit (engl. *No Ownership*). Fühlt sich niemand für einen Teil des Systems verantwortlich, werden nötige Änderungen aufgeschoben oder gar nicht vorgenommen.

Truck-Faktor

Wird gemeinsame Verantwortlichkeit konsequent praktiziert, so kann der so genannte Truck-Faktor (siehe Abschnitt 2.10) im Projekt deutlich gesenkt werden.

Die hier beschriebene Technik der gemeinsamen Verantwortlichkeit bezieht sich auf das Entwicklerteam. Natürlich darf der Kunde nicht in den Quelltexten der Entwickler ändern.

2.11.2 Erfahrungen

Ausfall von Mitarbeitern

Wird gemeinsame Verantwortlichkeit beim *Programmieren in Paaren* mit wechselnden Paaren praktiziert, so kann das Wissen über das Projekt so gut im Team verteilt werden, dass der Ausfall eines Mitgliedes kaum bemerkt wird. Wir haben dies selbst in zwei Projekten erlebt. Den ersten Fall haben wir schon in Abschnitt 2.10 vorgestellt. Aus einem Team mit drei Entwicklern[6] fiel dort ein Leistungsträger wegen eines Bandscheibenvorfalls für neun Wochen aus. Dieser Ausfall hat zu keinerlei Schwierigkeiten im Projekt geführt. Die verbleibenden zwei Entwickler konnten das Projekt in der Zeit problemlos fortführen.

In einem anderen Projekt haben wir einen wichtigen Entwickler ausgetauscht, der zugleich die Projektleitung inne hatte. Der Entwickler wurde in einem anderen Projekt benötigt. Es konnte zwischen diesem Entwickler und seinem Nachfolger wegen zeitlicher Restriktionen nur eine extrem kurze Übergabe (1 Tag) erfolgen. Dieser Wechsel hat erwartungsgemäß beim Kunden kurzzeitig Irritationen ausgelöst. Allerdings hielten diese Irritationen nur wenige Tage an und der Projektfortschritt wurde durch den Wechsel kaum beeinträchtigt, da die anderen Projektmitglieder ausreichend Überblick über das Projekt hatten.

Unterschiedliche Qualifikationsniveaus

Wir haben Projekte begleitet, an denen Personen mit sehr unterschiedlichen Qualifikationen beteiligt waren: Organisationsentwickler, Anwender, Datenbankadministratoren und Entwickler. Natürlich streben wir in solchen Projekten keine Vereinheitlichung der Qualifikationen an. Anwendern das Programmieren beizubringen ist sicherlich wenig sinnvoll. In diesen Fällen vereinheitlichen wir die Qualifikationen nur in den einzelnen Gruppen. Sind solche Gruppen mit unterschiedlichen Qualifikationen am Projekt beteiligt, so steigt die Bedeutung der Kommunikation im Team noch weiter an. Häufig haben die Gruppen die Tendenz, sich nach außen abzuschotten. Hier muss mit geeigneten Mitteln (z. B. Standup-Meetings, Retrospektiven, Social-Events) dafür gesorgt werden, dass die Kommunikation zwischen den Gruppen nicht zusammenbricht. Dazu sollten die einzelnen Aufgaben im Projekt so besetzt werden, dass Mitglieder aus allen Gruppen beteiligt sind.

Leider wird in vielen Projekten nicht so verfahren. Dort werden die einzelnen Aufgabenbereiche nach vermeintlichen Qualifikationen besetzt: Die Organisationsentwickler beschreiben die Geschäftsprozesse, die Anwender definieren, wie die Software aussehen soll, die Datenbankadministratoren entwerfen das Datenmodell und die Entwickler schreiben schließlich das Programm. Eine solche Aufteilung

6. Die drei Entwickler waren alle nur teilzeitbeschäftigt und haben sich so organisiert, dass jeweils ein Paar an einem Tag anwesend war.

führt immer zu unnötigen Reibungsverlusten zwischen den Gruppen und zu einem wasserfallartigen Entwicklungsprozess.

Die Angleichung der Qualifikationen kann sehr lange dauern. Wenn man z. B. ein Java-Projekt startet, in dem Entwickler mit 5 Jahren OO-Erfahrung zusammen mit Entwicklern arbeiten, die gerade erst Objektorientierung und Java gelernt haben, sind die Qualifikationsunterschiede gigantisch. Eine auch nur annähernde Angleichung der Qualifikationen kann Jahre dauern. In einem solchen Fall wird eine Vereinheitlichung im Projekt nicht möglich sein. Es muss aber angestrebt werden, die Qualifikationsunterschiede zu reduzieren.

Die räumliche Situation

Die räumliche Aufteilung unterschiedlicher Projektmitglieder kann dabei auch eine Rolle spielen. Sind beispielsweise zwei Gruppen durch mehr als eine Tür oder einen Flur voneinander getrennt, kommunizieren diese Gruppen erfahrungsgemäß deutlich weniger miteinander. Sitzt hingegen das gesamte Team in einem größeren Raum oder in mehreren direkt verbundenen Räumen, so fördert das die Zusammenarbeit.

Mit gemeinsamer Verantwortlichkeit sind die Ergebnisse eines Entwicklers offen für die Begutachtung und Veränderung durch die anderen Projektteilnehmer. Das stellt für einige Entwickler eine große psychologische Hürde dar. Einerseits kann es daran liegen, dass sie Angst davor haben, dass ein anderer Entwickler ihre Arbeit »verhunzt«. Auf der anderen Seite kann sich durch gemeinsame Verantwortlichkeit herausstellen, dass sie gar nicht so überragend sind, wie sie selbst oder andere glauben.

Treten solche Probleme auf, muss mit dem notwendigen Feingefühl vorgegangen werden. Allerdings würden wir den Entwicklungsprozess nicht um einzelne Entwickler »herumbauen«. Wenn sie nicht in der Lage sind, sich an gemeinsame Verantwortlichkeit zu gewöhnen, würden wir sie aus dem Projekt entfernen.

Teilzeitmitarbeiter

In vielen Kontexten sind Entwickler nicht zu 100% ihrer Zeit für das Projekt verfügbar. Dies kann z. B. dadurch bedingt sein, dass Entwickler in mehreren Projekten parallel tätig sind. Solche Paralleltätigkeiten sollten unbedingt vermieden werden. Wenn das nicht möglich ist, hilft gemeinsame Verantwortlichkeit, weil die anderen Entwickler dann nicht auf die gerade nicht verfügbaren Entwickler warten müssen. In diesem Sinne ist es auch problemlos möglich, Mitarbeiter in Projekte zu integrieren, die keine vollen Stellen haben. Dies trifft z. B. auf allein erziehende Elternteile oder Studenten zu.

Versionsverwaltung

Für die Umsetzung gemeinsamer Verantwortlichkeit ist eine Versionsverwaltung noch wichtiger als in konventionellen Entwicklungsprojekten. Dazu kann ein professionelles Versionsverwaltungssystem eingesetzt werden.

Allerdings kann eine Versionsverwaltung auch simuliert werden. Wenn wir z. B. gemeinsam an Textdokumenten arbeiten, dann kopieren wir das Dokument jedes Mal, bevor wir eine Änderung vornehmen. Die Kopie wird im Dateinamen mit dem Änderungsdatum und dem Kürzel des Autors versehen. Darüber kann im Dateisystem leicht festgestellt werden, wer wann zuletzt an welchem Dokument gearbeitet hat. Wird das Datum in der Form Jahr-Monat-Tag kodiert, so werden bei alphabetischer Sortierung die neuesten Dokumentversionen zuletzt angezeigt. Wir haben übrigens auch beim Schreiben dieses Buches nach diesem Verfahren gearbeitet.

Die simulierte Versionsverwaltung ist sicherlich nicht immer die beste Alternative. Gerade das letztgenannte Beispiel ließe sich sehr elegant mit einer Versionsverwaltung umsetzen, die Diff- und Merge-Funktionalität auf Word-Dateien erlaubt (wie beispielsweise CS-RCS). Dennoch empfehlen wir, auch hier die Grundsätze von XP zu beherzigen: Die einfachste Lösung ist oft die beste.

2.11.3 Empfehlungen

- Streben Sie die Vereinheitlichung der Qualifikationen im Projekt an.
- Wenn verschiedene Gruppen mit unterschiedlichen Qualifikationen am Projekt teilnehmen, besetzen Sie die Aufgaben gemischt.
- Sorgen Sie dafür, dass die Projektmitglieder auch räumlich möglichst eng zusammenarbeiten. Zehn oder mehr Personen in einem Raum sind kein Problem, wenn alle im selben Projekt arbeiten. Machen Sie in diesem Zusammenhang ernst mit Flexibilität. Wenn Sie verstellbare Wände haben, verstellen Sie diese. Nutzen Sie »Umlenkungsfunktionen« ihrer Telefonanlage, damit die Mitarbeiter ihre Telefonnummer mit an ihren neuen Arbeitsplatz nehmen können.
- Verwenden Sie eine Versionsverwaltung für Ihre Quelltexte und alle anderen Dokumente im Projekt. Achten Sie darauf, dass die eingesetzte Versionsverwaltung »ihr Gewicht trägt«. Eine schwer zu beherrschende Versionsverwaltung richtet mitunter mehr Schaden an, als dass sie nützt.

2.11.4 Bezug zu anderen XP-Techniken

- *Programmieren in Paaren*: Das Programmieren in Paaren erleichtert gemeinsame Verantwortlichkeit, da bereits bei der Erstellung eines Quelltextes zwei Entwickler für diesen verantwortlich sind. Umgekehrt ist Programmieren in Paaren nur schwer ohne Kombination mit gemeinsamer Verantwortlichkeit denkbar. Fehlt gemeinsame Verantwortlichkeit, so »gehört« der Quelltext immer einem der beiden Entwickler. Damit sind die beiden Partner beim Programmieren in Paaren nicht mehr gleichberechtigt.
- *Refactoring*: Ein Refactoring sollte sofort durchgeführt werden, sobald es einen Vorteil bringt. Außerdem sollte es von demjenigen durchgeführt werden, der sich einen Vorteil von dem Refactoring erhofft. Muss jedes Mal der »Eigentümer« eines Quelltextes gebeten werden, ein Refactoring durchzuführen, so entstehen dadurch unnötige Reibungsverluste im Projekt.
- *Testen*: Entwickler haben bei gemeinsamer Verantwortlichkeit mitunter Angst, andere Entwickler könnten ihren Quelltexten »schaden«, weil sie diese nicht richtig verstanden haben. Sind die Quelltexte jedoch gut mit Komponententests abgesichert, wird dieses Risiko deutlich reduziert. Jeder Entwickler kann zunächst alles machen, was die Tests nicht bricht. Es gehört schon ein gutes Stück »Böswilligkeit« dazu, erst einen Quelltext zu ändern und danach den Komponententest zu löschen, damit der Quelltext den Test nicht bricht.
- *Programmierstandards*: Wenn der Quelltext immer einheitlich formatiert wird, kann der Entwickler nicht an der Form des Quelltextes identifiziert werden. Zudem ist es für die Entwickler einfacher, sich in fremden Quelltexten zurechtzufinden. So erliegen Entwickler dann nicht der Versuchung, einen fremden Quelltext erst einmal nach ihren eigenen Vorlieben umzuformatieren, bevor sie diesen ändern.
- *Fortlaufende Integration*: Fortlaufende Integration erleichtert gemeinsame Verantwortlichkeit, weil dann jeder Entwickler alle Änderungen schnell sehen und nutzen kann. Wenn jeder Entwickler jederzeit alle Quelltexte ändern darf, erhöht dies zunächst die Konfliktwahrscheinlichkeit. Mit der fortlaufenden Integration geänderter Quelltexte wird die Konfliktwahrscheinlichkeit aber wieder reduziert.

2.12 Fortlaufende Integration (engl. Continuous Integration)

Integrieren Sie Änderungen am Code mehrmals am Tag in den gemeinsamen Codebestand.

2.12.1 Beschreibung

Jeder Entwickler in einem XP-Projekt ist gleichberechtigt und kann an jedem Quelltext des Systems Änderungen vornehmen, wenn er es für sinnvoll hält (siehe Abschnitt 2.11).

Um dies zu unterstützen und kurze Entwicklungszyklen zu ermöglichen, müssen geänderte Quelltexte unkompliziert und schnell anderen Entwicklern zugänglich gemacht werden. XP beschreibt hierfür die Technik der *fortlaufenden Integration*. Änderungen an Quelltexten werden anderen Entwicklern zugänglich, indem sie in kurzen Abständen auf einem Integrationsrechner eingespielt und mit dem Gesamtsystem getestet werden.

Integrationsrechner

Der Integrationsrechner ist ein ausgewählter Rechner, der einzig und alleine für die Integration von neuen Quellen genutzt werden sollte. Spielt ein Entwickler neue Quellen ein, muss auf dem Integrationsrechner das Gesamtsystem mittels der Komponententests getestet werden. Nur wenn alle Tests erfolgreich durchlaufen, ist die Integration erfolgreich und die Entwickler dürfen ihre Änderungen auf dem Integrationsrechner belassen. Für den Fall, dass die Tests nicht erfolgreich durchlaufen, sind die Entwickler, die ihre Änderungen einspielen wollen, dafür verantwortlich, das Gesamtsystem wieder in einen einwandfreien Zustand zu bringen. Ihre Arbeit am Integrationsrechner ist erst dann beendet, wenn sie entweder ihre Änderungen integriert haben und alle Testfälle erfolgreich durchlaufen oder sie ihre Änderungen wieder vom Integrationsrechner gelöscht haben und der ursprüngliche Stand des Gesamtsystems inklusive aller Komponententests wieder erfolgreich läuft.

Der Integrationsrechner stellt demnach sicher, dass es zu jedem Zeitpunkt eine lauffähige und getestete Version des Gesamtsystems gibt. Zudem definiert dieses Vorgehen klare Verantwortlichkeiten. Nur wenn alle Komponententests durchlaufen, darf der Integrationsrechner verlassen werden. Jeder Entwickler ist somit dafür verantwortlich, einen einwandfreien Zustand des Gesamtsystems zu hinterlassen, und kann sich andererseits darauf verlassen, am Integrationsrechner einen funktionierenden Stand des Gesamtsystems vorzufinden.

Um die Arbeit am Integrationsrechner einfach zu halten und Änderungen möglichst schnell anderen Entwicklern zugänglich zu machen, sollten die Änderungen klein sein. Dadurch werden einfache Integrationen ermöglicht. Andere Entwickler im Team können umgehend davon profitieren und das Risiko einer Doppelentwicklung wird minimiert. Gleichzeitig verringert sich der Aufwand, verschiedene Entwicklungszweige nachträglich zusammenzufügen.

2.12.2 Erfahrungen

Fortlaufende Integration hat sich in unseren Entwicklungsprojekten bewährt. Die Teamentwicklung wird durch den konsequenten Einsatz fortlaufender Integrationen besonders gut unterstützt und ermöglicht es, mit vielen Paaren gleichzeitig an einem Ziel zu arbeiten.

Integrationshäufigkeit

Als eine Leitlinie bei der fortlaufenden Integration hat sich in der XP-Gemeinde ein Minimum von einer Integration pro Tag und pro Paar herausgebildet. Es ist nicht immer sinnvoll, nicht integrierte Änderungen auf einem Entwicklungsrechner über Nacht liegen zu lassen. Gute Entwickler in einem funktionierenden XP-Projekt integrieren durchaus zehn Mal pro Tag.

Sourcecode-Management

Fortlaufende Integration verlangt nach einem geeigneten Umfeld. Zu allererst ist eine Versionsverwaltung für Quelltexte notwendig. Die Frage, wann ein Quelltext bearbeitet werden kann, ist hier von entscheidender Bedeutung. Sollen kleine Änderungen schnell gemacht werden können, müssen alle Quellen immer im Zugriff und änderbar sein. Es darf nicht vorkommen, dass die Arbeit an einem Problem dadurch behindert oder verzögert wird, dass jemand gerade zufällig die benötigten Quellen exklusiv im Zugriff hat.

Wird eine Versionsverwaltung eingesetzt, bei der Quellen zur Bearbeitung gesperrt werden müssen, wird die eigene Arbeit behindert und es entsteht zusätzlicher Abstimmungsaufwand. Häufig erlebt man in solchen Projekten, dass ein Entwickler einen Quelltext bearbeiten muss, der von einem anderen Entwickler gesperrt ist. Besonders unangenehm wird es, wenn der Kollege bereits das Haus verlassen hat, ohne die Quellen wieder zurückzuspielen.

Daher bevorzugen XP-Projekte Versionsverwaltungssysteme mit optimistischen Sperrstrategien, wie z. B. *CVS* oder *Subversion*. Genau diese optimistische Strategie benötigen wir für fortlaufende Integration. Jedes Programmierpaar kann alle Änderungen an allen Quellen an seinem Arbeitsplatz vornehmen, die zur Lösung der aktuellen Aufgabe nötig sind. Wird ein Quelltext von zwei Paaren gleichzeitig geändert, muss er bei der Integration wieder zusammengefügt (»gemergt«)

werden. Werden die Integrationsschritte aber klein genug gewählt, tritt dieser Fall nur selten auf. In unseren XP-Projekten tritt ein solcher Konfliktfall selten ein und bereitet dann wenig Probleme beim Zusammenfügen der Änderungen, insbesondere weil diese klein und meist lokal sind. Zusätzlich koordinieren sich die Entwickler von Zeit zu Zeit über Zurufe, um sich über parallele Änderungen zu informieren. Dies ergänzt die fortlaufende Integration auf eine unkomplizierte Weise.

Fortlaufende Integration führt zu kleineren Refactorings

Als besonders positiven Effekt fortlaufender Integrationen haben wir über einen längeren Entwicklungszeitraum festgestellt, dass Refactorings besser in kleine Einzelschritte zerlegt werden. Die Entwickler planen und realisieren wesentlich kleinere Änderungen, die sich isoliert voneinander integrieren lassen. Das Risiko großer problematischer Änderungen wird somit minimiert. Wie oben beschrieben ist jedes Entwicklerpaar bei der Integration dazu verpflichtet, einen lauffähigen Stand auf dem Integrationsrechner sicherzustellen. Hat nun ein anderes Paar in der Zwischenzeit die gleichen Quellen geändert, wird eine Integration komplizierter, da das Paar die beiderseitig geänderten Quellen zusammenfügen muss. Es ist nicht mehr damit getan, einfach die eigenen Quellen zu kopieren. Diese Arbeit macht selbstverständlich niemand gerne. Je schneller ein Paar integriert, desto geringer ist natürlich das Risiko, dass dieser »Merge«-Aufwand anfällt. In unseren Projekten folgt daraus von Zeit zu Zeit sogar ein gewisser spielerischer Wettkampf, schneller zu integrieren als die Kollegen, die ggf. die gleichen Quellen geändert haben könnten. Die Idee der fortlaufenden Integration sollte zwar nicht dazu verleiten, dass nur noch integriert wird, um schneller als die anderen Entwickler zu sein, jedoch belegt diese Erfahrung, dass die Arbeit im Team durch fortlaufendes Integrieren zu kleineren Änderungen und schnelleren Integrationszyklen führt[7].

Integrationsrechner

Kent Beck hat in den Anfangszeiten von XP einen physikalischen Integrationsrechner vorgeschlagen, um fortlaufende Integration zu unterstützen und zu vergegenständlichen. Die Entwickler müssen vor diesem Rechner sitzen, um ihre Änderungen zu integrieren. Dies erzeugt einen natürlichen Flaschenhals, der hier ausdrücklich erwünscht ist. Um die klaren Verantwortlichkeiten zu erhalten, können nicht zwei Paare gleichzeitig integrieren. Sonst ist im Falle eines fehlschlagenden Unit Tests im Anschluss an beide Integrationen nur noch schwer zu sagen, wer für die Fehlerbehebung zuständig ist. Zum

7. Wir möchten hier nicht den Eindruck erwecken, ein Wettkampf um die schnellste Integration wäre wünschenswert. Dies entspräche nicht der XP-Philosophie.

physikalisch existierenden Integrationsrechner muss dann nicht einmal unbedingt ein Netzwerkzugang bestehen.

Ein weiterer positiver und vor allem vereinfachender Effekt dieser Variante besteht darin, dass nicht zwangsläufig ein Versionsverwaltungssystem benötigt wird. Es kann vollkommen ausreichen, wenn vor jeder Integration die bis dahin aktuelle Version vollständig gesichert wird. Dies kann beispielsweise in Form eines ZIP-Archives geschehen. Das ist natürlich nur in recht kleinen Projekten wirklich praktikabel.

Zugang zum Integrationsrechner

In größeren Projekten setzen sich die Entwickler i.d.R. nicht mehr direkt vor den Integrationsrechner, sondern nehmen die Integration von ihrem Arbeitsplatzrechner aus vor. So können auch Rechner als Integrationsrechner verwendet werden, die physikalisch nicht ohne weiteres zugänglich sind (z.B. Server-Racks im Rechenzentrum). Außerdem sind die verfügbaren Integrationswerkzeuge (Anschluss der IDE an die Versionsverwaltung, Merge-Werkzeuge, Cruise-Control etc.) inzwischen so mächtig, dass die Integration vom Arbeitsplatz aus häufig viel schneller geht.

Integrationstoken

Auch wenn wir das bisher noch in keinem unserer Projekte eingesetzt haben, berichten einige Projekte von der Verwendung so genannter Integrationstokens. Es handelt sich dabei um einen Gegenstand, z.B. ein Projektmaskottchen. Nur wer diesen Gegenstand hat, darf auch gerade integrieren. Ein Integrationstoken kann sehr gut verhindern, dass sich zwei Integrationen unterschiedlicher Programmierpaare in die Quere kommen. Ob es nötig ist, müssen Projekte für sich selber entscheiden.

Cruise-Control

Cruise-Control (siehe [CruiseControl]) ist ein Open-Source-System, das die Builds auf dem Integrationsrechner durchführt und alle Komponententests laufen lässt. Die Ergebnisse können über eine Web-Schnittstelle erfragt werden.

Integrationsdauer

Wenn Projekte wachsen, entsteht immer wieder dasselbe Problem. Die Integrationszeiten werden immer länger, so dass die Entwickler beim Integrieren nicht mehr auf eine Rückmeldung über den Erfolg warten können. Sie starten die Integration dann asynchron, indem sie ihre Änderungen in die Versionsverwaltung integrieren. Eine spezielle Software (z.B. Cruise-Control) holt sich nach Änderungen den kompletten Quellcode aus der Versionsverwaltung, kompiliert das System und führt die Tests aus. Das Ergebnis wird dann per E-Mail an die Entwickler verschickt oder kann über eine Web-Schnittstelle begutachtet werden.

Bei diesem Vorgehen geht man die Gefahr ein, dass der gemeinsame Quellcodebestand zwischenzeitlich kaputt ist (sich nicht mehr kompilieren lässt oder die Tests fehlschlagen). Das ist akzeptabel, wenn die Rückmeldung über den Erfolg der Integration relativ schnell erfolgt. Dauert es mehrere Stunden bis zur Rückmeldung, ist die Wahrscheinlichkeit hoch, dass gar nicht mehr klar ist, welche Integration das Problem verursacht hat und wer das Problem beseitigen muss.

Integrationsdauer verkürzen

Man kann sich viele Lösungsansätze für das Problem vorstellen. In einem Projekt wurde sogar eine Cruise-Control-Polizei eingesetzt, die nach den Problemverursachern gesucht hat. Die Lösung schlechthin für das Problem ist aber, die Integrationszeiten zu verkürzen. Dafür gibt es mehrere Möglichkeiten:

- Integrationsrechner aufrüsten oder austauschen.
- Sourcecode-Projekt in Subprojekte zerlegen, dann müssen meist nur kleinere Einheiten integriert werden.
- Mehrere Integrationsrechner aufsetzen, die sich die Arbeit entlang von Teilprojekten teilen. (Das ergibt aber eigentlich nur Sinn, wenn die Teilprojekte getrennt auslieferbar sind!)
- Tests aufteilen in solche, die sofort bei der Integration laufen und max. 10 Minuten dauern, und in langwierige Tests, die später ausgeführt werden.
- Unnötige Tests löschen (davon sammeln sich mit der Zeit immer welche an).
- Tests so umschreiben, dass sie schneller laufen. Hier kann man häufig viel erreichen, wenn man mit Mock-Objects testet (z. B. mit [EasyMock], [MockEJB]).

2.12.3 Beispiel: Fortlaufende Integration in einem Ausbildungsprojekt

Innerhalb eines Ausbildungsprojektes haben wir zwei Gruppen mit XP fünf Tage lang an einem Beispielprojekt arbeiten lassen. Ziel dieses Projektes war es, Softwareentwicklung mit XP an einem knappen, aber realistischen Beispiel zu erlernen. Während dieses Projektes hat jedes Team einen physikalischen Integrationsrechner verwendet und diesen per Diskette gefüttert. In dem Projekt wurde bewusst keine werkzeugbasierte Lösung oder ein Sourcecode-Management-System verwendet, damit sich die Studierenden auf den Sinn und Zweck der fortlaufenden Integrationen konzentrieren mussten.

Es hat sich dabei gezeigt, dass sich der physikalische Integrationsrechner besonders gut dazu eignet, die Prinzipien der fortlaufenden Integration zu erlernen und zu praktizieren. Keiner der Teilnehmer fühlte sich verleitet, doch einfach mal ein paar Quellen zu ändern und ohne jeden Test einzuspielen, wie es eine einfache Versionsverwaltung nahe gelegt hätte. Außerdem konnte niemand einfach ein paar Quellen auf den Rechner kopieren und danach unbemerkt »davonkommen«.

2.12.4 Empfehlungen

- Überlegen Sie, ob ein physikalischer Integrationsrechner sinnvoll ist oder ob ein virtueller Integrationsserver über eine Versionsverwaltung ausreicht.
- Stellen Sie Konventionen für das Vorgehen beim Integrieren auf. Beispielsweise darf jeder Entwickler nur dann einchecken, wenn auf seinem Rechner alle Tests durchlaufen und er eine aktuelle Version der nicht geänderten Quellen hat. Zusätzlich müssen in regelmäßigen Abständen alle Komponententests auf dem Integrationsrechner ausgeführt werden.
- Sorgen Sie dafür, dass die Ergebnisse der Tests auf dem Integrationsrechner gut sichtbar sind. Stellen Sie z. B. einen Monitor an zentraler Stelle des Entwicklungsraums auf, der ständig den aktuellen Testzustand des Integrationsrechners anzeigt.
- Sorgen Sie dafür, dass ein erster Test auf dem Integrationsrechner nur 10 Minuten dauert. Teilen Sie dazu das Projekt ggf. in Komponenten auf oder führen Sie verschiedene Kategorien von Tests ein.

2.12.5 Bezug zu anderen XP-Techniken

- *Refactoring*: Mit Refactoring verbessert man existierenden Code. Refactorings sollen in kleinen Schritten erledigt werden und schnell anderen Entwicklern zugänglich gemacht werden. Fortlaufende Integration ist dazu das ideale Mittel. Darüber hinaus haben wir beobachtet, dass fortlaufende Integration den Entwickler zu kleineren Refactorings ermuntert.
- *Gemeinsame Verantwortlichkeit*: Jeder Entwickler kann an jedem Quelltext Änderungen vornehmen und darf das zu jedem Zeitpunkt. Mit fortlaufenden Integrationen macht der Entwickler seine Änderungen einem anderen Entwickler schnell zugänglich. Dadurch wird das Risiko minimiert, dass ein Quelltext von mehreren Entwicklern parallel verändert wird. Gleichzeitig profitieren andere Entwickler äußerst schnell von Änderungen.
- *Kurze Releasezyklen*: Nach jeder Integration ist eine vollständig lauffähige Version des Systems auf dem Integrationsrechner vorhanden. Insofern kann man fast davon sprechen, dass ein aktuelles Release jederzeit vom Integrationsserver kopiert werden kann.

- *Testen*: Fortlaufende Integration verlangt Testfälle. Nach einer Integration kann mit den entsprechenden Testfällen einfach nachgewiesen werden, dass auch nach der Integration das Gesamtsystem noch funktioniert. Das hilft, die Verantwortlichkeiten klar zu definieren.
- *Programmieren in Paaren*: Die Anzahl unterschiedlicher Entwicklungsstränge wird durch Programmieren in Paaren reduziert, da immer zwei Entwickler an einem Problem arbeiten. Dadurch wird auch die Gefahr verringert, beim Integrieren gegenseitige Änderungen zusammenführen zu müssen.
- *Programmierstandards*: Fortlaufende Integration beinhaltet die Idee, dass Entwickler Quelltexte austauschen und weiterentwickeln. Dies ist nur dann sinnvoll möglich, wenn entsprechende Programmierstandards existieren. Gibt es solche Programmierstandards nicht, verringert sich die Bereitschaft, nötige Änderungen an fremd aussehenden Quelltexten vorzunehmen.

2.13 Programmierstandards (engl. Coding Standards)

Geben Sie sich kurze Programmierstandards, an die sich alle halten.

2.13.1 Beschreibung

Programmierstandards legen die äußere Form des Quelltextes fest. Sie bestimmen beispielsweise, in welcher Form die geschweiften Klammern in einem Java-Programm eingerückt werden müssen, an welchen Stellen Leerzeichen auftreten sollen und wie und in welcher Form Quelltexte kommentiert werden. Wir zählen zu den Programmierstandards auch Skripte, gemeinsam verwendete Entwicklungsumgebungen, Tastaturbelegungen, Shortcuts und andere Werkzeuge, die uns die Programmierarbeit erleichtern.

Existieren Programmierstandards in einem Projekt, sehen zum einen die Quelltexte einheitlich aus. Der Entwickler muss sich nicht an ein völlig anderes Layout gewöhnen, wenn er einen Quelltext liest und verstehen will, der von einem anderen Programmierer erstellt wurde. Man kann die erfolgreiche Umsetzung von Programmierstandards in der Regel daran messen, inwieweit man anhand der äußeren Form des Quelltextes den Autoren ablesen kann. Das sollte man in XP-Projekten nicht können. Zum anderen ist das Programmieren in Paaren durch Standards deutlich leichter, da sich niemand an die spezielle Programmierumgebung eines Kollegen gewöhnen muss.

2.13.2 Erfahrungen

Wollen wir Software in einem Team entwickeln, müssen Richtlinien existieren, wie der Quelltext auszusehen hat. Anderenfalls wird der Quelltext schnell so unterschiedlich gestaltet werden, dass es für die Entwickler zunehmend schwerer wird, sich in Quelltexten anderer Entwickler zurechtzufinden.

In den meisten Projekten werden solche Programmierstandards sowieso definiert und eingesetzt. Nur selten finden wir noch die Situation vor, dass in einem Team von Softwareentwicklern ohne Programmierstandards gearbeitet wird. In solchen Fällen treffen wir meist eine Kultur von Individualisten und Experten an, gemeinsame Verantwortlichkeit ist hier ein Fremdwort. Aus unserer Erfahrung können wir uns auch nur schwer vorstellen, ohne explizite Programmierstandards auszukommen. Existieren keine Standards, ist es für viele Entwickler schwer und Zeit raubend, Quelltexte aus einer anderen Feder zu lesen. Hinzu kommt, dass man einen Quelltext, in dem man sich nur mit Mühe zurechtfindet, nur ungern ändert. Ein unsicheres Gefühl beherrscht den Entwickler und er fühlt sich auf diesem fremden Terrain nicht zu Hause. Dies steht der Idee gemeinsamer Verantwortlichkeiten entgegen. Teamentwicklung wird extrem erschwert.

Programmierstandards erstellen und einsetzen

Wichtig bei den Programmierstandards ist, dass die Entwickler kein zu umfangreiches Werk an Richtlinien lesen und behalten müssen. Bestehen die Programmierstandards aus mehr als zehn Seiten, werden sie eher beiseite gelegt als beherzigt. Als besonders nützlich haben sich Beispiel-Quelltexte erwiesen, um Richtlinien zu vermitteln. Sie illustrieren nicht nur die trockenen Richtlinien, sondern dienen auch gleichzeitig als Vorlage für eigene Quelltexte.

Im Falle von Java finden wir bereits Programmierstandards von der Firma Sun Microsystems vor, die recht ausführlich die äußere Form von Quelltexten festlegen und auch weitgehend akzeptiert sind. Diese Standards können so eingesetzt werden, wie sie sind. Allerdings muss man unserer Ansicht nach nicht davor zurückzuschrecken, solche Standards den eigenen Bedürfnissen anzupassen. In einigen Projekten haben wir die Sun-Programmierstandards bewusst adaptiert, um bestimmten Projekteigenschaften gerecht zu werden. Das bedeutet aber nicht, dass wir versuchen, grundsätzlich andere Richtlinien aufzustellen. Es ist absolut sinnvoll, sich an akzeptierten Standards zu orientieren und sie nur in begründeten Fällen zu erweitern oder zu ändern.

Beispielsweise haben wir für die Verwendung von Design by Contract (siehe [Meyer 97]) spezielle Meta-Tags eingeführt, die im Original von Sun nicht enthalten sind, da *Design by Contract* nicht fester

Bestandteil der Sprache Java ist. Diese zusätzlichen Meta-Tags orientieren sich an den bereits existierenden Meta-Tags für JavaDoc, so dass sie für einen geübten Java-Programmierer leicht verständlich sind, auch wenn dieser selbst kein Design by Contract verwendet.

Setzen Sie in Ihrer Entwicklung bisher noch keine Programmierstandards ein, sollten Sie nicht zu viel Zeit dafür verschwenden, diese zu erstellen. Diskussionen über Programmierstandards zwischen den Entwicklern können endlos ausarten. Vertun Sie Ihre Zeit nicht mit solchen unfruchtbaren Diskussionen, in denen über Kleinigkeiten stundenlang lamentiert wird. Im Zweifelsfall setzen Sie einfach vorhandene Standards ein, wie beispielsweise die Code Conventions von Sun für Java. Die perfekten Programmierstandards gibt es nicht. Einigen Sie sich und dann müssen sich alle ohne Ausnahme daran halten.

Gemeinsame Programmierumgebung

Neben den Standards für den Quelltext ist es auch sinnvoll, Standards für die Programmierumgebung zu definieren. Diese Standards legen fest, welche IDE mit welchen grundsätzlichen Einstellungen und Tastaturbelegungen verwendet wird. Wenn an jedem Arbeitsplatz eine andere IDE mit unterschiedlicher Tastenbelegung installiert ist, wird das Programmieren in Paaren zur Tortur.

2.13.3 Empfehlungen

- Formulieren Sie die Programmierstandards im Imperativ. Dies macht den Charakter der Richtlinien deutlich und einfach verständlich.
- Erstellen Sie kurze Programmierstandards. Vermeiden Sie mehr als zehn Seiten.
- Reichern Sie die Programmierstandards mit Beispiel-Quelltexten an. Sie erleichtern die Eingewöhnung und sind anschaulicher als endloser Text.
- Diskutieren Sie nicht zu lange über Programmierstandards. Setzen Sie im Zweifelsfall einfach einen Satz an Richtlinien, die bereits existieren (beispielsweise die Java Code Conventions) ein.
- Haben Sie den Mut, vorhandene und bereits eingesetzte Programmierstandards zu ändern. Nichts ist schlimmer als einen unbrauchbaren Standard definiert zu haben, an den sich verständlicherweise dann niemand hält.
- Tools können Ihnen helfen, vorhandenen Quelltext in einen Standard zu pressen. Das macht es auch leichter, einen Programmierstandard zu ändern.

2.13.4 Bezug zu anderen XP-Techniken

- *Gemeinsame Verantwortlichkeit*: Gemeinsame Verantwortlichkeit wird erheblich erschwert, wenn keine Programmierstandards vorliegen. Es ist wesentlich einfacher, einen Quelltext zu ändern, wenn er einem schon durch die äußere Form vertraut ist. Muss man viel Zeit darin investieren, den Quelltext überhaupt lesen zu können, wird die Teamentwicklung gebremst und erschwert.
- *Programmieren in Paaren*: Programmierstandards wirken sich beim Programmieren in Paaren zweifach aus. Einerseits achtet natürlich der Partner beim Programmieren darauf, dass die Programmierstandards eingehalten werden. Andererseits erleichtert es das gemeinsame Programmieren am Rechner. Der eine Entwickler muss nicht die Hälfte seiner Kraft dafür aufwenden, einen völlig anderen Stil am Bildschirm zu verfolgen. Er kann sich völlig auf den Inhalt des Programms konzentrieren. Außerdem werden unnötige Diskussionen über die Formatierung des Quelltextes zwischen den Entwicklern minimiert.
- *Fortlaufende Integration*: Hier scheint der Zusammenhang nicht ganz offensichtlich zu sein. Zwar werden kleine Änderungen erleichtert, wenn Programmierstandards existieren, und darüber ließe sich auch argumentieren, dass so auch fortlaufende Integration durch Programmierstandards begünstigt wird, allerdings bezieht sich dieses Argument eher auf Refactoring. Letztendlich lassen sich diese Argumente alle auf gemeinsame Verantwortlichkeit zurückführen.

2.14 Nachhaltiges Tempo (Sustainable Pace)

Entwickeln Sie in einem gleichbleibenden Tempo, das sie dauerhaft durchhalten können.

2.14.1 Beschreibung

Es scheint kaum notwendig, eine ernsthafte Diskussion darüber zu führen, warum es sinnvoll ist, dass ein Softwareentwickler nicht mehr als seine Regelarbeitszeit (z. B. 40 Stunden in der Woche) arbeiten sollte. Trotzdem sieht die Realität für viele Softwareentwickler anders aus. Insbesondere die »Berater« unter ihnen werden häufig in Projekte gesteckt, die einen festen Termin haben, der vermeintlich nur mittels Überstunden gehalten werden kann. Man fragt sich nur, wer solche Termine steckt und auf welcher Grundlage dies geschieht. Ständige

Überstunden sind ein Indiz für schlechtes Management des Entwicklungsprozesses! Es sind aber gerade Manager, die selbst eine 60-Stunden-Woche für etwas ganz Normales halten und deshalb den gleichen Einsatz von ihren Entwicklern erwarten.

Nicht härter arbeiten, besser arbeiten!

Ein Mangel an qualifizierten Softwareentwicklern wird von Seiten des Managements gerne angeführt als Begründung für Überstunden. Letzten Endes sind Überstunden aber kontraproduktiv, weil bei dauerhafter Überlastung auch Entwickler zu Krankheiten und geringerer Leistungsfähigkeit neigen. Schließlich sind sie irgendwann ausreichend unzufrieden und kündigen einem Arbeitgeber, der Überstunden einfordert.

Andererseits gibt es natürlich auch Entwickler, die bewusst Überstunden machen, um mit bezahlten Überstunden (ja, bei Softwareentwicklern gibt es auch so etwas!) zusätzliche Einnahmen zu erzielen. Dies mag in Maßen auf freiwilliger Basis noch sinnvoll sein, aber aus den oben genannten Gründen sollte ein Arbeitgeber daraus keinen dauerhaften Zustand machen.

2.14.2 Erfahrungen

Aus unserer Sicht interpretieren wir ständige Überstunden in einem Projekt als ein Symptom für Probleme im Entwicklungsprozess. Natürlich kommt es auch in unseren Projekten vor, dass das ganze Team über zwei bis drei Wochen Überstunden leistet. Softwareentwicklungsprojekte haben diese so genannten »heißen Phasen«, sie sollten aber nicht länger werden. Es macht keinen Sinn, ein komplettes Projekt mit der »heißen« Nadel zu stricken. Die meisten Kunden und Anwender der von uns erstellten Systeme ziehen zum Glück Qualität einem Termin vor, auch wenn sie natürlich am liebsten beides hätten. Mitunter ist die Anordnung von Überstunden auch auf Schwäche des Managements zurückzuführen. Dann haben Projektverantwortliche nicht den Mut, vor dem Kunden zuzugeben, dass das Projekt im Verzug ist[8]. Wenn man vorher aber ein gutes Verhältnis zum Kunden aufgebaut hat, wird er einen frühzeitig gemeldeten Verzug aus unserer Erfahrung immer tolerieren. Inzwischen haben auch Anwender gelernt, dass es in Softwareentwicklungsprojekten immer Unwägbarkeiten gibt.

Als die Autoren dieses Buches zum ersten Mal über das *nachhaltige Tempo* (seinerzeit hieß die Technik noch *40-Stunden-Woche*) dis-

---

8. Dass also nicht alle Story-Cards für das nächste Release auch darin realisiert werden können.

kutiert haben, da waren wir noch fest davon überzeugt, dass es vermutlich nicht wirklich funktionieren kann. Dies hatte eine Reihe von Gründen:

- XP-Projekte gehen überaus zielgerichtet und erfolgsorientiert vor, da macht das Erreichen von Zielen und Erfolgen auch nicht Halt vor einer 40-Stunden-Grenze.
- XP-Projekte liefern möglichst häufig kleinere Systemversionen aus. Das bedeutet aber, dass ständig ein gar nicht mehr so ferner Termin feststeht, zu dem das Projekt Funktionalität versprochen hat. Sollen da die Entwickler nach ihrer Regelarbeitszeit gehen oder lieber noch die versprochene Funktionalität realisieren?
- Seit wir XP einsetzen, stellen wir immer wieder fest, dass Entwickler einfach viel Spaß an der Arbeit haben. Da liegt es auf der Hand, dass man dann nicht ständig auf die Uhr guckt und pünktlich geht.

Arbeit macht Spaß, aber jetzt mal Spaß beiseite!

Kurzum, wir nahmen an, dass der wesentliche Grund für die XP-Technik in der amerikanischen Urlaubskultur begründet liegt. Schließlich sind dort meist deutlich weniger Tage Urlaub üblich als bei uns. Die bei uns so beliebten Brückentage zwischen gesetzlichen Feiertagen zur Erholung fallen mangels geringerer Anzahl gesetzlicher Feiertage auch weniger entspannend aus in den USA.

Wir haben uns aber vermutlich geirrt, denn eine stichprobenartige Untersuchung über die Stundenzettel unserer Kollegen brachte zutage, dass nur die Teilzeitkräfte und wir Autoren ständig Überstunden machen! Unsere Vollzeitkollegen machen zwar gelegentlich Überstunden, die dann z.T. aber auch »nur« durch Fahrzeiten zu einem entfernten Kunden begründet sind.

Unsere Teilzeitkräfte sind offensichtlich alle flexibel genug, mehr als die vereinbarte Teilzeit zu arbeiten. Das eigene Interesse an erfolgreichen Projekten und einem nachvollziehbaren Projektfortschritt motiviert sie zusätzlich.

Dass die Vollzeitmitarbeiter so wenig Überstunden machen, hängt nach unserer Einschätzung auch ganz deutlich mit der Anwendung der XP-Techniken zusammen. Durch das Programmieren in Paaren, die kurzen Iterationszyklen, das kontinuierliche Integrieren etc. wird die Arbeitszeit extrem stark *verdichtet*. Es wird in einer Woche mit 40 Stunden Arbeitszeit deutlich mehr Arbeit verrichtet, als dies in anderen Projekten üblich ist. Damit diese Verdichtung funktionieren kann, sind allerdings ein paar zusätzliche Regeln notwendig, die wir in der beschriebenen Form auch leben:

- Trennen Sie Programmierzeit, Verwaltungszeit und Pausen.
- Lesen Sie keine E-Mails und fragen Sie keine Aktienkurse während der Programmierzeit ab.
- Unterhalten Sie sich während der Programmierzeit nicht mit Ihrem Programmierpartner über »sachfremde« Dinge.
- Machen Sie viele kurze Pausen. Unsere Daumenregel besagt, dass alle 60 bis 90 Minuten eine viertelstündige Pause eingelegt werden soll.
- Erholen Sie sich in den Pausen genauso intensiv, wie Sie während der Programmierzeit arbeiten.
- Machen Sie auf KEINEN Fall vor dem Rechner Pause. Wechseln Sie bewusst den Ort.
- Erledigen Sie E-Mails etc. während bewusst geplanter Verwaltungszeit. Diese Arbeit wird nicht im Paar erledigt. Legen Sie die Verwaltungsarbeit zeitlich so, dass sie nicht in Kreativitäts-Hochphasen fällt. Die Kreativität wird für die Programmierung benötigt.
- Achten Sie darauf, dass durchschnittlich pro Tag nicht mehr als eine Stunde an Verwaltungszeit anfällt. Ist dies doch der Fall, so gibt es vermutlich ein Problem mit der Organisationsstruktur des Unternehmens. Klären Sie das mit dem zuständigen Vorgesetzten.

Nach unserer Erfahrung hängt die Bereitschaft zur Mehrarbeit ganz wesentlich von der Unternehmenskultur ab: Mitarbeiter wollen gefragt und um ihre Einwilligung gebeten werden, Überstunden werden nicht einfach von oben angeordnet und als selbstverständlich vorausgesetzt. Außerdem muss den Mitarbeitern der ernsthafte Wille des Unternehmens erkennbar sein, sich generell an die Regelarbeitszeit halten zu wollen. Hierzu gehört auch ein Ausgleich in Form von Geld oder Freizeit für geleistete Mehrstunden. Nicht zuletzt sollte dann auch der durch die Überstunden hoffentlich erzielte Projekterfolg als ein Erfolg des Teams und der einzelnen Mitarbeiter gewürdigt werden.

2.14.3 Empfehlungen

- Verschaffen Sie sich einen Überblick über die geleisteten Überstunden der letzten Zeit (z. B. der letzten 3 Monate).
- Bieten Sie Ihren Mitarbeitern Kompensation für Überstunden an, aber nicht einfach nur Geld!
- Gönnen Sie Ihren Entwicklern nach einem anstrengenden Projekt mit vielen Überstunden ein bis zwei Wochen Zeit, um über die geleistete Arbeit zu reflektieren. Ihre Entwickler könnten die Zeit

nutzen, um neue Technologien, APIs oder Frameworks kennen zu lernen.

- Wenn Ihnen oder Ihren Entwicklern 8 Stunden am Tag einfach nicht reichen, dann gehen Sie doch dafür einfach öfter am Freitag schon nach einem halben Tag ins wohl verdiente und entspannende Wochenende.
- Verplanen Sie den Freitag generell nicht, also keine internen Meetings, keine Kundentermine etc.

2.14.4 Bezug zu anderen XP-Techniken

- *Kurze Releasezyklen* erzeugen einen ständigen leichten bis mittelschweren Termindruck auf das gesamte Team. Das mag zuweilen dem *nachhaltigen Tempo* entgegenstehen. Andererseits kann die nicht mehr fertig gestellte Funktionalität ja auch bereits im nächsten kurz darauf folgenden Release enthalten sein.
- *Einfaches Design:* Immer die einfachste mögliche Lösung zu wählen fördert das Einhalten der Regelarbeitszeit, denn einfache Lösungen lassen sich nun mal viel schneller implementieren als komplizierte. Umgekehrt meinen wir aber auch, dass das Einhalten der Regelarbeitszeit eine Voraussetzung dafür ist, dass man noch die einfachen Lösungen und Designs finden kann. Denn wer überarbeitet ist, dem fehlt die nötige Konzentration, die einfachste Lösung zu finden. Es macht einen Unterschied stattdessen einfach die erste Lösung zu nehmen, die einem einfällt.
- *Gemeinsame Verantwortung, Programmieren im Paar, Planungsspiel:* Der Zuschnitt von Aufgaben in einem XP-Entwicklungsprozess (kleine, überschaubare Aufgaben, die von jedem im Team gelöst werden können) fördern das nachhaltige Tempo. Hinzu kommt, dass durch gemeinsame Verantwortung und Programmieren in Paaren die Aufgabenerledigung vom einzelnen Individuum unabhängiger wird (siehe auch Truck-Faktor in Abschnitt *2.10*), was es dem Einzelnen eher ermöglicht, auch mal früher zu gehen. Allerdings sind hier zugegebenermaßen Absprachen im Team und insbesondere im Paar sinnvoll, um nicht den Programmierpartner unverhofft am Nachmittag alleine zu lassen.

2.15 Literatur

[Ant] The Apache Jakarta Project: Ant. http://jakarta.apache.org/ant/

Build-Tool für Java. Eignet sich hervorragend, um den Build-Prozess bei der Applikationsentwicklung mit Java zu unterstützen. Auf Basis von XML werden die Build-Skripte geschrieben, wobei eine Reihe nützlicher Funktionen bereits vordefiniert enthalten sind.

[Beck 02] Kent Beck: Test Driven Development by Example. Reading, Massachusetts, Addison-Wesley, 2002.

Beschreibung der testgetriebenen Entwicklung an Beispielen.

[Beck & Fowler 00] Kent Beck, Martin Fowler: Planning Extreme Programming. Reading, Massachusetts, Addison-Wesley, 2000.

Die Autoren gehören zum Zentrum der XP-Bewegung und geben in diesem Buch einen detaillierten Einblick in die Planung von XP-Projekten. Diverse Aspekte der Projektplanung mit und für XP werden beleuchtet und diskutiert.

[Beedle et al. 00] M. Beedle, M. Devos, Y. Sharon, K. Schwaber, J. Sutherland: Scrum: A Pattern Language for Hyperproductive Software Development. In: [Harrison et al. 00], S. 637-651.
Die Standup-Meetings stammen ursprünglich aus Scrum.

[CruiseControl] CruiseControl, Open-Source-Projekt bei Source-Forge. http://cruisecontrol.sourceforge.net

CruiseControl ist ein System zur Kombination von Versionsverwaltungssystemen und fortlaufenden Integrationen. Es führt nach jeder Integration die Komponententests automatisch durch. Die Ergebnisse lassen sich über eine Web-Schnittstelle analysieren.

[EasyMock] http://www.easymock.org

EasyMock ist eine Open-Source-Bibliothek, um Java-Tests mit Mock-Objects zu erleichtern.

[Evans 2003] Eric Evans: Domain Driven Design. Reading, Massachusetts, Addison-Wesley, 2003.

Ein hervorragendes Buch über fachlichen Entwurf mit Fokus auf agile Methoden. Dieses Buch sollte jeder Anwendungsentwickler gelesen haben.

[Fit] http://fit.c2.com

Fit ist ein System für automatisierte Akzeptanztests. Die Testfälle werden in HTML-Tabellen spezifiziert und durch so genannte Fixtures an das zu testende System angebunden. Fit ist für alle Arten von Systemen geeignet (nicht nur für Web-Anwendungen) und unterstützt neben Java auch einige andere Programmiersprachen.

[Fitnesse] http://www.fitnesse.org

Fitnesse kombiniert Fit mit einem Wiki-Web. So erleichtert Fitnesse die Bearbeitung der Testfälle und unterstützt auch die Organisation größerer Mengen von Testfällen.

[Fowler 99] Martin Fowler: Refactoring: Improving the Design of Existing Code. Reading, Massachusetts, Addison-Wesley, 1999.

Das Standardwerk zum Thema Refactoring. Das Buch besteht im Wesentlichen aus einer ausführlichen Auflistung häufig benötigter Refactorings. Jede einzelne Refactoring-Beschreibung enthält neben einer Motivation und Beispielen vor allem eine Anleitung, in welchen Schritten das Refactoring durchgeführt werden kann. Ein unersetzlicher Katalog, auch für den erfahrenen Entwickler.

[Gamma et al. 96] Erich Gamma, Richard Helm, Ralph Johnson, John Vlissides: Entwurfsmuster – Elemente wiederverwendbarer objektorientierter Software. Bonn, Addison-Wesley, 1996.

Das Standardwerk zu Entwurfsmustern. Ein absolutes Muss für jedes OO-Projekt. Die beschriebenen Muster haben den Standard für Entwurfsmuster gesetzt und sollten zum Handwerkszeug eines jeden OO-Entwicklers gehören.

[Harrison et al. 00] N. Harrison, B. Foote, H. Rohnert (Hrsg.): Pattern Languages of Program Design 4. Reading, Massachusetts, Addison-Wesley, 2000.

Neben der Beschreibung von Scrum finden sich hier weitere Muster für die Gestaltung von Entwicklungsprozessen.

[Hunt & Thomas 99] Andrew Hunt, David Thomas: The Pragmatic Programmer – from journeyman to master. Reading, Massachusetts, Addison-Wesley, 1999. http://pragmaticprogrammer.com

Das Buch vertritt eine ähnliche Philosophie wie die Bücher rund um eXtreme Programming. Viele Beispiele und Analogien vermitteln eine pragmatische Vorgehensweise für die Softwareentwicklung. Die Broken Window Theory wird hier beispielsweise auf die Entwicklung von Software übertragen. Dieses Buch sollte zum

Standardrepertoire jedes Programmierers gehören. Sehr lesenswert.

[JeFF] http://sourceforge.net/projects/jemmyfixture

JeFF erlaubt es, mit Fit oder Fitnesse Swing-Oberflächentests zu schreiben, ohne eigene Fixture-Klasse zu programmieren.

[Jeffries et al. 00] Ron Jeffries, Ann Anderson, Chet Hendrickson: Extreme Programming Installed. Reading, Massachusetts, Addsion-Wesley, 2000.

Die Mitglieder des C3-Projekt-Teams[9] *erläutern die Konzepte von XP detailliert und geben dem Leser eine Reihe von Tipps und Tricks mit auf den Weg.*

[JUnit] Kent Beck, Erich Gamma: The JUnit Test Framework Website. http://www.junit.org

JUnit ist ein Unit-Test-Framework für Java. Es ist von Kent Beck und Erich Gamma entwickelt worden und erfreut sich hoher Beliebtheit. Neben diversen Artikeln finden sich auf der Webseite auch eine Reihe von interessanten Erweiterungen von JUnit, die es beispielsweise erlauben, für Web-Applikationen oder J2EE-Anwendungen Komponententests zu schreiben.

[Kerth 01] Norman L. Kerth: Project Retrospectives: A Handbook for Team Reviews. Dorset House, 2001.

Das Buch ist das Standardwerk über Retrospektiven.

[Link 05] Johannes Link: Software-Tests mit JUnit – Techniken der testgetriebenen Entwicklung. Heidelberg, dpunkt.verlag, 2005.

Das Buch konzentriert sich auf den Aspekt der Komponententests mit JUnit. Es geht dabei auf die Vorgehensweise der Test-First-Programmierung ein sowie auf typische Probleme beim Komponententest und deren Lösung.

[Marchesi & Succi 01] Michele Marchesi, Giancarlo Succi: Extreme Programming Examined. Reading, Massachusetts, Addison-Wesley, 2001.

Extreme Programming Examined fasst die Beiträge zur ersten XP-Konferenz zusammen. Hier finden sich diverse interessante Artikel, die unterschiedlichste Fassetten von XP beleuchten und neue Anregungen geben.

9. Im C3-Projekt wurden die XP-Techniken das erste Mal zusammenhängend eingesetzt.

[Meyer 97] Bertrand Meyer: Object Oriented Software Construction – Second Edition. Prentice Hall, 1997.

Das Buch von Bertrand Meyer erläutert alle Grundkonzepte der Objektorientierung in eindrucksvoller Weise. Besonders das Offen-Geschlossen-Prinzip und natürlich Design by Contract sind Highlights dieses Buches. Unbedingt zu empfehlen.

[MockEJB] http://www.mockejb.org

MockEJB ist eine Open-Source-Library, die es erlaubt, Session-Beans ohne EJB-Container auszuführen. Damit können Session-Beans unkompliziert getestet werden. Als Nebeneffekt kann MockEJB die Systemarchitektur vereinfachen, wenn das System je nach Konfiguration mit und ohne Applikationsserver ausführbar sein soll.

[Newkirk & Martin 01] James Newkirk, Robert C. Martin: Extreme Programming in Practice. Reading, Massachusetts, Addison-Wesley, 2001.

Das Buch beschreibt ein relativ kleines, aber reales Projekt, das mit XP durchgeführt wurde. Dem Leser wird die erste Iteration detailliert beschrieben und die Autoren bewerten kritisch, welche XP-Techniken sie wie erfolgreich angewendet haben. Gerade für Neueinsteiger ein interessantes Buch. Der erfahrene XP-Entwickler wird hier wenig Neues finden.

[OpenSpaceWeb] http://www.openspaceworld.org

Website zum Thema Open-Space. Hier wird genau erklärt, wie Open-Space-Veranstaltungen ablaufen. Außerdem werden viele nützliche konkrete Hinweise für die Vorbereitung und Durchführung von Open-Space-Veranstaltungen gegeben.

[OptionalScopeContracts] Kent Beck, Dave Cleal: Optional Scope Contracts. http://www.XProgramming.com/xpublications.htm

In diesem Artikel wird die Vertragsgestaltung für iterative Softwareentwicklungsprojekte thematisiert. Die Autoren argumentieren, dass klassische Festpreisprojekte Preis, Umfang und Deadline festlegen. Das bedeutet, dass im Grunde nur bei der Qualität variiert werden kann. Dem werden Verträge mit variablem Umfang entgegengestellt. In diesen Verträgen werden Preis, Deadline und Qualität fest definiert. Der gewünschte Umfang wird zwar vertraglich beschrieben, kann aber während der Projektlaufzeit variiert werden.

[Owen 98] Harrison Owen: Open Space Technology. Berrett-Koehler Publishers, 1998.

Die Beschreibung des Open-Space-Konzeptes vom Open-Space-Erfinder.

[Refactoring] http://www.refactoring.com/

Von Martin Fowler gepflegte Webseite, die einen guten Überblick zum Thema Refactoring bietet. Es finden sich sowohl eine Reihe nützlicher Links rund um das Thema als auch Korrekturen und Ergänzungen zu [Fowler 99].

[RetrospektivenBecher] zu bestellen bei http://www.it-agile.de

Der Retrospektiven-Becher soll zu Miniretrospektiven anregen. Während der Kaffee- oder Teepause stellt der Becher Fragen zur Softwareentwicklung. Sie regen dazu an, mal einen Schritt zurückzutreten und mit etwas Abstand auf die eigene Arbeit zu blicken. »Bin ich überhaupt auf dem richtigen Weg?« »Wie kann ich Blockaden im Kleinen beseitigen?« »Sollte ich mir Hilfe besorgen?«

[Roock & Lippert 04] Stefan Roock & Martin Lippert: Refactorings in großen Softwareprojekten. Heidelberg, dpunkt.verlag, 2004.

Das Buch setzt das Refactoring-Buch von Fowler voraus. Es beschreibt die besonderen Probleme, die bei Refactorings in großen Projekten auftreten, insbesondere wenn größere Umbaumaßnahmen nicht mehr ohne weiteres auf die Fowler-Refactorings zurückgeführt werden können. Es werden technische und organisatorische Leitlinien gegeben, die bei der Durchführung großer Refactorings helfen.

[Schwaber & Beedle 01] Ken Schwaber, Mike Beedle: Agile Software Development with Scrum. New Jersey, Prentice Hall, 2001.

Die Beschreibung von Scrum von den beiden »Erfindern«.

[SmalltalkRefactoringBrowser]
http://chip.cs.uiuc.edu/users/brant/Refactory/

Der Smalltalk Refactoring-Browser war das erste Werkzeug für die automatische Refactoring-Unterstützung. Es unterstützt eine Reihe von Refactorings in der Sprache Smalltalk und gilt bis heute als Vorbild für Refactoring-Unterstützung in Programmierumgebungen.

[WebTestCanoo] http://webtest.canoo.com

Web-Test von Canoo ist ein Akzeptanztest-Werkzeug für Web-Anwendungen.

[WikiSystemMetaphor]
http://www.c2.com/cgi/wiki?ProvenSystemMetaphors

Eine Liste erprobter Metaphern für die Gestaltung von Softwaresystemen.

[Williams 00] Laurie Williams. Dissertation und weitere Publikationen. http://pairprogramming.com

Laurie Williams hat in ihrer Dissertation empirische Untersuchungen zu XP, insbesondere zum Pair Programming, durchgeführt. Die Untersuchungen deuten darauf hin, dass Pair Programming möglicherweise etwas mehr Ressourcen in Anspruch nimmt, dafür aber deutlich bessere Ergebnisse produziert.

[Wilson & Kelling 82] James Q. Wilson, George Kelling: Broken Windows – The police and neighborhood safety, The Atlantic Monthly, March 1982, Volume 249, No. 3, pages 29-38.
http://www.theatlantic.com/politics/crime/windows.htm

James Wilson und George Kelling beschreiben in diesem Artikel die Broken Window Theory. Auf diesem Artikel basiert auch die Übertragung auf die Softwareentwicklung von Andrew Hunt und David Thomas.

Das Experiment zur Broken Window Theory geht zurück auf Philip Zimbardo – siehe http://www.criminology.fsu.edu/crimtheory/zimbardo.htm

[XPWeb] Ron Jeffries: Extreme Programming Website.
http://www.xprogramming.com

Neben einer Reihe interessanter Artikel finden sich auf dieser Webseite auch Links zu den erhältlichen Testframeworks für jede erdenkliche Programmiersprache.

3 Agile Methoden im Überblick

Neben XP existiert noch eine Reihe weiterer agiler Methoden. Die bekanntesten sind *Scrum*, *Feature Driven Development* (*FDD*), der XP-Ableger *Industrial XP* (*IXP*) sowie der *Eclipse-Entwicklungsprozess*. Dieses Kapitel stellt diese Methoden überblicksartig dar. Inzwischen hat Kent Beck die zweite Auflage seines XP-Manifests veröffentlicht, die von ihm komplett neu geschrieben wurde. Zumindest von den Beschreibungen her existieren sehr große Unterschiede zum Original-XP.

In der Agile Alliance haben sich Einzelpersonen und Unternehmen zusammengeschlossen, um ein gemeinsames Verständnis agiler Softwareentwicklung zu etablieren. Dazu ist das agile Manifest erstellt worden, das vier Eckpfeiler definiert:

- Menschen und Zusammenarbeit sind wichtiger als Prozesse und Werkzeuge
- Funktionierende Software ist wichtiger als umfassende Dokumentation
- Zusammenarbeit mit dem Kunden ist wichtiger als vertragliche Verhandlungen
- Reaktion auf Veränderung ist wichtiger als die Einhaltung eines Plans

Das bedeutet nicht, dass die Punkte auf der rechten Seite sinnlos oder überflüssig sind. Sie sind nur eben nicht ganz so wichtig wie die Punkte auf der linken Seite.

3.1 Scrum

Das Wort *Scrum* ist keine Abkürzung, sondern das englische Wort für *Gedränge*. Die Methode *Scrum* lehnt sich dabei an die Scrum-Meetings aus dem Rugby an. Charakteristisch für Scrum sind eben diese

Scrum-Meetings, bei denen die Projektbeteiligten sich täglich kurz treffen und über den Projektfortschritt informieren. Die Scrum-Meetings sind inzwischen als Standup-Meetings in viele andere Methoden integriert worden.

In Scrum werden Anforderungen in einem *Product Backlog* gesammelt. Die Entwicklung in Scrum läuft in so genannten *Sprints* ab, die jeweils 30 Tage dauern. Vor jedem Sprint wählt der Produktmanager (engl. *Product Manager*) Anforderungen aus dem Product Backlog aus und priorisiert sie im *Sprint Backlog*.

Während des Sprints sollen die Entwickler nicht gestört werden. Der *Scrum Master* ist dafür zuständig, die Störungen von den Entwicklern fernzuhalten und Probleme im Entwicklungsprozess zu lösen.

Das Ziel des Sprints ist immer ein am System erkennbarer Fortschritt. Dazu kann am Ende eines Sprints ein Prototyp, eine Testversion oder eine auslieferbare Version stehen. Das Sprintergebnis wird in einem *Sprint Review* dem Produktmanager vorgestellt und diskutiert. Auf Basis des Sprint Reviews und des Product Backlogs wird der nächste Sprint geplant. Der Scrum-Entwicklungsprozess ist schematisch in Abbildung 3–1 dargestellt.

Abb. 3–1: *Scrum im Überblick nach [Scrum]*

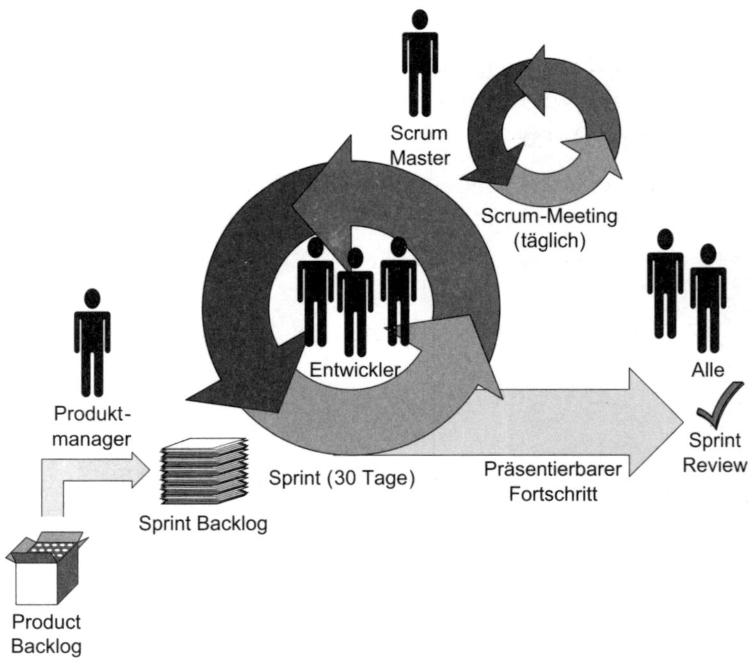

Schätzung und Tracking

Die Entwickler schätzen die Anforderungen des Sprint Backlogs in Personentagen und protokollieren *täglich* den Entwicklungsfortschritt in so genannten *Feature-Burndown-Charts* (siehe Abb. 3–2). Die

Feature-Burndown-Charts zeigen auf sehr einfache Art und Weise, wann das Projekt alle Anforderungen aus dem Sprint Backlog abgearbeitet haben wird. Damit ist auch klar, ob das Projekt die Deadline halten kann. Ist das Projekt laut Prognose früher als geplant fertig, wählt der Produktmanager weitere Anforderungen aus dem Product Backlog aus. Braucht das Projekt laut Prognose länger als geplant, entfernt der Produktmanager niedrig priorisierte Anforderungen aus dem Sprint Backlog.

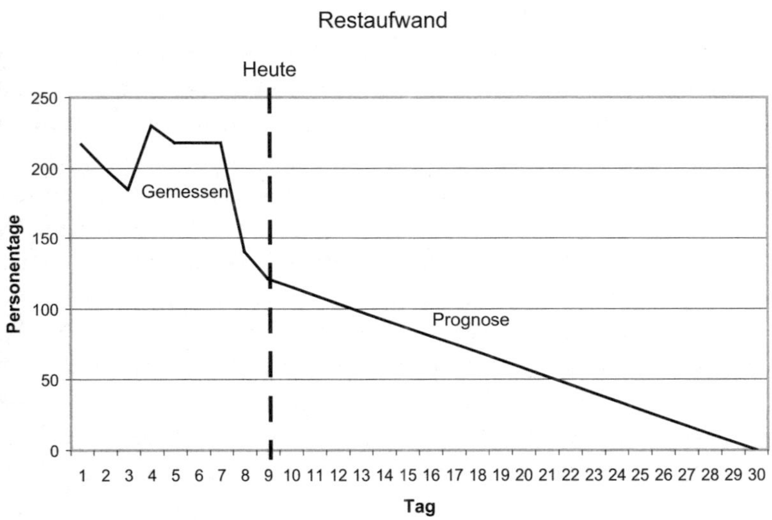

Abb. 3–2: *Feature-Burndown-Chart*

Organisation der Programmierung

Wie die Entwicklung konkret abläuft und wie die Arbeit unter den Entwicklern organisiert wird, spezifiziert Scrum nicht. Stattdessen legt Scrum besonders hohen Wert auf die eigenverantwortliche Arbeit der Entwickler. Sie sind für den Sprint und das Sprintergebnis verantwortlich und sollen sich selbst die Organisationsform geben, die ihnen hilft, die Sprintziele zu erreichen.

3.1.1 Bewertung

Scrum und XP

Es wird häufig argumentiert, dass viele der XP-Techniken mit Scrum kombiniert werden können. Offensichtlich können die technisch orientierten XP-Techniken benutzt werden, um die eigentliche Programmierarbeit in einem Scrum-Projekt zu organisieren.

Scrum-Vertreter stellen Scrum auch gerne als Managementrahmen für XP dar. Das ist möglich, aber nicht zwangsläufig, schließlich bietet XP zu den meisten Scrum-Elementen eigene Konkurrenztechniken an (z. B. Planungsspiel).

Bedeutung von Scrum

Scrum hat durchaus eine nennenswerte Verbreitung. So setzt z. B. Microsoft zumindest für einige Projekte Scrum ein (siehe http://codebetter.com/blogs/darrell.norton/archive/2005/02/04/50543.aspx). Scrum besticht gerade durch seine Einfachheit. Man kann Scrum auf wenigen Seiten beschreiben und in wenigen Sätzen einem Neuling oder dem Management erklären.

Insgesamt haben andere agile Methoden Elemente aus Scrum übernommen. So führen z. B. sehr viele agile Projekte tägliche Standup-Meetings durch, und man kann gewisse inhaltliche Überschneidungen zwischen den Sprint Reviews und Retrospektiven feststellen. Außerdem gibt es in der XP-Gemeinde Diskussionen um die Kundenrolle. Einige sind der Meinung, sie sollte in Produktmanager umbenannt werden, um die hohen Anforderungen an den Kunden/Produktmanager explizit zu machen.

Wann Scrum?

Scrum ist vor allem dann attraktiv, wenn die XP-Programmiertechniken nicht eingesetzt werden können. Wenn z. B. Programmieren in Paaren und kontinuierliche Integration vom Team nicht akzeptiert werden, kann es mit Scrum trotzdem agil arbeiten.

Ein prominenter Anwendungsfall für Scrum sind Projekte, in denen sehr schnell ein agiler Prozess eingeführt werden muss. Viele Beispiele in [Beedle & Schwaber 01] fallen in genau diese Kategorie: Ein Projekt hat ständig Schwierigkeiten, seine Termine zu halten. Dann können mit Scrum schon nach 30 bis 60 Tagen sichtbare Erfolge herbeigeführt werden. Die Einführung von XP in vollständiger Form hingegen kann schnell mal 6 Monate oder länger dauern. Nachdem man Scrum als Quick Win eingeführt hat, kann man natürlich die XP-Techniken schrittweise hinzufügen und so Scrum als »Einstiegsdroge« auf dem Weg hin zu XP verwenden.

Gegenüber XP legt Scrum einen etwas stärkeren Fokus auf Eigenverantwortlichkeit der Entwickler. Gibt es in einem Projekt Probleme damit, die Verantwortung für die Arbeit zu übernehmen, kann Scrum die bessere Wahl sein. XP gibt sehr genaue Anleitungen bis hin zur Programmierung, wie das Projekt gestaltet werden soll. Das kann dazu führen, dass Entwickler die Verantwortung für den Prozess und das Projekt nicht übernehmen: »XP will das so, dann machen wir das halt so.« Scrum hingegen zwingt die Entwickler, den gegebenen Freiraum bzgl. der Organisation der Entwicklung eigenverantwortlich zu gestalten. Die Entwickler müssen selbst entscheiden, ob sie in Paaren programmieren wollen oder nicht. Und sie müssen die Konsequenzen selbst verantworten.

3.2 Feature Driven Development (FDD)

Feature Driven Development (FDD) wurde von Jeff DeLuca entwickelt und stellt den Feature-Begriff ins Zentrum der Entwicklung. Jedes Feature stellt einen Mehrwert für den Kunden dar. Die Entwicklung wird anhand eines Feature-Plans organisiert. Eine wichtige Rolle spielt der *Chefarchitekt* (engl. *Chief Architect*), der ständig den Überblick über die Gesamtarchitektur und die fachlichen Kernmodelle behält. Bei größeren Teams werden einzelne Entwicklerteams von *Chefprogrammierern* (engl. *Chief Programmer*) geführt.

Das Vorgehen in FDD ist in fünf Prozessen organisiert:

1. Entwicklung Gesamtmodell (alle Projektbeteiligten)
2. Definition Feature-Liste (i.d.R. nur die Chefprogrammierer)
3. Planung je Feature (Projektleiter, Entwicklungsleiter, Chefprogrammierer)
4. Entwurf je Feature (Chefprogrammierer, Entwickler)
5. Konstruktion je Feature (Entwickler)

Diese Abfolge der Prozesse sieht auf den ersten Blick wasserfallartiger aus, als sie in der Praxis ist. Zum einen werden für die ersten drei Prozesse nur kurze Zeiträume investiert (häufig nur wenige Tage). Zum anderen werden die Prozesse 4 und 5 in ständigem Wechsel durchgeführt, weil jedes Feature in maximal zwei Wochen realisiert wird.

Prozess 1: Entwicklung Gesamtmodell

Im ersten Prozess definieren Fachexperten und Entwickler unter Leitung des Chefarchitekten Inhalt und Umfang des zu entwickelnden Systems. In Kleingruppen werden *Fachmodelle* für die einzelnen Bereiche des Systems erstellt, die in der Gruppe vorgestellt, ggf. überarbeitet und schließlich integriert werden. Das Ziel dieser ersten Phase ist ein Konsens über Inhalt und Umfang des zu entwickelnden Systems sowie das fachliche Kernmodell.

Prozess 2: Definition Feature-Liste

Im zweiten Prozess detaillieren die Chefprogrammierer die im ersten Prozess festgelegten Systembereiche in Features. Dazu wird ein dreistufiges Schema verwendet: *Fachgebiete* (engl. *Subject Areas*) bestehen aus *Geschäftstätigkeiten* (engl. *Business Activities*), die durch *Schritte* (engl. *Steps*) ausgeführt werden. Die Schritte entsprechen den Features.

Die Features werden sehr prägnant nach dem einfachen Schema <Aktion> <Ergebnis> <Objekt> aufgeschrieben, z. B. »Berechne Gesamtsumme der Verkäufe«. Ein Feature darf maximal zwei Wochen zu seiner Realisierung benötigen.

Das Ergebnis dieser zweiten Phase ist eine kategorisierte Feature-Liste, deren Kategorien auf oberster Ebene von den Fachexperten aus Phase 1 stammen.

Prozess 3: Planung je Feature

Im dritten Prozess planen der Projektleiter, der Entwicklungsleiter und die Chefprogrammierer die Reihenfolge, in der Features realisiert werden sollen. Dabei richten sie sich nach den Abhängigkeiten zwischen den Features, der Auslastung der Programmierteams sowie der Komplexität der Features.

Auf Basis des Plans werden die Fertigstellungstermine je Geschäftsaktivität festgelegt. Jede Geschäftsaktivität bekommt einen Chefprogrammierer als Besitzer zugeordnet. Außerdem werden für die bekannten Kernklassen Entwickler als Besitzer festgelegt (engl. *Class Owner List*).

Prozess 4: Entwurf je Feature

Im vierten Prozess weisen die Chefprogrammierer die anstehenden Features Entwicklerteams auf Basis des Klassenbesitztums zu. Die Entwicklerteams erstellen ein oder mehrere Sequenzdiagramme für die Features, und die Chefprogrammierer verfeinern die Klassenmodelle auf Basis der Sequenzdiagramme. Die Entwickler schreiben dann erste Klassen- und Methodenrümpfe. Schließlich werden die erstellten Ergebnisse nochmal inspiziert. Bei fachlichen Unklarheiten können die Fachexperten hinzugezogen werden.

Prozess 5: Konstruktion je Feature

Im fünften Prozess programmieren die Entwickler die im vierten Prozess vorbereiteten Features. Bei der Programmierung werden Komponententests und Code-Inspektionen zur Qualitätssicherung eingesetzt.

3.2.1 Bewertung

FDD wirkt in seiner Beschreibung etwas wasserfallartig: Einzelne Phasen folgen sequenziell hintereinander, und ein freier Wechsel zwischen den Phasen ist nicht vorgesehen.

Allerdings sind die einzelnen Phasen sehr kurz, so dass FDD dennoch Reaktionen auf veränderte Randbedingungen und Anforderungen erlaubt. Allerdings kann FDD nicht ganz so schnell reagieren, wie z. B. XP oder Scrum. Der höhere Planungsaufwand macht FDD etwas schwerfälliger.

Dafür bietet FDD elegante Strukturierungsmöglichkeiten für Anforderungen. Durch die detailliertere Planung kann FDD tendenziell besser mit Teams umgehen, die sehr heterogen qualifiziert sind.

Wann FDD?

Die Voraussetzung für FDD ist ein moderates Tempo für Anforderungsänderungen. Das ist z. B. häufig der Fall, wenn keine Individualsoftware entwickelt wird, sondern ein Softwareprodukt. Dann werden die Features des Systems relativ früh festgelegt und nur noch marginal geändert. In einem solchen Projektkontext dürfte das Projektteam ausschlaggebend für die Entscheidung für XP oder FDD sein. Ist es klein und homogen, so dass es sich selbst organisieren kann, spricht das eher für XP. Ist es größer und heterogen und ist dadurch die Selbstorganisation schwierig, spricht es eher für FDD.

Auf jeden Fall kann man XP-Techniken in FDD integrieren und FDD-Ideen in XP-Projekten einsetzen. FDD kann z. B. von Komponententests und Programmieren in Paaren profitieren. Für größere XP-Projekte oder Produktentwicklungen mit XP ist die Organisation der Anforderungen entlang von Features interessant.

3.3 Eclipse-Entwicklungsprozess

Die Eclipse-Entwicklungsumgebung

Eclipse ist eine der erfolgreichsten Entwicklungsumgebungen für Java. Bemerkenswert ist die Eclipse-Plug-in-Architektur, die dafür sorgt, dass die komplette Entwicklungsumgebung aus Komponenten (so genannten Plug-ins) zusammengesteckt ist. Da Eclipse unter einer Open-Source-Lizenz steht, gibt es auch sehr viele Open-Source-Plugins für Eclipse, die spezielle Funktionalitäten anbieten (z. B. für Datenbankdesign oder die Anbindung eines Applikationsservers wie JBoss).

Eclipse Rich-Client-Plattform

Seite Ende 2004 gibt es die Eclipse Rich-Client-Plattform (Eclipse RCP), die das Plug-in-Modell für interaktive Desktop-Anwendungen verfügbar macht. Auf Basis von Eclipse-RCP können typische Geschäftsanwendungen unter Ausnutzung der Plug-in-Architektur entwickelt werden.

Der Erfolg von Eclipse macht auch den Eclipse-Entwicklungsprozess interessant und wirft die Frage auf, was man aus diesem für andere Entwicklungsprozesse lernen kann. Während anfänglich sehr wenig über den Eclipse-Entwicklungsprozess bekannt war, sind jetzt ein wenig mehr Informationen verfügbar. Trotzdem bleibt das Bild rudimentär und etwas fragmentarisch. Bezeichnend ist, dass zum Zeitpunkt der Drucklegung dieses Buches nicht einmal ein marketingfähiger Name für den Eclipse-Entwicklungsprozess existierte.

Überblick über den Eclipse-Entwicklungsprozess

Der Eclipse-Entwicklungsprozess enthält die gängigen agilen Techniken wie kontinuierliche Integration, Komponententests, kurze Releasezyklen etc. Darüber hinaus hat er Aspekte, die spezifisch für die Entwicklung von Open-Source-Software sind, sowie Anteile, die sich nicht ohne weiteres auf Unternehmenssoftware übertragen lassen. Letzteres trifft vor allem auf die Forderung zu, das Ergebnis der Entwicklung selbst zu benutzen. Das ist einfach, wenn man eine Entwicklungsumgebung wie Eclipse programmiert, aber selten bei Unternehmenssoftware möglich.

Komponenten

Besonders interessant ist sicherlich die Komponentenfokussierung des Eclipse-Entwicklungsprozesses. Die ganze Entwicklung wird rund um Komponenten (Eclipse-Plug-ins) organisiert. Insbesondere bezieht sich gemeinsame Verantwortlichkeit immer auf einzelne Komponenten.

3.3.1 Bewertung

Versucht man, aus dem Eclipse-Entwicklungsprozess für andere Projekte zu lernen, ist ein Blick auf die Besonderheiten der Eclipse-Entwicklung nützlich:

1. Eclipse ist eine Entwicklungsumgebung. Damit sind die Eclipse-Entwickler immer auch Anwendungsexperten, Tester und Pilotanwender für ihr eigenes System.
2. Eclipse ist ein Softwareprodukt und keine Individualentwicklung.
3. Eclipse steht unter einer Open-Source-Lizenz.
4. Eclipse wird über mehrere Standorte verteilt entwickelt.

Interessanterweise gibt es nur wenige Anteile im Eclipse-Entwicklungsprozess, die spezifisch für die Eclipse-Entwicklung sind. Die meisten Techniken des Eclipse-Entwicklungsprozesses lassen sich auch dann einsetzen, wenn eine klassische Unternehmenssoftware in einem Individualprojekt entwickelt wird.

Nach unserer Erfahrung bringt insbesondere die Konzentration auf Komponenten eine neue Qualität für große agile Projekte. Die Komponenten setzen der *gemeinsamen Verantwortlichkeit* vernünftige Grenzen und können verhindern, dass *einfaches Design* zu Strukturverlust im System führt.

Wann Eclipse-Entwicklungsprozess?

Der Eclipse-Entwicklungsprozess ist extrem auf die Entwicklung von Eclipse abgestellt. Der Eclipse-Entwicklungsprozess dürfte sich daher unverändert so gut wie nie einsetzen lassen. Allerdings enthält der Eclipse-Entwicklungsprozess interessante Aspekte (z. B. Fokus auf Komponenten), die sich in andere agile Prozesse integrieren lassen. Bei großen Projekten ist der Einsatz von Komponenten ratsam, um Verantwortlichkeiten zu organisieren.

3.4 Industrial XP (IXP)

Industrial XP (IXP) ist aus XP entstanden und reflektiert die Erfahrungen mit XP in industriellen Kontexten.

Wie XP definiert IXP Grundwerte und baut eine Reihe von Techniken darauf auf. Die IXP-Werte sind:

Grundwerte

- Kommunikation (engl. *Communication*)
  - Persönliche Kommunikation ist schnell, flexibel und aufwandsarm.
- Vergnügen (engl. *Enjoyment*)
  - Alle Projektbeteiligten haben Spaß bei der Arbeit und bringen sich voll ein.
- Lernen (engl. *Learning*)
  - Softwareentwicklung ist ein Lernprozess. Alle Beteiligten lernen ständig etwas über die Anforderungen, die anderen Projektbeteiligten, die verwendeten Technologien und sich selbst.
- Einfachheit (engl. *Simplicity*)
  - Einfache Lösungen sind schneller zu erstellen als komplizierte, leichter zu verstehen und einfacher wieder zu ändern.
- Qualität (engl. *Quality*)
  - Entwickler identifizieren sich mit dem entwickelten System, wenn sie Qualitätsarbeit abliefern. Gleichzeitig senkt qualitativ gute Arbeit die Entwicklungskosten und führt so zu produktiverem Arbeiten.

Die IXP-Techniken lassen sich in vier Bereiche gliedern: *Management*, *Organisation*, *Entwicklung* und *Retrospektive*.

Managementtechniken

Die Managementtechniken aus IXP sind:

- Bereitschaftsbeurteilung (engl. *Readiness Assessment*)
  - Mit der Bereitschaftsbeurteilung wird bewertet, ob ein gegebener Kontext für ein agiles Projekt bereit ist. Nicht alle Kunden und nicht alle Entwickler sind bereit für agile Softwareentwicklung. Eine bestimmte Grundeinstellung zur Softwareentwicklung muss genauso vorhanden sein wie die Bereitschaft, etwas Neues zu lernen.
- Kontinuierliches Risikomanagement (engl. *Continuous Risk Management*)
  - Risiken müssen kontinuierlich identifiziert, bewertet und behandelt werden.

- Projektskizze (engl. *Project Chartering*)
  - Die Projektskizze gibt Auskunft über das Projektziel, den Kundennutzen des Projektes, die Erfolgskriterien, die verfügbaren Ressourcen und die Projektbeteiligten. Die Projektskizze wird zu Projektbeginn erstellt und kann während des Projektverlaufes noch angepasst werden.
- Projektgemeinschaft (engl. *Project Community*)
  - Die Projektgemeinschaft besteht aus allen Personen, die das Projekt beeinflussen oder vom Projekt beeinflusst werden. Entwickler, Projektleiter, Anwender, Personalrat etc. gehören damit zur Projektgemeinschaft. Es muss klar sein, wer in welcher Rolle zur Projektgemeinschaft gehört, damit er angemessen eingebunden werden kann.
- Testgetriebenes Management (engl. *Test-Driven Management*)
  - Mit Managementtests wird ermittelt, ob Projektziele erreicht werden. Managementtests sollten *SMART* sein: spezifisch (engl. *Specific*), messbar (engl. *Measurable*), erreichbar (engl. *Achievable*), relevant (engl. *Relevant*) und zeitbasiert (engl. *Time-Based*).

Die IXP-Managementtechniken sind im Original-XP allenfalls implizit enthalten.

Organisationstechniken

Die Organisationstechniken aus IXP sind:

- Durchhaltbares Tempo (engl. *Sustainable Pace*)
  - Die Entwicklungsgeschwindigkeit sollte so bemessen sein, dass das Projektteam die Geschwindigkeit auf Dauer durchhalten kann.
- Planungsspiel (engl. *Planning Game*)
  - Beim Planungsspiel wird der Inhalt der nächsten Iteration oder des nächsten Releases geplant. Der Kunde definiert die Anforderungen, die Entwickler schätzen die Aufwände und der Kunde definiert die Priorität der Anforderungen.
- Geschichten erzählen (engl. *Storytelling*)
  - Der Kunde beschreibt seine Anforderungen informell auf Karteikarten und erklärt sie den Entwicklern.
- Geschichten testen (engl. *Storytesting*)
  - Für jede Anforderung werden zugehörige Akzeptanztests geschrieben.
- Häufige Releases (engl. *Frequent Releases*)
  - Neue Releases des Systems werden häufig erstellt. Der genaue Zeitraum zwischen zwei Releases wird in der Pro-

jektskizze definiert. Meist sind dies drei Monate. Wenn – aus welchen Gründen auch immer – so häufig keine Releases an den Kunden ausgeliefert werden können, wird nur ein Teil der Releases veröffentlicht.

- Kleine Teams (engl. *Small Teams*)
  - In großen Teams bricht die Kommunikation zwischen den Beteiligten leicht zusammen. Daher sollen große Projekte durch mehrere kleine Teams erledigt werden.
- Zusammen sitzen (engl. *Sitting Together*)
  - Das gesamte Team sitzt in einem Raum, um möglichst kurze Kommunikationswege zu haben.
- Kontinuierliches Lernen (engl. *Continuous Learning*)
  - Auch während des Projektes bilden sich die Projektbeteiligten ständig weiter. Letztlich ist die Kenntnis der technischen Möglichkeiten die Voraussetzung dafür zu wissen, wie einfach Lösungen aussehen können.
- Iterative Benutzbarkeit (engl. *Iterative Usability*)
  - Die Benutzbarkeit das Systems wird kontinuierlich überprüft und verbessert. Die wesentlichen Mittel dazu sind Anwenderreviews und der Einsatz von Usability-Experten.

Die IXP-Organisationstechniken sind im Wesentlichen mit den Techniken aus dem Original-XP identisch. Lediglich die iterative Benutzbarkeitsanalyse fehlt in dieser expliziten Form im Original-XP.

Entwicklungstechniken

Die Entwicklungstechniken aus IXP sind:

- Evolutionärer Entwurf (engl. *Evolutionary Design*)
  - Es wird immer nur so viel entworfen, wie gerade notwendig ist. Der Entwurf der Software wird ständig verbessert und an die aktuellen Anforderungen angepasst.
- Refactoring (engl. *Refactoring*)
  - Ungünstige Systemstrukturen werden sofort durch Refactoring verbessert. Refactoring ist die Voraussetzung, um evolutionären Entwurf realisieren zu können.
- Testgetriebene Stories (engl. *Story Test-Driven Development*)
  - Die Akzeptanztests für Anforderungen existieren, bevor mit der Realisierung der Anforderung begonnen wird. Die Anforderung ist erledigt, wenn der Test erfolgreich ist. Akzeptanztests sollten automatisiert sein.
- Fachlich getriebener Entwurf (engl. *Domain Driven Design*)
  - Der Entwurf der Software soll von den fachlichen Konzepten getrieben werden, nicht von Technologien. Nur so kann

erreicht werden, dass Kunde, Anwender und Entwickler dieselbe Sprache sprechen.

- Kontinuierliche Integration (engl. *Continuous Integration*)
  - Alle Entwickler integrieren ihre Änderungen mehrfach am Tag in den gemeinsamen Codebestand.
- Arbeiten in Paaren (engl. *Pairing*)
  - Es sollte immer zu zweit an Entwürfen, Programmcode, Tests oder Dokumenten gearbeitet werden, um die Qualität zu erhöhen und zu verhindern, dass man sich »verrennt«.
- Gemeinsame Verantwortlichkeit (engl. *Collective Ownership*)
  - Alle Projektmitglieder sind gleichermaßen für das Projekt verantwortlich. Jeder darf im Projekt jederzeit alles ändern. Es gibt keinen Besitzer bestimmter Klassen.
- Programmierstandard (engl. *Coding Standard*)
  - Die Entwickler einigen sich auf Programmierstandards und halten sich daran.

Die IXP-Entwicklungstechniken stimmen im Wesentlichen mit den Techniken aus dem Original-XP überein. Lediglich der fachlich getriebene Entwurf wird im Original-XP gar nicht genannt.

Retrospektive

Der Bereich der Retrospektive enthält nur die gleichnamige Technik:

- Retrospektive (engl. *Retrospectives*)
  - Das Projektteam blickt in regelmäßigen Abständen (z. B. jeweils am Releaseende) in gemeinsamen Workshops auf seine Arbeit zurück, um daraus für die Zukunft zu lernen.

Retrospektiven sind im Original-XP nicht genannt. Wie in Kapitel 2 beschrieben, werden sie aber faktisch von den meisten XP-Projekten eingesetzt.

3.4.1 Bewertung

Industrial XP bringt gegenüber XP keine revolutionären Neuerungen. Einige Techniken sind etwas anders benannt (z. B. *evolutionäres Design*). Neu und bemerkenswert sind die Techniken *Bereitschaftsbeurteilung*, *testgetriebenes Management*, *Projektskizze*, *iterative Benutzbarkeit*, *fachlich getriebener Entwurf* und *Retrospektive*. Nach unserer Erfahrung profitieren die meisten agilen Projekte von diesen Techniken. Der fachliche Entwurf z. B. lenkt das einfache Design in sinnvolle Bahnen. Projekte, die Schwierigkeiten mit der XP-Metapher haben, können das durch einen guten fachlichen Entwurf kompensieren. Die iterative Benutzbarkeit behandelt einen Aspekt der Softwareentwicklung, der insbesondere bei Produktentwicklung wichtig ist. Die anderen neuen IXP-Techniken fokussieren auf das Management der Softwareentwicklung. Hier ist das Original-XP nur rudimentär definiert.

In vielen XP-Projekten haben sich durch die kontinuierliche Anpassung des XP-Prozesses an die spezifischen Projekteigenschaften viele der IXP-Techniken unabhängig von IXP herausgebildet. So haben viele XP-Teams die zusätzlichen IXP-Techniken bereits eingesetzt, bevor IXP beschrieben wurde.

3.5 XP (zweite Auflage von Beck)

Ende 2004 hat Kent Beck die zweite Auflage des XP-Manifests »eXtreme Programming explained« veröffentlicht (siehe [Beck 04]), die komplett neu geschrieben ist. Während die XP-Werte nur ergänzt wurden (um den Wert »Respekt«), sind bei den Prinzipien und Techniken zumindest bzgl. der Begrifflichkeit deutliche Änderungen zu verzeichnen. Für die Änderungen gibt es vier Ursachen:

1. *Präzisierungen*: So ist nicht mehr von kurzen Releasezyklen die Rede, sondern die Zeiträume für Zyklen werden genau definiert (Wochenzyklus und Quartalszyklus).
2. *Vereinfachungen*: Die XP-Technik der Metapher haben nur wenige verstanden, geschweige denn angewendet. Daher findet sich die Metapher nicht mehr als eigenständige Technik wieder.
3. *Erfahrungen mit XP aus den letzten Jahren*: So ist beispielsweise deutlich geworden, dass XP keinen expliziten Freiraum für Weiterbildung und Reflexion lässt. Es haben sich dazu einige XP-Erweiterungen herausgebildet (z. B. Gold-Cards, Retrospektiven), die sich jetzt in der neuen XP-Technik »Freiraum« wiederfinden.
4. *Neue Herausforderungen*: Auch für die Teams, die XP bereits erfolgreich und komplett einsetzen, hat sich Kent Beck einige neue Herausforderungen ausgedacht (z. B. »Tägliche Ausbreitung«). Es dürfte zurzeit kaum ein Team geben, das XP wie in der zweiten Auflage beschrieben komplett einsetzt.

Dieses Kapitel stellt die zweite Auflage des XP-Manifests im Überblick dar und erläutert die Änderungen gegenüber der ersten Auflage. Es setzt ein grundlegendes Verständnis von XP voraus.

Wer XP bereits kennt, muss nicht komplett umlernen, um die XP-Neuerungen anwenden zu können. Die grundsätzlichen Ideen sind gleich geblieben. Sie kommen teilweise nur in anderen Verpackungen daher. In diesem Sinne sind auch die in Kapitel 2 beschriebenen Erfahrungen mit XP auf die zweite Auflage übertragbar und stellen damit eine wichtige Grundlage für den erfolgreichen Einsatz der neuen XP-Techniken dar.

3.5.1 Werte (engl. Values)

Die vier »alten« Werte Kommunikation, Feedback, Einfachheit und Mut aus XP wurden ergänzt um den Wert »Respekt«. Damit definiert XP jetzt fünf Werte:

- *Kommunikation* (engl. *Communication*)
- *Feedback* (engl. *Feedback*)
- *Einfachheit* (engl. *Simplicity*)
- *Mut* (engl. *Courage*)
- *Respekt* (engl. *Respect*)

Der Wert »Respekt« macht den menschenzentrierten Ansatz von XP explizit. Jeder Projektbeteiligte respektiert die anderen Projektbeteiligten. Keiner ist als Mensch mehr oder weniger wert als andere.

Außerdem verweist Kent Beck explizit darauf, dass die fünf Werte um projektspezifische Werte ergänzt werden können.

3.5.2 Prinzipien (engl. Principles)

Die Prinzipien sind fast vollständig neu formuliert worden. Die XP-Prinzipien sind jetzt:

- *Menschlichkeit* (engl. *Humanity*)
  Softwareentwicklung ist eine menschliche Aktivität, bei der die sozialen Beziehungen der Projektbeteiligten eine entscheidende Rolle spielen. Die Projektorganisation darf nicht nur an geschäftlichen Interessen ausgerichtet sein. Die geschäftlichen Interessen müssen ausbalanciert werden mit den Bedürfnissen der Projektmitglieder.
- *Wirtschaftlichkeit* (engl. *Economics*)
  Softwareprojekte müssen wirtschaftlich sein, indem sie mehr Geld einbringen, als sie kosten, die Kundenbindung erhöhen, neue Marktsegmente erschließen etc. Softwareprojekte, die sich nicht rechnen, sind niemals ein Erfolg.
- *Gegenseitiger Vorteil* (engl. *Mutual Benefit*)
  Kent Beck nennt den gegenseitigen Vorteil das wichtigste Prinzip in XP. Jede Aktion soll jedem Betroffenen einen Vorteil verschaffen (Win-win-Situation). Es ist leicht, Probleme zu lösen, wenn Nach-

teile für die Betroffenen akzeptiert werden. Allerdings beeinträchtigen solche Lösungen die Arbeitsleistung der Betroffenen.

- *Selbstähnlichkeit* (engl. *Self-Similarity*)
  Lösungen, die an einer Stelle funktionieren, lassen sich häufig auf andere Kontexte übertragen, auch auf ganz andere Größenordnungen. So findet sich in XP beispielsweise das Prinzip der priorisierten Arbeitsliste auf Ebene der Release- wie auch der Iterationsplanung.
- *Verbesserung* (engl. *Improvement*)
  Nichts ist perfekt. Alles kann und muss ständig verbessert werden. Insbesondere soll man sich nicht dadurch von der Arbeit abhalten lassen, dass man nicht weiß, wie die Lösung aussieht. Durch das Umsetzen von nicht perfekten Lösungen lernt man viel, und dadurch kommt ein kontinuierlicher Verbesserungsprozess in Gang.
- *Mannigfaltigkeit* (engl. *Diversity*)
  Menschen sind sehr verschieden. Diese Mannigfaltigkeit ist manchmal unangenehm, aber sie birgt auch große Potenziale. XP erkennt die Mannigfaltigkeit der Projektmitglieder an und versucht, daraus bessere Lösungen zu generieren. Wenn es zwei unterschiedliche Entwurfsmöglichkeiten gibt, ist das kein Problem, sondern eine Chance.
- *Reflexion* (engl. *Reflection*)
  Gute Teams machen nicht nur gute Arbeit, sie reflektieren auch über ihre Arbeit. Sie denken darüber nach, wie und warum sie ihre Arbeit machen, und kommen so häufig zu besseren Lösungen.
- *Fluss* (engl. *Flow*)
  Die Aktivitäten in einem XP-Projekt liefern einen ständigen Fluss an wertvoller Software, die immer ein kleines Stückchen besser wird. Dieser Fluss steht im Gegensatz zu Phasenmodellen, in denen große Ergebnisbrocken in langen Zeitabständen geliefert werden.
- *Gelegenheit* (engl. *Opportunity*)
  Klassisch werden Probleme gelöst, um zu »überleben«. In XP werden Probleme als Chancen für Veränderungen aufgefasst. So wird die Möglichkeit eröffnet, aus Problemen etwas Positives zu machen.
- *Redundanz* (engl. *Redundancy*)
  Es soll keine Redundanzen im Quellcode geben, aber im Entwicklungsprozess. Relevante Probleme sollen nicht nur durch einen Mechanismus adressiert werden, sondern durch mehrere. So ist sichergestellt, dass das Problem auch dann gelöst wird, wenn einzelne Mechanismen ausfallen. In XP wird beispielsweise das Pro-

blem von Programmfehlern durch Komponententests, Akzeptanztests, Programmieren in Paaren adressiert.

- *Fehlschlag* (engl. *Failure*)
  Fehlschläge lassen sich nicht vermeiden und sind sogar hilfreich, wenn man etwas aus ihnen lernt. Insbesondere ist es besser, etwas auszuprobieren, als lange ergebnislose Diskussionen zu führen. Etwas lapidar könnte man sagen: »Versuch macht kluch.«
- *Qualität* (engl. *Quality*)
  Man kann die Qualität nicht senken, um Kosten zu sparen oder einen frühen Termin zu halten. Ganz im Gegenteil führen Investitionen in Qualität häufig zu schnellerer Entwicklung, während Abstriche bei der Qualität i.d.R. die Entwicklung verlangsamen. Außerdem ist Qualitätsarbeit die Voraussetzung dafür, stolz auf seine Arbeit zu sein. Und nur Entwickler, die stolz auf ihre Arbeit sind, sind voller Engagement dabei.
- *Babyschritte* (engl. *Baby Steps*)
  Jede Veränderung wird in kleinen Schritten vorgenommen, um Risiken zu reduzieren. Beispiele sind die testgetriebene Entwicklung sowie das Zerlegen von Refactorings in kleine Schritte. Die Babyschritte erfolgen in schneller Folge, so dass trotzdem eine hohe Entwicklungsgeschwindigkeit daraus resultiert.
- *Akzeptierte Verantwortung* (engl. *Accepted Responsibility*)
  Verantwortung kann nicht zugewiesen werden; sie muss akzeptiert werden. Zusammen mit der Verantwortung kommt die Autorität. Eine Abweichung führt zu Kommunikationsproblemen. Ein Entwickler, der sich eine Story nimmt, akzeptiert die Verantwortung für das Design, die Programmierung und das Testen dieser Story. Gleichzeitig hat er die Autorität, über das Design für diese Story zu entscheiden.

3.5.3 Techniken

In der zweiten Auflage des XP-Buches unterscheidet Kent Beck zwischen *Primärtechniken* (engl. *Primary Practices*) und *Folgetechniken* (engl. *Corollary Practices*). Die Folgetechniken setzen die Primärtechniken voraus. Der Einsatz der Folgetechniken, ohne dass die Primärtechniken funktionieren, kann sogar gefährlich sein.

Die Primärtechniken sind:

- *Beieinander sitzen* (engl. *Sit Together*)
- *Komplettes Team* (engl. *Whole Team*)
- *Informative Arbeitsumgebung* (engl. *Informative Workspace*)

- *Energiegeladene Arbeit* (engl. *Energized Work*)
- *Programmieren in Paaren* (engl. *Pair Programming*)
- *Geschichten* (engl. *Stories*)
- *Wochenzyklus* (engl. *Weekly Cycle*)
- *Quartalszyklus* (engl. *Quarterly Cycle*)
- *Freiraum* (engl. *Slack*)
- *Zehn-Minuten-Build* (engl. *Ten-Minute Build*)
- *Kontinuierliche Integration* (engl. *Continuous Integration*)
- *Testgetriebene Entwicklung* (engl. *Test-First Programming*)
- *Inkrementeller Entwurf* (engl. *Incremental Design*)

Die Folgetechniken sind:

- *Echte Kundenbeteiligung* (engl. *Real Customer Involvement*)
- *Inkrementelle Ausbreitung* (engl. *Incremental Deployment*)
- *Team-Kontinuität* (engl. *Team Continuity*)
- *Schrumpfende Teams* (engl. *Shrinking Teams*)
- *Ursprungsursachen-Analyse* (engl. *Root-Cause Analysis*)
- *Gemeinsamer Code* (engl. *Shared Code*)
- *Code und Tests* (engl. *Code and Tests*)
- *Eine Codebasis* (engl. *Single Code Base*)
- *Tägliche Ausbreitung* (engl. *Daily Deployment*)
- *Vertrag mit verhandelbarem Umfang* (engl. *Negotiated Scope Contract*)
- *Bezahlung pro Benutzung* (engl. *Pay Per Use*)

Einige der in der zweiten Auflage beschriebenen XP-Prinzipien sind komplett neu, andere wurden nur umbenannt oder inhaltlich verschoben. Abbildung 3–3 zeigt das Verhältnis der XP-Techniken aus der ersten und zweiten Auflage des XP-Manifests zueinander. Auf dem inneren Kreis sind die XP-Primärtechniken (zweite Auflage) angeordnet, auf dem mittleren Kreis die XP-Techniken (erste Auflage) und auf dem äußeren Kreis die XP-Folgetechniken (zweite Auflage). Linien zwischen innerem und äußerem Kreis geben Beziehungen zwischen alten und neuen Techniken an. Durchgezogene Linien zeigen starke, gestrichelte Linien schwache Beziehungen.

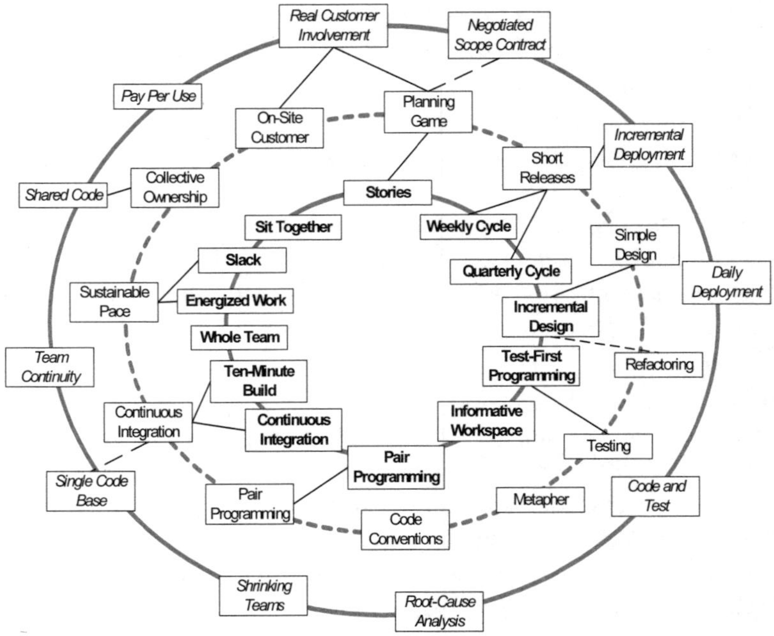

Abb. 3–3: *Entwicklung der XP-Techniken*

Primärtechnik: Beieinander sitzen (engl. Sit Together)

Alle Projektbeteiligten sollen möglichst nah beieinander sitzen, idealerweise in einem Raum. Das erleichtert die direkte Kommunikation und reduziert damit Reibungsverluste.

Diese Technik hat Kent Beck neu formuliert. Die Forderung dahinter war in der ersten Auflage des XP-Buches aber bereits implizit vorhanden.

Primärtechnik: Komplettes Team (engl. Whole Team)

Das XP-Team soll alle Qualifikationen enthalten, die für das Projekt erforderlich sind. Damit sind sowohl technische wie auch fachliche Qualifikationen gemeint. So kann das Team schnell voranschreiten, ohne auf die Verfügbarkeit externer Ressourcen warten zu müssen.

Diese Technik war in der ursprünglichen XP-Beschreibung implizit in »Gemeinsame Verantwortung« enthalten, wurde dort aber meist nur auf die technischen Qualifikationen bezogen.

Primärtechnik: Informative Arbeitsumgebung (engl. Informative Workspace)

Die Arbeitsumgebung des Teams soll über den aktuellen Projektzustand informieren. Das betrifft die noch offenen Aufgaben, den Zustand des Systems bzgl. Tests, den Kernentwurf des Systems etc.

Den größten Teil dieser Technik kann man realisieren, indem man Flipchart-Zettel und Ausdrucke an den Wänden des Teamraumes aufhängt.

Die Technik war immer schon in XP implizit zumindest für das Tracking enthalten.

Primärtechnik: Energiegeladene Arbeit (engl. Energized Work)

Die Arbeit in einem XP-Projekt ist energiegeladen. Alle Teammitglieder sind engagiert bei der Sache und bringen vollen Einsatz.

Die Technik enthält auch Aspekte der »alten« XP-Technik »40-Stunden-Woche« (die dann in »Nachhaltiges Tempo« umbenannt wurde).

Primärtechnik: Programmieren in Paaren (engl. Pair Programming)

Das Programmieren in Paaren ist immer schon eine der auffälligsten XP-Techniken gewesen. Sie bleibt unverändert bestehen.

Primärtechnik: Geschichten (engl. Stories)

Die Anforderungen werden in einem XP-Projekt als informelle Geschichten (engl. *Stories*) aufgeschrieben. Während XP in der ersten Auflage forderte, dass die Anforderungen immer vom Kunden zu schreiben seien, lässt XP jetzt mehr Flexibilität zu. Zunächst ist nur wichtig, dass Anforderungsgeschichten existieren. Dass diese von einem echten Kunden stammen sollten, wird erst mit der Folgetechnik »Echte Kundenbeteiligung« gefordert.

Die Technik »Geschichten« war in der ersten Auflage des XP-Manifests in »Kunde vor Ort« und »Planungsspiel« enthalten.

Primärtechnik: Wochenzyklus (engl. Weekly Cycle)

Eine Iteration dauert eine Woche.

Diese Technik war in der ursprünglichen XP-Technik »Kurze Releasezyklen« enthalten, präzisiert nun aber den Zeitrahmen für Iterationen genauer.

Primärtechnik: Quartalszyklus (engl. Quarterly Cycle)

Ein Release dauert ein Quartal (drei Monate).

Diese Technik war in der ursprünglichen XP-Technik »Kurze Releasezyklen« enthalten, präzisiert nun aber den Zeitrahmen für Releases genauer.

Primärtechnik: Freiraum (engl. Slack)

Entwickler brauchen zwischendurch Freiraum, um sich mit den Neuerungen außerhalb des Projektes vertraut zu machen. Ansonsten werden sie schnell vom technologischen Geschehen abgehängt. Sie sind dann im nächsten Projekt weniger gut einsetzbar. Häufig stoßen die Entwickler während ihrer Freiraumphasen sogar auf Technologien oder Vorgehensweisen, von denen bereits ihr aktuelles Projekt profitieren kann.

Man kann die Forderung nach Freiräumen aus der »alten« XP-Technik des »Nachhaltigen Tempos« ableiten.

Primärtechnik: Zehn-Minuten-Build (engl. Ten-Minute Build)

Es darf maximal zehn Minuten dauern, das Projekt zu übersetzen und die Tests auszuführen. Diese Forderung mag in großen Projekten unerfüllbar scheinen. Mit einer geschickten Aufteilung in Komponenten kann man der Forderung aber auch in großen Projekten sehr nahe kommen. Dann wendet man die Forderung auf jede Komponente einzeln an: Jede Komponente muss in maximal zehn Minuten übersetzt und getestet werden können. Das Zusammenbauen der Gesamtanwendung kann dann wieder länger dauern.

Damit sich diese Technik sinnvoll auf Komponenten einschränken lässt, müssen die Komponenten abgeschlossene Einheiten bilden. Ein erfolgreicher Komponenten-Build muss bedeuten, dass die Komponente keine Fehler enthält. Treten viele Fehler erst im Zusammenspiel der Komponenten auf, sind die Komponenten nicht ausreichend gegeneinander abgeschottet.

Diese Technik war immer schon implizit in XP enthalten in »Kontinuierliche Integration«.

Primärtechnik: Kontinuierliche Integration (engl. Continuous Integration)

Die kontinuierliche Integration ist unverändert Bestandteil von XP.

Primärtechnik: Testgetriebene Entwicklung (engl. Test-First Programming)

Das Testen lag immer schon im Zentrum von XP. Ursprünglich hat Kent Beck allerdings nur gefordert, dass getestet wird, aber er hat nicht definiert, wie dabei vorzugehen ist. In der zweiten Auflage seines XP-Buches räumt Kent Beck hier jeden Zweifel aus: Tests werden *vor* dem zu testenden Code geschrieben, und die Tests müssen automatisiert ausführbar sein.

Primärtechnik: Inkrementeller Entwurf (engl. Incremental Design)

Der Softwareentwurf soll inkrementell erfolgen, also schrittweise entlang der Anforderungen. Der Entwurf soll immer nur die nächsten, konkret bekannten Anforderungen berücksichtigen.

Diese Technik hieß früher »Einfaches Design« und war gekoppelt mit der Leitlinie, das Einfachste zu konstruieren, das gerade noch funktionieren kann. Diese Aussage war sehr kontrovers und wurde teilweise auch überzogen umgesetzt, indem die Entwickler sich dumm gestellt haben.

Mit der Umbenennung wird klar gemacht, dass der Entwurf durchaus raffiniert sein darf. Der große Gesamtentwurf bei Projektstart (»Big Design Upfront«) bleibt aber verboten.

Das Refactoring ist in der neuen Beschreibung keine eigene Technik mehr. Es gehört zum inkrementellen Entwurf dazu.

Folgetechnik: Echte Kundenbeteiligung (engl. Real Customer Involvement)

Wenn das Team die Arbeit mit Stories und inkrementellen Entwurf beherrscht, sollte ein echter Kunde integriert werden.

Diese Technik war ursprünglich in »Kunde vor Ort« enthalten.

Folgetechnik: Inkrementelle Ausbreitung (engl. Incremental Deployment)

Erstellte Releases sollen auch eingesetzt werden. Insbesondere wenn es um die Ablösung existierender Systeme geht, scheint das häufig unmöglich. Um das Altsystem abzulösen, muss das neue System natürlich alle Funktionen des Altsystems beherrschen.

Das ist ein Trugschluss. Durch pfiffige Planung der Releases können Altsystem und die bereits implementierten Funktionen des neuen Systems sinnvoll parallel eingesetzt werden. Das ist mit mehr oder weniger Integrationsaufwand verbunden, bringt aber auch deutliche Vorteile mit sich: Das Risiko von Fehlentwicklungen wird reduziert, und der Geschäftswert der neuen Anwendung kann früh genutzt werden.

Die inkrementelle Ausbreitung war immer schon in XP implizit enthalten in »Kurze Releasezyklen«.

Folgetechnik: Team-Kontinuität (engl. Team Continuity)

Es ist leider in vielen Organisationen gängige Praxis, dass Entwickler parallel in mehreren Projekten arbeiten. Das erhöht Kommunikationsaufwände, und die Entwickler müssen häufig einen Kontextwechsel vollziehen. Beides reduziert ihre Produktivität deutlich. Daher sollen alle Projektmitglieder 100 % ihrer Arbeitszeit im Projekt verbringen.

Außerdem soll die personelle Fluktuation im Projekt minimiert werden. Schließlich findet der Großteil eines XP-Projektes in den Köpfen der Entwickler statt. Ständiger Personalwechsel führt zu hohen Kommunikations- und Einarbeitsaufwänden.

Folgetechnik: Schrumpfende Teams (engl. Shrinking Teams)

Bei den schrumpfenden Teams geht es darum, die Produktivität von XP-Projekten zu erhöhen mit dem Ziel, einen Entwickler freizusetzen. Dieser Entwickler kann dann in einem anderen Team mitarbeiten und seine Erfahrungen aus dem XP-Projekt in das andere Projekt transferieren.

Dabei wird der Entwickler aber erst dann in einem anderen Projekt eingesetzt, wenn er aus seinem aktuellen Projekt *vollständig* freigesetzt wurde. Ansonsten würde er ständig zwischen zwei Projekten wechseln und die Technik *Team-Kontinuität* würde verletzt. Solange der Entwickler nicht 100 %ig freigesetzt ist, arbeitet er in seiner »freien« Zeit an Projektverbesserungen, die ihn weiter von Projektaufgaben entlasten.

Die Technik stammt ursprünglich von Toyota. Kent Beck gesteht in seinem Buch ein, dass er die Technik selbst noch nicht angewendet hat. Er hält sie aber für so bestechend, dass er sie in XP aufgenommen hat.

Folgetechnik: Ursprungsursachen-Analyse (engl. Root-Cause Analysis)

Bei der Ursprungsursachen-Analyse geht man einem Problem systematisch auf den Grund, um die Ursache des Problems zu identifizieren und schließlich zu beseitigen. Dazu stellt man fünf Mal die Warum-Frage. Beispiel (aus [Beck 04]):

1. Warum haben wir den Fehler übersehen?
   - Weil wir nicht wussten, dass der Kontostand über Nacht negativ werden kann.

2. Warum wussten wir das nicht?
   - Weil das nur Mrs. Crosby wusste und sie nicht Teil des Teams ist.
3. Warum gehört sie nicht zum Team?
   - Weil sie das Altsystem pflegt und das niemand sonst machen kann.
4. Warum kann das sonst niemand machen?
   - Weil das Management nicht in die Einarbeitung weiterer Mitarbeiter investieren will.
5. Warum will das Management das nicht?
   - Weil das Management nicht weiß, dass eine 20.000$-Investition 500.000$ sparen kann.

Die Ursprungsursachen-Analyse kann man nur durchführen, wenn man sehr wenige Probleme im Projekt hat oder nur ausgesuchte Probleme analysiert.

Folgetechnik: Gemeinsamer Code (engl. Shared Code)

Bei der Technik des gemeinsamen Codes darf jeder Entwickler den kompletten Quellcode verändern. Diese Technik ist eine Folgetechnik, weil sie durchaus Gefahren birgt. Wenn sich das Team nicht gemeinsam verantwortlich fühlt, führt gemeinsamer Code schnell zur Verwilderung der Systemstruktur.

Diese Technik hieß früher »Gemeinsame Verantwortlichkeit«.

Folgetechnik: Code und Tests (engl. Code and Tests)

Außer dem Quellcode und den Tests werden keine weiteren Artefakte erstellt und gepflegt. Der Code soll seinen Zweck kommunizieren. Was dann noch an Dokumentation fehlt, wird durch die Tests bereitgestellt.

Diese Technik war implizit bereits in der ursprünglichen XP-Beschreibung enthalten.

Folgetechnik: Eine Codebasis (engl. Single Code Base)

Es gibt nur eine einzige Codebasis. Branches sind nur kurzzeitig erlaubt. Auch diese Technik birgt Gefahren. Nur wenn die Fehlerzahl sehr gering ist, kann man auf Branches verzichten. Bei hoher Fehlerzahl auf Branches zu verzichten, führt zu instabilen Releases.

Diese Technik war implizit in der XP-Technik »Kontinuierliche Integration« enthalten.

Folgetechnik: Tägliche Ausbreitung (engl. Daily Deployment)

Der aktuelle Systemstand soll täglich an die Anwender verteilt werden. Diese Technik ist nur dann sinnvoll möglich, wenn die Anzahl der Fehler unter einem Dutzend/Jahr liegt. Außerdem muss diese Technik bei der Projektplanung berücksichtigt werden. Wenn die Anwender jeden Tag ein System vorfinden, das ganz anders zu benutzen ist als das vom Vortag, werden sie schnell auf die Barrikaden gehen. Neue Anforderungen müssen also so eingeplant werden, dass die Anwender nicht ständig bei ihrer Arbeit behindert werden. Das kann man z. B. dadurch erreichen, dass neue Funktionen in der Software für das Gros der Anwender zunächst unsichtbar bleiben und nur ausgewählten Pilotanwendern zur Verfügung stehen.

Diese Technik ist definitiv eine sehr hohe Herausforderung für Softwareprojekte. Auch wenn das Ziel zunächst unerreichbar scheinen mag, ist es doch lohnend.

Folgetechnik: Vertrag mit verhandelbarem Umfang (engl. Negotiated Scope Contract)

Es wird kein klassischer Festpreisvertrag vereinbart, sondern ein Vertrag mit festem Budget und verhandelbarem Funktionsumfang.

Diese Technik war früher bereits in der Technik »Planungsspiel« angedeutet.

Zur Vertragsgestaltung nehmen wir in Kapitel 6 explizit Stellung und beschreiben unsere Erfahrungen mit diesem überaus wichtigen Thema.

Folgetechnik: Bezahlung pro Benutzung (engl. Pay Per Use)

Der Kunde zahlt das System nicht pro Release, sondern zahlt Funktionen pro Benutzung. Dadurch ziehen Kunde und Softwareentwickler bei der Entwicklung an einem Strang. Der Kunde kann seinen Geschäftswert an Einzelfunktionen binden. Eine häufige Benutzung der Funktionen generiert für den Kunden hohen Geschäftswert. Gleichzeitig werden Umsätze für die Softwareentwickler generiert. Die Softwareentwickler versuchen also, das System so zu verbessern, dass die geschäftswertgenerierenden Funktionen häufiger verwendet werden.

Beispiel: Ein Handelssystem hat als zentrale Funktion das Erstellen von Rechnungen. Werden viele Rechnungen geschrieben, bedeutet das einen hohen Umsatz für das Unternehmen und auch für die Softwareentwickler. Die Softwareentwickler werden also versuchen, das System so weiterzuentwickeln, dass die Anwender einfacher und schneller Rechnungen schreiben können.

3.5.4 Bewertung

XP hat aus den letzten fünf Jahren gelernt. Die Techniken sind in der zweiten Auflage des XP-Manifests präziser beschrieben als in der ersten. Unklarheiten und Ungereimtheiten wurden ausgeräumt. Trotzdem finden auch erfahrene XP-Teams viele neue Anregungen und Herausforderungen in Becks zweiter Auflage. Damit stellt XP auch für sie immer noch die Möglichkeit dar, sich weiter zu verbessern.

Dennoch ist XP heute nicht völlig anders als vor 6 Jahren. Es ist immer noch dieselbe Methode, die sich einfach weiterentwickelt hat. Wirklich neu sind »nur« die Techniken *Bezahlung pro Benutzung*, *Ursprungsursachen-Analyse* und *Schrumpfende Teams*. Alle anderen Techniken waren mehr oder weniger explizit immer schon Bestandteil von XP. Ob und wie sich die neuen Techniken bewähren, kann man heute noch nicht sagen. Es fehlen schlicht noch die Erfahrungswerte. Interessant sind die neuen Techniken aber auf jeden Fall.

Wann die neuen XP-Techniken?

Die wenigsten Teams sind heute in der Lage, alle neuen XP-Techniken einzusetzen. Zumindest für alle Teams, die bereits XP praktizieren, stellen die neuen XP-Techniken aber eine attraktive Zielsetzung für die Weiterentwicklung dar.

Viele der neuen XP-Techniken lassen sich auch mit anderen agilen Methoden kombinieren. So lassen sich die neuen XP-Techniken eigentlich mit jedem anderen agilen Prozess kombinieren.

3.6 V-Modell XT *(Beitrag von Bernd Oestereich, OOSE GmbH)*

Seit Anfang 2004 gibt es die neue Version des *V-Modell XT*, also der De-facto-Vorgehensmodell-Standard für öffentliche Aufträge.

Neben ersten agilen Ansätzen ist das vielleicht aufregendste und auf lange Sicht bedeutendste Merkmal des neuen Standards, dass man sich vorgenommen hat, diesen auch periodisch zu pflegen.

Die Abkürzung »XT« steht für *Extreme Tailoring* – d. h., eine andere Besonderheit ist die explizit herausgestellte Anpassbarkeit an die individuelle Unternehmens- und Projektsituation.

Der wesentliche Nutzen des V-Modells entsteht dadurch, dass

- es die vertraglichen Beziehungen zwischen den Projektbeteiligten regelt und beispielsweise Verantwortlichkeiten und Kompetenzen zwischen Auftraggeber und -nehmer vorgibt;
- die Struktur von Projekten vereinheitlicht und vergleichbar macht, beispielsweise durch Regeln, wann welche Meilensteine anstehen;

- es das Vorhandensein, Ziel und Zweck grundsätzlicher Aktivitäten, Ergebnisse und Rollen beschreibt und somit beispielsweise auch Mindestanforderungen an Prozess, Organisation und Ergebnisse stellt.

Wer muss die Anforderungen wann in welcher Qualität erheben, beschreiben und verantworten? Wie sieht der grundsätzliche Lebenszyklus einer Anforderung aus und ihre Abhängigkeiten von und zu anderen Projektartefakten? Das sind Fragen, auf die das V-Modell Antworten gibt und damit auch Vorgaben macht.

Agile Methoden gehören jetzt zum Establishment!

Die Vorgängerversionen des V-Modell XT galten in der Branche als dokumentengesteuert, träge und behäbig – ein wenig färbte hier wohl zu Unrecht das Image der öffentlichen Behörden auf das Modell ab. Sicherlich ist das nicht berechtigt – es kommt ja auch immer darauf an, wie man mit einem Vorgehensmodell konkret umgeht.

Im neuen Standard, der vom Gedanken getragen wurde, neue Entwicklungen seit Verabschiedung der Vorgängerversion 1997 zu berücksichtigen, gab man sich dennoch viel beweglicher.

Auch wenn die Geschichte gezeigt hat, dass wir damit wenig Erfolg hatten, wird als Grund für die Notwendigkeit eines Vorgehensmodells immer wieder der Standish Report angeführt. In seiner alten Version aus dem Jahre 1999 zeichnete er bereits ein besonders düsteres Bild der Branche. In der neuen Ende 2004 veröffentlichten Version wird uns nun auch die letzte Hoffnung genommen – alle Wahrscheinlichkeiten, dass ein Projekt erfolgreich abgeschlossen wird, sind weiter gesunken. Aber: Die Haupteinflussfaktoren für erfolgreiche Projekte sind jüngeren Studien der Standish-Group zufolge vor allem agil-iterative Vorgehensweisen.

Diese Methodik findet sich im V-Modell XT auch innerhalb der Projektdurchführungsstrategie »Agile Systementwicklung (AN)« im V-Modell XT wieder, die allerdings zum Redaktionsschluss dieses Buches noch nicht sehr überzeugend war. An dieser Stelle muss man wohlwollend berücksichtigen, dass es die erste Version des V-Modell XT ist, das sich in den nächsten Monaten mit Sicherheit noch erheblich verbessern wird. Beim Thema agile Methoden ist dort noch einiges zu tun. Wichtig ist aber die Signalwirkung, die der jetzige Stand hat: Agile Vorgehensweisen sind selbstverständlicher Bestandteil des V-Modells und damit offizieller Standard in Deutschland!

Im Kern beruht der agile Ansatz auf der Annahme und Erkenntnis, dass es nicht den einen Prozess gibt, der für alle Projekte gleichermaßen gut ist. Agilität ist vielmehr der Ansatz, die Unterschiedlichkeit der Projektsituationen ganz systematisch zu berücksichtigen. Und genau diese Möglichkeit bietet jetzt auch das V-Modell XT. Die Stichwörter »test driven development« und »test first, code later« sind hier keine Buzzwörter mehr, sondern elementare Vorgänge, die den Erfolg des Projektes maßgeblich mitbestimmen.

Das V-Modell XT ist in der jetzigen Version mit verschiedenen Projektdurchführungsstrategien (PDS) ausgestattet, darunter auch

- eine inkrementelle (vollständige anfängliche Anforderungserhebung, schrittweise Entwicklung und Auslieferung) und
- eine agile (Anforderungen, Entwicklung, Abnahmen und Auslieferungen schrittweise wachsend).

3.7 Fazit

Bei genauerer Betrachtung der vorgestellten agilen Methoden finden sich viele Gemeinsamkeiten, aber auch einige Unterschiede. Die agilen Methoden sind sich einig,

- dass man auf veränderte Anforderungen reagieren muss,
- dass man das Projekt entlang von priorisierten Anforderungen plant,
- dass Projektfortschritt über die Menge der realisierten Anforderungen gemessen wird,
- dass man über die entwickelte Software früh Feedback vom Kunden bzw. den Anwendern bekommen muss,
- dass man dazu die entwickelte Software möglichst schnell in den produktiven Einsatz bringen soll,
- dass Komponententests ein absolutes Muss sind.

Viele Unterschiede zwischen den Methoden sind nur begrifflicher Natur oder eher marginal. Relevante Unterschiede sind:

- XP und in noch stärkerem Maße Scrum setzen auf die Selbstorganisation der Entwickler. FDD gibt durch die explizite Aufgaben- und Rollenzuweisung eine striktere Struktur vor.
- FDD legt ein Schema für die Organisation von Anforderungen fest, das auch bei größeren Systemen noch funktioniert. XP und Scrum sehen die Organisation dieser Anforderungen auf Seiten des Kunden bzw. Produktmanagers und machen keine Aussage darüber, wie dieser seine Arbeit organisieren soll.

- Der Eclipse-Entwicklungsprozess gibt mit der Komponenten-Fokussierung einen Architekturansatz vor, während die anderen agilen Methoden dazu keine Aussage machen.
- XP fordert das Programmieren in Paaren und seit der zweiten Auflage des XP-Manifests auch testgetriebene Entwicklung. Die anderen Methoden machen dazu keine definitive Aussage.
- Retrospektiven sind nur bei IXP integraler Bestandteil des Prozesses, bei Scrum werden sie nur angedeutet. Die anderen Prozesse machen dazu keine Aussage, auch wenn Retrospektiven in vielen agilen Projekten einfach zum Stand der Technik gehören.

Dieses Kapitel hat gezeigt, dass es neben XP noch eine ganze Reihe weiterer agiler Methoden gibt. Aus Platzgründen konnten nicht alle verbreiteten Methoden beschrieben werden. Projektteams sollten sich von der Vielfalt nicht erschlagen lassen. Es geht schließlich nicht darum, eine bestimmte agile Methode auszuwählen und einzusetzen. Vielmehr entscheiden sich Teams zunächst einmal generell dafür, agil vorzugehen. Dann kann XP oder Scrum ein guter Startpunkt sein, von dem ausgehend bei Bedarf Techniken anderer Methoden integriert werden. So entsteht inkrementell die agile Methode, die für das Projekt am besten geeignet ist. Und diese projektspezifische Methode wird in den seltensten Fällen genau einer der beschriebenen Methoden entsprechen.

3.8 Literatur

[AgileAlliance] The Agile Alliance: Agile Manifesto http://www.agilealliance.org

eXtreme Programming gehört mittlerweile zur Gruppe der agilen Prozesse. Neben den Vätern von XP haben sich eine Reihe anderer Interessierter zur Agile Alliance zusammengetan, um die Grundfesten agiler, leichtgewichtiger Softwareentwicklung festzuhalten.

[Beck 00] Kent Beck: eXtreme Programming explained: Embrace Change. Reading, Massachusetts, Addison-Wesley, 2000.

Originalbeschreibung des eXtreme Programming.

[Beck 04] Kent Beck: eXtreme Programming explained: Embrace Change. 2. Auflage, Reading, Massachusetts, Addison-Wesley, 2004.

Zweite Auflage des Manifests zu eXtreme Programming. Kent Beck hat die zweite Auflage komplett neu geschrieben. Die meis-

ten Begriffe für die XP-Techniken haben sich geändert. Außerdem gibt es Verschiebungen bzgl. der Bedeutung der XP-Techniken, die die Erfahrungen mit XP in den letzten Jahren reflektieren.

[Beedle & Schwaber 01] Mike Beedle, Ken Schwaber: Agile Software Development with Scrum. Prentice Hall, 2001.

Originalbeschreibung der agilen Methode Scrum. Vor allem die erste Hälfte des Buches ist lohnenswert, auch wenn man Scrum nicht einsetzen will.

[Feature Driven Development] http://www.featuredrivendevelopment.com

Website rund um Feature Driven Development (FDD).

[IndustrialXP] http://www.industrialxp.org

Einführung in Industrial XP (IXP).

[Palmer & Felsing 02] Stephen R. Palmer, John M. Felsing: A Practical Guide to the Feature-Driven Development. Prentice Hall, 2002.

Einführung in Feature Driven Development (FDD).

[Schwaber 04] Ken Schwaber: Agile Project Management with Scrum. Microsoft Press, 2004.

Neuere Beschreibung von Scrum mit Schwerpunkt auf Projektmanagement.

[Scrum] http://www.controlchaos.com

Zentrale Website rund um Scrum.

[V-Modell XT] http://www.v-modell-xt.de

Beschreibung des V-Modell XT.

4 Rollen

In diesem Kapitel beschreiben wir die typischen Rollen, die in einem XP-Projekt zu besetzen sind. Es ist wichtig, dass eine Person mehrere Rollen erfüllen kann. Genauso kann eine Rolle prinzipiell von mehreren Personen ausgefüllt werden – insbesondere bei der Kunden- und der Projektleiterrolle ist aber Vorsicht geboten. Durch eine Mehrfachbesetzung dürfen keine Unklarheiten über die Verantwortlichkeiten entstehen.

4.1 Kunde (engl. Customer)

Der Kunde bestimmt, wo es lang geht

Der Kunde bestimmt, was programmiert werden soll. Oft ist bei Projektstart nicht vollkommen klar, was im Detail zu entwickeln ist. In diesem Sinne ist Softwareentwicklung nicht nur für den Entwickler, sondern auch für den Kunden ein Lernprozess. Zunächst müssen Kunde und Entwickler gemeinsam lernen, welche Systemunterstützung überhaupt möglich und sinnvoll ist.

Nachdem sich der Nebel gelichtet hat, kann der Kunde definieren, was in welcher Reihenfolge entwickelt werden soll. Daneben steht der Kunde den Entwicklern als Ansprechpartner bei Unklarheiten zur Verfügung. Das betrifft sowohl die vom Kunden getroffenen Entscheidungen als auch das Fachwissen.

Kunde schreibt Story-Cards

Nach XP soll der Kunde die Story-Cards schreiben. Dies ist eine nichttriviale Aufgabe, da Story-Cards verständlich, umsetzbar und testbar sein müssen. Der Kunde muss daher das Schreiben von Story-Cards auch erst erlernen. Hat der Kunde vorher noch keine Story-Cards geschrieben, so müssen die Entwickler damit umgehen können, dass diese zu Projektbeginn noch suboptimal sein werden. Sie haben dann die Aufgabe, dem Kunden Feedback zu geben und so seinen Lernprozess zu unterstützen. Alternativ können auch die Entwickler gemeinsam mit dem Kunden die Story-Cards schreiben. Werden die

Anforderungen dann zwischen Kunde und Entwicklern intensiv diskutiert, kann häufig auch eine ausführliche Beschreibung auf den Story-Cards entfallen, weil ein gemeinsames Verständnis zwischen den Beteiligten hergestellt ist. Dieses Verständnis ist letzten Endes wichtiger als schön aufgeschriebene Anforderungen.

Auftraggeber und Anwender

Wir haben in vielen Projekten die Kundenrolle in die Rolle des Auftraggebers und des Anwenders aufgeteilt (siehe die folgenden zwei Abschnitte). Dann ist der Auftraggeber für die Zielsetzungen im Projekt sowie die zentralen Entscheidungen zuständig, während der Anwender das Fachwissen für das Projekt bereitstellt und »kleinere« Entscheidungen fällt. Insbesondere können auch mehrere Anwender ins Projekt integriert werden (z. B. bei Multi-Channeling-Anwendungen). Im Gegensatz dazu ist die Integration mehrerer Auftraggeber in ein Projekt problematisch, weil dann mitunter nicht klar ist, wer die letzte Entscheidung trifft.

Die Trennung in Anwender und Auftraggeber kann natürlich auch zusätzlichen Kommunikationsaufwand bedeuten. Sollten fachliche und finanzielle Entscheidungen in Konflikt zueinander geraten, müssen zwei unterschiedliche Personen oder Rollen sich darüber einigen. Werden beide Rollen durch eine Person ausgefüllt, spart dies Zeit im Projektverlauf. Da eXtreme Programming auf einfache und leichtgewichtige Lösungen setzt, erscheint es nahe liegend, nur eine Person dafür einzusetzen.

Im Gegenzug können Probleme auftreten, wenn für das Projekt beide Rollen durch dieselbe Person ausgefüllt werden. Diese Person ist dann meist aus dem fachlichen Bereich. Das Management oder die finanziell Verantwortlichen stehen dann in gewisser Weise neben dem Projekt und sind nicht mehr unmittelbar in die Projektplanung und -durchführung integriert. Aus der Erfahrung zeigt sich, dass dies problematisch sein kann. Daher trennen wir möglichst die Rolle des Kunden in den Anwender und den Auftraggeber.

4.1.1 Auftraggeber (engl. Client)

Auftraggeber finanziert das Projekt und gibt geschäftspolitische Ziele vor

Der Auftraggeber stellt die finanziellen Mittel für das Projekt bereit und definiert die Projektziele. In der Regel definiert er die Ziele aus geschäftspolitischen Überlegungen heraus (z. B. Kostenreduktion in einem bestimmten Bereich um 30 %). Diese Art der Zielsetzung lässt noch viel Spielraum für konkrete Systemgestaltung durch Anwender und Entwickler.

Da der Auftraggeber die geschäftspolitischen Ziele für das Projekt definiert, stellt er trivialerweise auch die Zielerreichung fest. Ob ein

Projekt ein Erfolg ist oder nicht, hängt also ganz wesentlich vom Auftraggeber ab.

Damit ein XP-Projekt erfolgreich verlaufen kann, muss der Auftraggeber sich auf einige wenige Verpflichtungen einlassen:

- Er muss für Rückfragen über die geschäftspolitischen Ziele zur Verfügung stehen.
- Er muss die Möglichkeiten schaffen, auf anwendungsfachliches Know-how zuzugreifen. Ist der Auftraggeber ein Manager einer Anwenderorganisation, so kann dies am einfachsten realisiert werden, indem er den Entwicklern Zugriff auf die Anwender gewährt.
- Der Auftraggeber nimmt am Planungsspiel für den Releaseplan (siehe Kapitel 5) teil. Er ist gleichzeitig der primäre Adressat für die Ergebnisse der einzelnen Projektetappen.
- Er nimmt evtl. am Planungsspiel für Iterationen teil.

Der Auftraggeber kann alle oder einige der o.g. Aufgaben an Anwender oder andere Vertreter delegieren.

4.1.2 Anwender (engl. User)

Anwender hat anwendungsfachliches Wissen

Im Gegensatz zum Auftraggeber liegt der Fokus des Anwenders nicht auf den geschäftspolitischen Zielen, sondern auf dem anwendungsfachlichen Wissen. Er ist die primäre Quelle anwendungsfachlichen Wissens für die Programmierer. Wenn sie Fragen zum Anwendungsbereich haben, werden diese vom Anwender beantwortet.

Es ist dabei aus unserer Erfahrung wichtig, zwei Bereiche anwendungsfachlichen Wissens zu differenzieren. Zum einen existieren die Geschäftsprozesse und anwendungsfachliche Logik (wie z. B. Berechnungsvorschriften). Wir nennen diesen Bereich kurz Anwendungslogik. Die Anwendungslogik kann in Teilen in der Fachliteratur nachgelesen werden (z. B. über Steuerrecht, Lohnabrechnung). Für die nicht allgemein standardisierten Anteile der Anwendungslogik (z. B. die Geschäftsprozesse) ist häufig ein Vertreter des unteren oder mittleren Managements der Anwenderorganisation ein geeigneter Ansprechpartner.

Der zweite Bereich anwendungsfachlichen Wissens betrifft die konkreten *Aufgaben* am Arbeitsplatz der Anwender. Wie die Arbeit konkret erledigt wird, erschließt sich nicht aus Büchern, und Vorgesetzte haben häufig ein idealisiertes Bild davon, wie ihre Mitarbeiter ihre Aufgaben erledigen. Aber gerade die Kenntnis der konkreten Aufgabenerledigung ist unabdingbar, um ein wirklich nützliches System zu konstruieren.

Damit kommt dem Anwender eine zentrale Rolle bei der Gestaltung des Systems zu. Er legt im Rahmen der durch den Kunden definierten geschäftspolitischen Ziele die untergeordneten Ziele für die Systemgestaltung fest. Da er diese untergeordneten Ziele definiert, stellt er auch ihre Erreichung fest.

Anwender schreibt Story-Cards

Der Anwender schreibt entweder alleine oder zusammen mit den Programmierern die Story-Cards, um die Anforderungen an das System zu definieren. Zusammen mit den Story-Cards definiert er – ggf. in Zusammenarbeit mit den Programmierern – die Akzeptanztests für die einzelnen Funktionalitäten des Systems. Auf Grundlage der Akzeptanztests testet der Anwender neue Systemversionen. Auch wenn automatisierte Akzeptanztests vorliegen, ist dies zumindest für die Handhabung des Systems notwendig.

Folgende Qualifikationen und Aufgaben muss ein Anwender in einem XP-Projekt erfüllen:

- Er muss den Anwendungsbereich kennen. Dabei kennt er nicht nur die Anwendungslogik, sondern hat auch eine genaue Vorstellung von den konkreten Aufgaben sowie deren Erledigung.
- Der Anwender sollte neuen Technologien gegenüber aufgeschlossen sein. Ansonsten besteht die Gefahr, dass der Anwender schlicht die Konzepte existierender Systeme auf das neue System überträgt. Das Ergebnis ist dann im schlimmsten Fall eine Hostanwendung, die sich hinter grafischen Fensterelementen versteckt.
- Der Anwender braucht eine eigene Motivation für die Teilnahme am Projekt. Er sollte sich entweder einen persönlichen Vorteil von seiner Mitarbeit versprechen (z. B. Gehaltserhöhung oder Beförderung, aber auch eine in Zukunft angenehmere Softwareunterstützung seiner Tätigkeit kann stark motivieren) oder einfach Spaß an Systemgestaltung haben. Wird der Anwender gegen seinen Willen in das Projekt gedrängt, wird er dem Projekt wahrscheinlich nur wenig nutzen.

4.1.3 Produktmanager

Produktmanager kann Kunden ersetzen

Insbesondere wenn es um die Entwicklung von Standardsoftware für einen anonymen Massenmarkt geht, passen die Begriffe *Kunde*, *Auftraggeber* und *Anwender* nicht mehr besonders gut:

- Wie soll man aus der Vielzahl der Kunden und Anwender diejenigen auswählen, die am Planungsspiel teilnehmen?
- Was sollte Kunden veranlassen, so viel Aufwand in die Entwicklung der Software zu stecken?

Daher wird die Rolle in Standardsoftwareprojekten häufig umbenannt. Der Produktmanager nimmt die XP-Kundenrolle wahr. Er definiert die Zielsetzungen und nimmt am Planungsspiel teil. Je nach Unternehmensstruktur kann der Produktmanager von einem Entwickler gespielt werden oder von einem Marketingmitarbeiter. In einigen Organisationen existiert auch eine eigene Abteilung Produktmanagement, aus der der Produktmanager rekrutiert werden kann.

4.1.4 Fazit

Verantwortlichkeit für Entscheidungen klären

Wie auch immer man die Rolle nennt, wichtig ist, dass ganz klar ist, wer die fachlichen Entscheidungen trifft und dass die fachlichen Entscheidungen schnell, entschlossen und eindeutig gefällt werden. Was sich so selbstverständlich anhört, bereitet den meisten Organisationen erhebliche Probleme. Organisierte Unverantwortlichkeiten drücken sich in einem XP-Projekt zu allererst in Problemen im Zusammenhang mit der Kundenrolle aus. Als Daumenregel kann man festhalten, dass Organisationen, die die Kundenrolle nicht besetzen können, auch in der Folge erhebliche Probleme mit agilen Methoden haben werden. Sie sind schlicht nicht reif für agile Projekte, die sich schnell und flexibel an den Kundenbedürfnissen orientieren.

Auf der anderen Seite muss auch klar sein, dass die Entwickler die fachlichen Entscheidungen eben auch bei den Kunden einfordern und dazu direkten Kundenkontakt haben.

4.2 Programmierer (engl. Programmer)

Programmierer programmieren, entwerfen, dokumentieren und testen

Es ist klar, dass die Programmierer das System entwickeln. Im Gegensatz zu älteren Entwicklungsprozessen (wie z. B. dem Wasserfallmodell) sind die Programmierer nicht nur für die Kodierung zuständig, sie entwerfen, dokumentieren und testen auch das System.

Beim Entwurf übersetzen die Programmierer ein fachliches Modell bzw. fachliche Vorgaben, wie sie auf einer Story-Card beschrieben sind, sinnvoll in softwaretechnische Einheiten. Viele gute Entwickler erledigen dabei Implementierung und Entwurf so eng verzahnt, dass der reine Entwurf allenfalls als Skizze auf einer Tafel existiert. Das zentrale Ziel ist das lauffähige System, das softwaretechnisch einfach strukturiert und leicht testbar sein soll.

Die benötigte Dokumentation des Entwurfes soll sich dabei so weit wie möglich im Quelltext wiederfinden. Dadurch wird verhindert, dass Quelltext und Dokumentation auseinander laufen und inkonsistent werden.

Die Tests des Systems erfolgen zum einen auf der Ebene der softwaretechnischen Komponenten (Komponententests, siehe Kapitel 2) und zum anderen auf der Ebene von Akzeptanztests, wie sie von den Anwendern vorgegeben werden.

Außerdem nehmen die Entwickler am Planungsspiel teil und schätzen dort den Aufwand anhand der Story-Cards. Sie schreiben Task-Cards für technische Aufgaben (z. B. Refactorings), um die Systemarchitektur zu verbessern.

Die Qualifikationen für Programmierer in XP-Projekten umfassen:

- Kenntnis aller im Projekt eingesetzter Technologien (Programmiersprache, Datenbank, ggf. Applikationsserver, Webserver etc.)[1]
- Kommunikationsfähigkeit
- Konfliktfähigkeit. Dazu zählt nicht nur die Möglichkeit, Kritik angemessen zu äußern, sondern auch der konstruktive Umgang mit Kritik.

4.3 Tester

Die Akzeptanz testen

In XP sind Komponententests (siehe Kapitel 2) so stark mit der Programmierung verwoben, dass die Programmierer die Kompontentests stets selbst ausführen. Daher fokussiert die Rolle des Testers in XP auf den für die Anwender relevanten Akzeptanztests. Der Tester hilft den Anwendern, die Akzeptanztests zu formulieren und umzusetzen. So kann der Tester z. B. die Akzeptanztests zusammen mit den Anwendern definieren und sie dann mit einem geeigneten Testwerkzeug implementieren.

Unabhängig davon, ob die Akzeptanztests werkzeugunterstützt ausgeführt werden oder nicht, ist der Tester dafür zuständig, die Akzeptanztests regelmäßig auszuführen. Auf dieser Basis gewinnt der Tester einen Einblick in den Projektfortschritt, den er natürlich mit dem »Verfolger« (siehe nächsten Abschnitt) abstimmt.

In vielen konventionellen Projekten wird die Testerrolle von den Programmierern mit übernommen und keiner einzelnen Person zugewiesen. Wird die Rolle des Testers genau einer Person zugewiesen, kann dies zu den bekannten Problemen führen, die immer wieder auf-

1. Dies ist auch ein Ziel in einem XP-Projekt. Es kommt immer wieder vor, dass ein Entwickler eine bestimmte Technologie oder einen ausgewählten Themenbereich besser beherrscht als andere Entwickler. Durch das Programmieren in Paaren wird diese ungleiche Qualifikation aber mit der Zeit ausgeglichen, so dass letztendlich alle Programmierer alle verwendeten Technologien beherrschen. Zumindest so weit, wie dies für das Projekt erforderlich ist.

treten, wenn Programmieren und Testen zu stark voneinander getrennt werden. Dies mag zunächst ungewöhnlich erscheinen. Schließlich wird in der Literatur immer wieder gefordert, dass Entwickler niemals ihren eigenen Code testen sollen. Beim eXtreme Programming darf das Testen aber nicht ausschließlich von einer separaten Person durchgeführt werden. Allein durch das Test-First-Prinzip ließe sich eine personelle Trennung nicht durchführen.

Tester müssen einen guten Einblick in den Anwendungsbereich und das entwickelte System haben, um Tests sinnvoll ausführen zu können. Ansonsten kommt es zu dem bekannten Phänomen, dass die Tester an Kleinigkeiten »herumkritisieren« (Schriftarten, Ausrichtung von Textfeldern) und die Gesamtfunktionalität aus den Augen verlieren.

4.4 Verfolger (engl. Tracker)

Informationen über die Zeit sammeln

Der Verfolger ist das »Gewissen« des Teams. Er beobachtet den Entwicklungsprozess und weist das Team auf mögliche Probleme hin. Dazu sammelt der Verfolger Informationen im Entwicklungsprozess. Dies geschieht in der Regel durch Gespräche mit den Entwicklern, aber auch durch Sammeln quantitativer Daten. In XP-Projekten werden hierfür wenige, aber gezielte Daten gesammelt. Dabei gilt: »Sammle keinen Daten, von denen du nicht weißt, was du damit willst.« Der Verfolger ist für die Sammlung und Aufbereitung der Daten zuständig.

Typische Daten, die in einem XP-Projekt gesammelt werden, sind (siehe dazu auch [Jeffries et al. 00]):

- Budgetkontrolle
  - Verbrauchte reale Aufwände insgesamt
  - Verbrauchte reale Aufwände in dieser Iteration
  - Erwartete Aufwände in der nächsten Iteration
- Projektfortschritt
  - Verbrauchte geschätzte Aufwände in dieser Iteration (gemäß den Schätzungen der Story-Cards)
  - Noch offene Aufwände in dieser Iteration (gemäß den Schätzungen der Story-Cards)
- Effektivität
  - Load-Faktor für das Projektteam (also das Verhältnis von Gesamtarbeitszeit zu Programmierzeit)[2]

2. Der Load-Faktor ist allerdings nicht das alleinige Maß für die Effektivität eines Entwicklungsteams. Vergleiche die Diskussion zum Thema Load-Faktor in Abschnitt 2.2.

- Testzustand/Qualität
  - Anzahl der Testfälle
  - Maßzahlen der Testabdeckung
  - Anzahl Architekturverletzungen zwischen den Subsystemen
  - Anzahl zyklischer Beziehungen

Tracking-Daten dienen Projektsteuerung

Die vom Verfolger erhobenen Daten dienen der weiteren Projektsteuerung. Sie helfen dem Projekt bei der Orientierung über den Projektzustand. Auf ihrer Basis kann das Projektteam entscheiden, ob und wenn ja welche Maßnahmen im Prozess zu ergreifen sind.

So könnte das Projektteam anhand des Verhältnisses von verbrauchtem Aufwand in der aktuellen Iteration zu verbleibendem Aufwand und verbleibender Zeit feststellen, dass das Projekt in Verzug ist. Eine typische Reaktion auf Zeitverzug in einem XP-Projekt ist Reduktion von Funktionalität. Die Entwickler würden also ein Gespräch über mögliche Funktionalitätsreduktionen mit dem Kunden führen.

Der Verfolger hat nicht nur die Aufgabe, Daten zu sammeln und aufzubereiten. Er wählt auch selbstständig die Daten aus, die beim aktuellen Projektzustand erhoben werden. Es ist selten sinnvoll, über den gesamten Projektverlauf dieselben Daten zu erheben und immer dieselben Statistiken zu erstellen.

Beispiel

In einem unserer Projekte hatten wir einen sehr hohen Load-Faktor. Also haben wir begonnen, in der Form von Sprints (siehe Kapitel 6) weiterzuentwickeln. Sprints dienen der gezielten Reduktion des Load-Faktors. Nach wenigen Sprints pendelte sich der Load-Faktor während der Sprints in einem Bereich zwischen 1,0 und 1,2 ein. Daraufhin haben wir Erhebungen des Load-Faktors während der Sprints eingestellt. Die Information war nutzlos geworden: Wir konnten in diesem Punkt nicht besser werden. Der Verfolger ist dafür zuständig, dies festzustellen und die Datensammlung in diesem Punkt einzustellen. Er muss aber auch den Load-Faktor weiter im Auge behalten und ihn erneut ermitteln, wenn er den Eindruck hat, dass er wieder ansteigt.

4.5 Projektleiter (engl. Project Manager)

Der Projektleiter war in XP1 als Rolle nicht vorgesehen. Dies lag darin begründet, dass ein XP-Team eigenverantwortlich handeln und die Entscheidungen über das weitere Vorgehen selbst treffen soll. Viele der typischen Aufgaben eines Projektleiters werden vom Verfolger wahrgenommen.

Projektleiter ist Ansprechpartner nach außen

Dennoch gibt es in unseren Projekten immer einen Projektleiter. Eine Reihe der klassischen Projektleiter-Aufgaben übernimmt in XP das Team. Es gibt jedoch eine Reihe von Aufgaben, die das Projektteam als Ganzes nicht gut wahrnehmen kann. Dazu gehört z. B. der gesamte Bereich der Personalplanung. Der Projektleiter muss den Überblick behalten, welche Entwickler wann im Projekt zur Verfügung stehen. Er ist außerdem der primäre Ansprechpartner für seinen Vorgesetzten sowie für seine Kunden bei nicht-fachlichen Angelegenheiten. Dies betrifft z. B. die Finanzierung des Projektes.

4.6 XP-Trainer (engl. XP Coach)

XP erlernen

XP sieht einfach aus. XP lässt sich aber nicht einfach erfolgreich anwenden, wenn noch keine XP-Erfahrungen vorhanden sind. Dafür gibt es eine Reihe von Gründen. Wichtig ist, dass das Erlernen von XP zu einem guten Teil auf der Disziplin der Entwickler aufbaut. Fehlt die notwendige Disziplin, so kann der XP-Entwicklungsprozess während dieser Lernphase zerbrechen. Hier können sich die Abhängigkeiten der einzelnen XP-Techniken voneinander negativ auswirken: Werden z. B. keine Komponententests mehr geschrieben, so wird Refactoring unmöglich. Werden keine Refactorings mehr durchgeführt, kann »einfaches Design« zu großen Problemen führen etc. Im Gegensatz zum Lernen erfordert die Anwendung der XP-Techniken in einem erfahrenen XP-Team nur noch wenig Disziplin. Die XP-Werte und -Techniken sind den Entwicklern dann so sehr in Fleisch und Blut übergegangen, dass sich der XP-Prozess von selbst ergibt.

XP-Trainer hilfreich bei XP-Einführung

Daher ist es ratsam, in einem neuen XP-Projekt einen XP-Trainer einzusetzen. Dieser ist dafür zuständig, dem Team bei Fragen zu XP Rede und Antwort zu stehen. Außerdem hat er die Aufgabe, eine geeignete Einführungsstrategie für XP zu finden und den laufenden XP-Entwicklungsprozess auf mögliche Probleme zu durchleuchten.

Aus unserer Sicht ist es unbedingt sinnvoll und empfehlenswert, einen erfahrenen XP-Trainer einzusetzen, der selbst schon in XP-Projekten mitgearbeitet hat.

Erfolgreiche XP-Projekte sind noch relativ selten. Entsprechend qualifizierte XP-Trainer sind daher nicht immer leicht zu finden. In diesem Fall kann der XP-Trainer auch aus dem Projekt rekrutiert werden. Er muss dann wirklich hinter den XP-Ideen stehen und sich selbst so viel XP-Wissen wie möglich aneignen. Für ihn muss dann eine angemessene Lernphase einkalkuliert werden.

Wenn die Möglichkeit besteht, einen erfahrenen XP-Trainer zu bekommen, sollte aber davon unbedingt Gebrauch gemacht werden.

Der Einsatz eines XP-Trainers wird letztlich auf jeden Fall deutlich billiger und weniger risikoreich sein als das selbstständige Erlernen. Wie XP eingeführt und erlernt werden kann, beschreiben wir genauer in Kapitel 8.

4.7 Technologieberater (engl. Consultant)

Berater hilft, damit das Team technische Probleme selber lösen kann

Der Berater berät das Projektteam in Fragen spezieller Technologien, die das Team (noch) nicht alleine beherrscht. Um den Truck-Faktor zu reduzieren, wird der Berater nicht einfach ins Projekt geholt, um ein Problem zu lösen. Stattdessen versucht das Team, das benötigte Spezialwissen langfristig ins Projekt zu integrieren.

Dies kann dadurch geschehen, dass sich das Team insgesamt zunächst vom Berater eine Einführung in die Technologie geben lässt. Anschließend kann der Berater zusammen mit unterschiedlichen Programmierern des Teams im Paar die drängenden Probleme lösen. Damit wird die Wahrscheinlichkeit deutlich reduziert, dass das Team einen Berater für dieselbe Technologie erneut benötigt.

Natürlich wird die Rolle des Beraters für unterschiedliche Technologien von jeweils unterschiedlichen Personen übernommen. Der Berater kann entweder von einem externen Unternehmen stammen oder aus einem anderen Projekt im eigenen Unternehmen.

Diese Sichtweise auf die Arbeit des Beraters unterscheidet sich von der gängigen Praxis. Häufig kommt ein Berater, um ein Problem zu lösen, und verschwindet danach wieder. In XP hat der Berater viel stärker den Charakter eines Ausbilders. Benötigt das XP-Team einen Berater, so ist diese spezifische Sichtweise auf den Berater bei der Auswahl eines geeigneten Partners zu berücksichtigen.

4.8 Business-Coach

Dem Kunden helfen, seine Rolle wahrzunehmen

Es ist alles andere als trivial, die Kundenrolle in XP auszufüllen. Es werden Qualifikationen verlangt, die in den klassischen Methoden so nicht gefordert werden. Insbesondere wälzt XP die fachliche Projektplanung explizit auf den Kunden ab – in den klassischen Methoden verwischen die Verantwortlichkeiten zwischen dem Kunden und den Entwicklern leicht.

Die fachliche Projektplanung effektiv wahrzunehmen bedeutet nicht nur ein Umdenken. Jetzt muss der Kunde sich auf einmal sehr explizit überlegen, welche Systemfunktionalitäten wie viel Geschäftswert bringen (siehe [Denne & Cleland-Huang 03]).

- Bei welchen Systemfunktionen übersteigt der Geschäftswert die Investitionen? Welche Systemfunktionen rechnen sich nicht?
- Welche Systemfunktionen sind wichtiger als andere?
- Welche Reihenfolge bei der Realisierung der Systemfunktionen passt am besten zu den geschäftspolitischen Zielsetzungen?

Die Beantwortung dieser und ähnlicher Fragen bereitet vielen Kunden große Probleme. In unseren Projekten lag ein wesentlicher Teil der aufgetretenen relevanten Probleme darin begründet, dass der Kunde seine ihm zugedachte Rolle nicht adäquat ausfüllen konnte.

In solchen Fällen ist es sinnvoll, dass der Kunde sich in seiner Kundenrolle coachen lässt. Der so genannte Business-Coach kennt die finanzmathematischen Verfahren, um z. B. den Geschäftswert von Systemfunktionen zu berechnen, hat Erfahrungen mit der Priorisierung von Anforderungen und kann Stories auf die Größe herunterbrechen, die für das Planungsspiel notwendig ist. Idealerweise hat er außerdem so viel IT-Kenntnisse, dass er bei Kommunikationsproblemen zwischen dem Kunden und den Entwicklern vermitteln kann.

4.9 Empfehlungen

- Stellen Sie fest, ob Sie mit einer einfachen Kundenrolle im Projekt auskommen. Wenn das das Fall ist, führen Sie keine künstliche Trennung zwischen Auftraggeber und Anwender ein. Wenn Sie diese Trennung benötigen, machen Sie das explizit.
- Wenn Sie im Projektverlauf feststellen, dass politische »Querelen« um das Projekt entstehen, prüfen Sie, ob die Auftrennung der Kundenrolle die Situation entzerren kann.
- Klären Sie, ob der Kunde seine Rolle ausfüllen kann. Empfehlen Sie einen Business-Coach, wenn Sie Zweifel haben.
- Stellen Sie sich ernsthaft die Frage, ob das auftraggebende Unternehmen reif für eine agile Vorgehensweise ist. Wenn Sie Zweifel haben, gehen Sie behutsam zu Werke. Auch agile Projekte können nicht die Organisations- und Kommunikationsprobleme des Kunden lösen.
- Vernachlässigen Sie nicht die Verfolgerrolle.

4.10 Literatur

[Beck 00] Kent Beck: eXtreme Programming explained: Embrace Change. Reading, Massachusetts, Addison-Wesley, 2000.

Originalbeschreibung der Rollen in XP.

[Beck 04] Kent Beck: eXtreme Programming explained: Embrace Change. 2. Auflage. Reading, Massachusetts, Addison-Wesley, 2004.

Neue Beschreibung der Rollen in XP.

[Denne & Cleland-Huang 03] Mark Denne, Jane Cleland-Huang: Software by Numbers. Prentice Hall, 2003.

Das Buch beschreibt die finanzielle Sicht auf Softwareprojekte: Kosten und Nutzen. Es wird erläutert, wie beides berechnet und gegeneinander abgewogen werden kann. Der beschriebene Ansatz harmoniert vor allem mit agilen Vorgehensweisen, weil der Faktor Zeit besonders berücksichtigt wird. So werden beispielsweise Werkzeuge beschrieben, mit denen berechnet werden kann, welche Reihenfolge bei der Realisierung von Systemfunktionen den größten Mehrwert bringt.

5 Artefakte

Artefakte vergegenständlichen Handlungen

Menschen vergegenständlichen seit jeher wiederkehrende Handlungen und Routinen in Artefakten. So vergegenständlicht der Hammer die Handlung des Hämmerns und eine Schale das Aufbewahren von losen oder flüssigen Nahrungsmitteln. Die meisten Artefakte lassen sich neben dem ursprünglichen Verwendungszweck auch für andere Zwecke einsetzen. So kann man z. B. den Griff einer Pistole auch zum Hämmern verwenden und mit einer umgedrehten Schale Küchenschaben einfangen. Allerdings sind die Artefakte optimal auf den originären Verwendungszweck ausgerichtet. Wäre ihr Verwendungszweck ein anderer gewesen, so hätten sie eine andere Form. Wäre die Pistole zum Hämmern und nicht zum Schießen entwickelt worden, dann hätte sie eben die Form eines Hammers. In diesem Sinne *erzwingen* Artefakte keinen bestimmten Umgang mit ihnen. Sie erleichtern allerdings den intendierten Umgang, so dass man die Artefakte in der Regel in der intendierten Art und Weise einsetzen wird.

Artefakte in der Softwareentwicklung

Das Konzept der Artefakte findet sich folgerichtig auch im Bereich der Softwareentwicklung wieder. So vergegenständlichen Versionsverwaltungssysteme die Versionierung von Quelltexten sowie bestimmte Kooperationsmodelle (pessimistisches vs. optimistisches Modell). Projektpläne unterstützen den Planungsprozess und Klassendiagramme können eine Übersicht über ein objektorientiertes System geben.

Artefakte in XP-Projekten

In diesem Kapitel beschreiben wir die Artefakte, die wir typischerweise in XP-Projekten einsetzen. Wir betrachten die vorgestellten Artefakte dabei als Sammlung von Werkzeugen, die wir bei Bedarf verwenden. Da Artefakte nicht primär durch ihre Form, sondern durch ihren Umgang charakterisiert sind, konzentrieren wir uns bei der Beschreibung auf den Umgang im Entwicklungsprozess und auf die Funktion, die die Artefakte im Prozess spielen.

Wir beschränken uns auf die Artefakte, die für den XP-Prozess besonders relevant sind. Wir beschreiben weitere Artefakte wie z. B.

verschiedene Darstellungsmittel für das entwickelte System (Klassendiagramme etc.) nicht explizit[1].

5.1 Story-Cards

Motivation

Mit Story-Cards werden die fachlichen Anforderungen des Kunden bzw. der Anwender an das zu entwickelnde Softwaresystem beschrieben. Neben den Anforderungen können auf den Story-Cards auch gleich die Akzeptanztests für die Anforderung formuliert oder referenziert werden.

Story-Cards werden im Planungsspiel verwendet und während der Entwicklung zur Steuerung der Aufgabenerledigung eingesetzt. Sie werden von den Entwicklern als Arbeitsaufträge aufgefasst.

Karteikarten

Story-Cards können ganz unterschiedliche Formen haben. In unseren Projekten verwenden wir oft DIN-A5-Karteikarten aus Pappe. Es zeigt sich, dass die physikalische Vergegenständlichung als Karteikarten eine Reihe von Vorteilen haben kann. So können Karteikarten frei beschrieben werden. Damit können Notizen, die während der Arbeit mit oder an der Karte festgehalten werden müssen, direkt auf der Karte notiert werden. Wenn die Karte erledigt ist, legen die Entwickler sie auf den Stapel »erledigt«. Dies ist für Entwickler ein befreiendes und befriedigendes Gefühl. Einige Entwickler gehen täglich zu dem Stapel mit den erledigten Story-Cards, um sich einen »greifbaren« Eindruck vom Projektfortschritt zu verschaffen.

Die Vergegenständlichung als Karteikarte hilft außerdem bei der Kooperation. Es ist damit auf einfache Weise sichergestellt, dass nicht zwei Entwicklerpaare gleichzeitig dieselbe Karte bearbeiten.

Vorgangsunterstützung

Durch einige wenige Annotationen auf den Karten können diese sogar arbeitsteilige Vorgänge unterstützen. So kann z. B. ein Entwicklerpaar mit einer Karte beginnen und einen Teil der Anforderung realisieren. Dann integrieren sie ihre Änderungen und notieren den Fortschritt auf der Karte. Danach legen sie die Karte wieder auf den Stapel der noch offenen Karten ab. Das nächste Entwicklerpaar kann diese Karte dann einfach weiterentwickeln.

---

1. Um keine Verwirrung aufkommen zu lassen sei an dieser Stelle darauf hingewiesen, dass wir uns nicht ausschließlich auf die Artefakte konzentrieren, die Gegenstand des Entwicklungsprozesses sind, wie dies beispielsweise im Unified Process (UP, siehe [Jacobson et al. 99]) gemacht wird. Artefakte können für uns auch außerhalb des Arbeitsergebnisses eine Rolle spielen. Der Hammer beispielsweise ist ein Artefakt im Entwicklungsprozess, wird aber nicht Gegenstand oder Ergebnis der Entwicklung sein.

Entwickler zuordnen

Eine weitere wichtige Frage betrifft die Zuordnung von Mitarbeitern zu Story-Cards. Wir präferieren die situative Zuordnung. Bei diesem Verfahren liegen die Story-Cards nach Prioritäten geordnet auf einem Stapel mit eingeplanten Karten. Sobald ein Entwicklerpaar Arbeit benötigt, nimmt es sich die nächste Karte vom Stapel und arbeitet diese ab. Der Vorteil dieses Verfahrens besteht in der Einfachheit. Es muss nur festgelegt werden, welche Story-Cards in welcher Reihenfolge zu erledigen sind. Der Rest ergibt sich dann von selbst. Natürlich ist dieses Verfahren nur dann praktikabel, wenn die Entwickler so homogen qualifiziert sind, dass jeder Entwickler jede Aufgabe bearbeiten kann. Ist dies nicht der Fall, so ändern wir nicht unsere Art der Planung, sondern bringen die Entwickler auf das benötigte Niveau. Während einer Übergangszeit kann jedoch die explizite vorherige Zuordnung von Entwicklern zu Story-Cards notwendig sein, was kurzfristig auch auf einem Standup-Meeting vorgenommen werden kann.

Typische Kartengrößen

Story-Cards enthalten bei uns einen Arbeitsaufwand von einem bis fünf Paartagen. Dies scheint uns ein geeigneter Kompromiss zwischen Planungsaufwand und Schätzgenauigkeit zu sein. Karten mit deutlich höheren Aufwänden führen zu erheblichen Schätzungenauigkeiten. Kleinere Karten erschweren das Planungsspiel, weil mit zu vielen Story-Cards hantiert werden muss. Wenn die Stories zu klein werden, fassen wir sie in größeren Stories zusammen. Das ist z. B. dann sinnvoll, wenn direkt nach einem Anwendertest sehr viele kleine Wünsche bzgl. der Handhabung des zukünftigen Systems entstehen. Hier erstellen wir eine Story »Handhabung verbessern« und machen die konkreten kleineren Anforderungen zu Unterpunkten (Tasks) der Story.

Elektronische Kartenverwaltung

In größeren Projekten kann einiges dafür sprechen, dass man die Story-Cards elektronisch verwaltet. Wir verwenden dafür häufig ein Tool namens XPlanner (inkl. unserer Erweiterung zum XPlannerEP). Besonderes Augenmerk ist beim Einsatz von Tools darauf zu legen, ob sie einen bestimmten Prozess erzwingen. Der XPlanner bietet z. B. die Funktionalität, dass Stories Entwicklern zugeordnet werden, deren Nutzung jedoch nicht erzwungen wird (wir nutzen dieses Feature nie).

Unsere Erfahrungen beim Einsatz des XPlanner sind recht gut, aber wir nutzen ihn definitiv erst nach erfolgtem Planungsspiel, wenn also klar ist, welche Stories in eine Iteration gehören. Dann leistet er uns inkl. automatischem Tracking (XPlannerEP) wertvolle Dienste.

Schätzen

Den Prozess des Schätzens haben wir bereits in Abschnitt 2.2 beschrieben. Kapitel 6 geht detailliert auf das Schätzen in größeren Projekten ein.

5.1.1 Adaption: Anwendungsfälle (Use Cases)

XP versteht Softwareentwicklung primär als Lernprozess und erkennt: »Wir können nicht schneller entwickeln als lernen.« Allerdings macht XP wenig genaue Aussagen darüber, wie dieser Lernprozess sinnvollerweise gestaltet sein sollte.

Wir setzen seit zehn Jahren präzise definierte Mechanismen zur Anforderungsermittlung ein. Zunächst führen wir mit den Kunden und Anwendern Interviews. Auf Basis dieser Interviews schreiben Entwickler Anwendungsfälle oder Geschäftsanwendungsfälle. In einem Anwendungsfall beschreiben wir »einen zusammenhängenden Arbeitsablauf aus der Sicht seiner Akteure« (siehe [Oestereich et al. 03]).

Diese Art der »Dokumentation« hat mehrfachen Nutzen. Zum einen hilft das Aufschreiben den Entwicklern, sich selbst über das im Interview Gehörte klar zu werden. Zum anderen lassen die Entwickler die geschriebenen Anforderungen durch die Anwender begutachten. Dadurch findet eine erste Validierung des anwendungsfachlichen Verständnisses der Entwickler statt. Nicht zuletzt sind aufgeschriebene textuelle Anwendungsfälle ein wichtiges Instrument, um anwendungsfachliches Wissen unter den Entwicklern zu verteilen.

Wir nutzen Anwendungsfälle nicht formalisierend, sondern exemplarisch. In diesem Sinne sind die leichte Verständlichkeit und Lesbarkeit wichtiger als ihre Vollständigkeit und Konsistenz.

Interviews und Schreiben (und Diskutieren) von Anwendungsfällen sind dem Schreiben von Story-Cards vorgeschaltet. Erst wenn die Entwickler ein erstes anwendungsfachliches Verständnis erworben haben, können sie Story-Cards verstehen, schätzen und umsetzen.

Mit wachsendem anwendungsfachlichem Verständnis werden die Anwendungsfälle immer seltener konsultiert. Häufig besteht die Hauptfunktion darin, dass Entwickler beim Schreiben *verstehen*, wie Anwender arbeiten.

Ob das Aufschreiben von Anwendungsfällen notwendig ist, hängt vom konkreten Projektkontext ab. Wenn das Team eng zusammenarbeitet, einen gemeinsamen Erfahrungshintergrund teilt und einen ständigen Zugriff auf Anwender hat, so kann auf das explizite Schreiben von Anwendungsfällen verzichtet werden.

Sie sind allerdings wertvoll, wenn die Entwickler noch keinen Zugang zum Anwendungsbereich oder keinen gemeinsamen Erfahrungshintergrund haben oder wenn das Projekt verteilt an verschiedenen Orten stattfindet.

Ein Anwendungsfall könnte folgendermaßen beschrieben sein: »Der Berater holt seinen Beratungsordner, sucht das Produkt über ein Register und öffnet den Ordner an der entsprechenden Stelle. Zum Beratungsordner gibt es noch einen Formularordner, in dem Standardformulare (z. B. Vertrag zugunsten Dritter) abgelegt sind, und einen Musterordner, in dem Ausfüllhilfen für Verträge und Schlüsselblätter bereitliegen.« *Beispielanwendungsfall*

Für die Freunde der Konstruktion von objektorientierten Systemen nach der Werkzeug- und Material-Metapher sei hier ergänzt, dass Anwendungsfälle und Szenarios praktisch gleichbedeutend sind. Die in [Züllighoven 98] beschriebenen Vorgehensweisen und Hinweise zur Erstellung von Szenarios können für Entwickler sehr hilfreich sein. *Szenarios*

5.2 Ergänzung: Glossar

Ein wichtiger Baustein für den Lernprozess im Entwicklungsprojekt ist eine gemeinsame Begrifflichkeit zwischen Entwicklern und Anwendern. Nur wenn alle Beteiligten ein gemeinsames Vokabular verwenden, lassen sich Anforderungen effektiv »auf den Begriff bringen«. Das gemeinsame Vokabular bildet schließlich häufig auch die Grundlage einer von den Projektbeteiligten geteilten Metapher (siehe Abschnitt 2.4) oder Vorstellung des Kerns der zu entwickelnden Anwendung.

Das Glossar vergegenständlicht diese gemeinsame Begriffsbildung. Im Glossar halten Entwickler die für das Projekt wichtigen Begriffe fest. Das Glossar enthält sowohl anwendungsfachliche Begriffe (wie z. B. der Begriff der »Deckung« in der Versicherungsbranche) wie auch für die Anwender relevante technologische Begriffe (wie z. B. Fenster, Maus, Doppelklick). Auf jeden Fall sind die Begriffe im Glossar primär an der Fachsprache der Anwender orientiert.

Das Glossar hat eine entscheidende Bedeutung bei der Etablierung einer gemeinsamen und eindeutigen Projektsprache. Für die Entwicklung eines Softwaresystems kann es extrem hinderlich sein, wenn mehrere Begriffe gleichbedeutend nebeneinander für gleiche oder ähnliche Konzepte verwendet werden.

So wurden z. B. in einem Versicherungsprojekt die Begriffe »Gegenstand« und »Wagnis« annähernd synonym verwendet. Dies führte immer wieder zu Begriffsverwirrungen. Nicht zuletzt konnten sich die Entwickler nicht auf Anhieb auf die Benennung der zugehörigen Klasse einigen. Weiterhin führte diese ungeklärte Begrifflichkeit *Beispiel* auch zu Verwirrungen bzgl. der Verantwortlichkeiten der implementierten Klasse.

Tab. 5–1: *Beispielglossareinträge*

Produkt	Ein Produkt definiert das *Angebot* einer *Versicherung* an *Interessenten*. Im Produkt ist festgelegt, welche Vorbedingungen für den Abschluss eines *Vertrages* gelten und welche *Leistungen* im *Schadenfall* von der Versicherung bereitgestellt werden. Die Nennung des Produktes ist damit ein wichtiger Bestandteil eines jeden *Versicherungsvertrages*.
Schadenfall	...

Glossarpflege

Glossare können unterschiedlich verwendet werden. Sie können ähnlich wie Anwendungsfälle zur Konsolidierung des fachlichen Verständnisses der Entwickler benutzt werden. In diesem Fall spielen sie vor allem in den Anfängen des Projektes eine große Rolle und werden im Projektverlauf immer weniger wichtig. Alternativ kann das Glossar als ein ständig aktuelles »Wörterbuch« im Projekt verwendet werden. So können sich z. B. Neulinge leichter ins Projekt einarbeiten. Häufig ist das Glossar auch eine geeignete Grundlage für die Anwenderdokumentation. In diesem Fall stellt sich die Frage, wer das Glossar pflegt. Da das Glossar initial von Entwicklern geschrieben wird, wird es meist auch von diesen gepflegt.

Das Glossar von den Anwendern pflegen zu lassen, scheint zunächst nahe liegend. Allerdings besteht dann die Gefahr, dass das Glossar für die Entwickler unverständlich und damit nutzlos wird.

Wir haben die besten Erfahrungen damit gemacht, wenn es gelingt, das Glossar zum Bestandteil der sowieso kontinuierlich zu pflegenden Benutzerdokumentation (z. B. Onlinehilfe) zu machen.

5.3 Ergänzung: Projekttagebuch

Motivation

Das Projekttagebuch erhöht die Nachvollziehbarkeit des Projektes, weil rückblickend genau festgestellt werden kann, was wann im Projekt geschehen ist. Dies bewährt sich sogar schon während des Projektes. Mit Hilfe des Projekttagebuchs können sich Entwickler, die aus dem Urlaub oder von Schulungen zurückkehren, schnell ein Bild über den Projektfortschritt machen. Ähnlich verhält es sich mit Mitarbeitern, die nicht in Vollzeit am Projekt mitarbeiten.

Im Projekttagebuch dokumentieren die Projektmitglieder den Projektverlauf. Alle Projektmitglieder schreiben täglich in das Projekttagebuch. Aus diesem Grund ist es in der Regel sinnvoll, das Projekttagebuch in elektronischer Form (z. B. als Word-Dokument, HTML- oder Wiki-Seite oder Blog) zur Verfügung zu stellen.

Inhalt des Projekttagebuchs

Das Projekttagebuch sollte so kompakt wie möglich und so ausführlich wie nötig sein. Es sollten also nicht einfach die einzelnen Tätigkeiten der Mitarbeiter beschrieben werden. Stattdessen sollte im Projekttagebuch Folgendes notiert werden:

- Ergebnisse von Untersuchungen, z. B.: »Wie repariere ich ein korruptes CVS-Repository?«
- Projektfortschitte, z. B.: »Ein erster korrekter Tarif für Lebensversicherungen wird berechnet.«
- Offene Probleme, z. B.: »Die EJBs lassen sich nicht deployen.«
- Gelöste Probleme, z. B.: »Die EJBs lassen sich deployen, wenn das neueste Service-Pack des Applikationsservers installiert ist.«
- Anweisungen von Vorgesetzten, z. B.: »Benutzen Sie die Oracle-Datenbank!«
- Entscheidungen von Kunden, z. B.: »Wir brauchen die Funktion XYZ doch erst viel später.«

Anwendung

Das Projekttagebuch muss nicht in jedem Projekt eingesetzt werden. Der Aufwand für die Erstellung ist mit dem zu erwartenden Nutzen abzuwägen. Ein gewisses Maß an Protokollierung erhält man schließlich bereits durch die archivierten Story- und Task-Cards. Weiterhin kann der E-Mail-Verkehr der Projektmitglieder untereinander als eine Art Projekttagebuch verstanden werden. Allerdings lässt sich der E-Mail-Verkehr nicht ohne weiteres sequenziell lesen.

5.4 Task-Cards

Motivation

Neben Story-Cards verwenden wir aus zwei Gründen Task-Cards:

1. Beschreibung von technischen Aufgaben wie z. B. notwendigen Refactorings, die für den Kunden zunächst keinen erkennbaren Vorteil bringen.
2. Detaillierung und Zerlegung von schwer zu schätzenden oder in einem Stück umzusetzenden Stories.

In beiden Fällen gehen wir jedoch stets davon aus, dass Task-Cards Story-Cards detaillieren oder verfeinern. Wo wir mit dem Schätzen von Story-Cards alleine hinkommen, wollen wir den Planungsprozess nicht mit Task-Cards unnötig verkomplizieren. Es kommt aber durchaus vor, dass eine Schätzung auf Ebene der Stories zu ungenau wird, insbesondere wenn die Stories umfangreich sind. Dann ist es sehr sinnvoll, dass die Entwickler die Stories auf Tasks herunterbrechen und auf dieser Ebene schätzen.

Wie die Story-Cards werden die Task-Cards während der Entwicklung zur Steuerung der Aufgabenerledigung verwendet. Sie werden von den Entwicklern als Arbeitsaufträge aufgefasst.

Karteikarten

Als Task-Cards lassen sich genauso wie bei den Story-Cards gut DIN-A5-Karteikarten verwenden. Die Task-Cards sollten jedoch deutlich von den Story-Cards unterscheidbar sein. Dies kann z. B. durch unterschiedlich farbige Karteikarten geschehen.

Schätzungen

Schätzungen können entweder auf Basis der Story- oder der Task-Cards erfolgen. Wichtig ist, dass man sich einheitlich für eine der beiden Varianten entscheidet. Ein gemischtes Verfahren scheint nicht sinnvoll. Wir lassen in der Regel das Team entscheiden, auf welcher Ebene es schätzen möchte. Weniger erfahrene Teams schätzen meist sicherer auf Ebene von Task-Cards.

Typische Kartengrößen

Task-Cards enthalten in der Regel einen kleineren Arbeitsaufwand als Story-Cards. Sie haben bei uns normalerweise einen maximalen Aufwand von zwei Paartagen. Werden die Task-Cards deutlich größer, so wird es schwierig, sie in einer Iteration »mitlaufen« zu lassen. Dies gilt insbesondere für größere Refactorings. Die Aufwände für die Realisierung der Task-Cards würden dann eine Verzögerung der Gesamtiteration zur Folge haben. Außerdem lässt sich bei großen Task-Cards der unmittelbare Nutzen nicht argumentieren. Wird eine Task-Card von vier Personentagen einer Story-Card zugeordnet, die ebenfalls einen geschätzten Aufwand von vier Tagen hat, ist kaum argumentierbar, dass die Task-Card die Realisierung der Story-Card beschleunigt.

5.4.1 Technische Aufgaben

Es gibt technische Aufgaben, die sich nicht sinnvoll mit Story-Cards vergegenständlichen lassen. Dies hängt damit zusammen, dass der Kunde in der Regel mit diesen technischen Anforderungen wenig anfangen kann. So mag ein bestimmtes größeres Refactoring für die Entwicklung wichtig sein. Würde man diese Anforderung auf eine Story-Card schreiben und wie die anderen Story-Cards im Planungsspiel verwenden, würde der Kunde diese Karte in der Regel niedrig priorisieren.

Daher schreiben wir solche technischen Anforderungen auf Task-Cards. Diese werden im Planungsspiel nicht verwendet. Sie werden in einer zweiten Runde ohne Anwesenheit des Kunden eingeplant. Dabei versuchen wir, die Task-Cards Story-Cards zuzuordnen. Auf diesem Weg wollen wir sicherstellen, dass in einer Iteration die Task-Cards durchgeführt werden, die in dieser Iteration den größten Nutzen bringen. Damit wird auch verhindert, dass das Projekt »in Schönheit stirbt«. Dies kann eine Gefahr darstellen, wenn die Entwickler auf der Suche nach dem perfekten System nur noch Refactorings durchführen, aber keine fachlichen Anforderungen mehr umsetzen.

5.4.2 Detaillierung von Stories

Story-Cards durch Task-Cards detaillieren

Task-Cards können auf Basis von Story-Cards oder auf Basis technischer Anforderungen geschrieben werden. Ob Story-Cards auf Task-Cards heruntergebrochen werden, hängt vom Projekt ab. In unseren Projekten war es bisher meist erst ab einer gewissen Projektgröße notwendig. Für die Zuordnung von Entwicklern zu Task-Cards gilt dasselbe wie bei den Story-Cards. Sehr viel häufiger haben wir Story-Cards in kleinere Story-Cards zerlegt, um mehrere Paare parallel an einer Story-Card arbeiten zu lassen.

Beispiel

Eine Versicherung will ihr Hostsystem ablösen. Die folgende Story spielt sich im Bereich Antragstellung für Versicherungen ab.

> **Story-Card 1**
>
> Der Sachbearbeiter sucht einen Kunden im Hostdatenbestand. Die Suche kann dabei nach Vorname, Nachname, Kundennummer, existierender Vertragsnummer, Straße, PLZ, Ort erfolgen.

Diese Story bekäme bei der Schätzung z. B. vier Gummibärchen. Da die Karte damit relativ umfangreich ist, sollen mehrere Paare parallel an dieser Story-Card arbeiten. Wir können die Karte nach unterschiedlichen Kriterien zerlegen. Eine technische Zerlegung in Task-Cards könnte z. B. so aussehen:

> **Task-Card 1 zu Story-Card 1**
>
> Die Klasse `Kundenverwaltung` so erweitern, dass man Kunden nach den genannten Kriterien suchen kann.
>
> **Task-Card 2 zu Story-Card 1**
>
> Oberfläche für den Kundenfinder entwickeln.
>
> **Task-Card 3 zu Story-Card 1**
>
> Kundenfinder mit Zugriff auf die Oberfläche aus Task-Card 2 und die Kundenverwaltung aus Task-Card 1 entwickeln.

Alternativ könnte man die o.g. Story auch in kleinere Story-Cards zerlegen. Dann könnte herauskommen:

Story 1a

Der Sachbearbeiter sucht einen Kunden im Hostdatenbestand. Die Suche erfolgt nach Kundennummer.

Story 1b

Die Suche nach Kunden kann über Straße, PLZ, Ort erfolgen.

Story 1c

Die Suche nach Kunden kann über die Vertragsnummer erfolgen.

Die zweite Zerlegung hat den Vorteil, dass sie mit dem Kunden leichter diskutiert werden kann. Sie wird sogar seine Priorisierung beeinflussen. Er könnte dann die Reihenfolge 1a, 1b, 1c vorgeben. Möglicherweise eignet sich die erste Zerlegung etwas besser für die Parallelisierung der Arbeit, weil man aus rein technischer Sicht Task-Card 1 und 2 vollständig unabhängig voneinander entwickeln kann. In der zweiten Zerlegung müsste man die Einzelergebnisse dagegen zusammenführen. Das ist in unseren Augen aber nicht so dramatisch. Schließlich investieren wir die meiste Zeit ins Lernen und nicht ins Tippen. Außerdem kann Story 1c weitestgehend unabhängig von 1a und 1b entwickelt werden, weil die Suche in einem anderen Bestand (Vertragsdaten) erfolgt.

Das Hauptproblem an der Story bleibt bei beiden Zerlegungen, dass Task-Card 1 und die zuerst zu erledigende Story-Card viel aufwändiger sind als die anderen beiden Karten: Dort muss nämlich zum ersten Mal auf den Host zugegriffen werden. Man könnte versuchen, dementsprechend Task-Card 1 noch weiter zu zerlegen. Allerdings fehlt dazu noch das Wissen. Man müsste sich dann die Doku für das Cics-Transaction-Gateway noch einmal ansehen und außerdem die existierenden Cobol-Programme analysieren, ob diese sich überhaupt in der gewünschten Art und Weise aufrufen lassen.

Wenn wir das durch diese Unwissenheit verursachte Risiko nicht in unserer Schätzung haben wollen, bauen wir eine Spike Solution für den Hostzugriff. Das geht mit beiden Zerlegungen gleich gut.

Virtuelle Task-Cards

Häufig entstehen bei uns Zerlegungen in »virtuelle« Task-Cards erst bei der Erledigung der Story-Cards. Nehmen wir mal an, wir haben Story-Card 1 nach der zweiten fachlichen Strategie zerlegt. Dann nimmt sich ein Paar die Karte 1a und beginnt mit der Implementierung. Es überlegt sich kurz, wie die Anforderung umgesetzt werden kann, und stellt fest, dass eine Anbindung über Cics geeignet sein kann. Dann wird klar, dass dazu die aufzurufenden Cics-Programme identifiziert werden müssen. Außerdem muss geprüft werden, ob die Cics-Programme wirklich den Anforderungen genügen (also insbesondere keine eigene Bildschirm-I/O benötigen). Diese Einzelschritte schreibt das Paar dann entweder auf die Rückseite der Story oder schreibt entsprechende Task-Cards und heftet diese an die Story. Wenn eine Parallelisierung der Story notwendig wird, können die so entstandenen Task-Cards an weitere Paare vergeben werden.

5.5 Releaseplan

Der Releaseplan beschreibt, wann welches Release geplant ist. XP versucht, nicht zu weit im Voraus zu planen. Daher umfasst der Releaseplan häufig nur Termin und Funktionen des jeweils nächsten Releases. Der Releaseplan wird typischerweise als einfacher Text oder kurze Präsentation erstellt. Eine detaillierte Planung mit z. B. MS-Project ist in der Regel weder notwendig noch sinnvoll.

Lang laufende Projekte

In lang laufenden Projekten reicht das häufig nicht aus. Dann wollen verschiedene Parteien die Gewissheit, dass das Gesamtprojekt überhaupt im anvisierten Zeitrahmen realisiert werden kann. Dies kann man z. B. dadurch erreichen, dass ein Releaseplan mit mehreren Releases erstellt wird. Die Einplanung der einzelnen Releases kann über das Konzept von *Kernsystem mit Ausbaustufen* (siehe unten) konstruktiv umgesetzt werden.

Ein Release besteht in der Regel aus mehreren Iterationen. Iterationen werden durch die Zuordnung und Priorisierung von Story- und Task-Cards geplant. Während der Releaseplan benennt, zu welchem Termin ein Release mit einem bestimmten fachlichen Schwerpunkt zu erwarten ist, können auch die einzelnen Iterationstermine innerhalb der Releases relevant sein, weil z. B. nach jeder Iteration zumindest ein Testsystem ausgeliefert wird und die Anwender dieses ausführlich testen sollten.

Iterationen planen wir meist auf Basis von Kalenderwochen, und es kommt in Projekten vor, dass zwar schon für ein halbes Jahr im Voraus Iterations- und Releasetermine feststehen, diese aber noch nicht endgültig mit fachlichen Inhalten gefüllt wurden.

Beispiel

Ein Releaseplan kann so einfach wie der folgende aussehen:

- Ende Januar: Release 1 zur Vertragserfassung
- Ende März: Release 2 zur Vertragsbearbeitung
- Ende Mai: Release 3 zur Vertragsabrechnung

In einem komplexeren Projekt, in dem zwei unterschiedliche Bereiche unterstützt werden sollen, könnte er dann schon folgendermaßen aussehen:

- Ende Januar: Release 1 Bereich 1 zur Einsatzplanung
- Ende Februar: Release 1 Bereich 2 zur Vorgangsverwaltung
- Ende März: Release 2 Bereich 1 zur Auftragserstellung
- Ende April: Release 3 Bereich 1 zur Auftragserstellung mit GIS-Unterstützung (GIS = Geografisches Informationssystem)
- Ende April: Release 2 Bereich 2 zur SAP-Anbindung der Vorgänge

Zur Einplanung von Fachtests können neben Releases auch Iterationsendtermine genannt werden:

- Kalenderwoche 53 bis 01 (Anfang Januar):
  Iteration 1/3 zu Release 1 (Länge 2 Wochen)
  Inhalt: Mitarbeiterverwaltung
- Kalenderwoche 02 bis 03 (Mitte Januar):
  Iteration 2/3 zu Release 1 (Länge: 2 Wochen)
  Inhalt: Anwesenheitsplanung
- Kalenderwoche 04 bis 05 (Ende Januar):
  Iteration 3/3 (Länge 2 Wochen) = Release 1
  Inhalt: Einsatzplanung

5.5.1 Adaption: Kernsystem mit Ausbaustufen sowie Spezialsystemen

Motivation

Große Systeme können nicht in einem »Rutsch« implementiert werden. XP reflektiert das durch die kurzen Releasezyklen. Allerdings führt diese Technik zu einem rein sequenziellen Vorgehen. Da die Anzahl der Entwickler in einem XP-Team nicht beliebig erhöht werden kann, ist die Entwicklungsgeschwindigkeit nach oben begrenzt. Soll z. B. ein komplettes Hostsystem abgelöst werden, führt dies mitunter zu sehr langen Projektlaufzeiten.

Damit zusammen hängt der Aspekt der Projektgröße. XP-Projekte funktionieren mit wachsender Teamstärke immer schlechter (siehe dazu auch Abschnitt 6.5 *Skalierung*). Um die Projektlaufzeiten bei sehr großen Entwicklungsvorhaben zu reduzieren, müssen mehrere parallele XP-Projekte aufgesetzt werden. Es stellt sich jedoch die Frage, nach welchen Kriterien die einzelnen XP-Projekte gebildet werden und wie diese sich untereinander synchronisieren.

Das Konzept des Kernsystems mit Spezialsystemen adressiert diese Probleme. Das Kernsystem realisiert wichtige Kernfunktionalitäten des Systems. Neben dem Kernsystem realisieren die Spezialsysteme zusätzliche Funktionalitäten. Die Spezialsysteme stützen sich auf das Kernsystem ab, weisen untereinander aber keine Abhängigkeiten auf. Dadurch ist es möglich, mit der Entwicklung der Spezialsysteme zu beginnen, sobald eine erste Version des Kernsystems fertig gestellt ist. Die Spezialsysteme können dann in beliebiger Reihenfolge und auch parallel durch mehrere Projektteams realisiert werden.

Kernsystem und Spezialsysteme

In einem Krankenhausprojekt wurde das folgende Kernsystem mit Spezialsystemen definiert (siehe [Krabbel et al. 97]). Hier wurden die Patientenverwaltung, die Aufnahme und die Verlegung von Patienten etc. als Kernsystem identifiziert. Die Systeme zur Unterstützung von Operationen (OP-System), zur Archivierung etc. wurden als Spezialsysteme deklariert. Damit wurde zum einen festgelegt, dass die Funktionalitäten des Kernsystems den dringendsten Bedarf befriedigen. Zum anderen wurde bei der Analyse erkannt, dass die Spezialsysteme ohne die Funktionalitäten des Kernsystems alleine nicht funktionsfähig sind.

Beispiel

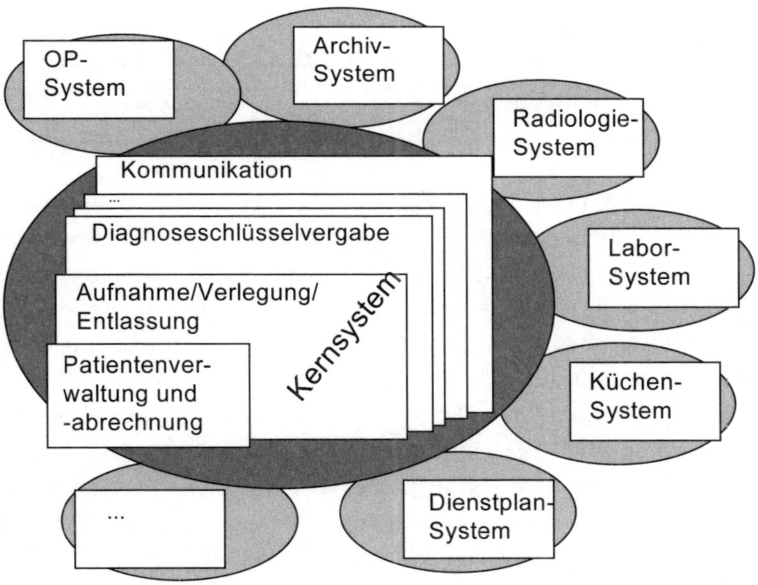

Abb. 5–1: *Kernsystem und Spezialsysteme*

Oft sind sowohl das Kernsystem als auch die Spezialsysteme noch so groß, dass sie weiter zerlegt werden müssen. In diesem Fall unterteilen wir die Systeme weiter in Ausbaustufen. Dabei legen wir besonderen Wert auf die Abhängigkeiten zwischen den Ausbaustufen.

Ausbaustufen

Beispiel In Abbildung 5–2 ist wieder aus dem Beispiel im Krankenhausbereich die Unterteilung des Kernsystems in Ausbaustufen dargestellt. Die erste Ausbaustufe umfasst die Patientenverwaltung sowie die Patientenabrechnung. Die Patientenverwaltung ist die Voraussetzung für die Patientenabrechnung sowie für die Aufnahme, Verlegung und Entlassung (A/V/E).

Abb. 5–2: *Ausbaustufen*

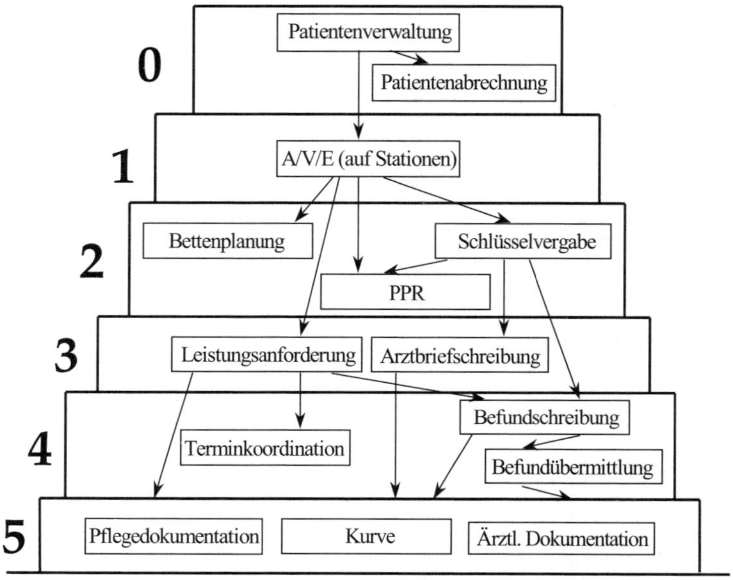

Anwendung Das Kernsystem mit Ausbaustufen und die Spezialsysteme werden von Entwicklern auf Basis von Gesprächen mit Kunden und Anwendern erstellt. Sie dienen nicht nur der Planung der reinen Softwareentwicklung. Darüber hinaus helfen sie bei der Umfeldvorbereitung. Für jede Ausbaustufe wird dabei festgehalten, welche Vorbedingungen im Umfeld notwendig sind.

Beispiel Im oben dargestellten Diagramm könnte die Einführung der *Bettenplanung* von der Beschriftung der Betten mit Barcodes abhängen.

Anwendung Das Konzept des Kernsystems mit Ausbaustufen geht alleine noch nicht wesentlich über die inkrementelle Auslieferung in XP hinaus. Erst durch die Spezialsysteme kommt eine neue Qualität ins Spiel. Sie definieren sich durch ihre Unabhängigkeit voneinander und erlauben so die Parallelisierung von XP-Projekten. Gibt es keinen Bedarf für Spezialsysteme, sollte die zusätzliche Komplexität des Kernssystems mit Ausbaustufen nicht in Kauf genommen werden.

Werden die Spezialsysteme verwendet, um die Arbeit in mehreren XP-Projekten zu parallelisieren, so wird dadurch der Entwicklungsprozess weniger flexibel. Wird die Aufteilung auf Spezialsysteme grundlegend geändert, müssen ggf. auch die XP-Projekte anders organisiert oder mit Mitarbeitern bestückt werden. Werden z. B. zwei Spezialsysteme zusammengelegt, müssten auch die XP-Projekte zusammengelegt werden. Solche Änderungen an der Organisationsstruktur sind in der Regel relativ aufwändig, weil die Entwickler sich zunächst im neuen Projekt eingewöhnen müssen.

Diese Reduktion der Flexibilität wird jedoch nicht durch die Spezialsysteme verursacht. Sie tritt immer auf, wenn mehrere XP-Projekte existieren, die synchronisiert werden müssen. Werden die den einzelnen Projekten zugeordneten Systemteile grundsätzlich anders bewertet, sind die Organisation der einzelnen Projekte sowie die Zusammenarbeit der Projekte davon betroffen.

5.6 Literatur

[Jacobson et al. 99] I. Jacobson, G. Booch, J. Rumbaugh: The Unified Software Development Process. Reading, Massachusetts, Addison-Wesley, 1999.

Das Standardwerk von den »Erfindern« des Unified-Process.

[Krabbel et al. 97] A. Krabbel, I. Wetzel, S. Ratuski: Anforderungsermittlung für Krankenhausinformationssysteme: Definition von Kernsystem und Ausbaustufen. In: W. Hasselbring (Hrsg.): Erfolgsfaktor Softwaretechnik für die Entwicklung von Krankenhausinformationssystemen. GI/GMDS-Workshop, Universität Dortmund, 20. Februar 1997, Münster, Krehl Verlag, 1997, S. 1–8.

Beschreibung von Kernsystem mit Ausbaustufen.

[Lilienthal & Züllighoven 97] C. Lilienthal, H. Züllighoven: Application-Oriented Use Quality, The Tools and Materials Approach. Interactions Magazine, ACM, November+December 1997, Volume IV.6.

Enthält Diskussionen darüber, wie Interviews, Szenarios und Glossare zur Gestaltung hoch qualitativer Software beitragen.

[Oestereich et al. 03] B. Oestereich, C. Weiss, C. Schröder, T. Weilkiens, A. Lenhard: Objektorientierte Geschäftsprozessmodellierung mit der UML. Heidelberg, dpunkt.verlag, 2003.

Beschreibung einer Methodik zur Geschäftsprozessmodellierung.

[Züllighoven 98] H. Züllighoven: Das objektorientierte Konstruktionshandbuch nach dem Werkzeug- und Material-Ansatz. Heidelberg, dpunkt.verlag, 1998.

Beschreibung von Glossar, Szenario und Kernsystem mit Ausbaustufen.

6 Organisation

Dieses Kapitel diskutiert organisatorische Fragestellungen, die die XP-Techniken alleine nicht beantworten können:

- *Anforderungsermittlung* (Abschnitt 6.1): Was macht man, wenn es Probleme beim Schreiben der Stories gibt?
- *Projektplanung* (Abschnitt 6.2): Wie plant man Projekte mit XP über die nächste Iteration bzw. das nächste Release hinaus?
- *Aufwandsschätzung* (Abschnitt 6.3): Wie kann man Aufwände schätzen, wenn die Anforderungen noch unklar sind? Wie schätzt man mehr als ein Release im Voraus?
- *Tracking/Projektcontrolling* (Abschnitt 6.4): Wie überprüft man den Projektfortschritt in großen Projekten bezogen auf das Gesamtziel?
- *Skalierung* (Abschnitt 6.5): Wie können auch große Projekte mit XP realisiert werden?
- *Vertragsgestaltung* (Abschnitt 6.6): Wie gestaltet man Verträge so, dass ein XP-artiges Vorgehen möglich wird?

6.1 Anforderungsermittlung

Wechselseitiger Lernprozess

Die Ermittlung der Anforderungen an das zu entwickelnde System ist für jedes Softwareentwicklungsprojekt kritisch. Generelles Ziel der Anforderungsermittlung ist es, dass Entwickler und Anwender übereinkommen, welche fachliche Funktionalität auf welche Art und Weise vom zukünftigen System realisiert werden soll. Wir begreifen die Anforderungsermittlung als gemeinsamen Lernprozess von Anwendern und Entwicklern. Die Entwickler lernen von den Anwendern, welche Aufgaben Anwender wahrnehmen und wie sie diese Aufgaben erledigen. Die Anwender lernen mit Hilfe der Entwickler die Möglichkeiten der Unterstützung durch moderne Hard- und Softwaresysteme kennen. Unsere Erfahrungen und Techniken ähneln in vielerlei Hinsicht den in [Rising 00] beschriebenen Ansätzen.

Kontinuierliche Anforderungsermittlung

Immer mehr Kunden sehen heute ein, dass eine abschließende Anforderungsermittlung bereits zu Projektbeginn in der Regel unmöglich ist. Ein zyklisches Vorgehen bietet sich von vornherein an. So kann Funktionalität bereits realisiert werden und auch sinnvoll zum Einsatz kommen, bevor alle Details zukünftiger Systemteile endgültig festgelegt sind. Wir ermitteln also Anforderungen kontinuierlich über die gesamte Laufzeit eines Projektes, müssen aber natürlich gerade am Anfang erst einmal den Entwicklern einen Einstieg in die Thematik und Fachlichkeit bieten. Hierzu verwenden wir die Techniken der »offenen Interviews« und zuweilen auch der Arbeitsplatzbeobachtungen, die im Folgenden beschrieben sind.

Offene Interviews

In offenen Interviews befragen die Entwickler die Anwender über ihre Arbeit in persönlichen Gesprächen. Sie stellen ihre Fragen im Interview so offen, dass die Anwender zum freien Erzählen ermuntert werden. Dadurch bleibt die Reihenfolge und Gewichtung im Interview weitgehend dem Anwender überlassen.

In der Regel wird der Anwender die Dinge zuerst benennen, die ihm im Moment am wichtigsten sind. Diese »Priorisierung« kann hilfreich sein, um festzulegen, in welchen Schritten und Systemversionen das System entwickelt wird. Allerdings müssen die Entwickler diese Priorisierung kritisch hinterfragen. Manchmal rutschen Punkte temporär in den Vordergrund des Anwenderinteresses, weil es akute Probleme gibt, die sich aber von selbst lösen.

Wir führen nach Möglichkeit Einzelinterviews, weil sie für den einzelnen befragten Anwender in der Regel deutlich angenehmer sind als Gruppeninterviews. Wichtig ist dabei auch, dass man mit der Auswahl der zu befragenden Anwender sorgsam umgeht. Zum einen wollen Abteilungsleiter und andere Manager befragt werden. Auf der anderen Seite sind sie vom Tagesgeschäft zu weit entfernt, um den Entwicklern die notwendigen Auskünfte zu geben. Meist nutzen sie die Anwendungssysteme später gar nicht oder nur eine stark eingeschränkte Berichtsfunktionalität. Sie neigen insbesondere dazu, von idealisierten Abläufen auszugehen, die so noch nie in der Organisation durchgeführt wurden. Trotzdem ist es neben der rein politischen Ebene (auch der Manager ist wichtig) sinnvoll, Abteilungsleiter und andere Manager zu befragen, weil sie die Ziele für die Systementwicklung zumindest mitbestimmen.

In Abstimmung mit der Zielsetzung für das neue System müssen die Anwendergruppen identifiziert werden, die das System später benutzen. Diese Frage muss sich relativ früh im Entwicklungsprozess klären, da die Entwickler sonst keine angemessenen Interviewpartner identifizieren können. Die Entwickler führen dann mit mindestens einem Vertreter einer jeden Anwendergruppe/-rolle ein oder mehrere Interviews. Diese Auswahl ist notwendig, weil Anwender unterschiedlicher Rollen aus fachlicher Sicht völlig zu Recht ganz unterschiedlich auf fachliche Abläufe sehen. Wir als Entwickler laufen Gefahr, wichtige Aspekte nicht mitzubekommen, weil wir mit den falschen oder zu wenig Anwendern gesprochen haben.

Rückkopplung durch Systemeinsatz

Auch wenn man dies alles beachtet, gibt es leider keine wirklich sichere und einfache Validierungsmöglichkeit für die Anforderungsermittlung. Es bleibt immer die Möglichkeit, dass die Entwickler mit den »falschen« Anwendern gesprochen haben oder dass wichtige Anwenderrollen nicht identifiziert wurden. Die Validierung der Anforderungsermittlung findet letztlich also auf jeden Fall beim Einsatz des Systems statt. Unter anderem ist es deshalb so wichtig, möglichst schnell einen nutzbaren Teil des Systems zumindest in den Piloteinsatz zu bringen. Ein erstes Feedback lässt sich bereits durch GUI-Prototypen einholen.

Während wir es befürworten, dass nur ein Anwender zur gleichen Zeit befragt wird, so sind auf der Entwicklerseite mindestens zwei Personen zu empfehlen. In der Regel ist ein Entwickler alleine überfordert, sowohl die Struktur für das Interview vorzugeben als auch gleichzeitig Protokoll zu führen. Wir empfehlen also, einen Entwickler das Interview und einen anderen Entwickler das Protokoll führen zu lassen. Anschließend setzen sich dann die beiden Entwickler zusammen und klären so viele Unklarheiten wie möglich. Auf dieser Basis kann eine Niederschrift (z. B. Interviewprotokoll, Szenario, Glossar) erfolgen, welche die Basis für die Rückkopplung mit den Anwendern bietet. Über die Rückkopplung wird das fachliche Verständnis der Entwickler durch die Anwender einer Überprüfung unterzogen und weitere offene Fragen können geklärt werden.

Die Interviews sollten am besten vor Ort am Arbeitsplatz der Anwender stattfinden. Ein wichtiger Aspekt beim Erlernen der Anforderungen ist die Gegenständlichkeit. Wir können uns fachliche Zusammenhänge viel leichter merken, wenn wir sie in einen Zusammenhang mit einem fachlichen Gegenstand (z. B. Antragsformular in einer Versicherung, Wiedervorlagemappe einer Bank, Beatmungsgerät in einer Klinik) bringen können. Finden die Interviews bei den Anwendern statt, können diese immer wieder ihre fachlichen Gegenstände als Erklärungshilfen verwenden. Werden die Interviews hingegen in den Räumen der Entwickler oder in Besprechungsräumen durchgeführt, wird dieser Rückgriff erschwert. Sollte sich kein Ort bei den Anwendern finden lassen, sollten die Anwender zumindest gebeten werden, einige exemplarische Gegenstände zum Interview mitzubringen. Alternativ können Interview und Arbeitsplatzbeobachtungen auch zeitlich voneinander getrennt durchgeführt werden.

Arbeitsplatzbeobachtungen

Neben dem Rückgriff auf die fachlichen Gegenstände erlauben Arbeitsplatzbeobachtungen, einen direkten Eindruck vom Arbeitskontext der Anwender zu erhalten. Es wird häufig übersehen, dass die Situation am Arbeitsplatz ein wichtiger Faktor für die Gestaltung des Systems ist. So ist z. B. ein System mit modalen Dialogen nicht geeignet in einer Umgebung, in der die zukünftigen Anwender oft durch Telefonanrufe unterbrochen werden, zu deren Beantwortung das System benötigt wird. Ein anderer großer Vorteil an Arbeitsplatzbeobachtungen besteht darin, dass Entwickler direkt miterleben können, wie und mit welchen Gegenständen und Materialien die Anwender bei der Aufgabenerledigung umgehen.

Zuweilen mag dieser Ansatz mühsam erscheinen, wenn die Anwender bereits mit EDV-Systemen arbeiten, aber auch in diesen Situationen können erstaunliche Ergebnisse zutage gefördert werden: Es werden zuweilen außerhalb des Systems von Hand Listen geführt, auf Ausdrucken Haken hinter erledigte Vorgänge gemacht oder aus einer Maske in eine andere mühsam Informationen kopiert.

Kurzum: Am Arbeitsplatz des Anwenders lässt sich für Entwickler viel über die Aufgaben erfahren, die das zukünftige System unterstützen soll.

Business Use Cases

Die *Business Use Cases* der UML halten wir für geeignete Dokumente, um von Anwendern Feedback über die von den Entwicklern verstandenen Fachkonzepte zu erhalten. Diese Dokumente ersetzen keine direkten Gespräche mit den Anwendern, können aber gut als Diskussionseinstieg verwendet werden. Das Besondere ist, dass nicht einfach nur Funktionalitätsanforderungen aufgeschrieben werden, sondern eine durchgängige beispielhafte Aufgabenerledigung. Dabei beginnen Entwickler erst einmal mit dem Ist-Zustand, der insbesondere die fachlichen Regeln verdeutlicht und beschreibt, die zur Anwendung kommen und berücksichtigt werden müssen. In späteren Schritten kann man sich dann dem gewünschten Soll-Zustand nähern und Veränderungen am bisherigen Prozess diskutieren.

Glossar

In den Szenarios werden viele Fachbegriffe der Anwender verwendet. In einem Glossar halten Entwickler ihr Verständnis dieser Begriffe fest. Auch das Glossar wird mit den Anwendern rückgekoppelt. Es stellt ein wichtiges Begriffsmodell dar, und viele der beschriebenen Begriffe werden später im Entwurf des Softwaresystems als Klassen wieder auftauchen.

Verweise auf XP-Techniken

Natürlich gibt es einen starken Zusammenhang zur bereits beschriebenen Technik des Planungsspiels (siehe Abschnitt 2.2). Außerdem kann man gutes Feedback mit einem Kunden vor Ort (siehe Abschnitt 2.1) erhalten und mit kurzen Releasezyklen (siehe Abschnitt 2.5) sich auch gleich direkt auf das zu erstellende System beziehen.

Anforderungsermittlung als Aktivität

Wir weisen hier nochmals ausdrücklich darauf hin, dass wir Anforderungsermittlung nicht als Phase, sondern als Aktivität verstehen. Während eine Phase einen Startzeitpunkt, einen Endzeitpunkt und ein Ergebnis hat, werden Aktivitäten immer wieder durchgeführt und verändern bereits existierende Ergebnisse. Diese Sichtweise harmoniert mit XP: Wir ermitteln genau so viele Anforderungen, wie wir jeweils benötigen.

Beispiel

Ein Kunde möchte ein System entwickelt haben, mit dem sich Geschäftsprozesse ins Web bringen lassen. Weder ihm noch den Entwicklern ist klar, wie dies konkret erfolgen kann. Mit dem vorhandenen Wissensstand auf beiden Seiten können keine sinnvollen Story-Cards geschrieben werden. Daher beginnen die Entwickler, sich mit Anwendern und anderen Entwicklern zu unterhalten, die bisher in ähnlichen Bereichen gearbeitet haben. Die Interview-Ergebnisse werden in Szenarios festgehalten und mit dem Kunden diskutiert. In diesem Diskussionsprozess bildet sich zwischen Entwicklern und Kunden eine gemeinsame Vorstellung über das zukünftige System heraus. So können erste Story-Cards geschrieben werden. Die Story-Cards werden eingeplant und realisiert. Sobald die Entwickler Fragen stellen, die der Kunde nicht beantworten kann, werden erneut Interviews geführt und Szenarios geschrieben.

6.2 Projektplanung

Die Planung von Softwareentwicklungsprojekten ist alles andere als einfach. Schon bei exakten Vorgaben ist das Schätzen des benötigten Programmieraufwands und die Festlegung eines möglichst frühen Fertigstellungstermins schwierig. XP legt die Messlatte noch höher und fordert inkrementelles Vorgehen mit unvollständigen Anforderungen.

Kontinuierliche Projektplanung

Auch wenn auf den ersten Blick das zyklische Vorgehen der Planbarkeit eines Entwicklungsprojektes entgegenzustehen scheint, so gilt dies nur für die Vorausplanung des gesamten Projektes. Wenn die Planung selbst auch zyklisch betrieben wird, also regelmäßig überarbeitet wird, und Schätzungen auf Basis von Erfahrungen aus zurückliegenden Zyklen neu vorgenommen werden, dann ist die Wahrscheinlichkeit recht hoch, dass die Planungssicherheit zunimmt. Diese Erfahrung beschreibt auch Ron Jeffries in [Jeffries et al. 00].

Zunächst stellt sich die Frage, für wen die Projektplanung überhaupt erstellt wird und wie detailliert sie welchen Gruppen bekannt ist.

Zielgruppe: Auftraggeber

Der Auftraggeber ist häufig nicht an den Details der Projektplanung interessiert. Er ist primär daran interessiert, dass das Projekt im geplanten finanziellen und zeitlichen Rahmen seine Ziele erreicht. In diesem Sinne wird sich der Auftraggeber häufig überzeugen wollen, dass das Projekt überhaupt planvoll vorgeht.

Zielgruppe: Anwender

Im Gegensatz zum Auftraggeber sind die Anwender an den einzelnen Story-Cards interessiert. Dabei beschränkt sich ihr Interesse auf die Erledigung der Story-Cards in der gewünschten Reihenfolge. Welcher Entwickler welche Story-Card abarbeitet, ist für sie nicht interessant. Neben den Story-Cards sind die geschäftspolitischen Ziele des Auftraggebers für die Anwender relevant. Häufig werden die Ziele des Auftraggebers erst im Zusammenhang mit dem Entwicklungsprojekt für die Anwender explizit. Sind den Anwendern die Ziele des Auftraggebers unklar, so haben diese in der Regel auch Schwierigkeiten, Story-Cards geeignet zu priorisieren.

Durch die Aufteilung der Kundenrolle in Auftraggeber und Anwender entsteht mitunter Konfliktpotenzial. In der Regel haben beide unterschiedliche Sichtweisen auf das Projekt und z.T. divergierende Ziele. Mit diesem Konflikt muss dann im Projekt umgegangen werden.

Zielgruppe: Programmierer

Die Entwickler sind sowohl an den geschäftspolitischen Zielen des Auftraggebers als auch den Story-Cards interessiert. Schließlich bilden die Zielerreichung sowie die Realisierung der Story-Cards die primären Kriterien für den Erfolg des Entwicklungsprojektes. Neben diesen fachlichen Fragestellungen planen die Entwickler eine Reihe von technischen Aspekten. Dazu gehören größere Refactorings, der Einsatz von Applikationsservern oder einer neuen Datenbank. Charakteristisch für XP-Projekte ist dabei, dass stets die fachlichen Aspekte im Vordergrund stehen und Technologien als Mittel zum Zweck verstanden werden. Daher versuchen XP-Projekte, die technischen Fragestellungen bereits bei der Planung an fachliche Anforderungen zu koppeln. Damit wird die Gefahr reduziert, dass unnötig viel Zeit mit Technologien verbracht wird. Nicht zuletzt ist das Projektteam für die Planung der Ressourcen im Projekt zuständig. Die Projektmitglieder müssen z. B. ihre persönlichen Urlaubsplanungen aufeinander abstimmen.

Dabei wird diese Planung keinesfalls einfach nur den Anwendern mitgeteilt, vielmehr erstellen Anwender, Entwickler und ihr jeweiliges Management gemeinsam die Planung (siehe Kapitel 5 *Artefakte*).

Während die Entwickler klären, welche Ressourcen bis zur nächsten Versionsauslieferung zur Verfügung stehen, und die Aufwände für einzelne Story-Cards schätzen, ist es Aufgabe der Anwenderseite, die Karten im Planungsspiel zu priorisieren.

Wir basieren die Projektplanung im Wesentlichen auf den vorgestellten Artefakten: Story- und Task-Cards und Releaseplan. In den entsprechenden Kapiteln haben wir detailliert beschrieben, wie die Projektplanung erstellt wird.

6.3 Aufwandsschätzung

Die Grundprinzipien der Aufwandsschätzung in XP haben wir bereits in Kapitel 2 erläutert. Wir orientieren uns immer an der gemessenen Produktivität aus der Vergangenheit, und wir schätzen in abstrakten Maßen wie z. B. Aufwandspunkten oder Gummibärchen. Diese Prinzipien gelten noch stärker, wenn es um umfangreichere Schätzvorhaben geht.

Wozu umfangreiche Aufwandsschätzungen?

Der typische Fall für eine umfangreiche Aufwandsschätzung ist, die Machbarkeit und die Kosten-Nutzen-Relation eines größeren Entwicklungsvorhabens zu bewerten. Steht beispielsweise zur Diskussion, ein großes in C entwickeltes Softwareprodukt durch eine Neuentwicklung in Java abzulösen, stellt sich natürlich die Frage nach der Wirtschaftlichkeit. Insbesondere wird man verschiedene Modelle gegeneinander abwägen, wie z. B. »Wir entwickeln die C-Anwendung weiter«, »Wir ersetzen nur die Oberfläche der C-Anwendung durch Java«, »Wir schreiben die komplette Anwendung neu in Java«.

Laufen Projekte über mehrere Jahre, ist es vollkommen unrealistisch, alle Stories bereits am Projektanfang zu kennen, um daraus eine Aufwandsschätzung zu erstellen. Selbst wenn man die Stories prinzipiell erstellen könnte (indem man z. B. die Funktionalität einer existierenden Software nachbildet), ist ihre Anzahl viel zu hoch, als dass sie noch vernünftig handhabbar wäre. Hohe Aufwände für das Schätzen wären die Folge.

Größere Schätzeinheiten: Features

Die Lösung dieses Problems ist ganz einfach. Wir ersetzen die Vielzahl konkreter Stories durch größere Einheiten. Diese größeren Einheiten werden *Features*[1] (oder auch *Business-Stories*) genannt. Ein Feature stellt für den Kunden Geschäftwert[2] dar. Features stehen typischerweise als Einzelpunkte in der Leistungsbeschreibung des Soft-

1. Die hier gemeinten Features sind nicht unbedingt identisch mit den Features aus FDD. Die Features aus FDD können je nach Projekt viel kleiner sein und sich eher in der Größenordnung von Stories bewegen.

waresystems. Für die Definition von Features kann man sich gut am FDD-Schema *<Aktion>* *<Ergebnis>* *<Objekt>* orientieren (siehe dazu FDD-Beschreibung in Abschnitt 3.2).

Beispiel: Features

In einer Auftragsverwaltung könnte es im Bereich Kundenverwaltung beispielsweise die folgenden Features geben:

1. Bearbeite Kunden.
2. Lösche Kunden.
3. Drucke Kundenliste nach PLZ.

Jedes Feature wird durch eine oder mehrere Stories realisiert. Das erste Feature aus der Liste würde beispielsweise in folgende Stories zerfallen:

1. Zeige Kundenliste an.
2. Öffne Kunden aus Kundenliste.
3. Speichere Kunden.
4. Prüfe Plausibilitäten vor Speichern.

Abbildung 6–1 zeigt grafisch die Hierarchie aus Features und Stories (Features sind als Elipsen dargestellt, Stories als Rechtecke).

Abb. 6–1: *Hierarchie aus Features und Stories*

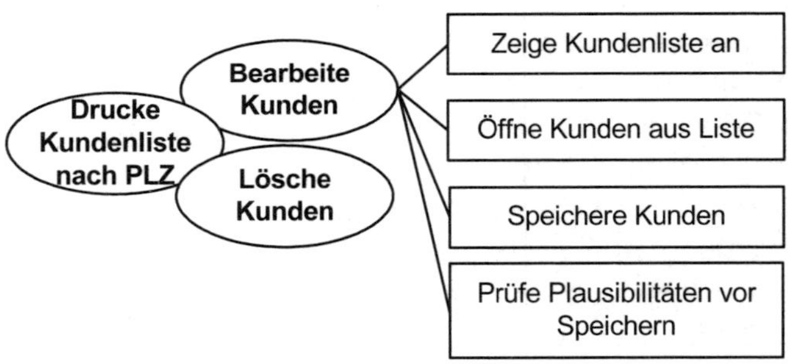

Subsysteme

Wird auch die Anzahl der Features sehr groß, kann eine weitere Ebene sinnvoll sein. In FDD werden Fachgebiete (engl. *Subject Areas*) verwendet. Wir verwenden den Begriff *fachliches Subsystem* oder einfach nur *Subsystem*. Die o.g. Features wären beispielsweise angesiedelt im Subsystem *Kunde*.

Beispiel: Subsysteme

Für das Beispiel der Auftragsverwaltung wären mögliche Subsysteme:

---

2. Für Stories gilt die schwächere Forderung, dass sie einen für den Kunden feststellbaren Effekt haben. Dieser Effekt alleine stellt häufig noch keinen Geschäftswert dar.

1. Kunde
2. Auftrag
3. Rechnung
4. Lohn

Solche Subsysteme lassen sich genauso wie die Features in der Regel mit wenig Aufwand finden. Häufig kann man eine vollständige Liste der Subsysteme an einem halben Tag erstellen und eine fast vollständige Liste der Features an einem halben Tag je Subsystem. Abbildung 6–2 zeigt die Hierarchisierung aus Subsystemen, Features und Stories für das Beispiel der Auftragsverwaltung.

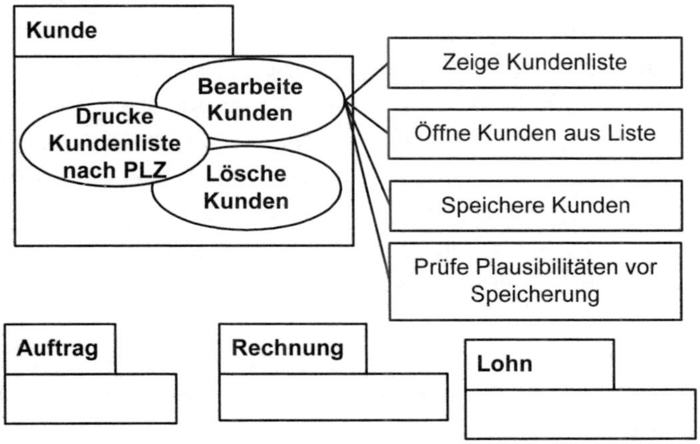

Abb. 6–2: *Hierarchie aus Subsystemen, Features und Stories*

Damit haben wir eine grobe, aber vollständige Beschreibung der Anforderungen an das System! Sehr häufig kann diese Grobstruktur immer wieder im Projekt zur weiteren Strukturierung verwendet werden, z. B. bei der Definition von Teilprojekten, bei der Bestimmung von Entwicklerteams, bei der zeitlichen Planung und bei der Aufteilung des Systems in Module.

Schätzung

Jede der drei Ebenen kann relativ einfach mit abstrakten Maßen (z. B. Aufwandspunkten) geschätzt werden. Um Verwirrung zu vermeiden, schätzen wir Stories in *step* (*story effort points*), Features in *feep* (*feature effort points*) und Subsysteme in *syep* (*system effort points*). Diese Schätzeinheiten sind erst einmal vollkommen unabhängig voneinander. Bei der Aufwandsschätzung geht es zunächst nicht um die konkreten Aufwände in Personentagen, sondern um eine Gewichtung der Anforderungen untereinander. Zunächst ist nur wichtig, dass eine Story mit *3 step* ungefähr dreimal so aufwändig zu realisieren ist wie eine mit *1 step*.

Wertebereich für Aufwandspunkte

Als Wertebereich für die Aufwandspunkte legen wir willkürlich 1 bis 5 fest. Ein kleinerer Wertebereich engt häufig zu sehr ein, ein größerer Wertebereich kann leicht dazu führen, dass man sich in Detaildiskussionen verliert (ob ein Feature 8 oder 9 Aufwandspunkte *schwer* ist, macht faktisch keinen nennenswerten Unterschied).

Schätzen durch Abstimmung

Außerdem korreliert der Wertebereich 1 bis 5 gut mit der Anzahl Finger an einer Hand. Man kann im Zweifel per abgewandelten Ching-Chang-Chong-Spiel in der Gruppe schätzen: Es wird bis drei gezählt (ching, chang, chong), und dann zeigen alle Teilnehmer der Schätzung gleichzeitig den subjektiv geschätzten Aufwandswert durch Anzahl Finger an. Davon kann man den Mittelwert nehmen und ggf. noch den minimalen und maximalen Schätzwert dazu notieren. Dieses sehr einfache Verfahren funktioniert, weil Schätzungen »aus dem Bauch heraus« meist sehr gut passen. Krassen Fehleinschätzungen begegnet man dadurch, dass nicht eine Person alleine schätzt.

Berechnung konkreter Aufwände

Beim hier vorgestellten Verfahren schätzt man erst top-down und rechnet dann die Aufwandspunkte bottom-up in Personentage um. Man beginnt damit, den Aufwand auf Ebene der Subsysteme in *syep* zu schätzen. Je nach Umfang des Systems kann man jetzt die Features eines oder mehrerer Subsysteme schätzen. Wichtig ist, dass mindestens für ein Subsystem alle Features aufgeschrieben und in *feep* geschätzt werden.

Für die Features wird genauso verfahren. Für ein oder mehrere Features werden die Stories definiert und in *step* geschätzt. Auch hier müssen mindestens für ein Feature alle Stories definiert und geschätzt werden. Abbildung 6–3 zeigt eine solche Schätzung am Beispiel der Auftragsverwaltung.

Abb. 6–3: *Hierarchisches Schätzen*

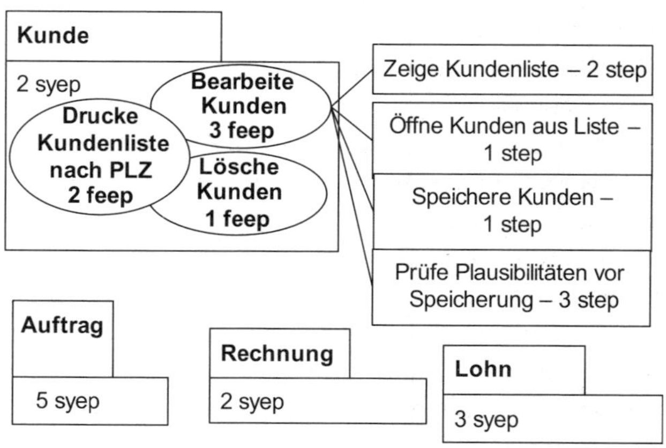

Um aus den Aufwandspunkten konkrete Aufwände in Personentagen zu berechnen, müssen wir jetzt nur noch Wissen, wie viel Aufwand sich hinter einem *step* verbirgt. Das lässt sich leicht ermitteln, indem wir einfach ein paar Stories implementieren und die verbrauchten Aufwände ermitteln. Durch Bottom-up-Berechnung können wir so ermitteln, wie viel Aufwand ein *feep* bedeutet und schließlich auch, wie viel Aufwand in einem *syep* steckt.

Beispiel: Berechnung konkreter Aufwände

In unserem Beispiel nehmen wir einmal an, wir hätten ermittelt, dass wir für einen *step* zwei Personentage benötigen (*1 step = 2 PeT*). Anhand des Features *Bearbeite Kunden* können wir ausrechnen, dass 1 feep in etwa 2,3 step entspricht (*3 feep = 2 + 1 + 1 +3 step = 7 step ==> 1 feep = 7/3 step*). Damit kostet ein feep ca. 4,6 PeT (*1 feep = 2,3 step = 2,3 * 2 PeT = 4,6 PeT*). Das Feature *Bearbeite Kunden* würde dann 13,8 PeT kosten.

Genauso verfahren wir auf der nächsten Ebene (Subsystem *Kunde*). 1 *syep* entspricht 3 *feep* (*2 syep = 6 feep ==> 1 syep = 6/2 feep*). Damit kostet uns 1 *syep* in etwa 13,8 PeT (*1 syep = 3 feep = 3 * 4,6 PeT = 13,8 PeT*). Das Subsystem *Kunde* würde demnach 27,6 PeT Aufwand benötigen.

Das Gesamtsystem wurde mit 12 *syep* geschätzt und würde demnach ca. 166 PeT kosten.

Das ganze Rechenmodell basiert auf der *Linearität der Schätzungen*, der *Konstanz der Verhältniswerte* sowie der *Konstanz der Produktivität*. Die einzelnen Aufwandsschätzungen müssen in dem Sinne linear sein, dass drei Aufwandspunkte auch in etwa dreimal so aufwändig zu implementieren sind wie ein Aufwandspunkt. Die Verhältniswerte müssen konstant sein, so dass die Umrechnungsfaktoren zwischen *step*, *feep* und *syep* im ganzen System konstant sind und nicht je Subsystem differieren. Für die Berechnung der Personentage ist wichtig, dass die Produktivität der Entwicklung (Entwicklungsgeschwindigkeit) über die Projektlaufzeit konstant ist.

Unsere Erfahrung: Linearität der Schätzung

Die Forderung nach der Linearität der Schätzung ist mit etwas Übung ganz gut zu erfüllen. Dort wo die Schätzungen abweichen, gleichen sich die positiven und negativen Abweichungen i.d.R. gut aus. Eine Planung, in der die meisten Aufwände in Karten mit 1 und mit 5 Aufwandspunkten stecken, ist anfälliger gegen das Problem als eine Planung, die die Gesamtaufwände einigermaßen gleichmäßig über alle Aufwandspunktwerte verteilt.

Unsere Erfahrung: Konstanz der Verhältniswerte

Die Konstanz der Verhältniswerte ergibt sich erstaunlich gut von selbst. Man kann sich in diesem Punkt Sicherheit verschaffen, indem man nicht nur die Features für ein Subsystem definiert, sondern für ein paar Subsysteme. Wenn die Umrechnungsfaktoren je Subsystem sehr unterschiedlich sind, muss man sich die Schätzungen nochmal kritisch anschauen. Solche Abweichungen kommen vor allem dann vor, wenn verschiedene Subsysteme von verschiedenen Personen oder in großen Zeitabständen geschätzt werden.

Unsere Erfahrung: Konstanz der Produktivität

Das größte Problem bei dem beschriebenen Schätzverfahren ist, dass die Entwicklungsgeschwindigkeit über einen längeren Zeitraum nicht konstant ist. Teilweise gleichen sich Berge und Täler in der Produktivität gegenseitig aus. Dennoch kann es zu erheblichen Abweichungen in der Produktivität kommen, indem die Entwicklungsgeschwindigkeit kontinuierlich zu- oder abnimmt. Der Fall, dass die Entwicklungsgeschwindigkeit kontinuierlich zunimmt, ist ein Glücksfall[3], über den sich wohl kaum jemand beschweren wird. Dass die Entwicklungsgeschwindigkeit kontinuierlich abnimmt, ist ein Symptom für Probleme im Entwicklungsprozess. Es ist keinesfalls ein Muss, dass Teams immer langsamer werden. Warum sollten sie nach einem Jahr nicht genauso schnell sein können wie nach einem Monat?

Trotz allem bleibt eine Schätzung eines großen Systems immer mit Unsicherheiten behaftet. Sie ist daher als Startpunkt zu verstehen und muss natürlich unter kaufmännischen und Risikoaspekten weiter analysiert werden. Außerdem muss sie während des Projektverlaufes ständig angepasst werden. So können Abweichungen von der ursprünglichen Schätzung schnell erkannt und Gegenmaßnahmen ergriffen werden.

Best-Case und Worst-Case

Die Unsicherheiten können weiterhin unter Best- und Worst-Case-Gesichtspunkten quantifiziert werden, indem man z. B. für jede Einzelschätzung seine Unsicherheit in einem Minimal- und Maximalwert Ausdruck verleiht.

6.4 Tracking/Projektcontrolling

Projektcontrolling und Tracking verschaffen einen Eindruck vom Projektzustand. Dazu werden in der Regel verschiedene Kennzahlen (Metriken) über den Ist-Zustand erhoben und auf Basis der historischen Entwicklung in die Zukunft prognostiziert. Es hat sich als sehr hilfreich erwiesen, die Ergebnisse des Tracking nicht in Form von Excel-Zahlenkolonnen zu kommunizieren, sondern grafisch durch passende Diagrammformen.

---

3. *Glücksfall* trifft es hier nicht ganz: Wenn das Team kontinuierlich schneller wird, ist das nicht auf Glück, sondern auf beharrliche Verbesserungsbemühungen des Teams zurückzuführen.

Feature-Burndown

Die wichtigste Kennzahl für Projekte dürfte der Restaufwand sein. Dazu wird ermittelt, welche Stories bzw. Features noch offen sind und welche Aufwände hinter ihnen stehen. Diese Restaufwände werden periodisch gemessen (Empfehlung: wöchentlich) und in einem Liniendiagramm fortgeschrieben. Daraus kann man die durchschnittliche Produktivität (AP / PeT) berechnen und so prognostizieren, wann alle Aufwände erledigt sein werden. Heraus kommt ein so genanntes *Feature-Burndown-Chart* (siehe Abb. 6–4, im Beispiel wurden die Restaufwände mehrfach pro Woche gemessen).

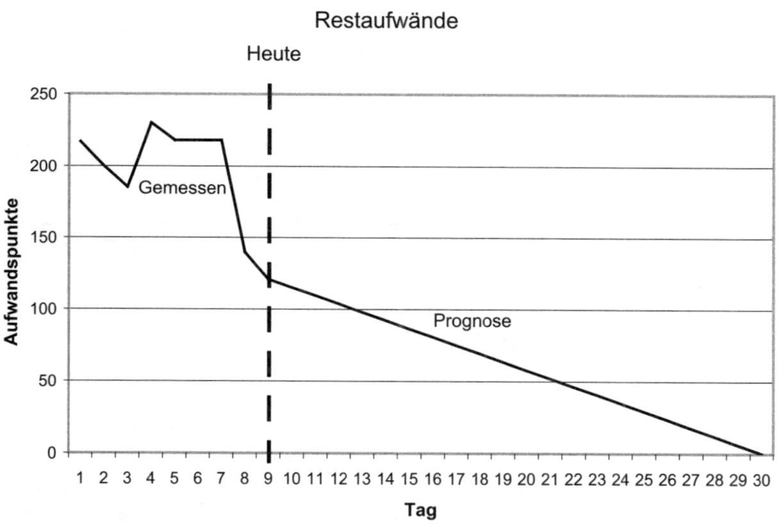

Abb. 6–4: *Feature-Burndown-Chart*

Diese Art der Darstellung des Projektzustandes ist einfach, aber sehr wirkungsvoll. Jeder (sogar Manager) kann sofort erkennen, wo das Projekt steht und wann die gewünschte Funktionalität komplett implementiert ist. Werden Zusatzanforderungen gewünscht, kann man den Effekt auf den Endtermin anhand des Diagramms ganz einfach jedem begreiflich machen. Jedes XP-Team muss eine jeweils aktuelle Version dieses Diagramms an der Wand hängen haben.

Schwächen von Feature-Burndown-Charts

Eine Schwäche der Feature-Burndown-Charts ist, dass sie nicht unterscheiden zwischen erledigten und gelöschten Features. Im oben dargestellten Diagramm kann man anhand des Diagramms nicht feststellen, was die Ursache für das plötzliche Absacken der Restaufwände an Tag 8 war. War das Team plötzlich so schnell oder wurden Anforderungen gestrichen? Genauso ist bei langsamer Entwicklung nicht ersichtlich, ob das Problem in der Produktivität liegt oder dadurch begründet ist, dass ständig neue Anforderungen hinzugefügt werden.

Feature-Burnup

Diese Schwächen kann man beseitigen, indem man das Diagramm auf den Kopf stellt, aus dem Feature-Burndown-Chart quasi ein *Feature-Burnup-Chart* macht. Jetzt zeigt das Diagramm nicht mehr die verbleibenden Restaufwände, sondern die bereits realisierten Aufwände. Zusätzlich zeichnen wir eine zweite Linie ein, die den Gesamtaufwand der zu realisierenden Anforderungen darstellt. Werden keine Änderungen an der Planung vorgenommen, ist diese Linie konstant. Das ist jedoch ein äußerst seltener Fall. Der Fertigstellungstermin des Systems ist durch den Schnittpunkt der beiden Linien gekennzeichnet (siehe Abb. 6–5).

***Abb. 6–5**:*
Feature-Burnup-Chart

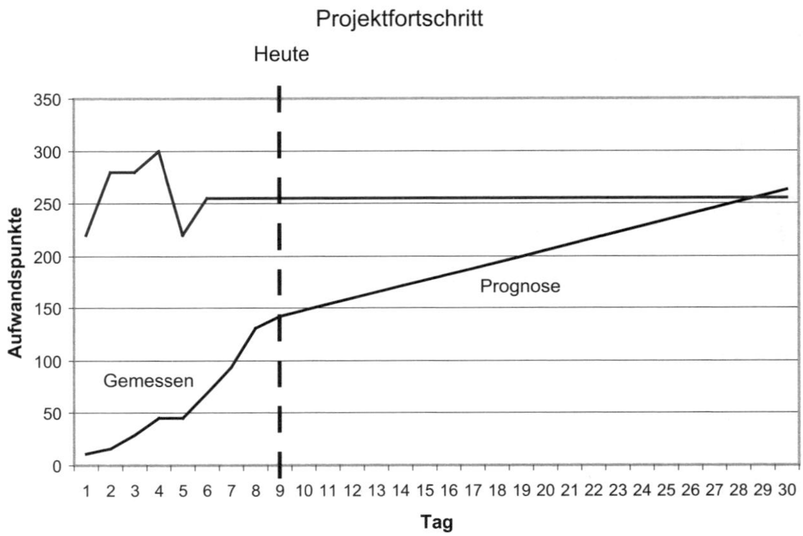

Im Beispieldiagramm kann man erkennen, dass die Anforderungen am Anfang ständig erhöht wurden, bis sie einen vollkommen unrealistischen Umfang von 300 AP erreicht haben. Danach wurden radikal Anforderungen gestrichen, wodurch der Gesamtaufwand auf 220 AP sank. Anschließend hat man festgestellt, dass man etwas mehr Anforderungen verkraften kann und hat wieder zusätzliche Anforderungen in moderatem Umfang akzeptiert.

Hierarchisches Controlling

Die oben gezeigten Diagramme visualisieren den Projektfortschritt über einen kurzen Zeitraum. Bei länger laufenden Projekten muss man zusätzlich feststellen, wo sich das Projekt auf dem Weg zum Gesamtziel befindet. Komplementär zum hierarchischen Schätzen im vorigen Abschnitt bietet es sich an, jeweils Feature-Burnup-Charts auf Ebene von Stories (in *step*), Features (in *feep*) und Subsystemen (in *syep*) zu erstellen.

Dabei ist zu beachten, dass es auf der Ebene von Features und Subsystemen zu kurz greift, nur vollständig erledigte Features und Subsysteme zu berücksichtigen. Insbesondere auf der Ebene der Subsysteme werden die Subsysteme i.d.R. nicht sequenziell nacheinander realisiert, sondern parallel. Bis kurz vor Projektende sind alle Subsysteme *in Arbeit*. Eine rein sequenzielle Realisierung der Subsysteme behindert häufig kurze Releasezyklen. Damit die Anwender einen ersten Vorteil vom System haben, benötigen sie in der Regel Teile aus verschiedenen Subsystemen.

Daher berechnet man aus den erledigten Stories den Fertigstellungsgrad der Features und Subsysteme in Prozent (siehe Abb. 6–6). Aus diesen Prozentzahlen kann man die erledigten Aufwandspunkte (*feep* und *syep*) ermitteln und als Basis für das Feature-Burnup-Chart verwenden.

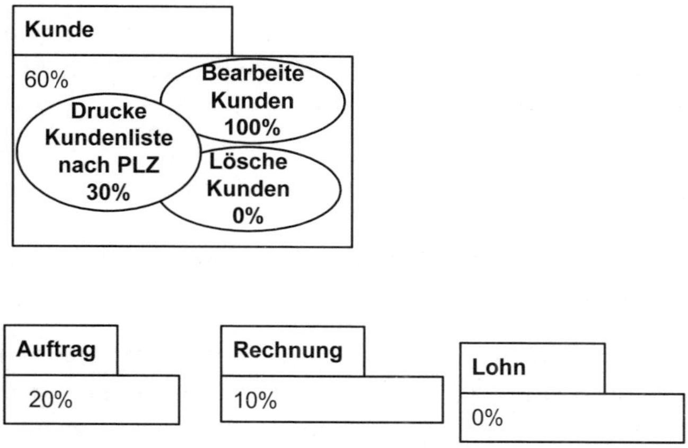

Abb. 6–6: *Fertigstellungsgrad in Prozent*

Diskussion

Immer wieder erleben wir, dass Entwicklungsteams sich um das Tracking herumdrücken. Es macht ihnen keinen Spaß, und immer mal wieder wird argumentiert, dass Tracking die Entwicklung ja auch nicht beschleunige; man wird sogar langsamer (irgendwer muss ja Aufwand ins Tracking investieren).

Auf Tracking zu verzichten, ist aber gleichbedeutend mit einer Schifffahrt im dichten Nebel ohne Radar oder andere Hilfsmittel. Keinen Unfall zu erleiden und das anvisierte Ziel zu erreichen, wäre reiner Zufall. XP wird verwendet, weil man erkannt hat, dass Projekte nicht in festen Rahmen ablaufen, sondern sich ständig Änderungen ergeben: Die Anforderungen ändern sich, die Produktivität steigt oder sinkt, die Entwicklermannschaft fluktuiert etc. Tracking ermöglicht es, auf diese Änderungen schnell und gezielt zu reagieren.

Ein Grund für das Unbehagen von Entwicklern beim Thema Tracking liegt in der Angst vor schlechten Nachrichten. Das Tracking zeigt schnell und unbarmherzig, wenn es Probleme gibt. XP ruft dazu auf, die so entdeckten Probleme nicht als etwas Negatives zu bewerten, sondern als Chance zu lernen und das Projekt so zum Erfolg zu führen.

Natürlich muss man darauf achten, das Tracking leichtgewichtig und handhabbar zu gestalten. Es sollten nicht irgendwelche Kennzahlen ermittelt werden, weil man sie ermitteln kann. Stattdessen muss es für jede Kennzahl ein wichtiges Phänomen geben, das man beobachten möchte.

Was tracken?

In unseren Projekten gibt es nur ein Diagramm, das immer erstellt werden muss: das *Feature-Burnup-Chart*. Alle anderen Kennzahlen werden bei Bedarf eingesetzt, um konkrete Probleme zu lösen (Testabdeckung, Entwicklung der Produktivität etc.).

Tools

Es gibt Unmengen Werkzeuge, um verschiedene Kennzahlen zu erheben und zu visualisieren. Die meisten sind für ein XP-Projekt vollkommen unnötig. In der Regel reicht eine Tabellenkalkulation für die Datenerfassung und Visualisierung vollkommen aus.

6.5 Skalierung

XP geht erst einmal davon aus, dass ein XP-Projekt vor allem in drei *Dimensionen* überschaubar ist:

- *Anzahl Mitarbeiter*: Es sollen nur so viele Mitarbeiter am Projekt teilnehmen, dass sich alle Projektmitglieder untereinander kennen und intensive soziale Beziehungen aufrechterhalten können. Als Obergrenze werden manchmal sieben und manchmal zwölf Mitarbeiter genannt.
- *Systemgröße*: XP geht davon aus, dass jeder Entwickler das Gesamtsystem kennt und daher jeder Entwickler jeden Code ändern darf (*gemeinsame Verantwortlichkeit*).
- *Laufzeit des Projektes*: Für die Planung wird davon ausgegangen, dass das Projektziel zeitlich so nah liegt, dass man sich leicht eine ungefähre Vorstellung vom erwarteten Projektverlauf machen kann.

Anzahl Mitarbeiter

XP funktioniert nicht gut, wenn zu viele Mitarbeiter am Projekt beteiligt sind. Schon sehr früh zerbricht die *gemeinsame Verantwortlichkeit*, und es fühlt sich keiner mehr verantwortlich. Beim *Programmieren in Paaren* muss man sich immer wieder auf neue Partner einstellen.

Die Aufwände für die persönliche Kommunikation steigen stark an, und Kommunikationsprobleme stellen sich ein.

Daher sollten Projekte, die viele Mitarbeiter erfordern, in mehrere kleine Projekte aufgeteilt werden. Die Projekte sollten sich an fachlichen Subsystemen des Gesamtsystems orientieren, so dass jedes Teilprojekt seinen festen Bereich im Gesamtsystem hat. Je Teilprojekt kann XP dann wieder problemlos eingesetzt werden.

Nach unserer Erfahrung hängt die konkrete Obergrenze für ein XP-Team von vielen Faktoren ab (Erfahrung der Entwickler, Zeit der Zusammenarbeit etc.). Tendenziell favorisieren wir eher kleine Teams (4 bis 6 Entwickler) und teilen Teams lieber früh auf als spät.

Systemgröße

Soll ein System mit vielen Klassen entwickelt werden, gliedern wir wieder das System in Subsysteme auf und sorgen dafür, dass den Entwicklern Subsysteme zugeteilt werden. Für diese Subsysteme erwarten wir, dass die Entwickler sich so gut auskennen, dass sie jede Änderung gefahrlos durchführen können.

Idealerweise haben die Subsysteme explizit definierte Schnittstellen, so dass man die Schnittstelle von der internen Realisierung des Subsystems unterscheiden kann. Dann ist gleich klar, dass Änderungen an der internen Realisierung keine Auswirkung auf andere Subsysteme haben können. Die Schnittstellen der Subsysteme lassen sich selten sofort stabil formulieren. Es zeigt sich häufig erst bei der Programmierung des Subsystems, wie die Schnittstellen sinnvoll formuliert werden können.

Laufzeit des Projektes

Wenn Projekte sehr lange laufen (mehrere Jahre), ist es schwierig, mit der zyklischen Iterations- und Releaseplanung von XP sicherzustellen, dass am Projektende auch die Ziele erreicht werden. Um Zielerreichung zu gewährleisten, zerteilen wir das Projekt wieder in Einzelprojekte (diesmal aber zeitlich). Für jedes der Einzelprojekte muss ein Ziel definiert werden, das das Einzelprojekt alleine rechtfertigt.

Häufig wird für lang laufende Projekte nur ein Endziel definiert (z. B. »Das neue System muss in drei Jahren das Gleiche können, was das heutige System kann«), und es wird behauptet, eine Unterteilung in Teilziele sei nicht möglich. In unseren Projekten haben wir diese Behauptung mehrfach gehört, gestimmt hat sie aber nie. Natürlich kann man nicht erwarten, dass eine Unterteilung in Teilziele vom Himmel fällt, indem man sich mal für eine Stunde Gedanken dazu macht. Etwas mehr Aufwand darf man schon verwenden.

Wie auch beim Gesamtziel ist bei den Einzelzielen darauf zu achten, dass sie *SMART* sind:

- *Specific*: Das Ziel ist spezifisch und allen Beteiligten klar.
- *Measurable*: Man kann messen, ob das Projektziel erreicht wurde.
- *Achievable*: Das Projektziel kann erreicht werden und ist keine Utopie.
- *Relevant*: Das Ziel ist relevant und nicht nebensächlich.
- *Time-Based*: Das Ziel ist mit einer Zeitvorstellung verbunden.

Als Musterbeispiel für ein SMARTes Ziel wird immer wieder Apple iTunes zitiert: »Wir wollen innerhalb eines Monats nach Start des iTunes-Dienstes eine Million Downloads haben.« Die Anzahl mag sehr hoch erscheinen, aber das Ziel war tatsächlich erreichbar (*achievable*). iTunes hatte bereits nach einer Woche die Million Downloads erreicht.

Das andere oben genannte Projektziel ist nicht wirklich SMART: »Das neue System muss in drei Jahren das Gleiche können, was das heutige System kann.« Es ist immerhin mit einer Zeitvorstellung verbunden (»in drei Jahren«). Allerdings ist es nicht spezifisch, weil bei solchen Zielsetzungen häufig den Projektbeteiligten keinesfalls klar ist, was genau das Ziel ist. Die Funktionalität des Altsystems ist nicht ausreichend bekannt. Außerdem ist das Ziel nicht relevant. Der Vorteil wird überhaupt nicht deutlich. Das Ziel könnte man auch erreichen, indem man einfach weiter das Altsystem verwendet.

Weiterführende Literatur

Eine ausführliche Darstellung der Probleme, die bei großen agilen Projekten auftreten, sowie deren Lösungen findet sich bei [Eckstein 04].

6.6 Vertragsgestaltung

Konventionelle Vertragsmodelle

Konventionelle Softwareentwicklungsverträge werden entweder als Festpreisprojekt oder nach Aufwand abgewickelt. Beim Festpreismodell schätzt die Entwicklerorganisation den Gesamtaufwand für die Realisierung. Basis für diese Schätzung ist eine möglichst komplette Anforderungsdefinition (Pflichtenheft). Diese Anforderungsdefinition wird vom Kunden selbst, von der Entwicklerorganisation nach Maßgabe des Kunden oder durch ein drittes Unternehmen (z. B. eine Unternehmensberatung) erstellt. Kent Beck argumentiert in [Beck & Cleal 99], dass Festpreisprojekte falsch benannt sind, weil nicht nur der Preis, sondern auch die Funktionalität bei Projektbeginn festgelegt wird. Solche Projekte müssten demnach eigentlich Festpreisprojekte mit festem Funktionsumfang genannt werden. Wird das Projekt nach Aufwand abgewickelt, so erstellt die Entwicklerorganisation monatlich Rechnungen über die geleisteten Aufwände auf Basis vorher ausgehandelter Stunden- oder Tagessätze.

Probleme mit Festpreisprojekten mit festem Funktionsumfang

Softwareentwicklungsprojekte sind immer mit Risiken behaftet. Bei Festpreisprojekten erhält der Auftraggeber eine vermeintliche Sicherheit bzgl. seiner Risiken. Liefert der Auftragnehmer die Software nicht oder in unzureichender Qualität, so kann der Auftraggeber die Bezahlung verweigern oder reduzieren. Doch der Schein trügt. Die Erfahrungen der letzten Jahrzehnte zeigen deutlich, dass Anforderungen an nichttriviale Softwaresysteme nicht vollständig und eindeutig formuliert werden können. Darüber hinaus werden sich die Anforderungen erst während des Projektes klären bzw. noch im Projektverlauf ändern. Daher enden missglückte Entwicklungsprojekte immer wieder vor Gericht. Tritt dieser Fall erst einmal ein, so stehen in der Regel sowohl Auftraggeber als auch Auftragnehmer auf der Verliererseite. Der Auftragnehmer erhält nur einen Teil des vereinbarten Betrages. Der Auftraggeber muss in der Regel zumindest einen Teilbetrag zahlen. Selbst wenn der Auftraggeber überhaupt keine Zahlungen leisten muss, hat er eine Menge Aufwände und Zeit verloren. Er muss dann das ganze Entwicklungsprojekt neu aufsetzen.

Zyklisches Vorgehen

Zunächst scheinen vor allem zyklische Projekte mit Festpreisprojekten inkompatibel zu sein. Schließlich kann nicht vor Beginn des Projektes der Gesamtumfang geschätzt werden. Tatsächlich macht das zyklische Vorgehen Fakten explizit, die für jedes Softwareentwicklungsprojekt gelten. Es wird sofort offensichtlich, dass traditionelle Festpreismodelle generell mit Softwareentwicklungsprojekten nur bedingt harmonieren. Häufig wird daher behauptet, dass die agile Softwareentwicklung neue Vertragsmodelle *erfordert*. Das widerspräche aber einem Grundgedanken agiler Softwareentwicklung, nämlich dass sie kundenorientiert ist. Die mit Festpreisverträgen assoziierte Sicherheit über die Gesamtkosten des Projektes ist ein völlig berechtigter Kundenwunsch. Kundenorientierte agile Projekte müssen sich fragen, wie sie kundenorientiert mit diesem Bedürfnis umgehen.

Wir sehen aus einer anderen Perspektive auf die Situation: Agile Softwareentwicklung *erlaubt* neue Vertragsmodelle. Diese neuen Vertragsmodelle müssen immer auch aus Kundensicht einen erkennbaren Mehrwert liefern, ohne das Risiko des Kunden erheblich zu erhöhen.

Projektziel und Projektnutzen

Für jedes Vertragsmodell ist es unbedingt empfehlenswert, dass zumindest eine grobe Idee über das Projektziel und den Projektnutzen existiert. Projektziel und Projektnutzen sind der Korridor, in dem wir uns während des Projektes bewegen. Anpassungen der Funktionalität, der Kosten oder der Zeit sind prinzipiell akzeptabel, solange Projektziel und Projektnutzen nicht gefährdet werden.

Das Projektziel zu definieren und den Projektnutzen zu klären, ist Aufgabe des Kunden. Erstaunlicherweise stellt beides viele Kunden vor erhebliche Probleme. Das Projektziel ist häufig nur sehr verschwommen vorhanden (»Die alte Software tut es irgendwie nicht mehr so richtig«), und über den Projektnutzen gibt es auch nur sehr vage (»mehr Software verkaufen«) oder vollkommen überzogene Vorstellungen (»200-mal schnellere Softwareentwicklung«[4]). Je unklarer Projektziel und Projektnutzen sind, desto schwieriger wird agile Softwareentwicklung. Dann wird jede Änderung an der Funktionalität zu einem Staatsakt, weil der Kunde außer dem Pflichtenheft überhaupt keine Orientierung mehr hat.

Vertragsmodelle

Wir unterscheiden eine ganze Reihe von Vertragsmodellen für Softwareprojekte (siehe Abb. 6–7). Jedes Vertragsmodell hat andere Charakteristika, so dass wir mit dem Vertragsmodell auf die spezifischen Bedürfnisse des Kunden eingehen können.

Abb. 6–7: *Vertragsmodelle*

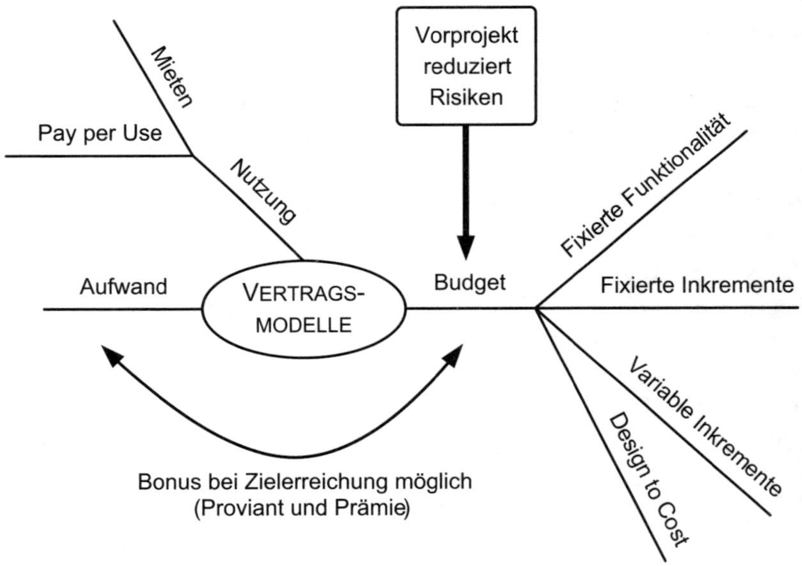

Zunächst unterscheiden wir, ob das Projekt nach Aufwand abgerechnet wird, ob ein festes Budget existiert oder ob der Kunde nach Softwarenutzung zahlt. Vorherrschend sind heute Projekte mit Budget. Bei größeren Entwicklungsvorhaben ist es sinnvoll, die Risiken für Softwarehersteller und Kunden durch ein Vorprojekt (siehe auch *Explorationsphase* in Kapitel 7) zu reduzieren. Projekte nach Aufwand und Projekte mit Budget können variiert werden, indem ein niedriger Basis-

4. Das ist kein Witz, sondern ein Originalzitat aus einem unserer Beratungsprojekte.

preis vereinbart wird, der dem Softwarehersteller das Überleben sichert, aber keine Gewinne abwirft. Wird das vereinbarte Projektziel erreicht, zahlt der Kunde eine vorher festgelegte Prämie an den Softwarehersteller. Der Basispreis liegt unter dem regulären Preis. Basispreis plus Prämie liegen über dem regulären Preis.

6.6.1 Aufwandsprojekt

Das agile Aufwandsprojekt funktioniert sehr ähnlich wie das klassische Aufwandsprojekt. Der Softwarehersteller entwickelt nach den Vorgaben des Kunden und stellt i.d.R. monatlich seine Aufwände zu einem vorher vereinbarten Tagessatz in Rechnung.

Wie agil sich das Projekt aus Kundensicht verhält, hat er alleine in der Hand. Er kann jederzeit den Inhalt des Projektes ändern. Diese Flexibilität erkauft sich der Kunde mit zusätzlichem Aufwand und Risiko bei der Projektplanung. Er alleine ist dafür verantwortlich, die Projektziele zu erreichen.

In Reinform sind uns Aufwandsprojekte mit externen Partnern nur selten begegnet; interne Projekte eigener IT-Abteilungen hingegen sind sehr häufig als Aufwandsprojekte anzusehen. Oftmals gibt es kleine Aufwandsprojekte im Zusammenhang mit größeren Festpreisprojekten, so wird z.B. Datenkonvertierung meist als Aufwandsprojekt vereinbart.

Chancen für den Kunden

- Flexible Steuerung des Projektes.

Risiken für den Kunden

- Verantwortung für Projekterfolg alleine beim Kunden.
- Trägt alleine das Risiko der technischen Qualität (Folgekosten bei Wartung).
- Schätzrisiko: Entwickler brauchen für die Anforderungen länger als zunächst gedacht.
- Ist der Tagessatz für die gelieferten Entwicklungsleistungen angemessen?

Chancen für den Softwarehersteller

- Kein Schätzrisiko.
- Muss Qualität nicht kompromitieren, um die Deadline zu erreichen.

Risiken für den Softwarehersteller

- Keine Planungssicherheit: Kunde kann Projekt jederzeit beenden.

6.6.2 Budget mit fixierter Funktionalität

Das ist der klassische Festpreisvertrag. Bereits vor Projektbeginn werden Funktionalität, Fertigstellungstermin und Preis endgültig ausgehandelt und vertraglich fixiert. Typischerweise wird die Funktionalität in einem Pflichten- oder Lastenheft beschrieben. Dieser Vertragstyp ist nach wie vor vorherrschend bei Softwareprojekten.

Chancen für den Kunden

- Risiken werden auf den Softwarehersteller abgewälzt.
- Während des Projektes kaum Aufwand für den Kunden.
- Zahlung erfolgt erst am Projektende (bzw. Kunde kann über einen Zahlungsplan Zahlungen in Richtung Projektende aufschieben und damit auch in Richtung des Zeitpunktes des Systemeinsatzes).

Risiken für den Kunden

- Projekterfolg wird erst am Projektende festgestellt. Dann kann sich das ganze System als unbrauchbar erweisen. Der Kunde hat dann Zeit und Geld für eigenen Aufwand verloren.
- Kunde bekommt genau das, was er bei Projektstart angefordert hat, auch wenn sich seine Anforderungen inzwischen geändert haben.
- Fehler und Unvollständigkeiten im Pflichtenheft gehen zu Lasten des Kunden.
- Missverständliches oder unklares Pflichtenheft.

Chancen für den Softwarehersteller

- Hohe Gewinnspanne, wenn das Projekt mit weniger Aufwand realisiert werden kann, als der Kunde bezahlt.

Risiken für den Softwarehersteller

- Schätzrisiko.
- Missverständliches oder unklares Pflichtenheft.
- Bekommt sein Geld erst am Projektende (bzw. je nach Zahlungsplan – jedenfalls später, als die zugehörigen Aufwände entstehen).

6.6.3 Budget mit fixierten Inkrementen

Beim Budgetvertrag mit fixierten Inkrementen werden ähnlich wie beim Budgetvertrag mit fixierter Funktionalität bereits die Funktionalität, der Termin und der Preis festgelegt. Allerdings werden schon während des Projektes erste Funktionalitätsblöcke an den Kunden ausgeliefert und bezahlt.

Eine Änderung der Projektinhalte während des laufenden Projektes ist nur im gegenseitigen Einverständnis möglich und erfordert einen Änderungsvertrag.

Chancen für den Kunden

- Schätzrisiken werden auf den Softwarehersteller abgewälzt.
- Während des Projektes wenig Aufwand für den Kunden.
- Zahlung erfolgt nur gegen Ergebnisse.
- Kann Teile des Systems schon vor Projektende einsetzen.
- Teilprojekterfolge können vor Projektende festgestellt werden.
- Kann das Projekt jederzeit abbrechen und dennoch ein einsetzbares System erhalten.

Risiken für den Kunden

- Planung einsetzbarer Inkremente ist nicht trivial.
- Fehler und Unvollständigkeiten im Pflichtenheft gehen zu Lasten des Kunden.
- Missverständliches oder unklares Pflichtenheft.

Chancen für den Softwarehersteller

- Hohe Gewinnspanne, wenn das Projekt mit weniger Aufwand realisiert werden kann, als der Kunde bezahlt.
- Bekommt Geld schon im Projektverlauf.

Risiken für den Softwarehersteller

- Schätzrisiko.
- Kunde kann das Projekt jederzeit abbrechen; Planungssicherheit wird reduziert.
- Missverständliches oder unklares Pflichtenheft.

6.6.4 Budget mit variablen Inkrementen

Beim Budgetvertrag mit variablen Inkrementen werden im Grunde auch Funktionalität, Termin und Preis vor Projektbeginn festgelegt. Allerdings einigen sich Kunde und Softwarehersteller darauf, dass der Kunde die Reihenfolge und den Inhalt der Inkremente noch im Projektverlauf ändern kann. Im Vertrag wird festgelegt, wer die Änderungen autorisiert und wie die Änderungen festgelegt werden. Fertig gestellte Inkremente werden sofort an den Kunden ausgeliefert, der sie dann einsetzen kann.

Ohne Intervention des Kunden realisiert der Softwarehersteller die Funktionalität aus dem Pflichtenheft.

Chancen für den Kunden

- Schätzrisiken werden auf den Softwarehersteller abgewälzt.
- Während des Projektes fällt nur dann Aufwand für den Kunden an, wenn er es möchte.
- Zahlung erfolgt nur gegen Ergebnisse.
- Kann Teile des Systems schon vor Projektende einsetzen.
- Teilprojekterfolge können vor Projektende festgestellt werden.
- Kann das Projekt jederzeit abbrechen und dennoch ein einsetzbares System erhalten.
- Lücken und Unklarheitem im Pflichtenheft können noch im Projekt geklärt werden.

Risiken für den Kunden

- Planung einsetzbarer Inkremente ist nicht trivial.
- Fehler und Unvollständigkeiten im Pflichtenheft gehen zu Lasten des Kunden.

Chancen für den Softwarehersteller

- Hohe Gewinnspanne, wenn das Projekt mit weniger Aufwand realisiert werden kann, als der Kunde bezahlt.
- Bekommt Geld schon im Projektverlauf.
- Lücken und Unklarheiten im Pflichtenheft können noch im Projekt geklärt werden.

Risiken für den Softwarehersteller

- Schätzrisiko.
- Kunde kann das Projekt jederzeit abbrechen; Planungssicherheit wird reduziert.

6.6.5 Design to Cost

Bei diesem Budgetvertrag werden nur Budget und Projektziel vor Projektbeginn festgelegt. Der Kunde füllt das Budget während der Projektlaufzeit mit den gewünschten Funktionalitäten. Der Softwarehersteller muss vor Projektbeginn lediglich erklären, ob das Projektziel im Budget erreichbar ist.

Chancen für den Kunden

- Flexible Reaktion auf Änderungen am Markt.
- Früher Projektbeginn möglich, weil Projektinhalt im Detail erst im Projektverlauf geklärt werden muss.
- Kann Teile des Systems schon vor Projektende einsetzen.
- Teilprojekterfolge können vor Projektende festgestellt werden.
- Erfahrungen des Softwareherstellers bei der Projektplanung können durch gemeinsame Planung der Funktionalitäten genutzt werden.

Risiken für den Kunden

- Planung während des Projektes erfordert kontinuierlichen Personaleinsatz.
- Projektziel präzise zu definieren ist anspruchsvoll.
- Wenn vor Projektbeginn schon genaue Vorstellungen über die Funktionalität existierten, könnten diese enttäuscht werden.
- Softwarehersteller entwickelt viel langsamer als gedacht.

Chancen für den Softwarehersteller

- Kann mit dem Kunden verhandeln, wenn technische Schwierigkeiten bestimmte Funktionalitäten sehr teuer oder risikoreich machen.
- Bekommt Geld schon im Projektverlauf.

Risiken für den Softwarehersteller

- Keine Möglichkeit, die Gewinnspanne durch besonders schnelle Programmierung zu erhöhen.
- Schätzrisiko, wenn das Projektziel nicht erreicht wird.

6.6.6 Mietsoftware

Bei Mietsoftware zahlt der Kunde gar nicht für die Erstellung der Software, sondern für deren Benutzung. Bezahlt wird dabei i.d.R. monatlich je Anzahl Benutzer. Damit werden aus einmaligen Investitionen in die Softwareentwicklung kontinuierliche Zahlungen.

Für den Softwarehersteller bedeutet Mietsoftware, dass er in Vorleistung bzgl. der Entwicklungskosten gehen muss. Dafür kann er versuchen, die Software auch an andere Kunden zu vermieten. Durch eine dauerhafte Kundenbeziehung kann der Softwarehersteller durch Mietsoftware höhere Gewinne erwirtschaften als mit klassischer Auftragsentwicklung.

Chancen für den Kunden

- Zahlt nur für die Nutzung.
- Zahlt nicht, wenn die Software nicht fertig gestellt wird oder nicht nutzbar ist.

Risiken für den Kunden

- Software wird an andere Kunden des Softwareherstellers vermietet und ist damit kein Alleinstellungsmerkmal.
- Einige Kundenorganisationen haben bei Mietsoftware Schwierigkeiten mit der internen Investitionsplanung.
- Wird die Software stark benutzt, wäre ein einmaliger Kauf evtl. billiger gewesen.

Chancen für den Softwarehersteller

- Hohe Gewinne möglich, wenn viele Kunden die Software über einen langen Zeitraum mieten.
- Kontinuierliche Zahlungsströme nach Freischaltung der ersten Version.

Risiken für den Softwarehersteller

- Wird die Software vom Kunden nicht genutzt, rechnet sich das Projekt nicht.
- Softwarehersteller muss bzgl. der Softwareentwicklung in Vorleistung gehen.

6.6.7 Pay per Use

Bezahlung je Benutzung ist als eigene Technik in der zweiten Auflage des XP-Manifests benannt. Bei diesem Vertragsmodell zahlt der Kunde je Nutzung einer bestimmten Systemfunktionalität. Sinnvollerweise generiert diese Funktionalität direkt Mehrwert für den Kunden. Dann hat man eine wünschenswerte Verknüpfung zwischen den Zielen des Kunden und den Zielen des Softwareherstellers. Beide profitieren, wenn die betreffende Funktionalität häufig benutzt wird. Der Softwarehersteller wird dann automatisch versuchen, diese Systemfunktionen so gut zu erstellen, dass sie möglichst einfach und möglichst häufig benutzt werden. Werden die Systemfunktionen sehr häufig genutzt, wäre der Profit des Kunden mit einem der anderen Vertragsmodelle aber noch größer.

Chancen für den Kunden

- Zahlt nur für die Nutzung.
- ROI (Return on Investment) lässt sich leicht berechnen und nachweisen.
- Zahlt nicht, wenn die Software nicht fertig gestellt wird oder nicht nutzbar ist.

Risiken für den Kunden

- Die Definition und Bewertung der Funktionalitäten, die Mehrwert für den Kunden bedeutet, sind anspruchsvoll.
- Einige Kundenorganisationen haben bei diesem Abrechnungsmodell Schwierigkeiten mit der internen Investitionsplanung.
- Wird die Software stark benutzt, wäre ein einmaliger Kauf evtl. billiger gewesen.

Chancen für den Softwarehersteller

- Hohe Gewinne möglich, wenn die bezahlten Funktionen sehr häufig benutzt werden.
- Kontinuierliche Zahlungsströme nach Freischaltung der ersten Version.

Risiken für den Softwarehersteller

- Wird die Software vom Kunden nicht genutzt, rechnet sich das Projekt nicht.

6.7 Softwareprojekte aus Kundensicht *(Beitrag von Jürgen Ahting, Ameco GmbH)*

Die Kunden stehen bei Softwareentwicklungsprojekten den Profis der Anbieter häufig als Amateure gegenüber. Im Zusammenhang mit dem ähnlichen Problem beim Einsatz von Beratern spricht man daher inzwischen von der Notwendigkeit zur »Klientenprofessionalisierung«. Im Folgenden wird eine mögliche Sicht des Kunden auf die Anschaffung oder Entwicklung von Software beschrieben. In der Zukunft werden sich immer mehr Kunden einer vergleichbaren Sichtweise anschließen, wenn ihnen die angesprochenen Aspekte bewusst werden. Darauf sollten sich die Anbieter von Softwareentwicklung einstellen.

Wer ist der eigentliche Kunde? So einfach diese Frage zu beantworten ist, so selten wird sie in der Praxis umgesetzt. Der Kunde ist natürlich die Organisationseinheit, die den größten Nutzen vom Einsatz einer Software hat. Diese kann als einzige den erforderlichen Aufwand rechtfertigen. Wenn diese Organisationseinheit jedoch nicht auch selbst den Hauptteil der Kosten (Anschaffungskosten, Betriebskosten und indirekte Kosten wie Personalaufwand) zu tragen hat, ist der langfristig wirtschaftliche Einsatz der Software eher unwahrscheinlich. Insbesondere lässt sich bei komplexen Informationssystemen auch einfach nur die Illusion von Kosteneinsparungen erzeugen, indem Kosten nur verschoben werden.

Möchte der Leiter einer Organisationseinheit eine Software anschaffen, die es ermöglicht, Kosten in deren Prozessen zu sparen und dadurch ggf. auch mehr davon abzuwickeln, so sollte er alle zukünftig anfallenden Kosten aus seinem Budget bezahlen müssen. Die Anschaffungskosten werden vom Unternehmen vorfinanziert, und er muss diese in den nächsten Jahren aus seinem Budget zurückzahlen. Da er ja Einsparungen durch die Nutzung des Systems erwartet, braucht sein Budget hierfür nur bei zusätzlich erwirtschafteten Erträgen aufgestockt zu werden.

Von Softwareentwicklern sagt man, dass sie neue Projekte lieben und die Wartung und Pflege von bestehenden Systemen als Strafe oder zumindest notwendiges Übel empfinden. Das ist beim Kunden genau umgekehrt. Er empfindet Beschaffung, Erstellung und Einführung von Software und die damit verbundenen Änderungen in den Arbeitsabläufen oder der Organisationsstruktur als unvermeidliches Übel, als Voraussetzung für sein eigentliches Ziel, die Nutzung der Software. Ein Softwareentwicklungsprojekt kostet nur Geld, Zeit und Nerven. Der wesentliche Nutzen, den das Projekt selber bringen könnte, sind detailliertere Kenntnisse über die eigenen Abläufe und damit Anforderungen. Dieser Nutzen endet aber in vielen Projekten zumindest nominell mit der Fertigstellung des Pflichtenheftes. Weitere Erkenntnisse werden danach nicht mehr als Nutzen, sondern als Mangel bei den vorhergehenden Arbeiten betrachtet.

Den Kunden interessiert also primär die Nutzungsphase der Software nach ihrer Inbetriebnahme. Diese Phase dient der Erwirtschaftung des »Return on Investment« (ROI). Was an Einsparungen und zusätzlichem Ertrag nach Abzug der laufenden Kosten übrig bleibt, muss jetzt mindestens die Anschaffungskosten decken. Rechtfertigen lässt sich diese Investition jedoch nur, wenn die weiteren finanziellen und qualitativen Vorteile größer sind als bei allen Alternativen, die nicht umgesetzt werden.

Hier liegt nun das eigentliche Problem des Kunden. Lehmans erstes Gesetz der Softwareevolution lautet: »Ein Programm, das in einem realen Umfeld eingesetzt wird, muss sich notwendigerweise ändern oder in diesem Umfeld immer weniger nützlich werden.« Wer also nicht regelmäßig in die Änderung oder den Ersatz seiner Software investiert, muss stattdessen ein laufendes und wachsendes »Nutzendefizit« akzeptieren. Dieses muss man also beim Vergleich von Systemen unbedingt als spezielle Form der indirekten Kosten berücksichtigen, weil sie sich darin erheblich unterscheiden können.

Die zentrale Frage für den Kunden bei der Auswahl von Softwareangeboten ist also: Welche der Alternativen hat bei einem bestimmten angestrebten Nutzen z. B. auf einen Zeitraum von 10 Jahren gesehen die geringeren Gesamtkosten (direkte Kosten für Betrieb, Änderungen und Ersatz und indirekte Kosten inkl. Nutzendefizit). Diese Frage gilt für beliebige Alternativen von dem Einsatz reiner Standardsoftware bis zur Entwicklung von Individualsoftware durch einen externen Dienstleister oder im eigenen Hause.

Die Kosten für die »erste« Software (das Ergebnis der Software(an)schaffung) für Erstellung und Betrieb lassen sich durch Anforderungen und entsprechende Verträge langfristig fixieren. Festpreis heißt jedoch nicht auch Festkosten. Die Kosten und Folgekosten späterer Änderungen bleiben bei der herkömmlichen Vorgehensweise zur Beschaffung unkalkulierbar.

Sie hängen im Wesentlichen von zwei Faktoren ab: der Qualität der Software und der Abhängigkeit vom Hersteller bzw. einzelnen Know-how-Trägern.

Wenn sich ein Kunde mit der Entscheidung für eine Software oder einen Dienstleister in eine so hohe Abhängigkeit begibt, dass diese Entscheidung als unumkehrbar angesehen werden kann, dann werden jene Marktmechanismen, die auf der Disziplinierung durch Wettbewerb beruhen, außer Kraft gesetzt, und übliche Beschaffungsstrategien haben oft die gegenteilige Wirkung.

Diese Gefahr kann sich der Kunde mit einer einfachen Frage verdeutlichen: *Falls uns der Anbieter diese Software schenken würde, könnten wir später verhindern, dass er den Angebotspreis auf Umwegen doch noch eintreibt?* Muss der Kunde diese Frage mit »wahrscheinlich nicht« beantworten, ist z. B. der konkrete Angebotspreis für eine Auswahl untauglich.

Auch die Qualität der Software wird unerheblich. Einerseits kann der Anbieter die Kosten mangelnder Qualität vollständig an den Kunden weiterreichen. Andererseits besteht für ihn auch keine Veranlassung, etwaige Kostenvorteile aus hoher Qualität an seinen Kunden weiterzugeben.

Für einen Kunden, der den Nutzen der Software einstreicht, ohne deren Kosten tragen zu müssen, ist diese Fragestellung natürlich unerwünscht. Er hat gemeinsam mit dem Anbieter ein hohes Interesse daran, dass ein niedriger Anschaffungspreis einen höheren ROI berechnen lässt. Dieses erhöht die Chancen, dass diese Investition genehmigt und vom Unternehmen finanziert wird.

Viele Unternehmen haben inzwischen auch lernen müssen, dass diese Problematik nicht verschwindet, wenn der »Anbieter« die eigene IT-Abteilung im Hause ist. Viel zu oft verschlingt diese entweder Unsummen an Geld oder sie behindert die Fachabteilungen in der Weiterentwicklung ihres Geschäfts, weil kritische IT-Systeme sich innerhalb der begrenzten Budgets nicht zeitnah anpassen lassen.

Die einzige Möglichkeit, die Abhängigkeit vom Hersteller effektiv zu reduzieren, ist die Austauschbarkeit der Software – entweder als Ganzes oder besser noch in Modulen. Dieses ist i.d.R. das Gegenteil des Kaufs von »Standardsoftware«, denn diese kommt üblicherweise von einem »Quasi«-Monopolisten. Es geht hierbei vielmehr darum, dass die Software bzw. ihre Komponenten an ihren »Schnittstellen« verbreiteten Standards genügt oder möglichst nahe kommt – dazu gehört auch die Benutzerschnittstelle. Je besser die Software Standards genügt, umso geringer sind die Kosten eines Austauschs inkl. der Schulung von Mitarbeitern.

Für alle anderen Teile der Software ist der Zugang zu den Programmquellen unerlässlich, um die Weiterentwicklung auch jemand anderem als dem Hersteller übertragen zu können.

Für einen Kunden, der die Kontrolle über den Nutzen seiner Software und damit die Kosten der Weiterentwicklung behalten möchte, ist es also essenziell, sich vertraglich den Zugang zum individuellen

Teil der Programmquellen zu sichern. Für alle übrigen Komponenten muss dann zumindest ihre Austauschbarkeit inkl. Änderung der offen gelegten Quellen bewertet werden. Dieses ist wie auch z. B. die Austauschbarkeit einer verwendeten Datenbank ein spezieller Aspekt der Qualität der Software. Die Abhängigkeit vom Hersteller hängt also – von den vertraglichen Voraussetzungen abgesehen – selbst von der Qualität der Software ab.

Die Kontrolle über den mittel- und langfristigen Nutzen einer Software, d. h. über die Kosten der zukünftigen Weiterentwicklung im einen (Austausch) oder anderen (Änderung) Sinne, hängt maßgeblich von bestimmten Aspekten der Qualität dieser Software ab.

Aus Sicht der Qualitätssicherung wird bei der Qualität von Software häufig zwischen »externer« und »interner« unterschieden, d. h., welche Mängel kann der Kunde durch Tests bis zur Abnahme feststellen und welche nicht. Aus Sicht des Kunden ergibt sich jedoch eine damit nicht deckungsgleiche Unterscheidung in »statische« und »dynamische« Qualität. Die »dynamische« Qualität äußert sich ausschließlich, wenn eine Software verändert wird, in den direkten und indirekten Kosten und Folgekosten dieser Änderung. Die »statische« Qualität betrifft die übrigen Qualitätsmerkmale, die sich nur auf die Nutzung der Software »so wie sie ist« auswirken.

Die »dynamische« Qualität von Software lässt sich noch detaillierter von der »statischen« Qualität abgrenzen:

- Die »dynamische« Qualität bildet die Grundlage der »statischen« Qualität. Sie entscheidet darüber, wann Verbesserungen der »statischen« Qualität (z. B. Performanz, Skalierbarkeit, Bedienkomfort) wirtschaftlich sind. Im gleichen Sinne bildet sie die Grundlage für Änderungen der Funktionalität.
- Im Gegensatz zur »statischen« Qualität spart eine Erhöhung der »dynamischen« Qualität in Summe Kosten und Zeit. Allerdings trägt bei vielen Projektkonstruktionen der Hersteller die Kosten, und der Kunde hat den Nutzen. Das heißt, geringere Qualität stellt i.d.R. einen Kosten- und Wettbewerbsvorteil für den Hersteller dar.
- Die »dynamische« Qualität bestimmt, welcher durchschnittliche Nutzen mit der Software langfristig wirtschaftlich überhaupt erzielt werden kann. Dabei geht es nicht nur um die Erhaltung des ursprünglich geplanten Nutzens, sondern auch um die Wahrnehmung neuer Gelegenheiten.

  Die beiden Extremfälle sind hier:

  - Software wie Hardware nutzen: Ohne Veränderungen die Software nutzen und das Nutzendefizit anwachsen lassen, bis sich

der Ersatz durch eine neue Version oder andere Software lohnt. Der durchschnittliche reale Nutzen liegt dann vielleicht bei 2/3 des ursprünglich angestrebten Nutzens.
- »Ideale« Software: Jede sinnvolle Anforderung lässt sich kostengünstig in akzeptablem Zeitrahmen umsetzen. Der durchschnittliche reale Nutzen kann dann vielleicht bei 95 % des angestrebten Nutzens liegen.

Die spannende Frage ist also, wo sich eine konkrete Software zwischen diesen Extremen wirtschaftlich einordnen lässt.

Obwohl die »dynamische« Qualität der Software also essenziell ist für deren langfristigen Nutzen, gehört sie bei der herkömmlichen Vorgehensweise zur »internen«, also für den Kunden unsichtbaren Qualität.

Für einen Kunden, der die Softwarebeschaffung oder -erstellung nur als ersten Schritt zur langfristigen Nutzung dieser Software betrachtet, tritt die folgende Frage in den Vordergrund: Wie kann ich sicherstellen, dass sich diese Software an die zukünftigen technischen und geschäftlichen Entwicklungen anpassen lässt, statt zu einem Klotz am Bein zu werden, der u.U. irgendwann meine Wettbewerbsfähigkeit gefährdet.

Die folgenden Maßnahmen sind in diesem Zusammenhang also aus Sicht des Kunden erforderlich:

- Schaffung der vertraglichen Voraussetzungen für den möglichst weitgehenden Zugang zum Quellcode.
- Anforderungen an den Hersteller, die Qualität der Software so transparent wie möglich zu machen, um diese bewerten und steuern zu können.
- Steuerung und Optimierung der Qualität der Software. Dieses umfasst ggf. auch konkrete Investitionen, um durch Qualitätsverbesserungen zukünftige Kosten zu senken.
- »Beweis« der »dynamischen« Qualität der Software schon im Rahmen der initialen Entwicklung.

Die Transparenz der Softwarequalität wird durch Aspekte der agilen Entwicklung (Unit Tests, Akzeptanztests) substanziell erhöht. Das primäre Mittel zur Optimierung der Softwarequalität (Refactoring) ist ebenfalls Bestandteil des agilen Werkzeugkoffers.

Der Beweis der »dynamischen« Qualität ist erforderlich, weil klassische Softwareentwicklungsprozesse auf der Prämisse aufbauen, dass das nachträgliche Ändern von Software »teuer« ist. Es ist also wenig glaubwürdig, dass bei diesen Entwicklungsprozessen Software von hoher »dynamischer« Qualität herauskommt.

Erforderlich ist vielmehr ein iterativer und inkrementeller Entwicklungsprozess, der nicht ausgehend von einer umfangreichen geschaffenen Infrastruktur in jeder Iteration weitere Funktionsmodule hinzufügt, sondern so schnell wie möglich Endbenutzerfunktionalität liefert, diese mit jeder Iteration ausbaut und die Infrastruktur dabei parallel weiterentwickelt. Dabei zählt Funktionalität nur als geliefert, wenn diese getestet und vom Kunden abgenommen ist. Der geforderte Beweis besteht bei einem solchen Prozess darin, dass das Entwicklungsteam es schafft, von der möglichst frühzeitigen ersten Lieferung bis zum Projektende je Iteration ein möglichst gleichbleibendes Volumen an weiterer Funktionalität zu liefern – ohne große Spitzen und Einbrüche. Die geringen Schwankungen dieser Kurve der realisierten, getesteten und abgenommenen Funktionalität kann als Maß für die »dynamische« Qualität der Software genutzt werden.

Zusammenfassend kann man feststellen, dass ein Kunde, der statt der Anschaffungskosten die gesamten Lebenszykluskosten (inkl. Nutzendefizit!) einer Software steuern können möchte, nicht nur die »statische«, sondern insbesondere auch die »dynamische« Qualität der Software unter Kontrolle bringen muss. Im Gegensatz zu den klassischen Softwareentwicklungsprozessen ermöglicht es die agile Entwicklung dem Kunden, die »dynamische« Qualität nicht nur zu beobachten, sondern auch in Aktion zu erleben, bevor er das System abnimmt und in Betrieb nimmt.

6.8 Literatur

[Albrecht 79] A.J. Albrecht: Measuring application development productivity. In: GUIDE/SHARE: Proceedings of the IBM Applications Development Symposium. Monteray, 1979.

Der Artikel begründete mit der Function-Point-Schätzmethode die Idee, mit abstrakten Schätzmaßen zu arbeiten, um Aufwandsschätzung von Produktivität trennen zu können.

[Beck & Cleal 99] Kent Beck, Dave Cleal: Optional Scope Contracts. 1999.
http://www.xprogramming.com/ftp/Optional+scope–contracts.pdf

In diesem Artikel argumentieren Beck und Cleal, dass klassische Festpreisprojekte für Entwickler und Kunden große Nachteile mit sich bringen. Für beide Seiten seien Verträge mit variablem Funktionsumfang viel besser geeignet.

[Beedle et al. 00] M. Beedle, M. Devos, Y. Sharon, K. Schwaber, J. Sutherland: Scrum: A Pattern Language for Hyperproductive Software Development. In: [Harrison et al. 00], S. 637-651.

Aus Scrum sind die Feature-Burndown-Charts sowie das Sprintkonzept entnommen.

[DeMarco 98] Tom DeMarco: Der Termin. München, Carl Hanser Verlag, 1998.

Ein Roman über Projektmanagement.

[DeMarco & Lister 91] Tom DeMarco, Timothy Lister: Wien wartet auf Dich! Der Faktor Mensch im DV-Management. München, Carl Hanser Verlag, 1991.

Klassiker zum Faktor Mensch bei der Softwareentwicklung.

[Denne & Cleland-Huang 04] Mark Denne, Jane Cleland-Huang: Software by Numbers. Prentice Hall, 2004.

Das Buch befasst sich mit den wirtschaftlichen Aspekten der Softwareentwicklung inkl. Return-on-Investment-Berechnung. Diese wirtschaftlichen Betrachtungen werden durch das Konzept der MMF (Minimal Marketable Feature) mit zeitlicher Projektplanung zusammengebracht. Der Ansatz harmoniert gut mit den kurzen Releasezyklen der agilen Methoden.

[Eckstein 04] Jutta Eckstein: Agile Softwareentwicklung im Großen. Heidelberg, dpunkt.verlag. 2004.

Jutta Eckstein beschreibt, wie die Prinzipien der agilen Softwareentwicklung in großen Projekten angewendet werden können.

[Feature Driven Development]
http://www.featuredrivendevelopment.com

Website rund um Feature Driven Development (FDD). Die Organisation der Anforderungen in FDD ist unserem Schätzverfahren für große Systeme ähnlich.

[Harrison et al. 00] N. Harrison, B. Foote, H. Rohnert (Hrsg.): Pattern Languages of Program Design 4. Reading, Massachusetts, Addison-Wesley, 2000.

Neben der Beschreibung von Scrum finden sich hier weitere Muster für die Gestaltung von Entwicklungsprozessen.

[Kilberth et al. 94] K. Kilberth, G. Gryczan, H. Züllighoven: Objektorientierte Anwendungsentwicklung – Konzepte, Strategien, Erfahrungen. Wiesbaden, Vieweg Verlag, 2. überarbeitete Auflage, 1994.

Hinweise zur Anforderungsermittlung und Projektplanung.

[Krabbel et al. 96] A. Krabbel, I. Wetzel, S. Ratuski: Participation of Heterogeneous User Groups: Providing an Integrated Hospital Information System. In: Proceedings PDC-Conference, Boston, November 13–15, 1996, S. 241–249.

Anforderungsermittlung mit unterschiedlichen Nutzergruppen in einem Krankenhausprojekt.

[Lilienthal & Züllighoven 97] C. Lilienthal, H. Züllighoven: Application-Oriented Use Quality, The Tools and Materials Approach. Interactions Magazine, ACM, November+December 1997, Volume IV.6.

Enthält Diskussionen darüber, wie Interviews, Szenarios und Glossare bei der Anforderungsermittlung verwendet werden können.

[Palmer & Felsing 02] Stephen R. Palmer, John M. Felsing: A Practical Guide to the Feature-Driven Development. Prentice Hall, 2002.

Einführung in Feature Driven Development (FDD). Die Organisation der Anforderungen in FDD ist unserem Schätzverfahren für große Systeme ähnlich.

[Rising 00] L. Rising: Customer Interaction Patterns. In: [Harrison et al. 00], S. 585-609.

Muster zur Interaktion mit Anwendern und Kunden. Enthält wichtige Hinweise für die Anforderungsermittlung.

[Roock & Wolf 04] S. Roock, H. Wolf: Agile Project Controlling. XP-Conference 2004, Juni 2004, Garmisch-Partenkirchen, 2004.

Beschreibung des hierarchischen Schätzens und Controllings.

[Schwaber & Beedle 01] Ken Schwaber, Mike Beedle: Agile Software Development with Scrum. New Jersey, Prentice Hall, 2001.

Die Beschreibung von Scrum von den beiden »Erfindern«. Aus Scrum sind die Feature-Burndown-Charts entnommen.

[Züllighoven 98] H. Züllighoven: Das objektorientierte Konstruktionshandbuch nach dem Werkzeug- und Material-Ansatz. Heidelberg, dpunkt.verlag, 1998.

Hinweise zur Anforderungsermittlung und Projektplanung.

7 Explorationsphase

Manchmal erwecken Beschreibungen zum eXtreme Programming den Eindruck, ein XP-Projekt würde mit der ersten Releaseplanung beginnen. Das ist aber nur in den seltensten Fällen sinnvoll möglich. Meistens muss der ersten Releaseplanung eine *Explorationsphase* vorweggeschaltet werden. Projekte, die sofort mit der ersten Releaseplanung beginnen, haben i.d.R. schon nach kurzer Zeit massive Probleme im Projekt.

Wie soll ein Projektteam auch hochqualitative Software entwickeln, ohne dass es Zeit gehabt hätte, sich über die grundlegende Struktur des Systems (Metapher) zu einigen? Wie sollen die Entwickler Aufwände schätzen, wenn das System mit bisher unbekannten Technologien realisiert werden soll? Wie soll irgendjemand seriös argumentieren können, dass sich das Projekt überhaupt lohnt?

Dieses Kapitel beschreibt die Inhalte der Explorationsphase. Es beginnt mit einer Betrachtung von Projektrisiken und deren Management. Anschließend wird das Explorationsteam thematisiert. Es wird beleuchtet, wer mit welchen Aufgaben am Explorationsteam teilnehmen sollte. Die fachliche Erkundung des Projektumfeldes ist ein zentraler Aspekt der Explorationsphase. Es muss den Projektbeteiligten klar werden, welche fachlichen Konzepte im Kern des Projektes stehen werden.

Während der Explorationsphase wird auch festgelegt, welche Technologien eingesetzt werden sollen. Neue Technologien werden evaluiert, um ihren Nutzen für das Projekt abschätzen zu können.

Zentral für das Projekt wird außerdem seine organisatorische Einbettung sein. Wer stellt die Schnittstelle zwischen Projekt und Anwenderorganisation dar? Wie ist das Projekt vertraglich aufgestellt?

Schließlich müssen sich die Projektmitglieder als Gruppe finden. Die Teambildung ist ebenfalls Teil der Exploration.

7.1 Risikominimierung

Hauptziel: Risikominimierung

Die Explorationsphase eines XP-Projektes ist eine erste Entwicklungsphase, die Risikominimierung zum Ziel hat. Während der Explorationsphase muss geklärt werden, welches fachliche Umfeld bearbeitet wird und wie man mit wem gemeinsam an benötigte fachliche Informationen kommt. Außerdem sollten die wesentlichen technischen Risiken wie z. B. der Einsatz neuer Technologien oder der Anschluss von Drittsystemen abgeklärt werden. Schließlich ist es in der Regel auch Ziel der Explorationsphase, eine erste grobe Gesamtschätzung für ein Projekt abzuliefern. Diese Schätzung ist häufig noch so grob, dass sie eher eine Größenordnung als genaue Aufwände angibt.

Die Explorationsphase hat Aspekte der klassischen Analyse und klassischer Vorprojekte. Es werden aber keinesfalls alle Unklarheiten in der Explorationsphase bis ins letzte Detail geklärt. Wir versuchen, die Risiken für das Projekt zu reduzieren. Ganz eliminieren lassen sie sich aber nie.

Risikoliste

Zu Beginn einer Explorationsphase muss das Explorationsteam gemeinsam mit dem Kunden eine Risikoliste aufstellen und die Risiken grob bewerten und priorisieren. Diese Liste wird aber nicht zu Beginn gleich vollständig sein, so dass sie während der Exploration ständig angepasst werden muss; natürlich auch dann, wenn durch die Exploration Risiken minimiert oder eliminiert werden konnten. Die Risikoliste sollte die Aktivitäten während der Explorationsphase treiben.

Typische Fragen, die es während der Explorationsphase zu klären gilt:

- Sind die Projektbeteiligten mit XP vertraut und weiß jeder, was seine Rolle bedeutet?
- Was soll fachlich umgesetzt werden? Was gehört noch dazu, wo liegt die Grenze des Projektes? Welches gemeinsame Verständnis vom fachlichen Kern haben wir?
- Wenn die Fachlichkeit zu groß wird: Wie und nach welchen Kriterien teilen wir die Fachlichkeit in Subprojekte auf?
- Wer verfolgt welches Projektziel?
- Mit welcher Technologie soll das Projekt umgesetzt werden? Ist sie verfügbar? Ist sie angemessen? Kennt das Team die Technologie ausreichend?
- Welche Drittsysteme spielen eine Rolle? Wie werden sie fachlich und technisch eingebunden?
- Wie sieht der Business Case für das Projekt aus? Unter welchen Randbedingungen lohnt sich das Projekt? Wie sieht die Kosten-Nutzen-Relation aus?

Insgesamt beobachten wir in vielen Projekten, dass über Risiken nicht gerne gesprochen wird, zuweilen geradezu Tendenzen vorherrschen, Risiken gänzlich zu verschweigen und zu verdrängen.

Umgang mit Risiken

Jerry Weinberg sagt dazu, dass sich erfolgreiche Projekte von nicht erfolgeichen vor allem durch ihren Umgang mit Risiken unterscheiden (siehe [Weinberg 98]). Auch wir ertappen uns zuweilen dabei, dass wir zwar unsere Risiken kennen, diese aber nicht explizit machen und auch nicht immer systematisch genug bearbeiten. Das ist eine Aufgabe, die in der Explorationsphase nur ihren Anfang findet, aber die gesamte Projektlaufzeit fortgeführt werden muss. Kurz zusammengefasst: Wer die Top-5-Risiken seines Projektes nicht kennt, hat sein Projekt aus den Augen verloren.

In Kapitel 6 haben wir das Tracking im Projektverlauf über Feature-Burndown-/-Burnup-Charts beschrieben. Das Verfahren eignet sich aber nicht direkt für die Explorationsphase, weil die konkreten Aufgaben häufig extremen Schwankungen unterliegen. Trotzdem wollen wir auch während der Explorationsphase unseren Fortschritt messen. Wir haben dazu in Projekten Risiken mit Eintrittswahrscheinlichkeiten und Kosten bei Eintritt geschätzt und erhalten daraus einen Gesamtrisikobetrag.

Mit jeder Aktivität während der Exploration adressieren wir die Minimierung eines Risikos in seiner Eintrittswahrscheinlichkeit oder in seinen Kosten. Daraus lässt sich ein Diagramm erstellen, das für jeden Tag der Explorationsphase den Gesamtrisikobetrag aufzeichnet, ein Risiko-Burndown-Chart. Der Wert 0 ist nicht erreichbar, aber eine deutliche Minimierung sollte schon geleistet werden.

Der Gesamtrisikobetrag ist die Summe der Einzelrisikobeträge. Der Einzelrisikobetrag wird berechnet als Produkt aus den Kosten bei Eintritt des Risikos und der Eintrittswahrscheinlichkeit.

Beispiel

Ein so bewertetes Risiko könnte folgendermaßen aussehen: Wenn sich die existierende Software technisch nicht anschließen lässt, müssen wir die Adressverwaltung selbst schreiben. Das würde 100.000 Euro kosten. Die Eintrittswahrscheinlichkeit des Risikos ist 25 %. Der Risikobetrag ist also 25.000 Euro.

Abb. 7–1: Risiko-Burndown-Chart

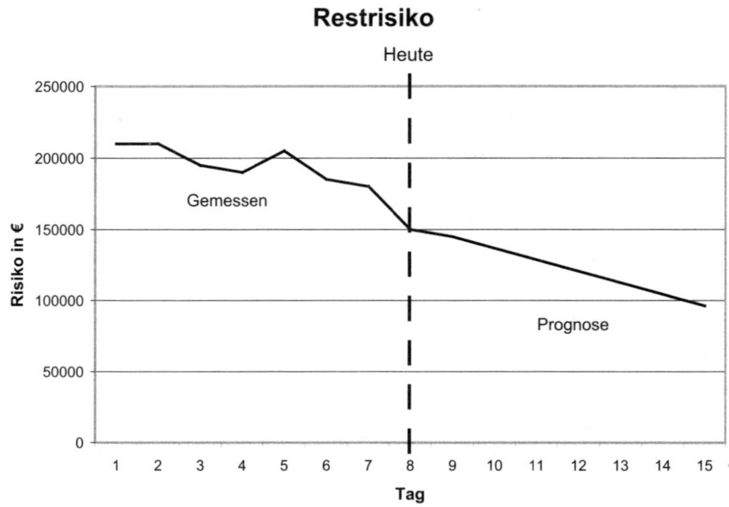

Abbildung 7–1 zeigt ein *Risiko-Burndown-Chart* für eine Explorationsphase von 15 Werktagen. Bei ca. 210.000 Euro Anfangsrisiko konnte dieses durch die Aktivitäten der Explorationsphase nach 8 Tagen auf ca. 150.000 Euro reduziert werden. Die eingezeichnete Prognose legt die Vermutung nahe, am Ende der Explorationsphase würde das Risiko bei unter 100.000 Euro liegen. Tatsächlich sind solche Prognosen aber sehr ungenau, weil Risiken meist nicht linear abgebaut werden. Das kann man am gemessenen Bereich im oben dargestellten Diagramm bereits erkennen.

7.2 Das Explorationsteam

Mit kleinem Team beginnen

Nach unserer Erfahrung ist es für Explorationen wenig sinnvoll, dass bereits ein komplettes, großes Team tätig wird. Besser ist es, wenn man mit einem eher kleinen Team beginnt, das dafür sehr gut und hoch motiviert ist. Typischerweise empfehlen wir zwei bis vier Personen. Darunter sollte nach Möglichkeit der spätere Projektleiter sein. Es kann außerdem sinnvoll sein, mit XP noch nicht sehr vertraute Entwickler frühzeitig ins Team zu integrieren, damit diese sich während der Explorationsphase mit XP befassen können. Zu viele unerfahrene Entwickler verkraften Teams jedoch nicht, es sollte dann besser ein kurzes Schulungsprojekt mit einem Coach aufgesetzt werden.

Technologie-Experten ggf. integrieren

Wenn man bei der Zusammenstellung des Explorationsteams bereits weiß, dass bestimmte Technologien für das Projekt in Frage kommen, kann man sich mit der Frage des Technologiewissens beschäftigen. Wenn sich nicht alle verfügbaren Entwickler mit der

Technologie (gut) auskennen, dann kann es sinnvoll sein, einen Experten für diese Technologie zu integrieren.

In Anforderungsanalyse erfahrene Entwickler integrieren

Mindestens ein Mitglied des Explorationsteams sollte Erfahrungen mit Anforderungsanalyse haben. Ein vollkommen unerfahrenes Team wird Gefahr laufen, die wichtigen Anforderungen nicht von den unwichtigen trennen zu können und sich mit einem Überblick über das zu bearbeitende fachliche Gebiet schwer tun.

Teamkontinuität und Wissenstransfer

Alle Mitglieder des Explorationsteams sollten in Vollzeit an der Exploration teilnehmen und auch später noch dem Projektteam angehören. Es ergibt zum einen keinen Sinn, wenn man bei Entwicklern projektspezifisches Wissen aufbaut, um diese später in andere Projekte zu schicken; zum anderen sind die ersten Teammitglieder sehr wichtig, weil sie das während der Explorationsphase gewonnene Wissen vor allem über persönliche Kommunikation transportieren.

Wie lange explorieren?

Es lässt sich nicht ganz einfach angeben, wie lang eine Explorationsphase sein soll. Bei uns haben sich über verschiedenste Projektgrößen Zeiträume von drei Wochen bis drei Monaten bewährt. Letzten Endes kann aber nur in der konkreten Situation unter Beachtung einer konkreten ersten Risikoliste entschieden werden, wie lange die Explorationsphase dauern sollte.

Nicht zu kurz ..

Eine zu kurze Exploration lässt zu viele Risiken offen und unadressiert. Damit lässt sich dann weder für Auftraggeber noch für den Auftragnehmer nach der Explorationsphase entscheiden, ob das Projekt wirtschaftlich sinnvoll für beide Seiten durchgeführt werden kann.

... und nicht zu lang

Erst einmal erstaunlich mag die Erkenntnis klingen, dass auch zu lange Explorationsphasen schädlich sind. Sie sind nicht nur unwirtschaftlich, sondern tragen auch das Risiko, dass die Entwickler demotiviert werden. Sie entwickeln ständig nur Prototypen und evaluieren Technologien in einem Rhythmus, der immer wieder von vorne beginnt. Die Entwickler konstruieren also für dieselben Probleme immer neue Prototypen mit anderen neuen Technologien.

Es geht dann schnell die Pragmatik der Explorationsphase verloren. Wichtig bleibt: Es geht in der Explorationsphase darum, Risiken so weit zu reduzieren, dass eine realistische Machbarkeitsanalyse möglich ist. Dafür reicht es bei der Evaluation einzusetzender Technologien insbesondere aus, Technologien zu finden, die gut genug sind. So manches Team hat sich schon an dem Versuch verhoben, die perfekte Zusammenstellung von Technologien für das Projekt zu finden. Das ist aufgrund der schnellen Weiterentwicklung der Technologien ein absurdes Ziel.

Was tun bei großen Projekten?

Zugegebenerweise gibt es Projekte, deren initiale Risiken zu hoch sind oder deren Fachlichkeit so umfangreich ist, dass drei Monate für eine Exploration nicht ausreichen mögen. Wir empfehlen dann, solche Projekte in Teilprojekte zu teilen, im Team technische Explorationen aufzuteilen und nach fachlichen Kriterien eine Teamaufteilung mit eigenen Explorationsphasen vorzunehmen.

Erfahrung mit zu langer Exploration

Wir haben auch schon längere Explorationsphasen durchgeführt und dabei die Erfahrung gemacht, dass die eigentlichen Risiken technischer und fachlicher Natur nach ca. drei Monaten abgeklärt waren. Die fachlichen Prototypen sind so weit angewachsen, dass sie vom äußeren Erscheinungsbild den Anschein erweckt haben, das System wäre fast fertig. Intern hatten sie aber im Kern doch nur die Qualität von Prototypen, die mit wenig Testabdeckung entwickelt wurden.

7.3 Fachliche Erkundung des Feldes

Anwendungsfälle und Glossar

Wir haben bereits in Kapitel 5 beschrieben, dass Anwendungsfälle als Vorstufe zur Erstellung von User-Stories geeignet sein können. Die passende Vorgehensweise sieht Arbeitsplatzbesuche der Entwickler vor und das Führen von Interviews mit Fachexperten. Die Anwendungsfälle dienen dann vor allem zur Rückkopplung mit den Fachexperten, um zu kontrollieren, ob die Entwickler das Richtige verstanden haben. Es reicht eigentlich immer aus, wenn die Explorationsphase einen groben Überblick über die Fachlichkeit des Projektes verschafft, einen Anspruch auf Vollständigkeit sollte man früh verwerfen. Auch später lohnt es sich meist nicht, diese Dokumente ständig zu erweitern und zu pflegen. Sie dienen dem Lernen und können vernachlässigt werden, wenn der Lernprozess erfolgreich verlaufen ist. Bestehende Dokumente müssen immer mit diesem Wissen behandelt werden. Sie sind meist nicht auf dem aktuellen Stand. Was an Dokumentation allerdings kontinuierlich gepflegt werden kann, ist ein Glossar (siehe auch Abschnitt 5.2).

Klärung der Projektbeteiligten

Zuerst muss in einer Explorationsphase aber geklärt werden, mit wem überhaupt gesprochen werden muss, wer welche Rolle wahrnimmt und wer welche Entscheidungen im Projekt trifft. Es gilt herauszufinden, welche Anwendergruppen aus welchen Organisationseinheiten mit welchen Managern zu beteiligen sind. Ist diese Gruppe identifiziert, muss vereinbart werden, wer welche Rollen im Projekt wahrnimmt: Wer wird für fachliche Rückfragen zu welchen Bedingungen und wie schnell ansprechbar sein? Wer trifft Entscheidungen über die Priorisierung von Anforderungen? Wie gestalten sich Abnahmen? Wer wird testen?

Zu den Projektbeteiligten gehört ggf. auch eine Arbeitnehmermitbestimmung, die frühzeitig eingebunden werden sollte. Meist gibt es dank starker Anwenderbeteiligung in agilen Projekten wenig Probleme bzgl. Mitbestimmungsfragen.

Ziele des Auftraggebers

Der Auftraggeber, meist durch einen Manager vertreten, sollte genau nach seinen Zielen befragt werden. Es geht meist nicht nur darum, dass eine Kundenverwaltung geschrieben wird, um Kunden zu verwalten. Oft sollen Prozesse verändert, Mitarbeiter eingespart und Vorgehensweisen vereinheitlicht werden. Hinzu kommt, dass ein einzelnes Projekt häufig nur ein Schritt hin auf dem Weg zu einem größeren Ziel ist.

Deshalb ist es auch insgesamt hilfreich, wenn die Entwickler in Erfahrung bringen, was zusätzlich zum aktuellen Projektauftrag an weiteren Veränderungen ansteht oder welche weiteren Systeme geplant sind oder zumindest angedacht wurden. Das hat eventuell starken Einfluss darauf, mit welcher Ausrichtung ein Projekt durchgeführt wird, sowohl technologisch als auch architekturell.

Drittsysteme

Ein typisches Projektrisiko ist der Anschluss eines oder mehrerer Drittsysteme. Deshalb muss während der Exploration geklärt werden, welche Drittsysteme für das Projekt relevant sind. Es ist dann nicht nur technisch zu klären, wie man sich mit den Drittsystemen verbindet oder ihnen eine Schnittstelle zum eigenen System schafft. Viel wichtiger ist, dass auch die fachlichen Überschneidungen klar werden und die fachlich Verantwortlichen für das Drittsystem einbezogen werden können. So wird vor Beginn des eigentlichen Projektes deutlich, worauf zu achten sein wird, welches System wofür führend ist und wie während des Projektes schnell Klärungen erfolgen können. Hier ist die Rollenverteilung wichtig. Beauftragt der Kunde notwendige Anpassungen am Drittsystem direkt oder agieren die Softwareentwickler als Kunden für das Drittsystem.

Unterteilung der Fachlichkeit

Relativ häufig tritt das Problem auf, dass man die Fachlichkeit sinnvoll in kleinere, verdaubarere Häppchen unterteilen muss. Das ist sowohl für die weitere Analyse als auch für die Bearbeitung im Projekt in Iterationen oder für das Erstellen von Releases nützlich. Diese Unterteilung kann anhand unterschiedlicher Kriterien vorgenommen werden, und man sollte diese mit den Projektbeteiligten gemeinsam sinnvoll auswählen.

Beispiele

Hier ein paar typische Beispiele für Unterteilungen, die keinen Anspruch auf Vollständigkeit erheben:

- nach Abteilungen: Die insgesamt zu unterstützende Funktionalität verteilt sich über mehrere Abteilungen, und jede profitiert auf andere Art und Weise vom Projekt und kann isoliert betrachtet werden.

- nach Prozessen: Die unterschiedlichen Prozesse, die vom Projekt unterstützt werden sollen, können sinnvoll nacheinander abgebildet werden. Dabei können Erfahrungen bei der Abbildung der ersten Prozesse in die Abbildung der nächsten Prozesse einfließen.
- nach Intensität: Häufig gibt es für Projekte fachliche Aufgaben, die das Gros der Arbeit der zukünftigen Anwender ausmachen, und andere nicht so häufig vorkommende Tätigkeiten. Es kann dann sinnvoll sein, sich zunächst auf die häufiger vorkommenden Aufgaben zu stürzen und erst später (oder auch gar nicht) die Tätigkeiten zu unterstützen, die selten vorkommen.
- nach Kundengruppen: Nicht nur im Bankenbereich wird stark zwischen Firmenkunden und Privatkunden unterschieden. Dies kommt in vielen Organisationen vor. Dabei sind die fachlichen Abläufe häufig auch sehr unterschiedlich zwischen den einzelnen Kundengruppen der zukünftigen Anwender des Systems. Daher kann eine Orientierung an unterschiedlichen Kundengruppen sehr hilfreich für die Unterteilung der Fachlichkeit sein.

In Abschnitt 6.3 beim Thema Aufwandsschätzung haben wir bereits eine solche Unterteilung gezeigt (z. B. in Abb. 6-2).

Fachliches Modell

Insgesamt ist es erklärtes Ziel der Explorationsphase, dass eine zwischen den Projektbeteiligten geteilte gemeinsame Vorstellung von der relevanten Fachlichkeit besteht. Wir können diese Vorstellung Metapher nennen (siehe Abschnitt 2.4) oder von einem fachlichen Geschäftsobjektmodell sprechen. Nach unserer Erfahrung gehen viele Projekte da mitunter zu oberflächlich vor und kümmern sich zu wenig um die Modellierung der Fachlichkeit bzw. um die gemeinsame Vorstellung vom Kern der Fachlichkeit und seiner Abbildung im zukünftigen System. Dies ist aber zwischen dem Kunden und den Entwicklern auf der einen und den Entwicklern untereinander auf der anderen Seite essenziell für den Projekterfolg.

Wir wollen dabei keinesfalls darauf bestehen, man müsse eine solche Modellierung in UML definieren und damit die Wände des Projektraumes tapezieren. Aber ein gemeinsames auf ein Whiteboard oder ein Flipchart per Hand entwickeltes Bild der fachlichen Kerneinheiten und ihren Beziehungen untereinander ist hilfreich bis notwendig. Das Buch *Domain Driven Design* von Eric Evans gibt für die Modellierung der Fachlichkeit wertvolle Hinweise (siehe [Evans 03]).

Um hier einem Missverständnis vorzubeugen: Ja, wir sprechen durchaus von einem Stück Entwurf, den man sehr früh im Projekt vornimmt. Aber wir reden eben auch nur von einem Kernausschnitt, der essenziell ist. Man mag behaupten, ein Projekt würde nicht mehr existieren, wenn diese Fachlichkeit entfallen würde. Zudem lässt sich dieses Stück fachliche Modellierung nach unserer Erfahrung meist recht gut im Vorfeld klären. Man muss sich aber stets vor Augen führen, dass es wirklich nur um fachliche Einheiten geht und nicht im geringsten um Fragen, wie dieses Modell geeignet auf eine Datenbank abgebildet werden kann oder dem Anwender präsentiert wird.

7.4 Technische Risikominimierung

Welche Technologien werden eingesetzt?

Zuerst einmal gilt es zu klären, welche Technologien zum Einsatz kommen sollen. Das betrifft Programmiersprache, Applikationsserver, Bibliotheken, Frameworks, Datenbanken, Übertragungstechniken/-protokolle, Frontend-Technologie, Betriebssystem und weiteres. Zuweilen kommt es sogar auf einzelne Versionsstände an (JDK1.4.2 oder DB2 V8), weil z. B. eine einheitliche Infrastruktur für viele Projekte dient und diese nicht zu Updates gezwungen werden sollen.

Nach unserer Erfahrung sind zumindest in großen Organisationen viele Technologien bereits zu Beginn gesetzt, z. B. von der IT-Abteilung. Es verbleibt aber auch meist noch eine ausreichend große Zahl von zu klärenden Technologien. Bei den noch offenen Technologieentscheidungen sollte ein gesunder Mix aus Bewährtem und Neuem zusammengestellt werden. Zu viele neue Technologien erhöhen das Projektrisiko drastisch, weil sie zusammen auch ungeahnte negative Synergien erzeugen können. Werden aber niemals neue Technologien eingesetzt, können die damit verbundenen Vorteile auch nicht genutzt werden. Der Mix aus Neuem und Bewährtem sollte natürlich von der Frage nach Risiken und Nutzen getrieben werden. Mission-Critical-Anwendungen sollten ihre Daten nicht in experimentellen Datenbanksystemen speichern. Neue Technologien, die einen hohen Nutzen versprechen, sollten nicht pauschal abgelehnt werden, nur weil damit noch keine Erfahrungen vorliegen. Die Explorationsphase ist genau der Ort, um erste Erfahrungen mit neuen Technologien zu sammeln.

Angemessene Technologien

Vor diesem Hintergrund ist immer zu klären, ob die einzusetzende Technologie für das Projekt angemessen ist. Das ist allerdings keine rein technische Frage, sondern muss immer auch vor dem Hintergrund der geplanten Benutzung des Systems betrachtet werden. Zum Beispiel: Sollen Anwender den ganzen Tag eine Web-Anwendung bedienen, die nur wenig Komfort erlaubt? Können die vielen Daten über eine dünne ISDN-Leitung in erträglicher Zeit übertragen werden? Zur Beantwortung solcher Fragen bieten sich Spike Solutions (Prototypen) an, weil sie bessere Entscheidungsgrundlagen bieten als Vermutungen. So kann es durchaus sinnvoll sein, den Anwendern eine bestimmte Funktionalität einmal als Web-Anwendung und einmal als Desktop-Anwendung zu präsentieren, um die Frage nach der Benutzbarkeit von den Anwendern beantworten zu lassen.

Wenn die Technologien schließlich weitestgehend gesetzt sind, stellt sich die Frage, ob das Team die Technologien beherrscht. Sollte es Defizite geben, sollten sie nach Möglichkeit in der Explorationsphase beseitigt oder zumindest vermindert werden. Hier kann es deutlich wirtschaftlicher sein, einen externen Berater für diese Technologie einzukaufen und eine Spike Solution mit ihm gemeinsam zu bauen, als sich sämtliches Wissen alleine anzueignen. Natürlich soll das Ziel darin bestehen, das Wissen ins Entwicklerteam zu integrieren und nicht die ganze Arbeit mit der Technologie an den Berater abzuwälzen.

Drittsysteme

Schließlich spielen die Drittsysteme, wie bereits im letzten Abschnitt beschrieben, eine wichtige Rolle, weil deren Anschluss ein wichtiger Punkt bei der Klärung technologischer Fragen ist. Auch hier sind fachliche Fragen von Bedeutung, weil technologisch zwar eine Dateischnittstelle einfacher sein mag, fachlich aber eine direkte Kommunikation mit einem Drittsystem notwendig sein kann (z. B. weil man immer die aktuellen Daten benötigt).

Wer administriert?

Für bestimmte Technologien, die dem Bereich der Infrastruktur angehören, also z. B. ganz typisch Datenbanken und Applikationsserver, ist außerdem zu klären, wer sich um deren Einrichtung und Administration während der Projektlaufzeit kümmert.

7.5 Organisatorische Rahmenbedingungen klären

Bereits in Abschnitt 7.2 haben wir darauf hingewiesen, dass sich während der Exploration herausstellen muss, wer in welcher Rolle am Projekt teilnimmt. Dazu gehören dann auch organisatorische Rahmenbedingungen, deren frühe Klärung jedem Projekt nützt.

Wo sitzt das Team?

Für das Entwicklungsteam ist es z. B. wichtig zu wissen, wo es sitzen wird und ob die Räume gut geeignet sind, also z. B. die Tische und Stühle auch für das Programmieren in Paaren verwendet werden können. Außerdem sollten alle Projektbeteiligten möglichst nah beieinander sitzen, um auf kurzem Wege schnell kommunizieren, diskutieren und entscheiden zu können.

Ansprechbare Fachexperten und Entscheider

Für XP-Projekte ist es außerdem von großer Bedeutung, dass schnell Fragen geklärt werden können: Zum einen betrifft das den Zugriff auf fachliche Experten, der geregelt sein sollte (möglichst mit Kunden vor Ort, siehe Abschnitt 2.1). Wie schnell kann wann und wie (und ggf. wo) wer angesprochen werden? Zum anderen betrifft das Managemententscheidungen wie Priorisierung oder Entfall von eigentlich geplanten Funktionen oder die Releaseplanung. Auch hier muss früh klar sein, wer mit wem darüber spricht und wie möglichst schnell Entscheidungen herbeigeführt werden können.

Umplanung planen

Zu diesen Entscheidungen gehört es auch, dass man sich im Projekt einigt, zu welchen Zeitpunkten und mit welchem Vorlauf Releaseplanungen überarbeitet werden. Wir haben z. B. in einem mehrjährigen Projekt ein wöchentliches Treffen auf Managementebene, in dem wir gelegentlich über die Gesamtplanung sprechen. Alle 3-4 Monate beraumen wir einen Planungsworkshop an, um den Plan den fachlichen, technischen und organisatorischen Gegebenheiten anzupassen.

Weitere Regelungen

Weitere Punkte, die geregelt sein sollten:

- Wer ist für die Umfeldvorbereitung zuständig?
- Was muss das Entwicklerteam dafür leisten? (Benutzerdokumentation? Schulungsunterlagen? Multiplikatorenschulung?)
- Wer testet die Software in welchen Versionen zu welchen Zeitpunkten?
- Wie erfolgen Abnahmen?
- Wer muss mit welchem Vorlauf bzgl. Anforderungen in Richtung von Schnittstellen zu Drittsystemen angesprochen werden?

Vertragsgestaltung

Was die Vertragsgestaltung und die in den Vertrag zu übernehmenden Regelungen angeht, haben wir in Kapitel 6 bereits einiges geschrieben. Letzten Endes gehen wir davon aus, dass wir einen partnerschaftlichen Umgang zwischen Kunde und Auftragnehmer pflegen. Deshalb muss nicht jede Klärung auch explizit vertraglich fixiert werden, solange man sich auch so einigen kann.

Was tun bei Unsicherheit?

Auch die erfolgreichste Explorationsphase wird nicht alle Unsicherheiten ausräumen können. Im Sinne des eben angeschnittenen partnerschaftlichen Umgangs miteinander sollten die verbliebenen Unsicherheiten explizit gemacht werden. Wenn man positiv ein gemeinsames Ziel im Projekt vor Augen hat, werden sich viele Unsicherheiten schmerzfrei auflösen. Es ist besser, diese Unsicherheiten als Risiken zu formulieren und über die Projektlaufzeit zu beobachten, als sie zu ignorieren oder einen Prozess zu wählen, der vermeintlich keine Fragen offen lässt: Einen solchen Prozess zur Softwareentwicklung gibt es unseres Erachtens nach nicht.

7.6 Teambildung

Und nicht zuletzt bildet sich in der Explorationsphase eine erste Projektkultur heraus. Hier erfolgt auch eine erste Aushandlung der Stellung der einzelnen Projektmitglieder untereinander.

Phasen in der Gruppenbildung

Dabei durchläuft das Projektteam wie jede andere soziale Gruppe auch vier Phasen:

1. *Forming*: Die Gruppe findet sich zusammen. Es wird festgelegt, wer zur Gruppe gehört und wer nicht.
2. *Storming*: Jeder in der Gruppe versucht, seinen Platz zu finden. In dieser Phase treten immer auch Konflikte zwischen Beteiligten auf.
3. *Norming*: Die Rollen in der Gruppe und die Stellung der Gruppenmitglieder zueinander klären sich. Jeder findet seinen Platz.
4. *Performing*: Jetzt kann die Gruppe ihre Leistung erbringen.

Leider gibt es keine festen Regeln für die Dauer der einzelnen Phasen. Sie können alle an einem Tag ablaufen oder sich über Jahre hinziehen. Es ist wichtig, diese Phasen zu kennen und passend mit ihnen umzugehen. So ist der Versuch, Konflikte zu unterdrücken, in der Storming-Phase kontraproduktiv. Und bevor die Performing-Phase nicht begonnen hat, wird die Gruppe deutlich unter ihrem Potenzial agieren.

Vertrauen

In XP spielt gegenseitiges Vertrauen eine wichtige Rolle. Wenn im Projektteam kein gegenseitiges Vertrauen herrscht, kann gemeinsame Verantwortung nicht erfolgreich praktiziert werden. Eine wesentliche Aufgabe in der Teambildung ist also der Abbau von Ängsten und Misstrauen und der Aufbau von Vertrauen.

Dabei helfen offene Kommunikation und klare Vereinbarungen. So sollte z. B. nicht jeder Projektbeteiligte seine eigene individuelle Vorstellung von Arbeitszeiten mit sich herumtragen. Stattdessen vereinbaren die Projektbeteiligten explizit, wann mit der Arbeit begonnen wird.

7.7 Literatur

[DeMarco & Lister 03] Tom DeMarco, Timothy Lister: Bärentango. Carl Hanser Verlag, 2003.

DeMarco und Lister beschreiben mit einem Fokus auf Risiken und Risikomanagement notwendige Aktivitäten für Softwareentwicklungsprojekte. Das Buch liefert viel Hilfreiches, auch wenn wir der vorgestellten Umsetzung mittels Tabellenkalkulation nicht überall folgen mögen.

[Denne & Cleland-Huang 03] Mark Denne, Jane Cleland-Huang: Software by Numbers, Prentice Hall, 2003.

Das Buch beschreibt die finanzielle Sicht auf Softwareprojekte: Kosten und Nutzen. Es wird erläutert, wie beides berechnet und gegeneinander abgewogen werden kann. Der beschriebene Ansatz harmoniert vor allem mit agilen Vorgehensweisen, weil der Faktor Zeit besonders berücksichtigt wird. So werden beispielsweise Werkzeuge beschrieben, mit denen berechnet werden kann, welche Reihenfolge bei der Realisierung von Systemfunktionen den größten Mehrwert bringt.

[Evans 03] Eric Evans: Domain Driven Design. Reading, Massachusetts, Addison-Wesley, 2003.

Evans stellt in Musterform dar, wie fachlicher objektorientierter Entwurf erfolgen kann. Das beschriebene Vorgehen hat einen Fokus auf agile Vorgehensweisen und inkrementelles Design, ist aber auch für klassische Methoden geeignet. Nach unserer Einschätzung ist Domain Driven Design heute eines der wichtigsten Bücher für die Anwendungsentwicklung.

[Harrison et al. 00] N. Harrison, B. Foote, H. Rohnert (Hrsg.): Pattern Languages of Program Design 4. Reading, Massachusetts, Addison-Wesley, 2000.

Enthält neben technischen Mustern auch Muster für die Gestaltung von Entwicklungsprozessen und zur Anforderungsermittlung.

[Lilienthal & Züllighoven 97] C. Lilienthal, H. Züllighoven: Application-Oriented Use Quality, The Tools and Materials Approach. Interactions Magazine, ACM, November+December 1997, Volume IV.6.

Enthält Diskussionen darüber, wie Interviews, Szenarios und Glossare bei der Anforderungsermittlung verwendet werden können.

[Rising 00] L. Rising: Customer Interaction Patterns. In: [Harrison et al. 00], S. 585-609.

Muster zur Interaktion mit Anwendern und Kunden. Enthält wichtige Hinweise für die Anforderungsermittlung.

[Weinberg 98] Gerald M. Weinberg. Systemdenken und Softwarequalität. Carl Hanser Verlag, 1998.

Weinberg vermittelt tiefe Einblicke in Systemdenken und Softwarequalität und beschäftigt sich auch mit dem Umgang mit Risiken in Entwicklungsprojekten.

[Züllighoven 98] H. Züllighoven. Das objektorientierte Konstruktionshandbuch nach dem Werkzeug- und Material-Ansatz. Heidelberg, dpunkt.verlag, 1998.

Hinweise zur Anforderungsermittlung und Projektplanung.

8 XP einführen

XP muss erlernt werden. Die Ideen hinter XP erscheinen zwar einfach und einleuchtend, dennoch ist das Erlernen von XP genauso notwendig, wie dies für andere Entwicklungsprozesse gilt. Es stellt sich also die Frage, wie der erforderliche Lernprozess sowohl für das Projektteam insgesamt wie auch für jedes einzelne Projektmitglied gestaltet werden kann.

Sich umgewöhnen

In der Regel haben die Projektmitglieder bereits mit anderen mehr oder weniger explizit formulierten Entwicklungsprozessen gearbeitet. Die Projektbeteiligten müssen dann nicht einfach nur XP kennen lernen. Sie müssen sich darüber hinaus umgewöhnen und an den neuen Entwicklungsprozess anpassen. Und selbst wenn den Entwicklern die XP-Techniken vermittelt wurden, führt dies nicht automatisch zu einem gut funktionierenden XP-Entwicklungsprozess. Das Projektteam muss auch lernen, nach Anzeichen für Probleme im Entwicklungsprozess Ausschau zu halten und geeignet zu reagieren.

XP wird häufig nachgesagt, es handele sich dabei um eine »Hacker«-Mentalität, die völlig ungeplant und anarchisch organisiert ist. Dass diese Sichtweise nichts mit einem echten XP-Projekt gemein hat, sollte in den vorangegangenen Kapiteln klar geworden sein. Das Gegenteil ist richtig: XP zu erlernen und einzusetzen bedarf einer hohen Disziplin aller Beteiligten.

Alle Beteiligten müssen lernen

Zu den Beteiligten gehören zudem nicht nur die Programmierer. Soll XP für ein Projekt installiert werden, müssen auch die richtigen Randbedingungen geschaffen werden. Diese betreffen sowohl das Management des Projektes als auch dessen Organisation.

Wir geben in diesem Kapitel Anregungen und Tipps, wie XP erlernt und in einem Unternehmen eingeführt werden kann. Dabei fokussieren wir zunächst auf das Entwicklungsteam. In späteren Abschnitten beschäftigen wir uns mit der Frage, wie das Management mit einem XP-Prozess umgehen kann und wie der nötige Kontext für ein XP-Projekt geschaffen werden kann. Zum Abschluss beschreiben wir unseren Eindruck, wie sich XP im Unternehmen verankern lässt.

XP macht Spaß

Letztlich kann die Arbeit für Entwickler in einem XP-Projekt auch viel Spaß bedeuten. Das ist gut, denn Spaß steigert die Motivation und kann in gesundem Maße positiv auf das Projekt wirken. Schließlich arbeiten wir alle viel lieber in einer angenehmen Atmosphäre. Daher verwundert es nicht, dass es eine Reihe von spielerischen Varianten gibt, um XP zu lernen und die Techniken zu praktizieren. Da wir recht gute Erfahrungen damit gesammelt haben, möchten wir zumindest zwei Möglichkeiten am Ende dieses Kapitels kurz beschreiben.

8.1 Einführungsstrategien

Betrachten wir zunächst das Entwicklerteam. Beim Entwicklungsteam handelt es sich um die Gruppe von Programmierern, die das Softwaresystem realisieren werden. Es gibt eine Reihe von Meinungen, wie man einem Entwicklungsteam die Ideen und Techniken von XP nahe bringen kann. Wir betrachten hier zwei mögliche Varianten, die kontextabhängig gewählt werden können.

8.1.1 XP als Komplettpaket erlernen

Zunächst gibt es die Möglichkeit, XP als eine Art Komplettpaket einzuführen. Dabei werden die einzelnen Techniken und Werte nicht schrittweise eingeführt, sondern das Team startet mit einem XP-Prozess, der alle Bestandteile von XP von Beginn an enthält.

Vorgehensweise

Dies kann in unterschiedlicher Form umgesetzt werden. Es bietet sich an, eine entsprechende Einführungszeit für das Team einzuplanen. Diese Zeitspanne könnte mit einer kleinen Vorstellung der XP-Ideen beginnen. Anschließend kann das Team die vorgestellten Techniken innerhalb einer »eXtreme Hour« üben und einen ersten Eindruck des Zusammenspiels bekommen[1]. Hat das Team diese Übung erfolgreich absolviert, kann mit der tatsächlichen Projektarbeit begonnen werden. Hierbei sollte allerdings stets darauf geachtet werden, dass das Team die erlernten Techniken in die Praxis umsetzt und nicht zu alten Verhaltensmustern zurückkehrt. Erfahrene XP-Entwickler und ein Coach können dabei helfen.

Diskussion

Diese Vorgehensweise ermöglicht es den Entwicklern, alle Techniken im Zusammenspiel kennen zu lernen. Das ist ein nicht zu vernachlässigender Vorteil, da das Zusammenspiel der unterschiedlichen XP-

1. Die »eXtreme Hour« ist in Abschnitt 8.7 ausführlicher erläutert.

Techniken in einem XP-Prozess sehr wichtig ist. Schon in der Einleitung haben wir beschrieben, wie sich die XP-Techniken gegenseitig beeinflussen. Erst wenn alle XP-Techniken zusammen eingesetzt werden, entfaltet ein XP-Team seine volle Leistungsfähigkeit und kann die Vorteile von XP voll ausschöpfen.

8.1.2 XP schrittweise erlernen

Als Alternative zu einer kompletten Einführung von XP gibt es die Möglichkeit, XP schrittweise einzuführen. Dies ist beispielsweise für ein schon laufendes Projekt sinnvoll, wenn dort das Team bereits nach einem anderen Vorgehensmodell arbeitet und eingespielt ist. Die Arbeit im Projekt braucht dann nicht unterbrochen zu werden. In gewisser Weise ist diese Art, XP in ein bereits existierendes Projekt einzuführen, sogar im Sinne von XP selbst. Auch in einem eXtreme-Programming-Projekt gehen wir in kleinen Schritten vor und zerteilen große Änderungen am System in kleine Refactorings, die in kleineren Schritten durchgeführt werden können. Die Vorteile dieses Vorgehens (hohe Sicherheit, keine Störungen) lassen sich demnach auch auf die Einführung von XP in ein arbeitendes Team übertragen. Das Team kann weiterhin am System arbeiten und in kleinen Schritten die Neuerungen erlernen und in den Entwicklungsprozess einweben. Dabei stellt sich natürlich die Frage, in welcher Reihenfolge die einzelnen Techniken sinnvollerweise in das Team integriert werden können.

Vorgehensweise

Generell kann man keine *richtige* Reihenfolge definieren, in der die Techniken eingeführt werden sollen. Die Reihenfolge, die gewählt wird, muss zum Kontext des Projektes passen und sich in die tägliche Arbeit integrieren lassen.

Reihenfolge

Dennoch lassen sich einige Hinweise geben, da letztlich nicht jede mögliche Reihenfolge sinnvoll ist. Wir haben in einigen Projekten die XP-Techniken schrittweise eingeführt. Dabei hat sich gezeigt, dass sich beispielsweise die Technik der Komponententests problemlos unabhängig von den anderen Techniken einführen lässt. Ähnlich verhält es sich mit dem Programmieren in Paaren, jedoch sollten vorher entsprechende Programmierkonventionen vereinbart worden sein, da sonst das Programmieren in Paaren extrem schwierig und anstrengend sein kann. Programmieren in Paaren ist aus unserer Erfahrung für die Entwickler schon mit entsprechenden Programmierkonventionen deutlich anstrengender, als den Sourcecode für sich selbst zu schreiben. Das muss nicht noch durch unterschiedliche Programmierstile und Codeformatierungen erschwert werden. Ebenfalls erleichtert die gemeinsame Verantwortlichkeit das Programmieren in Paaren und kann dadurch auch entscheidend verbessert werden. Eine gemeinsame Metapher für das zukünftige System zu haben, zählt ebenso zu den elementaren Techniken, auf der andere aufbauen. Daher muss die Metapher möglichst früh festgelegt werden.

Damit sind bereits zwei Bereiche von Techniken identifiziert, mit denen ein Projekt beginnen kann, XP zu integrieren:

1. Metapher, Programmierkonventionen, Komponententests
2. Gemeinsame Verantwortlichkeit, Programmieren in Paaren

Aufbauend auf den dann eingesetzten Techniken lassen sich Refactorings und einfache Designs gut integrieren. Sie benötigen keine anderen Techniken als Voraussetzung und ergänzen sich gut.

3. Einfache Designs, Refactoring

Fortlaufende Integration schließt sich nahtlos an diese Reihenfolge an und lässt sich auf der dann gelegten Basis gut einführen.

4. Fortlaufende Integrationen

Sparen wir uns das *nachhaltige Tempo* bis zum Ende auf, bleiben kundenzentrierte und organisatorische XP-Techniken übrig. Sie lassen sich nur schwer voneinander trennen und ohne die jeweils verwandten Techniken einsetzen. Daher empfehlen wir, die folgenden Techniken im Wesentlichen in einem Schritt einzuführen:

5. Kunde vor Ort, Planungsspiel, Akzeptanztests, kurze Releasezyklen

Kurze Releasezyklen scheinen aus dieser Gruppe extrahierbar zu sein. Sie spielen allerdings während des Planungsspiels eine wichtige Rolle. Für die kurzen Releasezyklen selbst ist wieder ein Kunde unersetzlich. Denn ohne das entsprechende Feedback des Kunden bezogen auf das Release verliert es für das Entwicklungsteam an Bedeutung. Vergessen wir nicht, dass die kurzen Releasezyklen gerade verwendet werden, um schnell Feedback von dem Kunden zu bekommen.

Die einzige Technik, die jetzt noch fehlt, ist das *nachhaltige Tempo*. Das ist auch verständlich, denn sie ergibt sich nahezu automatisch. Wenn das Entwicklungsteam die anderen Techniken anwendet, gibt es immer seltener die Notwendigkeit, Überstunden »zu schieben«. Dass im Laufe eines Projektes Ausnahmesituationen doch einen höheren Arbeitseinsatz erfordern, haben wir bereits in Kapitel 2 diskutiert.

6. Nachhaltiges Tempo

Diese Reihenfolge, die wir hier vorgeschlagen und begründet haben, ist nur eine mögliche, die wir erfolgreich praktiziert haben. In anderen Kontexten können andere Reihenfolgen sinnvoll und argumentierbar sein. Dies hängt von der Erfahrung der Entwickler und dem Projektkontext ab.

Größtes Problem zuerst lösen

Eine andere sinnvolle Vorgehensweise besteht darin, stets die XP-Technik einzuführen, die das größte Problem im Projekt löst. Ist das größte Problem die Stabilität der erstellten Software, so würde man dann zuerst Komponententests einführen. Sind die Anforderungen im Projekt stets unklar, empfiehlt sich zuerst die Einführung des Anwenders vor Ort sowie des Planungsspiels. Ist das entwickelte System nur schwer zu warten, so kann diesem Problem durch einfaches Design sowie Refactoring begegnet werden.

Diskussion

In einem existierenden Projekt kann mit einer schrittweisen Einführung von XP sichergestellt werden, dass die Arbeit an dem Softwaresystem nicht negativ beeinflusst wird. Die Entwickler sind nicht für eine zweiwöchige Schulung aus der Entwicklung herausgelöst, sondern können während ihrer täglichen Projektarbeit XP lernen und die erlernten Techniken einsetzen. Sie gewinnen dadurch schnell Erfahrung mit den angewendeten Techniken. Dieses Vorgehen setzt einen guten XP-Trainer voraus, der dem Team einzelne XP-Techniken zugeschnitten auf den konkreten Projektkontext in einzelnen kurzen Sessions von ein bis zwei Stunden vermittelt, sicherlich aber nicht mehr als zwei bis drei Techniken pro Woche.

Es besteht natürlich die Gefahr, dass nicht alle XP-Techniken eingesetzt werden. Es ist für das Team eine relativ große Versuchung, eben nur die unmittelbar profitablen Techniken zu benutzen und gegen weitere Neuerungen resistent zu werden. Das führt dann dazu, dass am Ende das Team nur einen Teil der XP-Techniken beherrscht und einsetzt. Das Zusammenspiel aller Techniken wird dann im Team nicht praktiziert und so kann eine solche Einführung der XP-Techniken auch dazu führen, dass das Team letztlich kein »echtes« XP-Projekt durchführt. Das bedeutet natürlich auch, dass es nicht in den »vollen Genuss« von XP kommt und einige Vorteile von XP ungenutzt bleiben.

Für neue Projekte bietet es sich allerdings aus unserer Sicht an, von Beginn an den kompletten Satz an XP-Techniken zu verwenden. Eine schrittweise Einführung ist in einem solchen Fall unnötig.

8.1.3 Zusammenfassung

Aus unserer Erfahrung kann man keine der beiden beschriebenen Einführungsmethoden kontextfrei für besser geeignet erklären. Wir haben mit der »eXtreme Hour« recht gute Erfahrungen gemacht. Andererseits haben wir für unsere Framework-Entwicklung XP langsam und schrittweise eingeführt und damit ebenfalls gute Erfahrungen gesammelt. Allerdings hat sich hier gezeigt, dass eine schrittweise Einführung von XP ohne erfahrenen Coach relativ teuer werden kann. Dann muss das Team viele Fehler selbst machen, die der Coach bereits »erlitten« hat. Mit XP-Coach wäre uns so manche Sackgasse erspart geblieben.

Daher würden wir die Art und Weise, wie XP eingeführt wird, von dem konkreten Kontext des Teams und des Projektes abhängig machen. In einem laufenden Projekt bietet es sich beispielsweise an, die XP-Techniken schrittweise einzuführen. Ein radikaler Umschwung auf XP macht in einem solchen Fall kaum Sinn. Fängt ein anderes Projekt hingegen gerade an und besteht die Chance, für dieses Projekt von Beginn an XP zu verwenden, sollten Sie das tun. Dort zunächst mit einem anderen oder gar keinem geplanten Vorgehen zu starten und XP schrittweise einzuführen, macht wenig Sinn.

Es hat sich aus unserer Erfahrung gezeigt, dass die Einführungsphase von XP schwierig und nicht ohne Probleme ist. Das Team muss in der ersten Zeit sehr diszipliniert sein. Die XP-Techniken können auch in Form von entsprechenden Spielen zusätzlich geübt und erfahren werden. Die schon genannte »eXtreme Hour« ist eine Möglichkeit, das »eXplanations Game« eine weitere, die wir beide in Abschnitt 8.7 *XP spielerisch* näher betrachten.

Auf jeden Fall müssen Abweichungen und Fehler früh und schnell erkannt werden, damit das Team in die richtige Richtung gelenkt werden kann. Werden Fehler im Vorgehen erst zu spät erkannt, haben sie sich unter Umständen schon etabliert und sind nur schwer wieder aus der Teamkultur zu entfernen. Daher empfehlen wir dringend, für diese Lernphase einen erfahrenen XP-Coach zu Rate zu ziehen, der diesen Zeitabschnitt durchgehend begleitet.

8.2 Der XP-Trainer

Der XP-Trainer (engl. auch XP Coach) sorgt in einem Entwicklungsprojekt für den richtigen und effektiven Einsatz der XP-Ideen und -Techniken. Er steht dem Team zur Seite und achtet während der Entwicklung auf Schwächen im Entwicklungsprozess. Er macht das Team auf Probleme aufmerksam und erarbeitet zusammen mit dem Team Lösungsmöglichkeiten.

Der XP-Trainer muss Erfahrungen mit XP haben. Zudem muss er in der Lage sein, Schwächen im Prozess möglichst frühzeitig zu erkennen und zu beheben, bevor diese zu einem Problem werden. Passiert dies dennoch, muss es ihm möglich sein, den Prozess wieder in die richtigen Bahnen zu leiten.

Weitere Informationen zum XP-Trainer finden sich in Abschnitt 4.6.

8.3 Wie wird man ein XP-Entwickler?

Der Erfolg eines XP-Projektes hängt maßgeblich von den beteiligten Menschen ab. Die Entwickler innerhalb des XP-Teams spielen die entscheidende Rolle. Nur wenn sie die Werte und Techniken von XP gut umsetzen, kann das Projekt erfolgreich durchgeführt werden.

Zu einem guten XP-Entwickler gehört allerdings mehr, als nur das programmiertechnische Handwerkszeug zu beherrschen. Die Entwickler in einem XP-Team müssen eine Reihe weiterer Fähigkeiten besitzen. Im Einzelnen empfehlen wir:

- Kommunikationsfähigkeit ausbilden: Ein entscheidender Wert innerhalb eines XP-Projektes ist die Kommunikation zwischen allen Beteiligten. Jeder Entwickler muss in der Lage sein, mit anderen Entwicklern oder dem Kunden zu sprechen. Während des Programmierens in Paaren ist die gegenseitige Diskussion über Entwürfe und Implementierungen elementar. Ohne sie kann Programmieren in Paaren nicht funktionieren. Aber nicht nur das Programmieren in Paaren ist auf gute Kommunikationsfähigkeiten angewiesen. Auch gemeinsame Design-Sessions, Standup-Meetings und letztendlich die Arbeit im Team setzen gut funktionierende Kommunikation voraus[2].
- Kritikfähigkeit ausbilden: Entwickler müssen kritikfähig sein. Anders kann gemeinsame Verantwortlichkeit, Programmieren in Paaren und einfaches Design kaum realisiert werden. Jeder Entwickler muss in einem XP-Team sagen dürfen, wenn er etwas falsch oder schlecht findet. Sind Entwickler nicht kritikfähig, entstehen um solche Äußerungen schnell Streitigkeiten und eine

2. Die Ausbildung von Kommunikationsfähigkeit ist ein wichtiges, aber sehr breites Thema, weswegen wir hier nicht näher darauf eingehen. Gegebenenfalls ist dazu die einschlägige Literatur zum Thema »Gruppendynamik« hinzuzuziehen.

schlechte Stimmung. Das darf nicht sein. XP basiert auf der Annahme, dass jeder Entwickler Kritik äußern darf. Nur so kann das Team das System gemeinsam verbessern. Natürlich muss die Kritik in konstruktiver Art und Weise ausgesprochen werden.

- »Finisher« werden: Ein XP-Entwickler löst eine Aufgabe zielstrebig mit möglichst wenig Aufwand. Er/Sie programmiert genauso viel, wie zur Lösung der Aufgabe nötig ist. Dabei sucht er nach dem einfachsten Weg, um die Aufgabe zu realisieren. Dass der einfachste Weg nicht gleichzeitig der dümmste Weg ist, haben wir bereits im Kapitel 2 diskutiert. Das bedeutet aber, dass ein XP-Entwickler nicht noch kleinere oder größere Aufgaben »miterledigt«, wenn es sich aus seiner Sicht anbietet. Ebenso gehört dazu, dass Entwickler ihre Lösung nicht »verschönern«, wenn sie einmal realisiert ist. Wir treffen häufig Entwickler an, die zunächst eine einfache Lösung realisieren und dann ihre Lösung verfeinern, verallgemeinern oder verschönern. Dies ist nicht im Sinne eines XP-Entwicklers. Er erledigt eine Aufgabe und geht dann unmittelbar zur nächsten über. Verschönern unterscheidet sich vom Refactoring dadurch, dass es keine Notwendigkeit im Projekt gibt, die Verschönerung durchzuführen. Refactorings sind hingegen immer eng an die Projektbedürfnisse gekoppelt. Refactorings werden durchgeführt, wenn die Umsetzung von Anforderungen dadurch einfacher wird.
- Programmieren, Programmieren, Programmieren: Übung macht den Meister. Dieses Sprichwort trifft auch auf das Programmieren zu. Auch ein XP-Team benötigt eine gewisse Zeit, um sich einzuspielen. Um ein wirklich guter XP-Entwickler zu werden, muss man also programmieren, programmieren und nochmals programmieren. Aber vergessen Sie nicht: Immer im Paar programmieren!

Was tun, um das zu können?

Zum Glück bringen auch einige Nicht-XP-Entwickler schon einige der hier beschriebenen Fähigkeiten mit. Allerdings gibt es auch viele Entwickler, die kaum solche Fähigkeiten besitzen. Wie man diese Fähigkeiten gezielt ausbildet, ist leider kein einfaches Thema. Nach unserer Erfahrung kann dies am einfachsten gelingen, wenn man sich selbst individuell auf die Suche nach passenden Büchern und Fortbildungen macht und das Glück hat, an XP-Projekten teilnehmen zu können, um so Erfahrungen zu sammeln. Es kann keinesfalls davon ausgegangen werden, dass dieser Lernprozess sehr schnell erfolgt.

Wenn Sie sich die Frage stellen, wie denn Ihre Mitarbeiter und Kollegen entsprechende Fähigkeiten erwerben sollen und was Sie dafür tun können, dann empfehlen wir Ihnen vor allem Geduld und Ausdauer: Leben Sie die XP-Werte und die oben beschriebenen Fähigkeiten vor. Honorieren Sie auch kleine Fortschritte und geben Sie nicht so schnell auf.

8.4 Management für XP-Projekte

Es reicht oft nicht aus, die Programmierer die XP-Techniken anwenden zu lassen, um ein funktionierendes XP-Projekt durchzuführen. Es bedarf eines gewissen Kontextes für das Projekt. Die Organisation und das Management müssen sich auf das XP-Projekt einlassen.

Die Rolle des Managements

In [Jeffries et al. 00] wird von der Rolle des Managements gesprochen. Zu dieser Rolle gehört es, dem Entwicklungsteam die optimale Arbeitssituation zu verschaffen. Das bedeutet, dass sich die Entwickler nicht darum kümmern müssen, ein Planungstreffen zu organisieren und Termine anzusprechen. Dies erledigt das Projektmanagement. Wichtig dabei ist aber, dass das Management nicht die Aufgaben der Entwickler übernimmt. So darf es bei einem Planungstreffen nicht passieren, dass das Management Aufwände schätzt.

Ebenso kann der Manager dem Team die Aufgabe abnehmen, Ergebnisse für das Kundenmanagement aufzubereiten und diesem zu präsentieren. Das Projektmanagement ist ebenfalls dafür zuständig, die Arbeitsplätze so auszustatten, dass dort die Entwickler in Paaren arbeiten können.

Wir ergänzen die Aufgaben dieser Rolle in vielen unserer Projekte. So ist es für das Management der Kundenorganisation beispielsweise möglich, während des Planungsspiels die Priorisierungen der Story-Cards zu beeinflussen. Das hängt stark mit der Auftrennung des »Original-XP-Kunden« zusammen, wie wir sie in Kapitel 4 beschrieben haben.

Kunde vor Ort

Ein XP-Projekt benötigt einen Kunden vor Ort. Das bedeutet, dass dieser sowohl von der Entwicklungsorganisation als auch von der Kundenorganisation befürwortet werden muss. Wir haben bereits beschrieben, warum und wie ein Kunde vor Ort für das Projekt nützlich sein kann. Diese Situation muss allerdings von den Organisationen unterstützt werden. Wenn der Kunde vor Ort unter starken Stress kommt, weil seine Organisation ihn nicht unterstützt und kein Verständnis dafür hat, wenn er Zeit für das Entwicklungsprojekt aufbringt, wird er für das Projekt auf lange Zeit kein guter Kunde sein.

Vertragsgestaltung

Vertragliche Vereinbarungen sind auch für ein XP-Projekt wichtig. Wir haben bereits in Kapitel 6 beschrieben, wie eine Vertragsgestaltung aussehen kann, die auf XP-Projekte abgestimmt ist.

Das Management eines XP-Projektes ist aus unserer Sicht dafür zuständig, die Verträge zu gestalten. Das Management sollte Rechtsverhandlungen so weit wie möglich von den Entwicklern fernhalten. Aus unserer Erfahrung wirkt es sich extrem unproduktiv aus, wenn Entwickler tagelangen Rechtsverhandlungen beiwohnen müssen. Sie können ihre Zeit sinnvoller im Team einsetzen, um das Softwaresystem zu entwickeln.

8.5 Anpassung von XP

Setzt man XP für ein Projekt ein, muss nicht nur der Kontext auf das XP-Vorgehen abgestimmt werden. Oftmals muss XP selbst den gegebenen Randbedingungen angepasst werden. Dabei stellt sich Frage, wie man XP anpassen und verändern kann und welche Auswirkungen dies auf das Projekt hat. In diesem Buch haben wir zu einer ganzen Reihe solcher Anpassungen angeregt. Hier konzentrieren wir uns auf die Frage, welche Techniken von Beginn an weggelassen werden könnten, wenn dies die Situation erfordert.

Dieses Thema wird von »eingefleischten« XPlern kritisch betrachtet. Viele legen besonderen Wert darauf, dass ein XP-Projekt nur dann ein »echtes« XP-Projekt ist, wenn alle Techniken zusammen eingesetzt werden. Verwendet man in seinem Entwicklungsprojekt eine der Techniken nicht, so dürfte man demnach nicht mehr von einem XP-Projekt sprechen. Das begründet sich natürlich hauptsächlich auf der Tatsache, dass XP gerade von dem Zusammenspiel der einzelnen Techniken (sowie Prinzipien und Werten) lebt. Außerdem wird derzeit viel über agile Entwicklungsprozesse diskutiert und es werden sehr viele Prozesse jetzt als agil und XP-artig bezeichnet, die dieses Logo nicht unbedingt verdienen. In der Tat besitzen zwar einige Entwicklungsprozesse, die wir in Unternehmen angetroffen haben, einige Charakteristiken, die wir auch von XP-Projekten kennen. Identifiziert man in einem solchen Fall Gemeinsamkeiten zwischen dem verwendeten Prozess und XP, gerät man leicht in die Versuchung, den Prozess als XP-artig zu bezeichnen. Tatsächlich hat der Prozess jedoch nichts mit eXtreme Programming zu tun. Es reicht eben nicht aus, wenn beispielsweise Unit Tests geschrieben werden.

Dennoch erscheint es uns sinnvoll, hier einen Blick auf adaptierte XP-Prozesse (oder dann »Nicht-XP-Projekte«) zu werfen. Dies mag dem Leser helfen, Folgewirkungen abzuschätzen und von Erfahrungen mit solchen Situationen zu profitieren. Ein Beispiel für eine solche Situation könnte sein, dass das Management Programmieren in Paaren verbietet oder kein Kunde vor Ort zur Verfügung steht. Ob man ein solches Projekt dann noch XP-Projekt nennt oder nicht, sei einmal dahingestellt. Sicher ist, dass auch solche Projekte mit den grundsätzlichen Ideen von XP meist besser durchgeführt werden können, als wenn man komplett auf XP verzichtete.

Programmieren in Paaren

Programmieren in Paaren ist sicherlich eine Technik von XP, die nicht immer ungeteilte Zustimmung findet. Einige Entwickler sind der Meinung, Programmieren in Paaren sei nur für weniger »gute« Entwickler nützlich, und verzichten daher darauf. Unsere Sicht auf diese Technik haben wir bereits in Abschnitt 2.10 *Programmieren in Paaren* dargestellt. Wir würden in unseren Projekten nicht darauf verzichten wollen.

Dennoch ist es aus unserer Sicht möglich, auf das Programmieren in Paaren zu verzichten, ohne dabei den gesamten Prozess zu zerstören. Es hat natürlich Auswirkungen, wenn man auf Programmieren in Paaren verzichtet. Gemeinsame Verantwortlichkeit wird erschwert. In einem solchen Fall muss also besonders darauf geachtet werden, dass im Laufe des Projektes jeder Entwickler jeden Systemteil kennen lernt und mit ihm arbeiten kann.

In unseren Projekten hat es sich als gangbar erwiesen, in einigen Fällen auf Programmieren in Paaren zu verzichten. Wir tun dies beispielsweise, wenn keine gerade Anzahl von Programmierern anwesend ist. Dies kann in unserem Kontext immer wieder passieren, da viele unserer Entwickler nicht in Vollzeit (in einem Projekt) arbeiten. Dann muss zwangsläufig ein Entwickler allein programmieren, was in der Regel für einen oder zwei Tage ohne Probleme für die weitere Arbeit im Projekt möglich ist. Generell sollte aber immer in Paaren programmiert werden, wenn dies realisierbar ist. Insbesondere in der Einführungszeit muss darauf geachtet werden, dass nicht einzelne Entwickler ständig alleine arbeiten. Ansonsten werden sich zwangsläufig Code-Inseln entwickeln, die nur von einem Entwickler verstanden werden.

Nachhaltiges Tempo

Ein funktionierendes XP-Projekt kann aus unserer Sicht nur mit *nachhaltigem Tempo* realisiert werden. Wie hoch dieses Tempo ist, hängt vom speziellen Projekt ab. In einigen Projekten sind 40 Stunden Arbeitszeit pro Woche geeignet, in anderen funktionieren auch 50 Stunden pro Woche noch gut. Und in wieder anderen Projekten funktioniert das verdichtete Arbeiten des eXtreme Programming nur für 4 Stunden am Tag.

Die Grundsätze, die zu dieser XP-Technik führten, gelten unabhängig von der konkreten Arbeitszeit. Ständige Mehrarbeit verschlechtert die Leistungsfähigkeit der Mitarbeiter und beeinträchtigt damit das ganze Projekt. Mehrarbeit bezieht sich dabei aber nicht auf eine feste Stundenanzahl, sondern ist aus unserer Erfahrung stark von dem individuellen Entwickler abhängig. 35 bis 40 Stunden pro Woche ist jedoch eine ganz gute Näherung.

Metapher Eine Metapher für das zu entwickelnde System zu finden ist nicht trivial, aber bei geeigneten Ideen zur Architektur des zu erstellenden Systems auch nicht dringend zusätzlich erforderlich. Wird das Projekt größer, wird sich aber das Fehlen von Metaphern ggf. negativ in mangelnder Konsistenz des Systems niederschlagen. Die Metaphern helfen Anwendern und Entwicklern, eine gemeinsame »Vision«, ein gemeinsames Verständnis des zu erstellenden Systems zu entwickeln.

Kunde vor Ort Wir haben gerne einen Kunden vor Ort und würden einen solchen nicht aus dem Projekt werfen. Aber es ist nicht immer möglich, einen solchen Kunden zu bekommen.

Diese Probleme treten häufig in Projekten auf. Workshops und Diskussionen auf Konferenzen befassen sich mit diesem Thema und versuchen, für solche Situationen eine Lösung zu finden.

Die möglichen Lösungen sind vielfältig. Sie reichen von einem Produktmanager bis zu einem Entwickler, der die Rolle des Kunden »spielt«. Wichtig an diesen Konstellationen ist aber, dass die Entwickler ständig die Möglichkeit haben, »den Kunden« zu befragen und qualifizierte Antworten zu erhalten.

Planungsspiel In der Regel muss im gleichen Zuge das Planungsspiel an die veränderten Randbedingungen angepasst werden. Ist der Kunde nicht mehr vor Ort, kann auch das Planungsspiel nicht mehr in gewohnter Art und Weise durchgeführt werden.

8.6 Typische Fallen und wie man sie umgeht

Es gibt Fehler, die im Umfeld von XP immer wieder gemacht werden. Gerade in der Einführungsphase können Fehler schwerwiegende Folgen haben. Nicht selten scheitern Teams bei der Umsetzung von XP.

Viele Fehler lassen sich frühzeitig erkennen und korrigieren. Natürlich gehört das Fehlermachen zu einem Lernprozess hinzu. Daher haben Fehler immer auch einen positiven Wert. Allerdings muss man in der Lage sein, Fehler auch zu erkennen, damit sich nicht falsche Gewohnheiten etablieren.

Die nachfolgende Auflistung unterstützt dabei. Kein Projekt kann XP einführen, ohne selbst Fehler zu machen. Typische Fehler sind:

- »Wir wissen, was der Kunde will oder braucht.« Eine gewisse Überheblichkeit ist in diesem Satz nicht zu übersehen. Im nächsten Schritt wird in solchen Situationen meist die Rückkopplung zwischen Entwicklern und Kunden vernachlässigt, mit allen bekannten Problemen.

- »Es ist viel besser, erst Story-Card C zu machen, bevor wir A bearbeiten, auch wenn der Kunde andere Prioritäten setzt.« Warum macht der Kunde dann überhaupt noch Priorisierungen? Kann das nicht das Entwicklungsteam im Grunde besser einschätzen? Nein! Die Priorisierung des Kunden hilft uns, Risiken zu vermeiden. Stellen wir beispielsweise fest, dass nicht alle Story-Cards in der Iteration abschließend erledigt werden können, können wir dennoch sicher sein, dass die wichtigsten realisiert sind. Verändern die Entwickler aber die Prioritäten selbstständig, kann es schlimmstenfalls dazu kommen, dass am Ende eines Releasezyklus ein System fertig gestellt wird, mit dem der Kunde nichts anfangen kann. Das ist dann der Fall, wenn nicht alle Stories realisiert werden konnten. Dies macht weniger Probleme, wenn der Kunde die Priorisierungen bestimmt.
- Deadlines verschieben, anstatt Funktionalität zu reduzieren. In Projekten ist es gängige Praxis, einfach Deadlines zu verschieben. Wie viele Projekte kennen Sie, die später als versprochen fertig werden? Häufig werden Deadlines mehrfach verschoben und erzeugen einen enormen Stress in der Entwicklung. Das kann in einem XP-Projekt nicht passieren. Ein XP-Team verschiebt keine einzige Deadline und stellt sicher, dass zum verabredeten Zeitraum ein System ausgeliefert werden kann. Es kann höchstens passieren, dass das ausgelieferte System dann nicht die komplette Funktionalität beinhaltet. Priorisiert der Kunde die Anforderungen, werden aber alle entscheidenden Funktionen realisiert sein.
- »Ich als Programmierer schreibe meine Klasse zuerst und probiere aus, ob das Programm das tut, was ich will. Wenn dem so ist, schreibe ich keine Testklasse mehr. Warum auch?« Auf diese Haltung fallen Entwickler oft herein. Als Folge werden immer weniger Testklassen geschrieben. Die negativen Effekte davon haben wir bereits in Kapitel 2 angesprochen. Die negativen Auswirkungen sind also nicht zu unterschätzen.
- »Das Refactoring lässt sich nicht zerlegen.« Anstelle von kleineren Schritten wird das Refactoring in einem großen Schritt erledigt. Dazu wird im Sourcecode-Management-System ein Branch angelegt und die Änderung innerhalb des neuen Branches realisiert. Im Anschluss daran wird der Branch wieder mit der Hauptversion zusammengefügt. Aber: Jedes Refactoring lässt sich in kleinere Schritte zerlegen. In Kapitel 2 haben wir bereits diskutiert, wie Refactorings zerlegt werden können. Auch wir haben zu Beginn viele größere Refactorings durchgeführt. Am Ende haben wir stets festgestellt, dass sich das Refactoring hätte zerlegen lassen.

- »In Schönheit sterben.« Auf der Suche nach dem perfekten Code vergessen die Entwickler schon einmal die eine oder andere Priorisierung. Sie verlieren sich in endlosen Designverbesserungen und Diskussionen um mögliche zukünftige Anforderungen, die noch realisiert werden könnten. Achten Sie darauf, dass es nicht zu so einer Situation kommt. XP-Entwickler sind Finisher!
- Fortlaufende Integration wird ohne entsprechende Tests oder ohne automatische Testunterstützung durchgeführt. Dann kann es schnell dazu kommen, dass nicht mehr sichergestellt ist, dass das integrierte System fehlerfrei alle Tests ausführt. Als Folge besteht die Gefahr, dass der XP-Prozess zerbricht. Abhilfe: Siehe Kapitel 5 über Artefakte.
- »Routineaufgaben muss man nicht im Paar programmieren.« Programmieren in Paaren ist sowieso eine der am meisten diskutierten Eigenschaften von XP. Aus unserer Erfahrung zeigt sich, dass auch und vielleicht gerade bei Routinetätigkeiten Fehler passieren können. Ein ständiges Review, realisiert durch ein Paar beim Programmieren, kann also auch für Routinetätigkeiten sinnvoll sein.

Bad Smells

Ob XP falsch verstanden oder angewendet wird, kann man an bestimmten Symptomen (so genannten üblen Gerüchen, engl. *Bad Smells*) erkennen. Jeder üble Geruch ist charakterisiert durch einen Ausspruch, den wir so oder ähnlich immer wieder gehört haben. Dass jemand einen der unten aufgeführten Aussprüche von sich gibt, ist nicht unbedingt ein Beweis für ein Problem. In der Regel lohnt es sich aber schon, hellhörig zu werden und die Sache etwas genauer unter die Lupe zu nehmen.

»Eine Übergabe machen.«

Wird gemeinsame Verantwortlichkeit praktiziert, muss keine Übergabe gemacht werden, nur weil ein Projektmitglied das Team temporär oder endgültig verlässt.

»Dazu muss erst XXX installiert/geschult werden.«

Ein XP-Team nimmt die Herausforderung an und verschafft sich die notwendigen Qualifikationen zur Not selbst. Auf keinen Fall lässt ein XP-Team zu, dass es zu einer Verzögerung im Projekt kommt, weil irgendeine Qualifikation oder Software noch nicht vorhanden ist.

»Da muss erst einmal ein ordentliches Konzept / eine ordentliche Spezifikation erstellt werden.«

Die Abwesenheit großer konzeptioneller Vorarbeiten in XP-Projekten ist für viele Mitarbeiter zunächst sehr gewöhnungsbedürftig. Daher werden Aussagen wie die o.g. insbesondere am Anfang häufig vorkommen. Die Herausforderung liegt darin, nicht in alte Verhaltensweisen zurückzufallen und Papier am laufenden Meter zu produzieren.

»Die Komplexität des Projektes wird unterschätzt.«

In XP-Projekten werden immer nur die aktuellen Anforderungen umgesetzt und dies auch noch auf die einfachste Art, die gerade noch funktionieren kann. Das kommt erfahrenen Softwareentwicklern häufig etwas unheimlich vor und sie befürchten, dass die Komplexität des Projektes unterschätzt wird. Durch die konsequente Anwendung objektorientierter Technologien kann jedoch eine flache Aufwandskurve erreicht werden. Damit sind später auftretende Anforderungen kein Problem.

»Damit warte ich mal lieber, bis XXX wieder da ist.«

Entwickler in einem XP-Team erledigen einfach jeweils die nächste Anforderung. Auf keinen Fall schiebt ein XP-Team eine Anforderung nach hinten, nur weil ein anderer Entwickler gerade nicht verfügbar ist.

Stellen sich dennoch solche Verhaltensweisen ein, so wird gemeinsame Verantwortlichkeit nicht konsequent praktiziert.

8.7 XP spielerisch

Wenn man XP-Entwickler fragt, ob ihnen die Arbeit in der Form von XP gefällt, bekommt man in der Regel eine positive Antwort. Vielen Entwicklern, die wir kennen, macht XP sehr viel Spaß. Unsere Erfahrung zeigt, dass Entwickler besser und schneller arbeiten, wenn sie in einer angenehmen und freundlichen Arbeitsumgebung arbeiten können. Eine hohe Motivation in einem Team kann neben der Lebensqualität auch die Produktivität des Teams deutlich erhöhen.

Daher wundert es nicht, dass im Umfeld von XP eine Reihe von spielerischen Ideen entstanden ist, wie man die Techniken und Werte eines XP-Prozesses üben und erlernen kann. Zwei Varianten stellen wir hier vor.

8.7.1 eXtreme Hour

Beschreibung

Die »eXtreme Hour« ist von Peter Merel vorgeschlagen worden (siehe [eXtremeHour]). Sie ist eine einstündige Veranstaltung, die ein komplettes XP-Projekt veranschaulichen soll. Dazu wird ein Team gebildet (es können auch mehrere Teams parallel sein), das ein Beispielprojekt im Sinne von XP durchführt.

Im Team werden die Rollen eines XP-Projektes zugeordnet, so dass ein komplettes Projekt inklusive Kunde, Coach und Entwicklern entsteht.

Da ein wirkliches Entwicklungsprojekt natürlich viel länger als eine Stunde dauern würde, beschränkt man sich bei der eXtreme Hour auf ausschließlich zeichnerische Lösungen. Das bedeutet, dass der Kunde seine Story-Cards nicht auf*schreibt*, sondern auf*malt*. Die Lösungen der Entwickler werden ebenfalls zeichnerisch umgesetzt.

Projektbeispiele

Dies funktioniert natürlich nur schwer, wenn man als Beispielprojekt ein Textverarbeitungssystem oder eine Hostanbindung bauen lassen wollte. Daher werden Probleme wie beispielsweise eine Kaffeemaschine, eine Teemaschine oder eine automatische Brillenputzmaschine verwendet, die sich erheblich leichter zeichnerisch festhalten lassen.

Einsatzkontext

Eine »eXtreme Hour« lässt sich besonders gut einsetzen, wenn das Team einen ersten Eindruck von XP bekommen soll und das erste Mal mit den XP-Techniken und -Werten in Berührung kommt. Sie lässt sich daher gut als Einstieg nutzen. Die Entwickler bekommen ein gutes Gefühl dafür, wie die einzelnen Techniken zusammenspielen und wie ein XP-Projekt ablaufen kann. Außerdem macht eine eXtreme Hour Spaß.

Bewertung

Unsere Erfahrung zeigt, dass eine eXtreme Hour gut verwendet werden kann, um die XP-Techniken einzuüben und das Zusammenspiel zwischen den einzelnen Techniken zu verstehen. Um sie durchzuführen, benötigt man aber unbedingt jemanden, der Erfahrung mit XP hat und mit der eXtreme Hour vertraut ist.

8.7.2 eXplanations Game

Beschreibung

Das *eXplanations Game* ist von Joshua Kerievsky vorgeschlagen worden (siehe [eXplanationsGame]). Dabei handelt es sich um ein Kartenspiel.

Zunächst werden Teams gebildet, die aus einzelnen Spielern oder Paaren von Spielern bestehen können. Zu Beginn erhält jedes Team einen Satz an Spielkarten, fünf an der Zahl. Die Spielkarten sind unterteilt in verschiedene Bereiche. Es gibt drei Kategorien: Customer (Kunde), Developer (Programmierer) und Value (Werte). Jede Karte gehört genau einer dieser Kategorien an. Auf jeder Karte befindet sich eine Beschreibung. Entweder handelt es sich bei der Beschreibung um ein Problem, das in der entsprechenden Kategorie auftreten könnte, oder um eine Lösung, mit der eines der Probleme gelöst werden kann. Diese Beschreibungen sind relativ kurz gehalten und geben ausreichend Spielraum für Interpretationen. Dies ist auch ausdrücklich so gewollt.

Der Spielablauf gestaltet sich wie folgt: Die Teams sind abwechselnd an der Reihe und können eine Karte ausspielen. Zu Beginn wird das in der Regel eine Problemkarte sein. Jedes Mal, wenn eine Karte ausgespielt wird, muss das Team die Karte erläutern und genau beschreiben, wie das Problem (oder später auch die Lösung) genau aussieht. Für entsprechende Probleme können die Teams auch Lösungskarten ausspielen, wenn sie eine passende und vor allem überzeugende Erklärung haben, wie und warum ihre Lösungskarte das beschriebene Problem löst. Sind die anderen Mitspieler davon überzeugt, darf das Team sowohl die Lösungs- als auch die Problemkarte behalten. Gewonnen hat, wer am Ende die meisten Karten sein Eigen nennen kann.

Die benötigten Karten finden sich ebenfalls auf der Webseite von Joshua Kerievsky (siehe [eXplanationsGame]). Diese können natürlich um eigene Karten ergänzt werden.

Einsatzkontext

Gespielt werden kann dieses Spiel von Entwicklern, die bereits die Grundzüge von XP kennen gelernt haben. Sie können durch dieses Spiel ihre Zusammenarbeit verbessern und spielerisch lernen, wie Lösungen für ein Problem aussehen können. Zusätzlich werden Team- und Argumentationsfähigkeiten verbessert.

Bewertung

Das »eXplanations Game« eignet sich gut für bestehende Teams, die bereits mit den Grundzügen von XP vertraut sind. Es dient den Entwicklern als eine Abwechslung und erweitert ihren Horizont. Es ist es auf jeden Fall wert, sich dieses Spiel anzusehen. Weitere Informationen dazu finden sich auf der Webseite von Joshua Kerievsky (siehe [eXplanationsGame]).

8.8 Literatur

[eXplanationsGame] Joshua Kerievsky: eXPlanations.
http://www.industriallogic.com/games/explanations.html

Auf der Webseite von Joshua Kerievsky findet sich nicht nur die Anleitung zum Spielen dieses XP-Spiels, sondern auch die entsprechenden Karten zum Download.

[eXtremeHour] Peter Merel: eXtreme Hour. http://c2.com/cgi/wiki?ExtremeHour

Peter Merel stellt auf dieser Wiki-Seite die eXtreme Hour anhand eines Beispiels vor. Von dort aus finden sich weitere unterschiedliche eXtreme Hours.

[Lippert et al. 00] M. Lippert, S. Roock, H. Wolf, H. Züllighoven: JWAM and XP – Using XP for framework development. Proceedings of the XP2000 conference. Cagliari, Sardinia, Italy, 2000.

Einige Hinweise zu möglichen Adaptionen von XP.

9 Projektberichte

In diesem Buch haben wir uns immer wieder auf unsere Projekterfahrungen mit XP bezogen, die wir während der letzten sechs Jahre gesammelt haben.

Im Folgenden beschreiben wir eine Reihe von ausgewählten Projekten im Detail, in denen wir XP eingesetzt haben. Wir haben diese so ausgewählt, dass möglichst viele unterschiedliche Aspekte zur Sprache kommen. So fokussiert ein Projekt auf eine kurze Entwicklungsdauer, während ein anderes mit ca. 400 Personenmonaten Aufwand relativ groß ist. Einige sind komplette In-House-Projekte, bei anderen haben wir die Entwickler unseres Kunden lediglich unterstützt.

In den einzelnen Darstellungen werden wir für jedes Projekt nur die Teile hervorheben, die sich von der »reinen XP-Lehre« unterscheiden, da die XP-Techniken bereits in den vorigen Kapiteln ausführlich beschrieben wurden. Enthält demnach ein Projektbericht beispielsweise keinerlei Bemerkungen zu fortlaufenden Integrationen, haben wir diese Technik eingesetzt, ohne spezielle Erfahrungen gesammelt oder Adaptionen eingesetzt zu haben.

Wie in den Projektberichten zu lesen ist, haben viele Projekte die XP-Techniken angepasst. Teilweise sind nicht einmal alle XP-Techniken eingesetzt worden. In der XP-Gemeinschaft würden sicherlich einige der Projekte nicht als reine XP-Projekte bezeichnet werden dürfen. Schließlich betonen immer wieder die Urväter von XP, dass ein XP-Projekt nur dann ein echtes XP-Projekt ist, wenn alle Werte und Techniken im Zusammenspiel miteinander genutzt werden. Doch auch wenn unsere Projekte nicht immer die »reine Lehre« umgesetzt haben, wir bezeichnen sie im Folgenden dennoch als XP-Projekte, da sie unserer Meinung nach alle typischen XP-Eigenschaften aufweisen. Die XP-Gemeinschaft mag uns dies nachsehen.

Bis auf die Entwicklung des JWAM-Rahmenwerkes haben wir für dieses Buch alle Projekte anonymisiert. Die vergebenen Namen haben also nichts mit den wirklich genutzten Projektnamen zu tun.

9.1 Projekt Kermit

9.1.1 Projektkontext

Das Projekt war als erstes objektorientiertes Projekt in einer Reihe von angestrebten Erweiterungen eines zentralen Großrechnersystems gestartet. Der Kunde ist die Deutschland-Niederlassung eines internationalen Dienstleistungsunternehmens mit zentraler EDV in einem anderen europäischen Land.

Zielsetzung

Ziel des Projektes war es, bestimmte länderspezifische Vorgänge aufgrund spezifischer komplexer Vertragsbedingungen für Kfz-Rückkaufverträge abzubilden, die vorher von Mitarbeitern des Kunden unter Verwendung von Microsoft Excel abgearbeitet wurden.

Ressourcen

Als Ressourcen standen zunächst zwei Entwickler von unserer Seite für ca. zwei Tage in der Woche zur Verfügung, um in einer Voranalyse über knapp zwei Monate ein erstes fachliches Verständnis zu ermitteln. Insbesondere sollte auch eine Schätzung für ein Festpreisangebot für die Systementwicklung abgegeben werden. Die Entwicklung des ersten ausgelieferten Kernsystems erfolgte dann durch drei Entwickler, die über einen Zeitraum von sechs Monaten jeweils zwei bis drei Tage pro Woche zur Verfügung standen, insgesamt also ca. 120 Personentage Aufwand.

Die Rolle der Fachabteilung im Projekt bestand im Wesentlichen darin, für die Entwickler als Interview- und Reviewpartner zur Verfügung zu stehen. Eine Priorisierung auf einen bestimmten Kfz-Rückkauf-Vertragstyp wurde bereits ganz am Anfang vorgenommen. Weitere Vertragstypen werden mittlerweile in unregelmäßigen Abständen von uns nachprogrammiert.

Herausforderung

Die wesentliche Herausforderung des Projektes bestand im Erfassen der komplexen fachlichen Zusammenhänge.

9.1.2 XP-Einsatz

Bei dem hier beschriebenen Projekt handelt es sich um eines unserer ersten Kundenprojekte, in denen wir XP-Techniken eingesetzt haben.

Programmieren in Paaren, Komponententests, gemeinsame Verantwortlichkeit

Wir haben das Programmieren in Paaren und konsequentes Testen eingesetzt. Die Tests waren hilfreich, um die komplexen Modelle der abzubildenden Vertragsbedingungen anhand von Beispielen aus der Praxis auszuprobieren. Das Programmieren in Paaren sowie die gemeinsame Verantwortlichkeit haben in dem Projekt den Truck-Faktor so weit reduziert, dass ein dreimonatiger Ausfall eines Entwicklers (Bandscheibenvorfall) den Projekterfolg nicht im Geringsten gefährdet hat.

Fortlaufende Integration und Refactoring

Da nur drei Entwickler im Projekt tätig waren und dies auch nur in Teilzeit, wurde die Arbeit am Code so organisiert, dass immer nur zwei Entwickler zur gleichen Zeit gearbeitet haben. Dadurch war es auch ohne größeren technischen Aufwand möglich, ständig Änderungen zu integrieren. Konflikte bei der Bearbeitung von Code gab es organisatorisch bedingt nicht. Auffällig war aber, dass im Projekt erst gelernt werden musste, größere Refactorings in ausreichend kleine Änderungen zu zerteilen, so dass zumindest an jedem Abend wieder ein lauffähiges System zur Verfügung stand. Dies ist insbesondere am Anfang nicht an jedem Abend gelungen.

Kunde vor Ort, Planungsspiel

Aufgrund der Festpreiskonstellation und eines im Vorfeld bereits relativ klaren Auftrags kam das Planungsspiel nicht zum Einsatz. In Zweifelsfragen während der Entwicklung standen die Mitarbeiter aus der Fachabteilung per E-Mail und per Telefon stets hilfreich zur Seite. Die Projektgröße hätte einen festen Mitarbeiter der Fachabteilung schlicht nicht erlaubt.

Metaphern

Aufgrund der Vorerfahrung der Fachabteilungsmitarbeiter mit misslungenen EDV-Projekten, in denen Entwickler insbesondere mit unverständlichem Fachvokabular »geglänzt« hatten, war unser Ansehen durch die konsequente Verwendung der Begriffswelt der Anwender von Anfang an sehr gut. Dies wurde noch dadurch erhöht, dass wir zu Beginn des Projektes eine Metapher gefunden haben, mit der komplexe Subverträge mit weniger Aufwand und sehr verständlich im Softwaresystem abgebildet wurden. Es handelte sich um die Metapher des »durchscheinenden Basisvertrages«. Die Umsetzung der Metapher erlaubte die Anlage von Subverträgen, die zunächst in allen Kriterien den Basisvertrag durchscheinen ließen (in Grau). Es konnte aber dann jedes Kriterium einzeln spezifisch für den Subvertrag variiert werden.

Kurze Releasezyklen und Prototypen

Bei den ersten ausgelieferten Versionen handelte es sich noch nicht um ein fertiges Produkt, das von den Anwendern hätte ernsthaft eingesetzt werden können, sondern vielmehr um Prototypen, die wir verwendet haben, um mit den Anwendern eine gemeinsame Vorstellung des späteren Systems zu etablieren.

Programmierkonventionen

Für das Projekt wurden Programmierkonventionen verwendet, die den Java-Code-Conventions von Sun ähnelten.

9.1.3 Bewertung

Das Projekt wird sowohl vom Kunden als auch von uns selbst als sehr erfolgreich eingestuft. Wir konnten daher beim Kunden einige weitere, und zwar deutlich größere Projekte akquirieren.

Prototypen

Die Prototypen waren für die Kommunikation mit den Anwendern hervorragend geeignet. Aus heutiger Sicht würden wir allerdings versuchen, daraus früher einsetzbare Versionen zu machen, um schneller Rückkopplung über den Einsatz im Produktivbetrieb zu bekommen. Es sei aber angemerkt, dass dies mit nicht unerheblichem Installationsaufwand und Betreuung vor Ort verbunden gewesen wäre.

Vertragskonstellation

Für XP-Projekte ist die Festpreiskonstellation eine harte Einschränkung, insbesondere was das Planungsspiel angeht. Dies war aber im hier beschriebenen Projekt aufgrund der geringen Größe eher nachrangig. In diesem Zusammenhang sei auch noch erwähnt, dass uns gegen Ende und kurz vor Fertigstellung des Projektes von Kundenseite eine Anfrage erreichte, ob wir denn mit den geschätzten Aufwänden hingekommen seien. Da wir das verneinten und ehrlich von einer Budgetüberschreitung von rund 10 % auf unserer Seite berichteten, erlaubte uns der Kunde die für Festpreisprojekte sicherlich eher unübliche Überziehung um ca. 10 % der Kosten. Wir haben das als große Zufriedenheit mit unserer Arbeit gewertet.

Beispielhaft für XP ist an dem Projekt sicherlich die Einstellung der Entwickler, im Verlauf des Projektes von den Anwendern zu lernen, ihre Sprache anzunehmen und sich mit ihren Aufgaben und der zugehörigen Aufgabenerledigung mittels unterstützenden Softwaresystems auseinander zu setzen.

9.2 Projekt Gonzo

9.2.1 Projektkontext

Unser Kunde in dem hier beschriebenen Projekt war ein Softwarehaus in Deutschland. Innerhalb des Projektes ist ein Softwaresystem zur Bearbeitung komplexer, netzartiger Strukturen erstellt worden. Die Software ermöglicht seinen Anwendern, Diagramme zu entwerfen und auszuführen. Die derartig erstellten Systeme umfassen Web-Applikationen und zugehörige Back-Office-Funktionalität, die ebenfalls mit einem Web-Frontend bedient werden kann. Neben der Web-Technologie stand die Unterstützung von Geschäftsprozessen im Vordergrund.

Projektziel

Ziel des Projektes war es, für unseren Kunden die grafischen Werkzeuge zu realisieren, mit denen Netzstrukturen und dahinter liegende Funktionalitäten entworfen und entwickelt werden können. Der Betrieb eines mit den grafischen Werkzeugen entwickelten Systems wird durch einen speziellen Server realisiert, der von unserem Kunden selbst entwickelt wurde.

Das Projekt war insofern relativ ungewöhnlich, als dass zwei Programmierteams räumlich und organisatorisch getrennt voneinander an einem Softwaresystem gearbeitet haben. Im Weiteren bezeichnen wir mit »dem Projekt« nur noch den Teil des Gesamtprojektes, in dem unser Team die grafischen Werkzeuge entwickelt hat.

Unser Kunde beabsichtigte, die Software auf einer internationalen und terminlich fest vereinbarten Kunden- und Investorenpräsentation zu demonstrieren. Bis dahin mussten die Werkzeuge demnach in einem demonstrierbaren Zustand sein. Diese Deadline ließ sich nicht verschieben.

Ressourcen

Zu Beginn des Projektes gab es von Seiten unseres Kunden lediglich vorläufige Visionen darüber, wie das zukünftige System aussehen sollte. Man hatte nur rudimentäre Vorstellungen und ein nicht mehr adäquates Vorgängersystem. Wir haben daher eine Prototyp-Entwicklung begonnen, um eine genauere Vorstellung über das zu entwickelnde System zusammen mit unserem Kunden zu schaffen. Im Laufe der Prototyp-Entwicklung haben wir eine Reihe weiterer möglicher Schwierigkeiten und Risiken identifiziert, die wir mit weiteren Labormustern abgeschätzt haben. Nach ungefähr zwei Monaten hat sich der Kunde dazu entschlossen, das System zu entwickeln. Die Produktentwicklung begann direkt im Anschluss, so dass nur drei Monate bis zur Präsentation blieben.

Im ersten Monat haben wir dem Kunden gegenüber 20 Programmierertage pro Woche zur Verfügung gestellt. In den folgenden zwei Monaten haben wir diese Zahl auf 25 erhöht. Diese Anzahl an Programmierertagen haben wir durch ein Team von durchschnittlich sieben Personen realisiert, die nicht alle Vollzeit im Team gearbeitet haben. Wir konnten so die Anzahl an Programmierertagen pro Monat erhöhen, ohne zusätzliche Entwickler in das Projekt aufzunehmen.

9.2.2 XP-Einsatz

Unser Team hat einen angepassten XP-Prozess gewählt, um die grafischen Werkzeuge zu entwickeln. Alle XP-Techniken wurden innerhalb des Prozesses eingesetzt. Abweichungen und Besonderheiten im Prozess gegenüber einem reinen XP-Entwicklungsprozess stellen wir im Folgenden dar. Unser Kunde war das Softwarehaus, welches das Gesamtsystem entwickeln wollte.

Besonderheit: Prototyp-Entwicklung

Zu Beginn des Projektes haben wir der Prototyp-Entwicklung mehr Zeit eingeräumt, als dies im Rahmen von XP mit Spike Solutions üblich ist. Dieser Schritt erschien sinnvoll, da auf Kundenseite so unklare Vorstellungen des zukünftigen Systems vorhanden waren, dass schlicht keine brauchbaren Stories hätten erstellt werden können. Mittels der Prototyp-Entwicklung konnten wir eine geeignete Metapher für das Gesamtsystem finden und damit die Basis für das Erstellen der Stories schaffen.

Wir haben während des Prototypings nur drei Entwickler eingesetzt. Die XP-Techniken wurden im Wesentlichen bereits während dieser Prototyp-Entwicklung angewendet. Lediglich beim Kunden vor Ort gab es leichte Adaptionen. Die fachlichen Analysen wurden beim Kunden von einem unserer Entwickler zusammen mit einem Vertreter des Kunden durchgeführt. Auf dieser Basis hat unser Entwickler zusammen mit dem Kundenvertreter die Fragestellungen für die Prototypen ausgearbeitet. Diese Fragestellungen waren die Grundlage für die Story-Cards, die dann bei uns im Hause realisiert wurden. Der Entwickler, der bereits die Analysen beim Kunden durchgeführt hatte, stand den anderen Entwicklern als Ansprechpartner bei Unklarheiten zur Verfügung.

Erfahrene Entwickler

Für die Produktentwicklung haben wir das Entwicklungsteam bewusst so zusammengesetzt, dass so gut wie alle Programmierer bereits Erfahrungen mit XP hatten. Daher hat es uns keinerlei Schwierigkeiten bereitet, die XP-Werte im Team zu leben.

Besonderheit: Kunde vor Ort

Mit unserem Kunden haben wir mittels Story-Cards die Planung vorgenommen. Die Story-Cards wurden von unserem Kunden geschrieben und von uns abgeschätzt. Da beide Softwarehäuser (unser Kunde und wir) räumlich getrennt in verschiedenen Städten Deutschlands beheimatet waren, konnten wir keinen Kunden vor Ort installieren. Ersetzt haben wir diesen Umstand durch telefonische Rückfragen, die wir jederzeit an unseren Kunden richten konnten. Erleichtert wurde diese Situation dadurch, dass wir genau eine Person beim Kunden als Ansprechpartner hatten. Diese Person hat alle wichtigen Entscheidungen bzgl. Ausarbeitung und Priorisierung der Stories getroffen.

Fortlaufende Integration

Besonders intensiv haben wir von den fortlaufenden Integrationen Gebrauch gemacht. 20 Integrationen pro Tag waren keine Seltenheit. Mit zwei bis drei Programmierpaaren pro Tag folgt daraus, dass wir das System in kleinen Schritten weiterentwickelt haben.

Refactoring

Wir haben das Produkt aus dem Prototyp entwickelt. Die elementare Technik des Refactorings war dafür unersetzlich.

Releasezyklen

Die Releasezyklen im Projekt waren selbst für ein XP-Projekt ungewöhnlich kurz gewählt. Da die Produktentwicklung im Wesentlichen innerhalb von drei Monaten stattfinden musste, haben wir die Releasezyklen dieser zeitlichen Vorgabe angepasst und auf Iterationen innerhalb der Releases verzichtet. Es hätte keinen Sinn gemacht, einmal pro Monat oder gar erst am Ende der drei Monate ein Release an unseren Kunden zu geben, um Feedback zu erhalten. Wir waren darauf angewiesen, in viel kürzeren Abständen Feedback zu bekommen, um so schnell wie möglich reagieren zu können. Wir haben daher mindestens ein Release pro Woche an den Kunden ausgeliefert.

9.2.3 Bewertung

Prototyp-Entwicklung

Die Entwicklung eines Prototyp zu Beginn des Projektes hat sich als sehr Gewinn bringend erwiesen. Unser Kunde konnte sich zusammen mit uns ein gutes Bild des zu entwickelnden Systems machen. An den verschiedenen Diskussionsrunden konnten auch die Entwickler unseres Kunden teilnehmen, die so schon zu Beginn des Entwicklungsprozesses integriert wurden.

Für uns war der Prototyp nicht nur dafür geeignet, eine gemeinsame Vision des Produktes zu erstellen. Wir konnten ihn auch als softwaretechnische Basis für das Produkt verwenden. Es handelte sich demnach nicht um einen Wegwerf-Prototyp. Dies war einerseits durch die große Erfahrung der Prototyp-Entwickler bedingt, andererseits durch die Verwendung des JWAM-Frameworks. Das Framework ermöglichte es uns, den Prototyp schnell zu entwickeln. Gleichzeitig prägte das Framework die Architektur des Prototyps so weit, dass die solide und tragfähige Architektur eine Produktentwicklung ohne Brüche ermöglichte.

Refactorings

Dennoch haben wir das Produkt in kleinen Schritten entwickelt und in diesen kleinen Schritten auch das Design immer wieder verbessert. Refactorings waren an der Tagesordnung. Allerdings haben wir auch gelernt, dass Refactorings nicht zu lange aufgeschoben werden dürfen. An einigen Stellen haben wir aus Zeitdruck heraus Refactorings aufgeschoben. Letztlich hat sich allerdings gezeigt, dass wir das nicht hätten tun sollen. Das war sehr gut an den verschiedenen Teilen des Systems zu beobachten. Für einen Teil des Systems haben wir intensiv von Refactorings Gebrauch gemacht. Dieser Teil war stets leicht weiterzuentwickeln und Fehler ließen sich einfacher finden. In einem anderen Teil des Systems haben wir Refactorings aufgeschoben. Die Folge war, dass wir (selbst in den drei Monaten) gemerkt haben, dass sich dieser Teil des Systems nicht so elegant und einfach weiterentwickeln ließ.

JWAM IntegrationServer

Während der Produktentwicklung hat sich der JWAM Integration Server besonders bewährt. 20 und mehr Integrationen pro Tag waren ohne jegliche Probleme realisierbar. Teilweise mussten Entwickler unseres Teams beim Kunden vor Ort testen und weiterentwickeln. Auch diese Situation war durch den Einsatz des Integrationsservers sehr gut unterstützt. Nennenswerte Integrationsaufwände traten nur selten auf und die Entwicklung wurde an keiner Stelle ausgebremst.

Fortlaufende Integrationen

Die fortlaufenden Integrationen waren sehr Gewinn bringend für das Projekt. Wir konnten flexibel auf Kundenwünsche reagieren und dem Kunden jederzeit ein komplett lauffähiges System zur Verfügung stellen. Dieses System hat jeweils den aktuellen Entwicklungsstand wiedergegeben. Mehrere Releases pro Woche und schlussendlich sogar zwei an einem Tag konnten wir ausliefern, ohne ein Risiko einzugehen.

Kurze Releasezyklen

Die kurzen Releasezyklen haben sich positiv auf das Projekt ausgewirkt. Wir konnten über die Releases eine intensive Diskussion mit dem Kunden führen. Fehlende Eigenschaften oder Missverständnisse wurden frühzeitig erkannt. Innerhalb des Entwicklungsteams haben sich die kurzen Abstände zwischen Releases als nicht störend erwiesen. Durch die fortlaufenden Integrationen konnten sich alle Entwickler sicher sein, dass das Release möglich sein wird.

Lückenhafte Testabdeckung

Beeinträchtigt wurde die Releaseauslieferung nur durch eine recht lückenhafte Testabdeckung. Wir haben von Anfang an nicht konsequent die Tests zuerst geschrieben. Das führte im Laufe des Projektes dazu, dass die Testabdeckung mit Unit Tests auf einem relativ geringen Level blieb.

Das hat sich im Laufe des Projektes schmerzhaft bemerkbar gemacht. So haben wir über zwei Wochen hinweg nicht bemerkt, dass eine Funktion des Systems nicht mehr arbeitete. Es gab dafür keinen entsprechenden Komponententest. Als wir dann schließlich diese Funktion vor Ort beim Kunden wieder benötigt haben, standen wir vor einem Problem: Wir mussten sie vor Ort wieder zum Laufen bekommen. Die Ursache des Problems war schnell gefunden. Es handelte sich um das Speichern von Daten, das seinerzeit mit der Java-Serialisierung realisiert war. Im Laufe der Entwicklung haben wir dem System Klassen hinzugefügt und dabei übersehen, dass diese auch serialisierbar sein müssen. Auch wenn der Fehler schnell lokalisierbar war, brauchten wir eine gewisse Zeit, ihn zu beheben. Eine solche Situation wäre uns erspart geblieben, wenn wir für die Funktion einen Test gehabt hätten.

Daraus haben wir den Schluss gezogen, im nächsten Projekt verstärkt auf die Komponententests zu achten. Wichtig dabei ist, sie bereits von Anfang an zu implementieren. Test-First hilft dabei, eine gute Testabdeckung zu realisieren.

Allerdings müssen wir auch bemerken, dass wir für die hochinteraktiven Werkzeuge nicht für alle Aspekte Komponententests hätten schreiben können. Die grafische Frontend-Gestaltung der Werkzeuge lässt sich nur schwer in Testfälle verpacken. Wir haben daher eine klare Trennung zwischen Präsentation, Interaktion und Funktion implementiert, was Komponententests erheblich vereinfacht. Wir halten es in den meisten Projekten für einen zu hohen Aufwand, den Präsentationsanteil der Werkzeuge vollständig mit Komponententests abzudecken.

Externe Qualitätseinschätzung

Gegen Ende der Systementwicklung haben wir eine Vermessung aller Quelltexte vornehmen lassen, die wir im Laufe der drei Monate entwickelt haben. Dazu haben wir eine spezielle Art von Softwaremetriken verwendet, die externe Kooperationspartner an der Technischen Universität Cottbus entwickelt haben und auf Wunsch durchführen. Die Kollegen haben die Projektquelltexte vermessen und uns einen detaillierten Bericht darüber erstellt, wo Schwachpunkte im System zu finden sein könnten. Im Gegensatz zu vielen Softwaremetrik-Ansätzen behaupten diese Metriken nicht, ein absolutes Maß für Qualität zu sein. Sie zeigen aber abhängig von einem gewählten Qualitätsmodell Extremwerte im System auf. Diese Extremwerte können helfen, das System zu verbessern, weil sie meist Hinweise auf schlecht entworfene oder schlecht realisierte Konzepte sind. Das Qualitätsmodell hilft dabei, eigene Anforderungen an die Qualität in diese Messungen miteinzubeziehen.

In diesem Fall hat der Bericht keine großen Schwachpunkte im System aufgezeigt. Offensichtlich war der XP-Prozess geeignet, auch in einem Projekt mit hohem Zeitdruck gute Qualität abzuliefern.

Projektdauer

Der Einsatz von XP für dieses Projekt hat sich gelohnt. Wir konnten mit XP in diesen drei Monaten sehr effektiv entwickeln und in kurzen Abständen Rückkopplung von unserem Kunden bekommen. Da sich auch innerhalb der drei Monate immer wieder Prioritäten verschoben haben und Anforderungen detailliert wurden, hätten wir ohne einen darauf abgestimmten Entwicklungsprozess nicht adäquat reagieren können.

Die Entwicklungsgeschwindigkeit beruht sicherlich nicht allein auf XP. Das Entwicklungsteam bestand aus erfahrenen Java-Entwicklern, denen Entwurfsmuster, Frameworks und letztendlich auch XP nicht fremd waren. Wir mussten im Projekt daher keine Ausbildungsaufwände berücksichtigen, weder für technologische Herausforderungen, noch um XP zu lernen. Hätte das Team erst XP lernen müssen, hätte die Situation sicher anders ausgesehen.

9.3 Projekt Scooter

9.3.1 Projektkontext

Beim Scooter-Projekt haben wir ein deutsches Versicherungsunternehmen bzgl. objektorientierter Technologien und Vorgehen im Projekt beraten und selbst Entwicklerressourcen bereitgestellt. Die Planung des Projektes begann Ende 2000. Das offizielle Projekt startete Anfang 2001. Geplantes Ende des Projektes war das Jahr 2004.

Projektziel

Das Ziel des Projektes war die Vereinheitlichung der existierenden Systemlandschaft sowie die Unterstützung neuer Anforderungen insbesondere im Bereich Mehrkanalfähigkeit.

Die Vereinheitlichung der existierenden Systeme hatte nicht nur technische Gründe. Anwendungsfachlich erschwerte die Trennung z. B. die Definition Sparten übergreifender Versicherungsprodukte. Solche Sparten übergreifenden Produkte sollen komplette Lebensbereiche von Kunden abdecken, z. B. die Gründung einer Familie mit einem Versicherungsbündel aus Privatrechtschutz, Hausrat- und Haftpflichtversicherung.

Die existierenden Hostsysteme waren vor dem Hintergrund hausinterner Sachbearbeitung entstanden. Sie waren daher für das Übertragen von Daten aus einem Antragsformular ins System optimiert. Diese Optimierung ist jedoch für die neuen Kanäle (Internetkunde, Makler) häufig nicht adäquat.

Der jeweilige Projektschwerpunkt hat sich im Laufe des Projektes mehrfach verschoben. Während zunächst die reine Ablösung der existierenden Hostsysteme im Fokus der Entwicklung stand, erhielt im Projektverlauf die Unterstützung zusätzlicher Kanäle (Internetkunde, Makler) eine höhere Priorität.

Ressourcen

Zunächst haben wir mit eineinhalb externen Beratern gearbeitet. Diese Anzahl wurde nach sechs Monaten auf zwei erhöht. Intern waren anfänglich ca. ein Dutzend Mitarbeiter dem Projekt zugeteilt. Von diesen standen allerdings die wenigsten dem Projekt zu 100 % zur

Verfügung. Darüber hinaus waren Kenntnisse über Java, Objektorientierung und moderne Vorgehensweisen nur vereinzelt vorhanden. Das Resultat war, dass wir zunächst von Seiten der Versicherung Programmierressourcen von nur zwei Personen zur Verfügung hatten (ein Mitarbeiter zu 100 %, zwei Mitarbeiter zu jeweils ca. 50 %). Neben den Entwicklern waren dem Projekt ein Projektleiter, drei Mitarbeiter aus der Betriebsorganisation, zwei Mitarbeiter aus dem Produktbereich, ein Datenmodellierer sowie ein Administrator zugeteilt.

Durch interne Schulungs- und Ausbildungsmaßnahmen ist die Anzahl der in der Versicherung für das Projekt verfügbaren Entwickler immer weiter auf über 20 angestiegen.

9.3.2 XP-Einsatz

XP bei einer Versicherung einzusetzen war bei Projektbeginn eher ungewöhnlich. Es wurde schnell deutlich, dass XP einem Teil der Entwickler attraktiv erschien. Auf andere Entwickler sowie das Management wirkte XP zunächst eher abschreckend – was sicher auch durch den Namen bedingt war.

XP-Einführung

Wir haben daher nicht XP als solches eingeführt, sondern die einzelnen Techniken nach Bedarf. Dieses Vorgehen lässt sich leicht vermitteln. Wir betrachten XP als Werkzeugkiste, aus der wir jeweils die Techniken entnehmen und einsetzen, die ein konkret benennbares Problem beheben. Wenn am Ende kein vollständiges XP herauskommt und das Projekt trotzdem gut funktioniert, warum sollte man dann dogmatisch die zusätzlichen Techniken einführen. Wir haben also die XP-Techniken schrittweise eingeführt.

Exploration: Prototyp-Entwicklung / Spike Solutions

Zunächst wurden in einer Explorationsphase ein paar kleinere Prototypen (in XP-Terminologie: Spike Solution) entwickelt, um wichtige anwendungsfachliche sowie technische Fragestellungen zu klären:

- Ein Handhabungsprototyp sollte Aufschluss darüber geben, ob für die Sachbearbeiter eine Desktop-Oberfläche notwendig ist oder ob eine Web-Oberfläche ausreicht.
- Ein Architekturprototyp sollte prüfen, ob die angedachte Servicearchitektur geeignet ist, um unterschiedliche Frontends mit derselben fachlichen Funktionalität zu verbinden. Dieser Prototyp wurde mit dem ersten Prototyp verschmolzen.
- Ein Performance-Prototyp sollte klären, ob die zu erwartende Geschwindigkeit des Systems ausreichen würde.

Die Prototypen waren nach ca. sechs Wochen fertig gestellt. Das Projekt benötigte diese Zeit fast vollständig, um sich »einzuschwingen«. So wurden die Prototypen größtenteils von einem der Berater erstellt.

Die Prototypen bestätigten die Vermutungen: Sachbearbeiter sollten mit Desktop-Oberflächen arbeiten, eine Servicearchitektur ist tragfähig, Daten- sowie Objektmodell sind in den Grundzügen ausreichend performant.

Etappenplan, kurze Releasezyklen

Auf Basis der Prototypen wurde ein erster grober Projektplan erstellt. Dieser enthielt Etappen für das Gesamtsystem, die jeweils zwischen einem und drei Monaten lang waren. Wir haben zunächst nur die Etappen für die ersten 18 Monate mit Datumsangaben versehen. Die Priorisierung der Etappen fand auf Basis der im Projekt wahrgenommenen Prioritäten statt. Dieser Plan wurde dem IT-Leiter vorgelegt, der ihn so akzeptierte. Für ihn war zu diesem Zeitpunkt nur wichtig, das Projekt bis 2004 zu beenden. In welcher Reihenfolge welche Komponenten entwickelt werden sollten, wurde dem Projekt zunächst freigestellt.

Mit dem Etappenplan kam auch der Gedanke der kurzen Releasezyklen ins Projekt. Die Diskussionen darum waren bei Projektbeginn nicht ganz einfach. Häufig wurde argumentiert, dass man das Hostsystem als Ganzes ablösen müsste und daher keine kurzen Releasezyklen realisieren könnte. In der Diskussion haben sich dann aber doch Möglichkeiten herauskristallisiert, kurze Releasezyklen umzusetzen. Diese beruhten im Ansatz darauf, für einen begrenzten Zeitraum altes und neues System parallel einzusetzen. Die Planung der einzelnen Etappen haben wir dann nicht nur an fachlichen Prioritäten ausgerichtet, sondern auch so definiert, dass die Anwender in ihren Arbeitssituationen möglichst selten zwischen altem und neuem System wechseln müssen.

Standup-Meetings

Bereits sehr früh haben wir tägliche Standup-Meetings eingeführt. Wir trafen uns jeden Tag um 11:45 Uhr für maximal 15 Minuten. Für das Meeting galten die bereits beschriebenen Regeln: kurzhalten, keine Diskussionen, Beschränkung auf das Wesentliche.

Anwenderintegration

Wie beschrieben spielten neben den fachlichen Anforderungen auch technische Zielsetzungen eine wichtige Rolle im Projekt. Daher hatte das Projektteam mit einer Reihe von Ansprechpartnern zu tun. Der IT-Leiter ist für die technischen Zielsetzungen zuständig. Auf fachlicher Seite mussten je Nutzergruppe spezifische Anforderungen berücksichtigt werden. Daher stand jedes Release des Systems im Fokus einer Nutzergruppe. Für diese Nutzergruppe agierte ein Vertreter beim Planungsspiel. Leider konnten wir im Projekt nur zu einer der drei Hauptnutzergruppen des Systems Zugang bekommen. Das System war so gut abgestimmt auf die integrierte Anwendergruppe.

Bezüglich der beiden nicht direkt integrierten Anwendergruppen gab es aber immer wieder große Missverständnisse und Unsicherheiten.

Planungsspiel und Story-Cards

Auf Basis des Etappenplans schrieben Anwendervertreter ggf. zusammen mit den Entwicklern Story-Cards für die jeweils anstehende Etappe. Je nach Schwerpunkt der aktuellen Iteration wurde das Planungsspiel mit einem Anwendervertreter gespielt. Die Stories wurden in Gummibärchen geschätzt. Am Ende jeder Iteration wurde die Anzahl der erledigten Gummibärchen berechnet. So konnte die Produktivität des Teams in Gummibärchen/Woche berechnet werden. Die errechnete Produktivität war die Basis für die geplante Kapazität der nächsten Iteration. Abbildung 9–1 zeigt den Verlauf der Produktivität im Scooter-Projekt. Die Spitze in Iteration drei ist dadurch zu erklären, dass wir zunächst ohne explizites Iterationskonzept gearbeitet haben und die ersten drei Iterationen aufgrund der Datumsangaben auf den Story-Cards rekonstruiert wurden. Wahrscheinlich handelt es sich um einen Zuordnungsfehler.

Weiterhin ist der Produktivitätseinbruch bei Iteration acht mit der Erholung in Iteration neun bemerkenswert. In Iteration acht zeigte sich, dass wir im Projekt ein größeres Refactoring zu lange aufgeschoben hatten. Dieses hat uns immer stärker behindert. Wir haben es also in der achten Iteration nachgeholt. Dass das Refactoring sinnvoll war, zeigt die angestiegene Produktivität in der neunten Iteration.

Weiterhin zeigt sich, dass der Mittelwert der Produktivitäten sehr gerade verläuft. Um auf der sicheren Seite zu sein, nahmen wir jeweils den geringeren Wert aus Produktivität der letzten Iteration und Mittelwert als Maßzahl für die nächste Iteration.

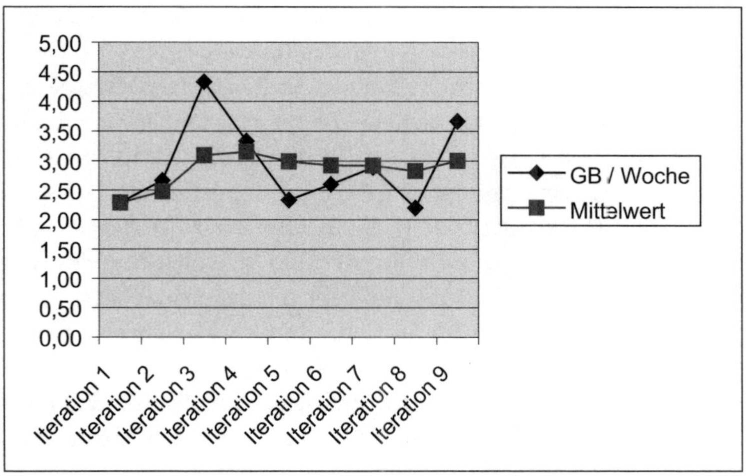

Abb. 9–1: *Produktivitätsentwicklung im Scooter-Projekt*

Programmieren in Paaren, Komponententests, fortlaufende Integration

Parallel zu den Story-Cards haben wir Programmieren in Paaren, Komponententests sowie fortlaufende Integration eingeführt. Das Programmieren in Paaren war von Anfang an auch als Ausbildungstechnik gedacht, um die OO- und Java-Erfahrung der externen Berater dauerhaft ins Team zu integrieren.

Programmieren in Paaren zur Ausbildung

Dabei hat sich herausgestellt, dass Programmieren in Paaren nur dann zur Hands-on-Ausbildung geeignet ist, wenn der Qualifikationsunterschied zwischen den beiden Partnern nicht zu groß ist. Paarbildungen, bei denen erfahrene Java-Entwickler mit absoluten OO- und Java-Neulingen zusammenarbeiteten, haben sich nicht bewährt. Der Fortschritt für das Projekt tendierte gegen null. Die erfahrenen Entwickler waren nur noch damit beschäftigt, ihre Partner zu schulen. Trotzdem haben die Neulinge in dieser Zeit nur wenig gelernt. Sie fühlten sich offenbar unter Zeitdruck (weil sie merkten, dass sie die Entwicklung aufhielten) und konnten sich daher nicht die Zeit nehmen, die sie brauchten, um die Konzepte zu durchdringen.

Pair Teaching

Die XP-Gemeinde nennt solche Situationen daher auch Lernen in Paaren (engl. Pair Teaching) anstatt Programmieren in Paaren.

Wir haben daher das Entwicklerteam aufgeteilt. In der einen Hälfte arbeiteten die Entwickler mit mittleren bis hohen Kenntnissen. In der anderen Hälfte arbeiteten die Neulinge an einem Miniprojekt. Das Miniprojekt war ein Teil einer späteren Projektetappe. So bestand für die Neulinge der Anreiz darin, diesen Teil so gut zu entwickeln, dass er später verwendet werden konnte. Auf der anderen Seite war klar, dass bei Scheitern des Miniprojektes das Gesamtprojekt nicht in Gefahr geraten würde. Die erfahrenen Entwickler würden diese Funktionalitäten problemlos neu entwickeln können, wenn die entsprechende Projektetappe dran wäre. In dem Miniprojekt arbeiteten die Entwickler ebenfalls in Paaren mit wechselnden Partnern.

Paarfindung

Ein lästiges Thema war das Finden der Paare. Die Mitarbeiter im Projekt gehörten unterschiedlichen Abteilungen und Abteilungsgruppen an und hatten Gleitzeit. Es war in der Versicherung üblich, dass jede Abteilungsgruppe morgens gemeinsam zum Frühstücken in die Kantine ging. Um die Kantine nicht zu überlasten, gingen die Abteilungsgruppen nicht gleichzeitig. Im Resultat bedeutet dies, dass einige Mitarbeiter bereits um 7:00 Uhr morgens mit der Arbeit begannen und dafür um 14:30 Uhr wieder gingen. Andere Mitarbeiter hingegen waren nach dem Frühstück erst um 9:30 Uhr verfügbar. In der Konsequenz begannen wir mit dem effektiven Programmieren in Paaren erst um 10:00 Uhr. Zu diesem Zeitpunkt hatten einige Mitarbeiter bereits fast die Hälfte ihrer täglichen Arbeitszeit verbraucht. Dieses Problem war im Projekt und darüber hinaus bekannt. Es konnte aber keine gangbare Lösung gefunden werden. Da die extremen Frühaufsteher in der Minderheit waren, hielt sich der »Schaden« auch in Grenzen. Wir begegneten dem Problem weiterhin dadurch, dass Entwickler ohne Partner Tests und Dokumentation des Systems verbesserten.

Komponententests und fortlaufende Integration mit VisualAge

Komponententests und fortlaufende Integration liefen gut an. Sie wurden jedoch zwischenzeitlich durch die eingesetzte Entwicklungsumgebung (VisualAge for Java) behindert. VisualAge legte seine Dateien nicht im Dateisystem ab, sondern in einem Repository. Es war damit einfach, geänderte Dateien ins zentrale Repository freizugeben. Es war aber nicht ohne weiteres möglich, die Ausführung der Komponententests zu erzwingen. Das führte dazu, dass die Komponententests zu selten ausgeführt wurden und im zentralen Repository häufig eine Codebasis vorlag, die die Tests nicht bestand. Wir haben mit zwei Mechanismen reagiert. Zum einen wurde zweimal täglich (um 10:00 Uhr und um 16:00 Uhr) eine E-Mail an alle Entwickler verschickt, die daran erinnerte, alle Tests auszuführen. Außerdem wurde jeden Montag ein Abzug des zentralen Repositories gemacht. Vor dem Abzug wurde sichergestellt, dass alle Komponententests durchlaufen. Die so entstandene Montagsversion stand auf einem Server so zur Verfügung, dass z. B. der Projektleiter jederzeit darauf zugreifen und diese präsentieren konnte. Diese Version stand damit auch Anwendern zum Testen zur Verfügung, was sich insbesondere gegen Ende einer Projektetappe sehr bewährte.

Programmierkonventionen

Nach der ersten Projektetappe wurde deutlich, dass Programmierkonventionen fehlten. Die Entwickler hatten jeweils unterschiedliche Erfahrungshintergründe und damit sehr unterschiedliche Programmierstile. Wir haben daher Programmierkonventionen für das Projekt aufgestellt. Diese orientieren sich zum einen an den Sun Code Conventions und zum anderen an den spezifischen Eigenschaften der eingesetzten Entwicklungsumgebung.

Einfaches Design, Refactoring, gemeinsame Verantwortlichkeit

Einfaches Design einzuführen war ein langwieriger Prozess. Aufgrund der Erfahrungen mit konventionellen Technologien (Cobol etc.) war den Projektmitgliedern nicht immer leicht zu vermitteln, dass Designs auch zu einem späteren Zeitpunkt noch geändert und angereichert werden können. Im Team wurde aber im Wesentlichen akzeptiert, dass einfaches Design sinnvoll ist. Der Rest war dann im Wesentlichen eine Übungssache, ebenso wie das Refactoring. Lange Zeit waren nicht alle Projektteilnehmer in der Lage, Refactorings so weit zu zerteilen, dass sie jeweils in wenigen Minuten durchführbar waren. Intuitiv schienen sich die Paare für solche Refactorings allerdings so zu finden, dass ein erfahrener Entwickler daran beteiligt war.

Gemeinsame Verantwortlichkeit bezogen auf den Quellcode war nie ein Problem. Die Kommunikation im Team über Code war stets so gut, dass es in diesem Bereich auch keine Abstimmungsprobleme gab.

Retrospektiven

Zuletzt haben wir Retrospektiven eingerichtet. Am Ende einer jeden Iteration (am Anfang alle vier Wochen, später alle zwei Wochen) setzten sich die Entwickler einige Stunden zusammen, um die aufgetretenen Probleme im Prozess zu diskutieren. Es wurden dann mögliche Lösungsmöglichkeiten erörtert und gleich beschlossen, so dass sie direkt für die nächste Iteration nutzbar waren.

9.3.3 Bewertung

Das Projekt erreichte die ersten Projektetappen termingerecht. Die XP-Techniken wurden ziemlich vollständig eingeführt. Insbesondere die Iterationsplanung verlieh dem Projekt einen eigenen Rhythmus, der das Projekt immer weiter vorantrieb.

Codequalität

Es gab aber auch negative Erfahrungen im Projekt. So wurde nicht überall die gewünschte Codequalität erreicht. Das war z.T. auf mangelnde Übung beim einfachen Design und Refactoring zurückzuführen. Einen weiteren negativen Einfluss hatte sicher auch die fehlende Integration der Anwender sowie teilweise extremer Zeitdruck, der plötzlich vor bestimmten Ereignissen (z. B. kurzfristig anberaumte Systempräsentationen) entstand. Um schnell noch eine neue Funktion zeigen zu können, wurde die Systemqualität geopfert. Nicht immer ist es gelungen, diese Hacks nachträglich wieder zu beseitigen.

Planung

Es hat sich außerdem im Projektverlauf herausgestellt, dass es Probleme mit der Planung gab. Es ist im Projektverlauf nicht gelungen, die relevanten Ansprechpartner in die Gesamtplanung einzubeziehen und eine gemeinsam getragene Planung zu etablieren. So hatten verschiedene Akteure unterschiedliche implizite Vorstellungen über den Projektverlauf. Wenn diese inkompatiblen Vorstellungen aufeinander trafen, gab es immer wieder erhebliche Probleme.

Teambildung

Nicht zuletzt war die Teambildung im Projekt nur bedingt erfolgreich. Einige Entwickler konnten sich mit XP nicht anfreunden. Leider ist es nicht gelungen, mit den daraus entstehenden Konflikten konstruktiv umzugehen. Die Konflikte sind dann immer wieder bei den unpassendsten Gelegenheiten aufgebrochen.

9.4 Projekt JWAM

9.4.1 Projektkontext

Das JWAM-Framework ist aus einer Initiative von wissenschaftlichen Mitarbeitern und Studenten an der Universität Hamburg hervorgegangen. Die Entwicklung begann bereits 1997.

Das JWAM-Framework wird heute im Rahmen der C1-WPS[1] professionell für eigene Entwicklungsprojekte eingesetzt und an Kunden lizenziert.

Projektziel

Das Ziel bestand zunächst darin, für den Kontext von Forschung und Lehre ein Anwendungsframework für die Entwicklung mit Java zur Verfügung zu haben. Im Zuge der Professionalisierung ist die Unterstützung kommerzieller Entwicklungsprojekte als weiteres Ziel hinzugekommen.

Ressourcen

Die C1-WPS finanziert sich hauptsächlich aus dem Projektgeschäft. Daher war im Zweifel das Projektgeschäft höher priorisiert als die JWAM-Weiterentwicklung. Dies führte zwischenzeitlich dazu, dass die Entwicklungsressourcen für das JWAM-Framework fast bei null angekommen waren. Nachdem dies bemerkt wurde, haben wir das Konzept der JWAM-Sprints[2] etabliert: Einmal im Monat fand ein dreitägiger Sprint statt, an dem alle Mitarbeiter teilnehmen konnten und sollten. Damit wurde zum einen ein Mindestmaß an Ressourcen bereitgestellt. Auf der anderen Seite wurden die Entwickler gleich in der Arbeit mit dem Framework geschult.

Da natürlich nach wie vor Zeitdruck in Projekten herrschte, nahmen nicht immer alle Mitarbeiter an den JWAM-Sprints teil. Im Schnitt lagen wir bei ca. acht bis zehn Entwicklern pro Sprint.

9.4.2 XP-Einsatz

Wir haben Ende 1998 bei Konferenzen zum ersten Mal von XP gehört. Anfang 1999 haben wir angefangen, einzelne XP-Techniken einzusetzen. Zu diesem Zeitpunkt bestand JWAM aus gut 400 Klassen. Testklassen gab es gar nicht.

Programmieren in Paaren, Komponententests, einfaches Design

Zuerst haben wir das Programmieren in Paaren, Komponententests sowie einfaches Design eingeführt.

1. C1 Workplace Solutions GmbH (früher IT-WPS)
2. Die JWAM-Sprints unterschieden sich von den Scrum-Sprints, unter anderem durch ihre Länge.

Dabei stellten wir fest, dass sich Programmieren in Paaren einfach anhört, jedoch anfänglich schwer durchzuführen war. So haben wir zunächst unsere normalen Schreibtischanordnungen beibehalten. Bei diesen standen links und rechts unter dem Schreibtisch Rollcontainer. Dies führte dazu, dass der Pair-Partner jeweils nach hinten versetzt saß. Er konnte daher nicht so stark an der Programmierung partizipieren, wie dies sinnvoll gewesen wäre. Das hat sich auch im Rollenwechsel der beiden Partner bestätigt. Weil der Rollenwechsel mit aufwändigem Sitzplatzwechsel verbunden war, haben wir am Anfang die Rollen nur einmal am Tag (nach dem Mittagessen) getauscht. Wir haben dieses Problem gelöst, indem wir Tische ohne Rollcontainer angeschafft und die Tische im Raum anders positioniert haben (siehe auch Kapitel 2).

Die Entwicklung der fehlenden Komponententests war anspruchsvoll und dauerte insgesamt ca. 1,5 Jahre. Es hat sich in diesem Zusammenhang bewährt, nicht einfach für alle Klassen die fehlenden Komponententests zu schreiben, sondern gleichzeitig einfaches Design durchzuführen. So haben wir uns bei jeder Klasse überlegt, ob wir den Komponententest schreiben oder die Klasse löschen wollten. Auf diese Weise sind ca. 50 % bis 75 % der ursprünglichen Klassen aus dem Framework entfernt worden. Fast alle übrigen Klassen wurden drastisch vereinfacht, damit sie überhaupt mit realistischem Aufwand zu testen sind. Es hat sich gezeigt, dass weder das Entfernen der Klassen noch die Vereinfachung der verbliebenen Klassen einen negativen Einfluss auf den faktisch genutzten Funktionsumfang des Frameworks hatten. Dies machte klar, dass sich im JWAM-Framework viel Technologie auf Vorrat angesammelt hatte.

In diesem Zusammenhang mussten wir mit dem Spannungsfeld zwischen Einfachheit des Frameworks sowie bestmöglicher Unterstützung für die Anwendungsentwicklung umgehen. Ersteres führt zu einem sehr kleinen, letzteres zu einem sehr großen Framework. Wir haben das Spannungsfeld dadurch entzerrt, dass wir eine Unterscheidung in den JWAM-Kern (etwas über 100 operationale Klassen) und JWAM-Komponenten (jeweils zwischen 10 und 50 Klassen) eingeführt haben. Durch zusätzliche Komponenten konnte die Anwendungsentwicklung besser unterstützt werden, ohne den Kern unnötig zu belasten. Dadurch konnten zum einen die internen Strukturen des JWAM-Frameworks übersichtlich gehalten werden. Zum anderen wurde die Handhabbarkeit des Frameworks für die Anwendungsentwicklung erhöht. Anwendungsentwickler konnten zunächst den JWAM-Kern erlernen und später nur die benötigten Komponenten dazunehmen.

Gemeinsame Verantwortlichkeit

Das JWAM-Framework wurde ursprünglich klassisch mit individueller Verantwortung (engl. Code Ownership) entwickelt. Konsequenterweise waren bestimmte Teile des Frameworks nur einzelnen Entwicklern bekannt. Im Zuge des Programmierens in Paaren sind diese »dunklen Ecken« eliminiert worden. Parallel haben wir gemeinsame Verantwortlichkeit eingeführt. Dies führte zu einer deutlichen Flexibilisierung des Entwicklungsprozesses, weil jeder alles ändern konnte.

Fortlaufende Integration

Als nächste XP-Technik hatten wir uns die fortlaufende Integration vorgenommen. Zunächst haben wir einen physikalischen Rechner als Integrationsrechner verwendet. Auf diesem sollte stets der aktuelle Stand des Frameworks lauffähig vorhanden sein. Außerdem sollten Änderungen so schnell wie möglich dort integriert werden.

Dieses Vorgehen brachte eine Reihe von Problemen mit sich. Zum einen war bei der Entwicklung am JWAM-Framework nicht immer eine Onlineverbindung zu dem Integrationsrechner vorhanden. Dies war dadurch begründet, dass wir häufig zu Hause oder auch im Hotelzimmer an JWAM weiterentwickelt haben. Weiterhin machte sich negativ bemerkbar, dass ein Framework im Gegensatz zu einer Anwendung nicht direkt ausführbar ist. Daher wurden immer wieder Versionen auf den Integrationsrechner integriert, die letztlich doch nicht 100 %ig lauffähig waren.

Zunächst haben wir versucht, dieses Problem mit Checklisten in den Griff zu bekommen. Bei jeder Integration sollte die gesamte Checkliste abgearbeitet werden, um sicherzustellen, dass der integrierte Bestand lauffähig war. Leider dauerte die Abarbeitung der Checkliste zwei bis vier Stunden. Dies führt dazu, dass immer ein Satz von Änderungen gesammelt wurde, bevor tatsächlich die Integration in Angriff genommen wurde.

Diese Probleme haben wir zum Anlass genommen, in einem studentischen Projekt Softwareunterstützung für die fortlaufende Integration entwickeln zu lassen. Das Ergebnis war der IntegrationServer, der die Versionsverwaltung einkapselte und sicherstellte, dass nur solche Klassen integriert werden können, die die Tests erfüllen. Weiterhin war der IntegrationServer über eine verschlüsselte Verbindung von jedem Ort aus via Internet zugreifbar. Später wurde der IntegrationServer durch eine leichtgewichtigere Variante auf CVS-Basis ersetzt.

Neben dem IntegrationServer haben wir die Tests erweitert. Insbesondere haben wir begonnen, Tests für die interaktiven Anteile des Frameworks zu schreiben. Dafür haben wir das Konzept der Mock-Types für Oberflächenelemente verwendet. Weiterhin haben wir eine Reihe von Beispielen unterschiedlicher Größe als Bestandteil des Frameworks programmiert. Diese Beispiele kompensieren den Nachteil der Nichtausführbarkeit des Frameworks.

Alle diese Maßnahmen zusammen führten dazu, dass wir schließlich die fortlaufende Integration problemlos einsetzen konnten und die gemeinsame Codebasis stets lauffähig war. Eine JWAM-Integration dauerte seinerzeit 6 bis 7 Minuten für ca. 2.500 Klassen (mit Test- und Beispielklassen).

Refactoring

Mit dem Refactoring haben wir bereits parallel zu den Komponententests begonnen. Natürlich sind uns Refactorings vor allem dort misslungen, wo wir diese ohne Komponententests durchführen wollten. Außerdem mussten wir in einem langen Prozess lernen, wie Refactorings so zerlegt werden können, dass sie binnen weniger Minuten durchführbar sind. So haben wir 1999 eine JWAM-Komponente komplett umgebaut. Es wurde bezweifelt, dass die dafür notwendigen Refactorings so klein wie gefordert zerlegt werden könnten. Daher wurde die komplette Komponente ausgekoppelt und in einem eigenen Zweig weiterentwickelt. Die Umgestaltung der Komponente dauerte mehrere Wochen, die Integration dauerte nochmal genauso lang und war äußerst schmerzhaft. In diesem Fall – und in allen anderen ähnlich gelagerten Fällen – konnten wir hinterher feststellen, dass eine Zerlegung in kleinere Refactorings möglich und sinnvoll gewesen wäre.

Dies war einer der Gründe dafür, dass der IntegrationServer nur ein optimistisches Kooperationsmodell umsetzte und keine Dateien gesperrt werden können. Dadurch entstand eine Art Wettlauf zwischen den Entwicklern, wer die kleineren Refactorings durchführen und damit schneller integrieren konnte. Schließlich wusste jeder, dass bei einem Konflikt der zuerst Integrierende gewinnen würde und der danach Integrierende den Merge-Aufwand hätte.

Kurze Releasezyklen

Wir veröffentlichten ca. alle sechs Monate neue JWAM-Releases. Von der Entwicklerseite her hätte diese Zeit problemlos drastisch reduziert werden können. Wir hätten nach jedem Sprint eine neue Version ausliefern können. Wenn in einem unserer Projekte eine bestimmte neue Funktionalität dringend gebraucht wurde, nutzte dieses Projekt die entsprechende JWAM-Zwischenversion auch schon mal sofort.

Das wesentliche Argument gegen die Verkürzung der Releasezyklen bestand in den Migrationsaufwänden auf Seiten der Anwendungsentwickler. Wir hatten uns bewusst dafür entschieden, die Framework-Versionen nicht sklavisch abwärtskompatibel zu halten. Das hätte den Alterungsprozess des Frameworks zu sehr beschleunigt. Als Konsequenz mussten Anwendungen in der Regel migriert werden, wenn eine neue Framework-Version freigegeben wurden. Diese Migrationsaufwände wollten wir unseren Kunden nicht mehr als zweimal im Jahr zumuten.

Kunde vor Ort, Planungsspiel

Kunde vor Ort und das Planungsspiel sind zwei Techniken, die wir nicht auf Anhieb für die Framework-Entwicklung adaptieren konnten. Da die Framework-Entwickler JWAM in eigenen Projekten einsetzten, schienen diese Techniken zunächst nicht unbedingt notwendig zu sein. Dies führte allerdings zu Problemen, weil die Interessen unseres Vertriebes sowie der JWAM-Lizenznehmer nicht immer angemessen berücksichtigt wurden.

Mit der Zeit ist uns dies allerdings immer besser gelungen. Zunächst führten wir auch für die Framework-Entwicklung eine Unterscheidung in Story- und Task-Cards ein. Task-Cards wurden von Entwicklern geschrieben und befassten sich in erster Linie mit Refactorings. Story-Cards kamen vom JWAM-Vertrieb, eigenen Anwendungsprojekten sowie JWAM-Lizenznehmern. Das Planungsspiel fokussierte auf die Story-Cards. Es wurde jeweils ein Aufwandspuffer reserviert, in dem zusätzlich Task-Cards erledigt werden konnten. Die Task-Cards wurden vom JWAM-Organisationsteam eingeplant. Nach Möglichkeit wurden sie an Story-Cards angeheftet.

Für das Planungsspiel selbst verwendeten wir eine asynchrone Variante, da viele unserer Entwickler und Berater hauptsächlich beim Kunden arbeiteten. Es wäre unmöglich gewesen, einen Termin für ein gemeinsames Planungsspiel zu finden. Vertrieb, Anwendungsprojekte und Lizenznehmer vergaben bis zu drei Punkte für Story-Cards. Die Story-Cards mit der höchsten Punktzahl wurden dann vom JWAM-Organisationsteam am höchsten priorisiert.

Metapher

Das JWAM-Framework unterstützte die Anwendungsentwicklung nach WAM. Bei WAM stehen die Metaphern Werkzeug, Automat und Material im Vordergrund. Daher wurden die Beispiele in JWAM natürlich nach diesen Metaphern entworfen. Wir sahen jedoch keine Möglichkeit, für das ganze Framework selbst wenige Metaphern zu finden. Wir waren uns auch nicht sicher, dass dies in unserem Fall sinnvoll gewesen wäre. So fanden sich in einigen Komponenten bestimmte Metaphern wieder. Im JWAM-Kern jedoch ließen sich allenfalls einige wenige Entwurfsmuster finden.

Programmierkonventionen

JWAM-Programmierkonventionen existierten bereits seit Beginn der JWAM-Entwicklung. Sie waren wenige Seiten kurz und wurden auch für Anwendungsprojekte eingesetzt. Wir aktualisierten die Programmierkonventionen, wenn Bedarf dafür entstand.

Nachhaltiges Tempo

Da die JWAM-Entwicklung wesentlich in Sprints organisiert war, war das nachhaltige Tempo immer gewährleistet. Indem die Sprints nur einmal im Monat stattfanden, blieb jeweils ausreichend Erholungszeit bis zum nächsten Sprint.

9.4.3 Bewertung

Am JWAM-Framework haben wir unsere ersten XP-Erfahrungen gesammelt. Hier konnten wir viele Dinge einfach mal ausprobieren und haben extrem viel dabei gelernt. Allerdings waren diese Lerneffekte durch die verbrauchte Zeit relativ teuer. Wir würden daher jedem empfehlen, sich XP-Wissen über einen erfahrenen XP-Coach ins Haus zu holen.

Auch wenn das Lernen am Anfang relativ teuer war, hat sich die Einführung und Verwendung von XP sowohl auf der Prozess- als auch der Produktseite bewährt. Das Framework freut sich trotz seines Alters immer noch bester Gesundheit und ist im Gegensatz zu vielen anderen Frameworks nicht zu einem verkrusteten unflexiblen Monstrum geworden. Vielmehr haben sich sowohl die Handhabbarkeit als auch die Funktionalität des Frameworks stetig weiterentwickelt.

9.5 Projekt Fozzy

9.5.1 Projektkontext

Das Projekt Fozzy wurde für ein großes Ver- und Entsorgungsunternehmen durchgeführt. Das Unternehmen suchte IT-Unterstützung für seine Arbeitsvorbereitung, Auftragsdurchführung und Disposition in seinen technischen Geschäftsbereichen. Während die kaufmännischen Prozesse im SAP-System abgebildet waren, sollte insbesondere im Zusammenhang mit dem geografischen Informationssystem eine neue Basis für die technischen Prozesse auf Basis einer J2EE-Architektur geschaffen werden.

Es fand eine europaweite Ausschreibung statt, weil die veranschlagten Projektkosten weit über 2 Millionen Euro lagen. Das Projekt wurde vom Auftraggeber in 2 Phasen organisiert: In der 1. Phase sollte die technische Machbarkeit überprüft, die Anforderungen konkretisiert und eine belastbare Aufwandsschätzung erstellt werden. Mit ca. 800 Personentagen in 12 Monaten war die 1. Phase großzügig ausgestattet. In der 2. Phase sollten aus den Prototypen produktive Releases entstehen. Für die 2. Phase waren etwas über 3.000 Personentage an Aufwand in 18 Monaten geplant.

Projektziele

Ziele des Projektes war die Unterstützung der technischen Prozesse in vier Geschäftsbereichen, die jeweils eigene konkretere Ziele formuliert haben: Während in einem Bereich das Zusammenführen unterschiedlicher Auftragsquellen zu einem konsolidierten Arbeitsplan im Vordergrund stand, ging es in einem anderen Bereich um die Instandhaltung des Entsorgungsnetzes auf Basis qualifizierter Rückmeldungen der Arbeiter. Die zwei anderen Bereiche entdeckten größere Gemeinsamkeiten und koordinieren ihre Aufträge heute untereinander mit Hilfe des entstandenen Systems.

Aktueller Projektstand

Während dieser Text entsteht, sind ca. 85% des Projektes durchgeführt. Jeder der vier beteiligten Geschäftsbereiche hat bereits mindestens ein produktives Release. Alle Bereiche denken darüber nach, ob das Projekt noch verlängert werden soll, um zusätzliche Anforderungen zu realisieren.

Ressourcen

Das Projekt wurde von zwei Firmen gemeinsam durchgeführt, die jeweils die Hälfte der Entwickler gestellt haben. Dabei waren anfangs nur die Entwickler der einen Firma mit XP vertraut.

In der 1. Projektphase waren ca. 8 Entwickler am Projekt beteiligt. Zu Beginn der 2. Projektphase wurde das Team auf insgesamt 18 Entwickler aufgestockt. In der 1. Projektphase ließen sich zweimal Entwickler nicht ins Team integrieren. Sie wurden aufgrund mangelnder technischer Qualifikation und wegen Widerwillen gegen XP, insbesondere Programmieren in Paaren, ersetzt. Alle anderen Teammitglieder bildeten (insbesondere in der Phase 1) ein eingeschworenes Team.

Die Aufstockung des Projektteams auf 18 Entwickler war wegen der zeitlichen Vorstellungen des Kunden notwendig. Sie brachte jedoch deutliche Probleme mit sich. Das Programmieren in Paaren war für die Einarbeitung der neuen Entwickler sehr erfolgreich. Da das Team aber mehr als verdoppelt wurde, standen nicht ausreichend viele »alte Hasen« zur Verfügung. Die Einarbeitungsaufwände haben uns nicht ganz so hart getroffen, weil wir einen Zeitraum von vier Monaten für das Einphasen vorgesehen hatten. Nicht ganz so pfiffig war, dass wir in dieser Zeit auch die Softwarearchitektur deutlich geändert haben. Die neuen Entwickler hatten daher immer wieder Schwierigkeiten, sich im System zu orientierten.

Außerdem gab es anfangs keine feste Zuordnung der Entwickler zu einem Geschäftsbereich. Prinzipiell musste sich jeder Entwickler in die fachlichen Konzepte aller vier Geschäftsbereiche einarbeiten. Mit dieser Aufgabe waren die meisten Entwickler letztlich überfordert.

Herausforderung

Projekt Fozzy ist bisher unser größtes komplett selbst verantwortetes Projekt. Vertraglich handelt es sich um ein Festpreisprojekt. Wir konnten jedoch den Vertrag so gestalten, dass zwar der Preis fix ist, dafür aber bzgl. der abzuliefernden Funktionalitäten ein gewisser Spielraum besteht. Hierzu wurden im Verlauf der 1. Projektphase für jeden Geschäftsbereich Anforderungslisten erstellt und die einzelnen Anforderungen im Aufwand geschätzt. Die Anforderungen waren größer als typische Stories. Sie hatten eher die Granularität von Features und waren im Aufwand zwischen 5 und 30 Personentagen groß.

9.5.2 XP-Einsatz

Bei der Bewerbung um dieses Projekt haben wir nicht explizit mit XP geworben. Stattdessen stellten wir die Einbindung des Kunden und der Anwender sowie das inkrementelle Vorgehen heraus. Intern war uns aber von Anfang an klar, dass wir das Projekt mit XP durchführen wollten.

Kunde vor Ort

Die Entwickler haben von Anfang an in Büros des Kunden gearbeitet, die aber etwas entfernt von den Arbeitplätzen der späteren Anwender waren. Als Vertreter des Kunden galten für die Entwickler die einzelnen Teilprojektleiter des Kunden, die unterschiedlich intensiv zur Verfügung standen. In der ausgiebigen Explorationsphase haben die Entwickler Hospitationen an den Anwenderarbeitsplätzen durchgeführt und so einen guten Einblick in die Arbeitsaufgaben der Anwender bekommen. Viele bisher auf Papier oder an Tafeln vergegenständlichte Konzepte konnten dadurch sehr ähnlich auch in Prototypen umgesetzt werden.

Die Iterationen waren drei oder vier Wochen lang, und am Ende jeder Iteration fand ein Iterationstest durch die Anwender statt. Dazu kamen spätere Anwender des Systems in die Büros der Entwickler. Dort existierte auch ein Raum, der extra zum Testen mit entsprechenden Rechnern ausgestattet war. Häufig wurden erst beim Iterationstest bestimmte Missverständnisse deutlich. Das war manchmal sehr ärgerlich, aber immer noch deutlich besser, als hätten wir die Probleme erst bei Einführung der Software erkannt. Die Missverständnisse zwischen Entwicklern und Anwendern wurden unserer Meinung nach vor allem dadurch verursacht, dass sie keine gemeinsame Ebene für die fachliche Kommunikation gefunden haben. Die Entwickler haben häufig eine Abstraktionsebene oberhalb der Anwender kommuniziert. Teilweise waren die Anwender damit überfordert.

Planungsspiel

Ein richtiges Planungsspiel, wie es in Abschnitt 2.2 vorgestellt wurde, hat im Projekt aufgrund der Vertragskonstellation nicht stattgefunden. Die Planung zusammen mit den Teilprojektleitern des Kunden erfolgte am Anfang im Sinne einer Releaseplanung. Später wurden die Anforderungen iterationsweise gemeinsam konkretisiert. Dies bedeutete also vor allem, dass die ursprünglich vertraglich vereinbarten Features auf konkrete Stories abgebildet wurden.

In allen Bereichen wurde auch davon Gebrauch gemacht, dass neue Anforderungen anstelle der vertraglich vereinbarten Anforderungen eingeplant werden konnten. Es fand also ein Anforderungstausch statt. Das fiel zu Anfang des Projektes deutlich leichter und wurde mit zunehmender Laufzeit schwieriger, weil die Teilprojektleiter mit ihren Budgets haushalten mussten und auf ursprünglich gegenüber ihrem Management und den Anwendern kommunizierte Features nicht verzichten wollten.

Standup-Meetings

Jedes Team führt eigene Standup-Meetings durch – meistens direkt vor dem Mittagessen. Ein Team führt das Standup-Meeting allerdings morgens bei Arbeitsbeginn durch und verteilt dort auch die anstehenden Aufgaben für den Tag.

Anfänglich hatten wir nur ein großes gemeinsames Standup-Meeting, das wir auch noch nach der Aufteilung in Teilteams eine Weile beibehalten haben. Es stellte sich aber heraus, dass die Beiträge im Standup-Meeting immer nur für wenige interessant waren. Also haben wir auch die Standup-Meetings nach Teams getrennt.

Um für den Projektleiter und die Teamleiter dennoch einen Gesamtüberblick zu schaffen, führen wir dreimal pro Woche am Nachmittag ein Management-Standup durch. Hier werden die übergreifenden Themen angesprochen, und der Projektleiter bekommt einen aktuellen Überblick über den Zustand des Gesamtprojektes.

Kurze Releasezyklen

Während der 1. Projektphase sind ausschließlich Prototypen entstanden. In der 2. Projektphase gab es von Kundenseite den Wunsch, in allen Bereichen erst dann produktiv zu gehen, wenn ein Geschäftsprozess komplett durch das neue System unterstützt wird. Dies hat dazu geführt, dass nur in 2 von 4 Bereichen nach ca. 4 Monaten ein gemeinsames Release produktiv ging. In den beiden anderen Bereichen hat es fast 12 Monate bis zum ersten Produktivrelease gedauert. Dabei konnten wir mit dem ersten Release die Erfahrung machen, dass eine recht große Flut an neuen Anforderungen von den Kunden formuliert wurde.

Retrospektive

Ungefähr alle 12 Wochen haben wir Retrospektiven durchgeführt, meist jedoch nur innerhalb des Entwicklerteams. Zu Beginn traf sich das gesamte Entwicklerteam mit 18 Personen, dabei übernahm teilweise ein Firmenkollege aus einem anderen Projekt, teilweise auch ein Projektmitglied die Moderation. In der allerersten Retrospektive wurde klar, dass eine Moderation durch den Projektleiter sich nicht anbietet, weil dabei ggf. Themen von den Entwicklern nicht angesprochen werden, die angesprochen werden sollten.

Um auch die Zusammenarbeit mit dem Kunden kontinuierlich zu verbessern, z. B. bezüglich Planungsspiel und Kundeneinbindung, wurde bisher in einem Bereich eine gemeinsame Retrospektive mit Entwicklern und dem Teilprojektteam des Kunden durchgeführt. Leider endete diese einigermaßen katastrophal und für die Entwickler gänzlich ergebnislos. Trotz professioneller Moderation verdrängte ein Thema alle anderen. Es stellte sich heraus, dass den Mitarbeitern des Kunden das Projektziel unklar war. So diskutierten die Mitarbeiter des Kunden während der Retrospektive nur über das Projektziel. Vermutlich wäre es besser gewesen, wenn sich im Vorfeld das Teilprojektteam des Kunden besprochen hätte bzw. zunächst alleine eine Retrospektive durchgeführt hätte.

Testen

Vertraglich haben wir unserem Kunden in der 2. Phase eine Testabdeckung von 75 % für alle Nicht-GUI-Anteile des Systems zugesagt. Neben dem Abgrenzen zur Konkurrenz hatte dies auch Gründe darin, dass wir den Wert guter Testabdeckung für Refactorings bereits in der 1. Projektphase kennen gelernt haben und bei der Konstruktion von Prototypen an zu vielen Stellen auf Tests verzichtet haben. Leider muss man bei sehr vielen Entwicklern feststellen, dass Testen noch nicht zum vorhandenen Handwerkszeug gehört und deshalb auch eine gewisse Tendenz vorhanden ist, eher weniger als mehr zu testen. Um Abhilfe zu schaffen, haben wir projektintern für alle einzelnen Teams jeweils einen halben Tag Testworkshop mit anschließendem halbtägigem gemeinsamen Testschreiben von überzeugten und erfahrenen Entwicklern mit weniger erfahrenen Entwicklern durchgeführt. Dies hatte einen angenehm positiven Effekt auf die Testerstellung im Projekt.

Refactoring

Das inkrementelle Erstellen von Software impliziert nach XP, dass immer wieder strukturelle Änderungen am Code vorgenommen werden müssen. Kleinere Refactorings, insbesondere das Umbenennen von Methoden und Klassen, aber auch das Verschieben einzelner Methoden oder Klassen, wurden von den Entwicklern sofort durchgeführt und machten keine Probleme.

Allerdings bestand auch mehrmals der Bedarf nach größeren Veränderungen in der Projektstruktur. So haben wir z. B. einmal eine neue Projekt- und Packagestruktur für fast den kompletten Code festgelegt, um Verantwortlichkeiten im Code deutlicher zu kennzeichnen. Diese Veränderung war schwer einzuplanen, weil es keinen Erfahrungswert gab, der einem eine Größenordnung für den Aufwand hätte geben können. Außerdem waren die Entwickler anfangs überzeugt, dass dieses Refactoring nur exklusiv durchführbar wäre, also nach Feierabend oder am Wochenende stattfinden müsste. Tatsächlich wurde es von zwei Entwicklern an einem Wochenende beendet, die dafür den Montag frei hatten. Das hat sich allerdings als unglücklich erwiesen. In dieser und auch anderen Situationen haben Refactorings deutliche »Nachwehen« gezeigt, so dass es in jedem Fall sinnvoll ist, dass die durchführenden Entwickler auch noch 1-2 Tage nach Durchführung ansprechbar sind. Gründe für diese Nachwehen sind z. B. nicht ausreichende Erklärungen über die durchgeführten Veränderungen an die anderen Entwickler, aber auch nicht ausreichende Testabdeckung, übersehene Seiteneffekte oder unangenehme Auswirkungen auf den Build-Prozess.

Trotz der mitunter größeren Schmerzen müssen Refactorings durchgeführt werden. Wir versuchen die größeren Refactorings allerdings schon möglichst gut im Vorfeld zu untersuchen und Wege zu finden, wie sie evtl. als eine handhabbarere Abfolge kleinerer Refactorings durchgeführt werden können.

Programmieren in Paaren

Das Projekt war für ca. die Hälfte der Entwickler das erste XP-Projekt und damit auch der erste Kontakt mit Programmieren in Paaren. Für manche schien es überhaupt kein Problem, andere hatten anfangs Hemmungen, konnten und mochten sich aber daran gewöhnen. Im Laufe des Projektes haben wir zwei Kollegen gehabt, die neben dem Programmieren in Paaren auch mit anderen XP-Eigenheiten größere Probleme hatten. Diese Kollegen wurden aus dem Projekt entfernt.

Es kommt immer wieder vor, dass Teams eine ungerade Anzahl Entwickler haben. Dann arbeitet natürlich auch mal ein Kollege alleine. Wir versuchen dies so zu organisieren, dass diese Kollegen nur einen halben Tag alleine arbeiten und dann mit einem vorher im Paar arbeitenden Kollegen tauschen.

Ein anderes häufig auftretendes Problem betrifft den Tastaturwechsel beim Programmieren in Paaren, den man immer wieder anmahnen muss. Einen Versuch mit Schachuhren zur Überprüfung des Unterschieds an der Tastatur verbrachter Zeit haben wir wegen des lauten Tickens der Schachuhren abgebrochen. Einen positiven Effekt hatte die Bemühung trotzdem. In manchen Teilteams wird mittlerweile ein Timer auf 10 oder 15 Minuten gesetzt und dann definitiv gewechselt. Das ist besser als gar nicht zu wechseln. Schöner wäre aber natürlich ein fließender und situativer Übergang.

Gemeinsame Verantwortlichkeit

In der 1. Projektphase gab es eine logische Aufteilung der 8 Entwickler auf 2 Teams, die aber durchaus auch mal an denselben fachlichen und technischen Klassen arbeiteten. Das klappte auch nahezu reibungslos, weswegen wir daran auch in der 2. Projektphase erst einmal nichts geändert haben.

Durch die zusätzlichen Entwickler und einen neuen Geschäftsbereich gab es zwar logisch 3 Teams, die aber auch gemeinsam für den gesamten Code verantwortlich waren. Das klappte leider nicht mehr mit 18 Entwicklern, insbesondere weil schnell etwas mehr als die Hälfte neu hinzukam. Die Folge waren Codeecken, die durchaus den meisten Entwicklern als schlecht bekannt waren, für die sich aber niemand zuständig fühlte. Hinzu kam ein zusätzlicher Aufwand dadurch, dass zu vielen Stories »passende« Entwickler gesucht wurden, die fachlich Ähnliches schon einmal entwickelt hatten.

Wir haben dann den Code in Subprojekte und die Teams fest auf diese Subprojekte nach fachlichem Zuschnitt aufgeteilt und einen Technikmanager für die gemeinsame technische Basis installiert. Seitdem läuft es besser, und innerhalb dieser Zuordnung klappt die gemeinsame Verantwortlichkeit in den kleineren Teams wieder hervorragend.

Fortlaufende Integration

In der 1. Projektphase gab es mit der fortlaufenden Integration noch keine Probleme. Im Zusammenhang mit den eben beschriebenen Problemen mit der gemeinsamen Verantwortung gab es aber in der 2. Projektphase auch Probleme rund um den Cruise-Control-Rechner, der das technische Lösungselement für fortlaufende Integrationen im Projekt darstellt. In seltenen Fällen kommt es vor, dass aus dem CVS frisch aktualisierter Code nicht kompilierbar ist. Leider laufen die Tests auf dem Integrationsrechner häufig nicht durch.

Besondere Probleme bereitet es uns hierbei, dass der Cruise-Control-Rechner von zwei Kollegen aufgesetzt wurde und alle anderen sich nicht mit Cruise-Control auskennen. Anfänglich gab es denn auch tatsächlich Probleme, bei denen die Einstellungen in Cruise-Control oder die Umgebung auf dem speziellen Rechner dazu führten, dass Tests fehlschlugen. So hat sich bei einigen Entwicklern der (bequeme) Irrglaube festgesetzt, dass fehlschlagende Tests ausschließlich auf Cruise-Control zurückzuführen sind und sie daran nichts ändern können. Dabei sind die zwischenzeitlichen Probleme mit Cruise-Control nachweislich längst beseitigt.

Das Problem ist noch nicht endgültig überwunden, aber unsere Lösungsideen gehen in die Richtung, dass die einzelnen Teams für ihre bestimmten Bereiche auf Cruise-Control fest zuständig werden. Außerdem wird es wohl einen Workshop geben, auf dem das Cruise-Control-Wissen an mehr Entwickler weitergegeben wird, so dass zumindest jedes der Teilteams einen bis zwei Kollegen hat, die sich damit auskennen.

9.5.3 Bewertung

Das Projekt wäre in anderer Form als mit XP kaum so erfolgreich durchführbar gewesen. Die Teilprojektleiter des Kunden und die Anwender schätzen die schnellen Reaktionszeiten. Sie sind von anderen Softwareprojekten, insbesondere von SAP-Projekten, deutlich anderes gewohnt. Allerdings gewöhnen sie sich schnell an die kurzen Reaktionszeiten. Teilweise gab es sogar Vorstellungen, neue Features würden parallel zur Weiterentwicklung quasi über Nacht bis zum nächsten Tag umgesetzt werden. Das wäre prinzipiell sogar möglich, aber man muss in XP-Projekten sehr darauf achten, dass die Features für eine Iteration stabil bleiben.

Projektleiter

Bereits in der 1. Projektphase hatten wir einen expliziten Projektleiter. Damals war es vor allem dem Umstand geschuldet, dass der Kunde einen festen Ansprechpartner für organisatorische Fragen oder Beschwerden haben wollte. In der 1. Projektphase konnte der Projektleiter noch mitentwickeln und nahm teilweise auch die Rolle des XP-Trainers ein.

Dies änderte sich in der 2. Projektphase deutlich. Ein Team von 18 Entwicklern, vier Teilprojekte und vier Teilprojektleiter des Kunden erfordern einen Vollzeit-Projektleiter. Er übernimmt koordinierende Aufgaben, viele technische, organisatorische, aber auch fachliche Abstimmungsbesprechungen und fasst diese für die Entwickler anschließend zusammen. Er ist außerdem bei allen Planungen dabei und organisiert die Ressourcenplanung für die einzelnen Entwicklungsteams.

Zu Beginn der 2. Projektphase wurde der Projektleiter z.T. auch bezüglich technischer Detailfragen angesprochen, er konnte einer Beantwortung aber meist widerstehen. Das ist auch sehr wichtig, denn die organisatorische Verantwortung sollte klar getrennt sein von technischer Verantwortung, sonst handelt es sich mehr um einen Chefentwickler als einen Projektleiter.

Explorationsphase

Selten genug hat man (vertraglich) die Gelegenheit, eine so ausgiebige Explorationsphase durchzuführen. Unsere war aber im Nachhinein betrachtet eher zu lang. Es wäre besser gewesen, wenn wir nach einer Reihe von fachlichen und technischen Prototypen eher mit ersten kleineren Releases begonnen hätten. Schließlich wurden die Prototypen um echte Funktionalität erweitert, während ihre interne Qualität niedrig war. Das machte zu Beginn der 2. Projektphase Probleme, weil die Prototypen weiterentwickelt wurden und nicht sauber neu begonnen wurde.

Planung

Außerdem hätten wir für die Planung insbesondere der Releases in Phase 1 mehr Aufwand betreiben sollen. Herausgekommen sind mehr oder weniger klassische Releases, die bestimmte fachliche Prozesse vollständig abdecken oder bestimmte Altsysteme komplett ersetzen. Auch dadurch wurden die ersten Releases so groß, dass es relativ lange bis zu ihrer Einführung gedauert hat. Möglicherweise hätte es gelingen können, einzelne Features besser für sich herauszustellen und schon einzeln einzuführen, um so eher das wichtige Feedback von den Anwendern im echten Einsatz der Software zu bekommen.

Ziele und Verantwortlichkeiten

Wir haben uns bei der fachlichen Planung stark auf unseren Kunden und seine Vertretung durch die kundenseitigen Teilprojektleiter verlassen. Das hat unterschiedlich gut funktioniert. Die wechselseitigen Rollen waren möglicherweise auch nicht klar genug definiert. Zumindest gab es eine Teilprojektleiterin, deren Erwartungshaltung stark konsumierend war. Sie war davon ausgegangen, dass wir als Auftragnehmer ihr sagen würden, was sie bräuchte, und zwar nicht nur für die fachliche Umsetzung vorhandener Prozesse, sondern auch bezogen auf eine organisatorische Restrukturierung. Dies konnten und wollten wir aber nicht leisten.

In einem anderen Teilbereich haben starke Umplanungen stattgefunden, die das erste Release des Bereichs für die Anwender noch besser und leichter handhabbar machten und vor allem auf höhere Anwenderakzeptanz abzielten. Diese Aufwände wurden gegen Funktionalitäten getauscht, die das Projekt dafür nicht mehr erbringt. Das führte zum Ende des Budgets zu einem überraschten Erwachen, auch weil der Teilprojektleiter dies eigenmächtig ohne Unterstützung seines Managements so entschieden hatte. Der Kunde hat in diesem Zusammenhang versucht, uns einen Teil der Verantwortung für diese fehlenden Funktionalitäten anzuhängen, worauf wir uns jedoch nicht eingelassen haben. Was hierbei auffiel, war, dass es die Teilprojektleiter des Kunden teilweise »zu gut mit uns meinten« und mit uns nur über Anforderungen sprachen, aber nicht die dahinter stehenden Projektziele explizit gemacht haben. Das haben wir erst gegen Ende des Projektes nachgeholt. Trotz der fortgeschrittenen Zeit im Projekt konnten wir noch sinnvolle Vorschläge unterbreiten, wie mit minimalen alternativen Lösungen die Ziele doch noch erreicht werden können.

Teamwachstum, Aufteilung

Bereits oben haben wir erwähnt, dass das Team zu Beginn der 2. Phase des Projektes stark gewachsen ist. In einer Nachbetrachtung sind wir auf Kosten von ca. 250 Personentagen Aufwand für diese schnelle Aufstockung gekommen. Auch deshalb würden wir in Zukunft nur deutlich langsameres Teamwachstum durchführen wollen. Sicherlich hätten wir aber auch einen Teil der Aufwände sparen können, wenn wir von Beginn an konsequenter die einzelnen Teams nach fachlichen Kriterien gebildet hätten. Wir hatten hier große Bedenken, dass Teams mit nur 3-4 Entwicklern zu klein sein könnten. Es stellte sich aber heraus, dass die kleinen Teams effektiver sind als größere Teams mit unklaren Verantwortlichkeiten.

Vertragskonstellation

Der generelle Umgang mit den Anforderungslisten aus der 1. Projektphase und der Einplanung auf Iterationen in der 2. Phase wurde oben bereits beschrieben. Das gibt mehr Flexibilität als in einem reinen Festpreisprojekt, weil alte gegen neue Anforderungen getauscht werden können. Es führte aber an einigen Stellen auch zu dem Problem, dass eine einzelne Iteration wie ein kleines Festpreisprojekt ist und es Schwierigkeiten gibt, wenn die Funktionalität in der zur Verfügung stehenden Zeit nicht erbracht werden kann. Wir mussten mehrmals dafür Iterationen verlängern, was für beide Seiten unbefriedigend war, für den Kunden allerdings das kleinere Problem darstellte.

Erstes Fazit

Das Projekt ist noch nicht komplett abgeschlossen, aber es lässt sich schon sagen, dass es recht erfolgreich verlaufen ist. Auch wenn das Entwicklungsteam eigentlich explizit nicht für die Anforderungen und deren Sinnhaftigkeit verantwortlich ist, werden Projekte später undifferenziert von Außenstehenden betrachtet. Deshalb kann es durchaus sinnvoll sein, dass man sich mit einmischt oder einen Business-Coach findet, der den Kunden unterstützt.

9.6 Zusammenfassung

Jedes Unternehmen, jedes Projekt, jeder Kunde und jeder Entwickler ist unterschiedlich. Man kann alle diese Besonderheiten nicht mit einem starren Entwicklungsprozess berücksichtigen. Jedes Projekt braucht seinen eigenen spezifischen Entwicklungsprozess, der sich auch noch im Projekt ändern kann.

Die Projektbeispiele haben gezeigt, dass XP in keinen zwei Projekten identisch verwendet wurde. Immer wieder haben wir den Entwicklungsprozess angepasst, um die Projekte möglichst erfolgreich abzuschließen.

10 Spezielle Konstellationen

XP entstand ursprünglich vor dem Hintergrund der In-House-Anwendungsentwicklung. Seitdem ist XP in verschiedenen anderen Kontexten eingesetzt worden. Auch wir haben in einer Reihe von Projekten XP erfolgreich eingesetzt, die von dem ursprünglichen Schema deutlich abweichen. In diesem Kapitel diskutieren wir spezielle Projektkonstellationen und weisen auf diejenigen Aspekte hin, in denen diese Projektkonstellationen vom Original-XP abweichen. Wir geben auf Basis unserer Projekterfahrung Hinweise, wie mit den spezifischen Problemen umgegangen werden kann. Es sei hier bereits vorweggenommen, dass XP immer wieder an die spezifische Projektsituation angepasst werden muss. Auf der anderen Seite haben wir bisher noch kein Projekt erlebt, das nicht in der einen oder anderen Weise von XP profitieren konnte.

10.1 Produktentwicklung

Kontext

Software wird in verschiedenen Bereichen und zu unterschiedlichen Zwecken entwickelt. Häufig treffen wir Individualentwicklungen an. Sie werden meist von größeren Unternehmen durchgeführt, die eine eigene Entwicklungsabteilung besitzen. Im Gegensatz dazu gibt es Softwareentwicklungsprojekte, die ein Standardprodukt zum Ziel haben.

Die Produktentwicklung besitzt einen anderen Kontext und muss daher anders behandelt werden als ein Individualsoftwareprojekt. Der veränderte Kontext hat Einfluss auf den Entwicklungsprozess.

Probleme

Im Gegensatz zur Individualentwicklung wird ein Produkt nicht für einen speziellen Kunden entwickelt. Ein Produkt wird an eine möglichst große Anzahl von Benutzern verkauft, um die Entwicklungskosten zu decken. Produkte haben dadurch für den Anwender den Vorteil, dass sie günstiger zu beziehen sind als individuell auf ihn zugeschnittene Software.

Ein XP-Entwicklungsprozess setzt aber einen Kunden voraus, der zum Anwendungsbereich befragt werden kann. Der Kunde soll zudem noch möglichst vor Ort beim Entwicklungsprojekt sein, um schnell und unkompliziert Feedback geben zu können.

Der fehlende Kunde vor Ort erzeugt weitere Probleme. Das Planungsspiel kann nicht in seiner gewohnten Weise durchgeführt werden, da kein Kunde teilnehmen kann, der Story-Cards schreibt und priorisiert oder Fragen zu den Story-Cards beantworten könnte. Über das Planungsspiel, kurze Releasezyklen und Akzeptanztests bekommt der Entwickler Feedback von Kunden. Auch diese elementaren Eigenschaften eines XP-Projektes können bei der Produktentwicklung nicht direkt umgesetzt werden.

Lösungsansatz: Produktmanager

Die genannten Probleme lassen sich aber so weit lindern, dass ein XP-Projekt erfolgreich durchgeführt werden kann, indem die Projektorganisation den Kunden vor Ort adäquat ersetzt. Ist der Kunde geeignet »simuliert«, verringern sich auch die negativen Auswirkungen der anderen betroffenen Techniken.

Ein Produktmanager kann für die Produktentwicklung die Rolle des Kunden vor Ort übernehmen. Er gibt dem Entwicklungsteam Feedback, schreibt und priorisiert Story-Cards und definiert Akzeptanztests. Der Produktmanager sitzt in der Regel im gleichen Unternehmen. Das macht ihn zum idealen Kandidaten für die Kundenrolle, da das Entwicklerteam immer Zugriff auf ihn hat.

Die Aufgabe des Produktmanagers ist in einem solchen Umfeld sehr anspruchsvoll. Er muss die Sichtweise seiner zukünftigen Kunden einnehmen können, um das Produkt zu beurteilen und eventuelle Schwächen aufzudecken.

Wer sollte Produktmanager werden?

Die anspruchsvolle Aufgabe des Produktmanagers kann prinzipiell von verschiedenen Personen wahrgenommen werden, denkbar wären Personen aus dem Marketing oder dem Vertrieb, aber auch ausgewiesene Analysten oder Entwickler. Wir haben hier noch keine umfangreichen Erfahrungen gesammelt und hatten es meist mit Personen aus dem Anwendermanagement zu tun, die die Produktmanagerrolle wahrgenommen haben, zumindest im Bereich der Individualsoftwareentwicklung. Bei Produkterstellung stellt sich die Frage meist deshalb nicht, weil es dort schon mehr oder weniger gut funktionierende Rollen für Produktmanager gibt.

Was passiert nach der 1. Auslieferung

Die Entwicklung eines Produktes ist nur selten nach seiner ersten Auslieferung abgeschlossen. Häufig ergeben sich weitere Anforderungen oder Änderungswünsche, wenn das Produkt von seinen Anwendern in der Praxis eingesetzt wird. Dabei wird offensichtlich, dass der Produktmanager den »echten« Kunden nicht gänzlich ersetzen kann. Er ist dem Entwicklungsteam nur eine Hilfe, kein vollständiger Ersatz.

Nachdem das System das erste Mal an Kunden ausgeliefert wurde, kann Feedback über die Praxiserfahrungen an den Produktmanager zurückfließen. Der Produktmanager kann dadurch sein Feedback an das Entwicklungsteam auf eine andere Basis stellen. Er ist in der Lage, Feedback von den Anwendern zu sammeln und an das Team weiterzuleiten. Dabei lernt der Produktmanager weitere Details über die Sichtweisen und Arbeitssituationen seiner Anwender. Das führt dazu, dass seine zukünftigen eigenen Einschätzungen bezüglich des Produktes näher an den realen Anwendern orientiert sind. Das erhöht die Qualität des Feedbacks, das der Produktmanager dem Entwicklungsteam geben kann.

10.2 eXtreme Frameworking

Kontext

Große Anwendungssysteme werden heute kaum ohne ein entsprechendes Framework entwickelt. Frameworks erlauben dem Entwickler, Entwürfe und Implementierungen wiederzuverwenden. Die Anwendungsentwickler profitieren dabei von den Erfahrungen, die im Framework vergegenständlicht sind. Als Framework-Entwickler versuchen wir also, Erfahrungen aus unterschiedlichen Anwendungssystemen in ein Framework zu gießen, um davon in anderen Anwendungssystemen zu profitieren. Mit einem guten Framework können wir Anwendungssysteme schneller und mit höherer Qualität entwickeln.

Problem: Kunde vor Ort

Die Entwicklung eines Frameworks unterscheidet sich in vielerlei Hinsicht von der eines Anwendungssystems. Framework-Entwickler haben zunächst nicht unbedingt einen direkten Kunden, den sie vor Ort in das Projekt integrieren könnten. In der Regel sind die Anwendungsprojekte, die auf Basis des Frameworks realisiert werden, die Kunden der Frameworkentwicklung. Aber die Gruppe der Anwendungsprojekte kann vielfältig sein. Fehlt bei der Framework-Entwicklung der Kunde vor Ort, so führt das zu einem oft zu beobachtenden Phänomen: Die Anforderungen an das Framework werden nicht seriös gehandhabt. Stattdessen mutmaßen die Framework-Entwickler, welche Funktionalität wohl für Anwendungsprojekte nützlich sein könnte. Das führt dazu, dass viel zu viel unnütze Funktionalität ins Framework integriert wird. Auf diese Weise zeichnet sich die Unbrauchbarkeit eines Frameworks bereits nach kurzer Zeit ab.

Lösungsansatz: Anwendungsprojekte als Kunden

Die Entwicklung eines Frameworks muss sich an den Anwendungssystemen ausrichten, die mit ihm gebaut werden oder noch gebaut werden sollen. Daher orientieren sich die Story-Cards für das Framework vorrangig an Anforderungen, die in Anwendungsprojekten entstanden sind. Umwege, die in Anwendungsprojekten implementiert wurden, dienen uns als Anregungen, um das Framework zu verbessern. Die Story-Cards werden demnach von Anwendungsentwicklern geschrieben, die schließlich die Kunden des Frameworks sind.

Priorisiert werden die Story-Cards dann von einer Organisationsgruppe, die Rücksprache mit den Verantwortlichen der Anwendungsprojekte hält. Dadurch können die unterschiedlichen Anforderungen der verschiedensten Anwendungsprojekte gegeneinander abgewogen werden.

Problem: Technologie auf Vorrat

Ein Framework dient dazu, die Realisierung eines Anwendungssystems zu vereinfachen. Dazu muss das Framework Implementierungen enthalten, die für das Anwendungssystem wiederverwendet werden können. Framework-Entwickler sind also inhärent gefährdet, Technologie auf Vorrat ins Framework einzubauen.

Lösungsansatz: Erst verwenden, dann wiederverwenden

Technologie auf Vorrat ist bei Frameworks ein grundsätzliches Problem. Dem begegnen wir, indem wir eine Funktion in das Framework erst einbauen, wenn sie wirklich für eine Anwendung gebraucht wird. Unser Umgang mit den Story-Cards und den Kunden des Frameworks ist bereits so aufgebaut, dass Anforderungen erst dann auf Story-Cards geschrieben werden, wenn diese in Anwendungsprojekten aufgetreten sind.

Wir wollen also erst etwas *verwenden*, bevor wir es zur *Wiederverwendung* im Framework zur Verfügung stellen. In der Praxis ist diese Regel aus unserer Erfahrung recht gut durchhaltbar. Sollte es einen Fall geben, in dem wir gerne in das Framework etwas einbauen würden, was so in einem Anwendungsprojekt noch nicht nachgefragt wurde, muss mindestens ein praxisrelevantes Beispiel dafür realisiert werden. In einem solchen Fall wird die Funktionalität zunächst sehr einfach umgesetzt und in einem speziellen Erprobungsbereich des Frameworks bereitgestellt. So kann diese Funktionalität als eine Art Versuchsballon an die Anwendungsprojekte ausgeliefert werden. Zeigen die Anwendungsprojekte Interesse an der Funktionalität, so schreiben sie Story-Cards, die bis zum nächsten Release des Frameworks umgesetzt werden.

Problem: Kurze Releasezyklen und Migrationsaufwände

Zwischen Anwendungen und Framework entsteht zwangsläufig eine hohe Kopplung. Verändert sich das Framework, müssen in bestimmten Fällen (abhängig von der Art der Änderung am Framework) die Anwendungssysteme an diese Änderungen angepasst werden. Die Anpassungen erzeugen Aufwand für die Anwendungsprojekte, ohne das Anwendungsprojekt unmittelbar voranzubringen. Weder das Design des Anwendungssystems wird verbessert noch seine Funktionalität erweitert. Es ist daher schwierig, den Kunden neue Releases des Frameworks in kurzen Releasezyklen zur Verfügung zu stellen. Je häufiger die Kunden neue Framework-Releases erhalten, desto häufiger müssen sie ihre Anwendungen migrieren.

Lösungsansatz: Migrationsaufwände reduzieren

Wir unterteilen die Releases eines Frameworks in zwei unterschiedliche Kategorien. Zum einen gibt es Bugfix-Releases. Sie werden so schnell wie möglich ausgeliefert und erzeugen für den Kunden keinen Anpassungsaufwand in der Anwendung. Mit den XP-Techniken sind wir gut in der Lage, solche Bugfix-Releases zu erstellen und auszuliefern, da die Technik der fortlaufenden Integrationen eine ständige »Auslieferbarkeit« sicherstellt.

Zum anderen geben wir größere Releases des Frameworks nicht in zu kleinen Abständen frei. Für uns hat sich ein sechsmonatiger Abstand als praktikabel erwiesen. Die Anwendungsentwickler haben so Zeit, sich mit einer neuen Version des Frameworks zu befassen und einen langsamen Umstieg durchzuführen.

Nichtsdestotrotz erzeugen neue Versionen des Frameworks Migrationsaufwände bei den Framework-Kunden. Wir versuchen, diese Aufwände zu reduzieren, und bedienen uns folgender Techniken:

- Refactorings werden in zwei Teile geteilt. Im ersten Schritt führen wir das Refactoring so weit durch, dass das Framework wie bisher verwendet werden kann. Die Schnittstellen werden also höchstens erweitert. Neue Funktionen können hinzukommen. Der Anwender des Frameworks kann seine Anwendung nach diesem ersten Schritt also unverändert laufen lassen. Er hat nun bis zum nächsten Release Zeit, seine Anwendung auf die neue Framework-Version umzustellen. Den zweiten Schritt führen wir erst in der nächsten Version des Frameworks durch. Dann entfernen wir alte Funktionen und Designs. Dieses Verfahren funktioniert nicht für alle möglichen Refactorings. In der Praxis wird dadurch jedoch ein großer Anteil der Refactorings abgedeckt.
- Wir versuchen, Anwendungsprojekte durch Migrationswerkzeuge zu unterstützen. Diese führen die Änderungen an den Anwendungen entweder vollautomatisch durch oder unterstützen die Anwendungsentwickler zumindest bei der Migration.

Mit diesen Verfahren sind wir heute in der Lage, Anwendungsprojekte innerhalb eines Tages so weit auf neue Framework-Versionen zu migrieren, dass die Anwendungssysteme wieder lauffähig sind. Eine detaillierte Darstellung des Problembereiches findet sich in [Lippert & Roock 04].

10.3 Migration von Legacy-Systemen

Kontext Anwendungen werden heute nur noch selten auf der viel zitierten »grünen Wiese« entwickelt. Viel häufiger sollen bestehende Anwendungen (so genannte Legacy-Systeme) ersetzt oder eingebunden werden. Im ersten Fall müssen mindestens die Altdaten in die neue Anwendung übernommen werden.

Probleme Für Legacy-Anwendungen existieren in aller Regel keine Testklassen. Änderungen an den Legacy-Systemen werden erschwert, da die Gefahr von Seiteneffekten hoch ist. Änderungen an den Legacy-Anwendungen wären jedoch wünschenswert, da das die Integration mit dem neuen System erleichtert.

Wenn das Legacy-System durch die Neuentwicklung ersetzt werden soll, ist das Projektteam häufig versucht, das Altsystem komplett zu ersetzen und keine schrittweise Migration vorzusehen. Es wird in diesem Fall also die XP-Technik der inkrementellen Ausbreitung nicht verwendet. Dieses Verfahren mag auf den ersten Blick attraktiv scheinen, birgt jedoch hohe Risiken:

- Während der Neuentwicklung wird auch das Altsystem weiterentwickelt. Dadurch besteht die Gefahr, dass das neue System bei Freigabe weniger Funktionalität umfasst als das Altsystem.
- Es gibt während der gesamten Entwicklungszeit (häufig mehrere Jahre) keine Rückkopplung darüber, wie sich das neue System in der Praxis bewährt. Bis zur endgültigen Freigabe des Systems gibt es keine Sicherheit darüber, dass das neue System überhaupt einsetzbar ist.
- Die komplette Entwicklung des neuen Systems wird in der Regel sehr lange dauern (mitunter mehrere Jahre). Während dieser ganzen Zeit kann das Projektteam nur schwer einen Projektfortschritt nach außen vermitteln. Dies wiederum erhöht die Gefahr, dass das Projekt noch während der Entwicklung gestoppt wird.

Lösung Auch wenn das Altsystem komplett ersetzt werden soll, muss mit kurzen Releasezyklen und inkrementeller Ausbreitung gearbeitet werden. Unsere Erfahrung zeigt, dass das immer möglich ist. Mitunter muss zusätzlicher Aufwand für die temporäre Einbindung des Altsystems getrieben werden, der sich jedoch auszahlt.

In einigen Fällen muss für eine solche Integration auch das Altsystem geändert werden. In diesem Fall empfehlen wir, für die zu ändernden Systemteile Komponententests zu schreiben und so die Änderungen abzusichern. Natürlich müssen hierbei die Möglichkeiten der Programmiersprache beachtet werden, in der das Altsystem realisiert ist. Ist es in C oder C++ geschrieben, ist das nachträgliche Schreiben von Tests viel einfacher, als wenn Cobol, PL/1, Fortran oder Assembler verwendet wurde. Beim Einsatz einer der letzteren Programmiersprachen kann das Schreiben der Tests bei ungünstiger Systemstruktur unangemessen aufwändig werden. Auf jeden Fall sollten daher die Änderungen am Altsystem nur in Paaren durchgeführt werden. Es empfiehlt sich, das Paar aus einem Mitglied des neuen Projektteams sowie einem Entwickler des Altsystems zusammenzustellen.

Weiterführende Bücher zu dem Thema sind z. B. [Feathers 04], [Lippert & Roock 04] und [Sneed 98].

10.4 E-Business

Kontext

E-Business-Anwendungen auf Internet- und Intranetbasis sind ein relativ neuer Bereich für die Softwareentwicklung. Während wir ständig neue Technologien als Entwickler gewohnt sind (und Internettechnologien wie Servlets, JSPs etc. bereits ein altbekannter Hut sind), sind sowohl fachlich als auch organisatorisch Anwendungen für eine große Gruppe anonymer Anwender nach wie vor schwierig zu erstellen. Daraus resultieren viele Unsicherheiten in Bezug auf ein geeignetes Vorgehen. In der Konsequenz führt das häufig dazu, dass E-Business-Anwendungen ganz ohne Entwicklungsprozess entwickelt werden. Dies spiegelt sich auch im Sprachgebrauch wider. So führen die ständigen Relaunches aus Marketingsicht auch zu Relaunches auf der Ebene der Entwicklung. Nur selten werden die existierenden Anwendungen weiterentwickelt.

Problem: Kunde vor Ort

Bei E-Business-Anwendungen wird die Abwesenheit des Kunden auf die Spitze getrieben. Es ist in der Regel schlicht unklar, wer das System wie benutzen wird. Zuerst zielen E-Business-Anwendungen auf eine riesige relativ inhomogene Anwendergruppe. Im Gegensatz zur Produktentwicklung können Benutzer von E-Business-Anwendungen auch nicht in Usability-Laboren Auskunft zur Benutzbarkeit des Systems geben. Dafür ist die spezielle Benutzungssituation von E-Business-Anwendungen verantwortlich. Häufig benutzen Anwender das System von ihrem eigenen Rechner in ihrer Freizeit über eine Einwahlverbindung. Die Benutzung des Systems kostet die Anwender also wertvolle Freizeit und Geld. Daher sind z. B. die Benutzer in der Regel nicht bereit, viel länger als 10 Sekunden auf den Seitenaufbau zu warten. Würde man Benutzer in Usability-Laboren mit dem System arbeiten lassen, so entstünde eine komplett andere Benutzungssituation. Damit wären die Ergebnisse der Usibility-Analyse nur sehr eingeschränkt nützlich.

Lösung: Kurze Releasezyklen

Der fehlende Kunde und damit auch sein fehlendes Feedback kann durch kurze Releasezyklen teilweise kompensiert werden. Diese Aussage stützt sich darauf, dass nur bei häufigen Releases schnell Feedback an die Entwickler zurückfließen kann.

Es sollte daher auch für E-Business-Anwendungen angestrebt werden, möglichst schnell eine erste Systemversion bereitzustellen und diese dann inkrementell weiterzuentwickeln. Außerdem muss der Feedback-Prozess geeignet organisiert werden. Hierfür haben sich zwei Wege bewährt: Zum einen sollten die Benutzer sofort erkennen, wie sie qualitatives Feedback zu dem System geben können. Es sollte also mindestens eine schnell auffindbare E-Mail-Adresse vorhanden sein. Auf der anderen Seite muss das quantitative Feedback organisiert werden. Dazu können die vom Webserver gesammelten Statistiken verwendet werden. Durch Analyse dieser Daten kann ermittelt werden, welche Teile des Systems wie stark genutzt werden. Insbesondere kann ermittelt werden, wie hoch der Prozentsatz der begonnenen, aber nicht beendeten Vorgänge ist. Eine Vielzahl abgebrochener Vorgänge deutet darauf hin, dass das System für seinen Zweck ungeeignet ist. Die primäre Ursache dafür ist eine unangemessene Komplexität des Systems.

Problem: Anforderungsermittlung

Durch die kurzen Releasezyklen kann der fehlende Kunde nur teilweise kompensiert werden. Schließlich muss zunächst etwas hergestellt werden, was bewertet werden kann. Außerdem reicht das quantitative Feedback nur für allgemeine Aussagen der Art »Funktionalität X ist zu komplex«. Welche zusätzlichen Funktionen nützlich wären, lässt sich so auf diesem Wege nur schwer ermitteln. Für die Anforderungsermittlung reichen kurze Releasezyklen alleine also nicht aus.

Lösung: Lebenslagen

Da die Benutzer nicht direkt befragt werden können, müssen diese durch einen »virtuellen« Kunden bzw. Produktmanager vertreten werden. Geht es darum, Privatkunden einen Dienst zur Verfügung zu stellen (z. B. Homebanking oder Berechnung eines Versicherungstarifs), so ist das Konzept der Lebenslagen nützlich. Bei diesem Ansatz wird die Anwendung an den möglichen Lebenslagen der Benutzer orientiert. Das System stellt dann die Funktionalität nach Lebenslagen gruppiert zur Verfügung und gibt auch Hinweise für verwandte Funktionalitäten. So könnte eine Versicherung z. B. die Lebenslage »Familiengründung« zur Verfügung stellen und in diesem Kontext die Erweiterung einer bestehenden Haftpflichtversicherung um den Ehepartner, den

Abschluss von Lebensversicherungen und ggf. von Ausbildungsversicherungen für Kinder anbieten.

Lebenslagen können in der Regel relativ leicht mit Hilfe derjenigen Mitarbeiter ermittelt werden, die direkten Kundenkontakt haben. So haben Versicherungsvertreter typischerweise einen guten Einblick in die Lebenslagen ihrer Kunden.

10.5 Outsourcing

Kontext

Entwicklungsvorhaben werden immer häufiger extern an Softwareentwicklungsunternehmen vergeben. Das betrifft sowohl die Entwicklung kompletter Anwendungssysteme als auch die Programmierung einzelner Systemkomponenten, die in eigene Entwicklungen integriert werden.

Da Softwareentwicklung in der Regel nicht auf das »Kopieren« bestehender Anwendungen abzielt, sondern auf die Entwicklung neuartiger Systeme bzw. Systemkomponenten, steht zu Projektbeginn häufig nicht im Detail fest, wie das Ergebnis des Entwicklungsprojektes aussehen wird. Das Projektteam hat die Aufgabe, grob vorhandene Anforderungen zu detaillieren und geeignet umzusetzen. XP trägt diesem Umstand durch die iterative Vorgehensweise mit kurzen Releasezyklen Rechnung. So können Zwischenergebnisse bewertet und Probleme früh erkannt werden.

Die meisten der hier im Folgenden beschriebenen Probleme treten so nicht auf, wenn man einen externen Softwarepartner findet, der nach XP vorgeht, weil diese in der Regel vor Ort beim Kunden entwickeln, zumindest aber den Kunden sehr eng einbinden. Dafür muss sich der Kunde dann aber ggf. auch auf andere Vertragsformen einlassen (siehe Kapitel 6).

Probleme

Soll die Entwicklung einer kompletten Anwendung an einen externen Partner vergeben werden, kann bei Auftragsvergabe häufig nicht genau spezifiziert werden, wie das erwartete Ergebnis aussieht. Dies stellt auf jeden Fall dann ein Problem dar, wenn ein klassisches Festpreisprojekt durchgeführt wird. Bei diesem muss das erwartete Ergebnis so genau beschrieben werden, dass im Streitfall ein Gericht in der Lage ist, ein nachvollziehbares Urteil zu fällen.

Lösungsansatz: Tests für Systemkomponenten

Soll nicht eine komplette Anwendung, sondern »lediglich« der algorithmisch anspruchsvolle Anteile des Systems extern vergeben werden, kann eine Spezifikation der erwarteten Ergebnisse über Tests erfolgen. Diese können ggf. Bestandteil des Vertrages werden. Der Auftraggeber würde also die Tests schreiben. Der Auftragnehmer würde die Klassen schreiben, die diese Tests erfüllen. Mit einem geeigneten Testwerkzeug können sowohl Auftraggeber als auch Auftragnehmer überprüfen, ob die entwickelten Klassen die Tests erfüllen. Geht auch der Auftragnehmer nach XP vor, so kann er bereits nach kurzer Zeit erste Klassen zur Verfügung stellen. Dadurch haben Auftragnehmer wie Auftraggeber die Möglichkeit, den Projektfortschritt über die Anzahl der durchlaufenden Tests zu kontrollieren.

Die Tests dienen hier zunächst als Akzeptanztests, auch wenn sie mit den Mitteln zur Entwicklung und Ausführung von Komponententests umgesetzt werden können. Wurden die Klassen an den Auftraggeber übergeben, so werden die ursprünglichen Akzeptanztests als Komponententests weiterverwendet.

Lösungsansatz: Tests für Anwendungen

Soll eine komplette Anwendung implementiert werden, so können ebenfalls Akzeptanztests verwendet werden. Allerdings ist die Situation deutlich anspruchsvoller. Zum einen wird die Anwendung in der Regel eine Benutzungsoberfläche besitzen. Dass die Benutzungsoberfläche ergonomisch ist und den Benutzer unterstützt, kann nicht sinnvoll in Akzeptanztests definiert werden. Akzeptanztests zielen also im Wesentlichen auf die Funktionalität des Systems ab. Mit dieser Einschränkung können die Akzeptanztests ebenfalls mit den Mitteln für die Konstruktion von Komponententests umgesetzt werden. Allerdings wird der Aufwand für die Definition der Akzeptanztests umso größer, je näher der Test der Oberfläche kommt. So ist es schwieriger, einen Akzeptanztest für einen Texteditor zu schreiben, wenn der Test nicht nur feststellen soll, dass Texte gespeichert und geladen, sondern auch noch formatiert angezeigt werden sollen. Hier ist also die gewünschte Genauigkeit bei der Spezifikation gegenüber dem Aufwand abzuwägen.

Das zentrale Element ist und bleibt jedoch die Spezifikation über Akzeptanztests im Gegensatz zu Datenmodellen, Beschreibungen interner Programmabläufe etc.

Ein weiteres Problem betrifft die so genannten internen Qualitätsmerkmale der Software. So kann in Akzeptanztests nicht festgelegt werden, wie die interne Struktur der zu entwickelnden Software beschaffen sein soll. Allerdings liegen heute Erfahrungswerte für die Architektur objektorientierter Systeme vor, die zumindest Eckpunkte für einen guten Entwurf vorgeben. Auftraggeber und Auftragnehmer können auf der Basis dieser Anhaltspunkte gemeinsam Qualitätsmaße definieren, die sie für relevant halten.

Der Satz der so gefundenen Qualitätsmaße kann im Zweifel durch einen dritten Projektpartner mit Kompetenzen in den Bereichen Architektur und Qualitätsbewertung in vorher vereinbarten Intervallen überprüft werden. Das Ergebnis der Überprüfung wird sowohl Auftraggeber als auch Auftragnehmer zur Verfügung gestellt. Der Auftragnehmer hat so die Möglichkeit, die »Verstöße« gegen die vereinbarten Qualitätsmaße zu beheben.

Beispiel

Eine verbreitete Regel für den Bau objektorientierter Systeme lautet beispielsweise: »Vermeide zyklische Benutztbeziehungen zwischen Klassen.« Es stellt sich heraus, dass das sklavische Befolgen dieser Regel in der Praxis zu unnötig komplizierten Systementwürfen führen kann. Daher einigen sich Auftraggeber und Auftragnehmer darauf, zyklische Benutztbeziehungen zuzulassen, wenn sie innerhalb eines Java-Packages im Rahmen eines Entwurfsmusters verwendet werden.

Werkzeuge zur Qualitätsbeurteilung

Es existieren heute leistungsfähige Werkzeuge, mit denen die interne Qualität von Software mit wenig Aufwand bewertet werden kann. Wir setzen in unseren Projekten den Sotographen und XRadar ein (siehe [Sotograph], [XRadar]).

10.6 Zertifizierung von Entwicklungsprozessen

Kontext

In den letzten Jahren sind Zertifizierungen für Entwicklungsprozesse stark diskutiert worden. Dies betrifft vor allem ISO 9000 sowie Capability Maturity Model Integration (CMMI).

Über die Zertifizierungen soll sichergestellt werden, dass der Entwicklungsprozess einen bestimmten Qualitätsstandard erfüllt. Dabei verhalten sich diese Zertifizierungen »virulent«. Greift ein Softwareentwickler selbst auf Subunternehmer zurück, kann er einen bestimmten Qualitätsstandard für seinen Entwicklungsprozess in der Regel nur dann nachweisen, wenn seine Subunternehmen ebenfalls zertifiziert sind. In der Konsequenz sehen sich also mitunter Softwarehersteller in der Not, sich zertifizieren zu lassen, ohne selbst einen direkten Nutzen darin zu erkennen. Gleichzeitig gerät damit die generelle Frage nach der Sinnhaftigkeit solcher Zertifizierungen in den Hintergrund. Allein aus wirtschaftlichen Überlegungen kann ein Zertifikat notwendig werden.

Probleme

Eine Zertifizierung scheint im Widerspruch mit den Gedanken des eXtreme Programming zu stehen. Fordert ISO 9000 eine gewisse Formalisierung, zielt XP auf die Flexibilität während der Entwicklung ab. Oft resultieren aus ISO-9000-Zertifizierungen dicke Aktenordner. In diesen wird jedes noch so kleine Detail des Entwicklungsprozesses genau beschrieben. Dicke Aktenordner sind ganz sicher nicht im XP-Sinne.

Lösungsansätze

Die Annahme, für eine ISO-9000-Zertifizierung seien dicke Aktenordner notwendig, ist aber *falsch*. Diese Annahme wird mitunter von Unternehmen verbreitet, die ISO-9000-Zertifizierungen vornehmen.

Tatsächlich fordert ISO 9000 »lediglich« die Nachvollziehbarkeit des Entwicklungsprozesses. Diesem Anspruch wird XP bereits in seiner Grundform ganz gut gerecht, indem es genau festlegt, welche Techniken in welcher Art und Weise verwendet werden. Im Grunde sollte damit XP zertifizierbar sein, wenn einige Konkretisierungen vorgenommen werden. Diese Hypothese wird dadurch gestützt, dass es Unternehmen gibt, die zertifizierte XP-artige Entwicklungsprozesse einsetzen.

10.7 Technisch eingebettete Software

Kontext

Als besonders hartnäckig gegenüber XP hat sich technisch eingebettete Software erwiesen, z. B. Waschmaschinensteuerungen. Das hat eine ganze Reihe von Gründen:

Probleme

- Technisch eingebettete Software ist stark hardwareabhängig. Häufig wird die Hardware parallel zur Software entwickelt. An kurze Releasezyklen ist bei der Hardwareentwicklung aber kaum zu denken. Die Hardwareabhängigkeit schränkt auch die automatische Testbarkeit stark ein.
- Häufig werden technisch eingebettete Systeme in Programmiersprachen mit geringen Abstraktionsmöglichkeiten entwickelt wie z. B. Assembler oder C. Entwurfslücken durch Refactoring auszugleichen ist in solchen Programmiersprachen viel schwieriger als z. B. in Java.
- Teilweise kommen nicht einmal Programmiersprachen zum Einsatz, sondern technisch-mathematische Formelsysteme, die Assemblercode direkt in Chip-Designs generieren.
- Häufig müssen eingebettete Systeme weiche oder sogar harte Echtzeitanforderungen erfüllen. Das erschwert Modularisierung und schränkt Testbarkeit ein.
- Teilweise werden an die Entwicklung technisch eingebetteter Systeme besonders hohe Anforderungen an Korrektheit und Nachvollziehbarkeit gestellt. Das ist immer dann der Fall, wenn durch Ausfall der Software Menschenleben gefährdet sein können, z. B. bei automatischen Bremssystemen oder Herzschrittmachern.

Gründe für XP

Auf der anderen Seite spricht aber auch eine Reihe von Punkten für den Einsatz von eXtreme Programming für technisch eingebettete Systeme:

- Wird die Hardware speziell für das Projekt entwickelt, erfüllt diese häufig nicht genau die Spezifikation. Dann müssen die Softwareentwickler explorativ herausfinden, wie die Hardware funktioniert und wie die Software am besten zu schreiben ist.

- Durch automatisierte Komponententests können hardware- und softwarebedingte Effekte besser voneinander isolisert werden.
- Die testzentrierte Vorgehensweise von XP unterstützt die Forderung nach hoher Qualität und Nachvollziehbarkeit.

Erfahrungen

Wir haben in den letzten Jahren an verschiedenen agilen Projekten zur Entwicklung technisch eingebetteter Systeme teilgenommen. In diesen Projekten konnten einige der genannten Schwierigkeiten überwunden werden, so dass wir durchaus die Möglichkeit sehen, auch technisch eingebettete Systeme agil zu entwickeln. Natürlich muss der Entwicklungsprozess dazu angepasst werden, und es können auch nicht immer alle XP-Techniken eingesetzt werden. Bisher konnte aber jedes Projekt von XP-Techniken profitieren.

Projekterfahrung: Komponententests für Formeln

In einem Projekt haben die Entwickler nicht klassisch programmiert, sondern in einer Formelnotation die Schaltlogik von Chips definiert. Aus den Formeln wurden dann die Chip-Designs generiert.

Bei näherer Betrachtung stellte sich heraus, dass das System bereits die Möglichkeit bot, Testfälle zu hinterlegen. Diese Eigenschaft wurde jedoch nur sehr rudimentär genutzt, weil die integrierte Testumgebung umständlich zu benutzen war. In dem Projekt wurde dann ein Programm entwickelt, das die Testfälle und Schaltungen aus der Datenbank des Formelsystems extrahiert und daraus C++-Code und -Tests generiert hat. So konnte die XP-Technik »Testen« für einen Bereich etabliert werden, in dem nicht einmal eine Programmiersprache verwendet wurde.

Projekterfahrung: Nachvollziehbarkeit

In einem Projekt im Bereich Flugzeugentwicklung wurde eine neuartige Steuerungssoftware für Flugzeugmotoren entwickelt. In diesem Bereich gibt es umfangreiche Vorschriften für die Softwareentwicklung, deren Einhaltung Fehler in der Software vermeiden soll.

In dem Projekt wurde in zwei Phasen vorgegangen. In der ersten Phase wurde die Motorsteuerung XP-artig entwickelt. Das Ziel war, eine stabil lauffähige Version der Flugzeugsteuerung zu bekommen, die beweist, dass das Vorhaben überhaupt machbar ist. Nach Fertigstellung der Motorsteuerung wurde sie noch einmal entlang der Vorschriften des Bundesluftfahrtamtes entwickelt. So konnten die anfänglichen Unwägbarkeiten bei der Entwicklung mit dem passenden agilen Entwicklungsprozess adressiert werden. Nach der initialen Entwicklung hatten die Entwickler ein sehr gutes Verständnis von der entwickelten Software und konnten einen durchgeplanten und nachvollziehbaren Entwicklungsprozess aufsetzen.

Diese Doppelprogrammierung mag unnötig aufwändig erscheinen, ist aber durchaus üblich und absolut praktikabel. Hier darf auch nicht übersehen werden, dass die meisten technisch eingebetteten Systeme viel kleiner sind als die üblichen Unternehmensanwendungen.

Projekterfahrung: Echtzeitfähigkeit

Echtzeitverhalten und Abhängigkeit von Hardwaresignalen mit Komponententests zu testen, ist extrem schwierig. Allerdings können in jeder technisch eingebetteten Software Bereiche identifiziert werden, in denen ein sequenzieller gut testbarer Programmablauf realisiert werden kann. Komponententests führen dazu, dass die Entwickler versuchen, möglichst große Teile des Systems in solchen sequenziellen Programmabschnitten zu realisieren. Das wiederum erhöht die Verständlichkeit des Systems sowie die Wiederverwendbarkeit der sequenziellen Komponenten in anderen Systemen.

Aussicht

Die Prozessoren werden immer leistungsfähiger, so dass für technisch eingebettete Systeme immer häufiger auch Programmiersprachen mit hohem Abstraktionsgrad wie z. B. Java eingesetzt werden können. Das erleichtert Kapselung und Refactoring. Wir waren beispielsweise an einem Projekt beteiligt, in dem auf einer Handy-Hardware eine umfangreiche Kommunikationslösung entwickelt wurde – komplett in Java.

10.8 Literatur

[Feathers 04] Michael Feathers: Working Effectively with Legacy Code. Prentice Hall, 2004.

Das Buch beschreibt, wie man effektiv mit Legacy-Code arbeiten kann mit Fokus auf agilen Vorgehensweisen. So wird z. B. erläutert, wie man existierenden Code nachträglich mit Tests ausstattet und so dem Refactoring zugänglich macht. Der Fokus des Buches liegt auf objektorientiertem Legacy-Code, der z. B. in C++ oder Java geschrieben ist.

[Gamma 92] E. Gamma: Objektorientierte Software-Entwicklung am Beispiel von ET++. Berlin, Heidelberg, Springer-Verlag, 1992.

ET++ war eines der ersten größeren Frameworks.

[JMigrator] http://jmigrator.sourceforge.net

JMigrator ist ein Eclipse-Plug-in, das mit Hilfe so genannter Refactoring-Tags große Refactorings sowie Refactorings an Frameworks und die Migration von Anwendungen unterstützt.

[Lewis 95] T. Lewis: Object-Oriented Application Frameworks. Greenwich, Manning Publications Co., 1995.

Sammlung von Standardaufsätzen zum Thema Frameworks.

[Lippert et al. 00] M. Lippert, S. Roock, H. Wolf, H. Züllighoven: JWAM and XP – Using XP for framework development. Proceedings of the XP2000 conference. Cagliari, Sardinia, Italy, 2000.

Beschreibt die Anwendung von XP zur Framework-Entwicklung.

[Lippert et al. 04] M. Lippert, P. Becker-Pechau, H. Breitling, J. Koch, A. Kornstädt, S. Roock, A. Schmolitzky, H. Wolf, H. Züllighoven: Developing Complex Projects Using XP with Extensions. In: IEEE Computer Magazine, Juni 2003, Vol. 36, No. 6, 2003.

Beschreibt immer wiederkehrende Probleme und Hürden beim Einsatz von eXtreme Programming und zeigt bewährte Lösungsansätze auf.

[Lippert & Roock 04] M. Lippert, S. Roock: Refactorings in großen Softwareprojekten. Heidelberg, dpunkt.verlag, 2004.

Das Buch diskutiert die Probleme, die auftreten, wenn Refactorings in großen Projekten durchgeführt werden. Den Refactorings an Frameworks und der Migration von Anwendungen auf neue Framework-Versionen ist ein eigenes Kapitel gewidmet.

[Roock 00] S. Roock: eXtreme Frameworking – How to aim applications at evolving frameworks. Proceedings of the XP2000 conference. Cagliari, Sardinia, Italy, 2000.

Diskutiert das Problem der Migration von Anwendungen auf neue Framework-Versionen, wenn diese hochzyklisch entwickelt werden.

[Roock 02] S. Roock: Frameworks and Testing. In: Proceedings of Extreme Programming Conference 2002, Villasimius, Cagliari, Italy, 2002.

Der Artikel beschreibt, welche Testkategorien bei der agilen Entwicklung von Frameworks sinnvoll sind und wie sich insbesondere Komponenten- von Akzeptanztests unterscheiden lassen.

[Roock & Havenstein 02] S. Roock, A. Havenstein: Refactoring Tags for automatic refactoring of framework. In: Proceedings of Extreme Programming Conference 2002, Villasimius, Cagliari, Italy, 2002.

Der Artikel führt das Konzept der Refactoring-Tags ein, mit denen sich große Refactorings sowie Refactorings an Frameworks unterstützen lassen. [JMigrator] ist ein Eclipse-Plug-in, das die Arbeit mit den Refactoring-Tags unterstützt.

[Sneed 98] Harry Sneed: Objektorientierte Softwaremigration. Reading, Massachusetts, Addison-Wesley, 1998.

Sneed behandelt die Probleme, die bei der Migration existierender nicht objektorientierter Systeme in die Welt objektorientierter Technologien auftreten.

[Sotograph] http://www.sotograph.de

Der Sotograph ist ein kommerzielles System zur Qualitätsbewertung (Software-Tomographie) von Softwaresystemen mit Schwerpunkt auf Architekturanalysen. Durch seinen datenbankbasierten Ansatz kann der Sotograph auch riesige Systeme noch effektiv bewerten. Der Sotograph unterstützt zurzeit C, C++ und Java.

[XRadar] http://xradar.sourceforge.net

XRadar ist ein Qualitätssicherungswerkzeug für Java-Systeme. Neben den üblichen Metriken können Architekturanalysen durchgeführt werden.

11 Bewertung und Ausblick

Dieses Kapitel fasst die Diskussionen dieses Buches zusammen und gibt eine Bewertung der Chancen und Risiken, die mit XP verbunden sind. Dazu stellen wir die häufigsten Probleme und Missverständnisse beim XP-Einsatz dar und beschreiben Lösungsansätze. Auf dieser Basis geben wir Hinweise, welche weiteren Schritte Sie auf dem Weg zu XP gehen können.

11.1 Bewertung

Wir setzen XP seit 1999 ein. Inzwischen führen wir alle Projekte mit XP oder anderen agilen Methoden durch. Dabei kommen je nach Projektkontext mehr oder weniger der hier vorgestellten Adaptionen zum Einsatz. Der Einsatz von XP war nicht immer ganz unproblematisch. Dennoch haben wir den Einsatz in keinem Projekt bereut. Ähnliche Bewertungen geben andere XP-Teams.

Wissenschaftliche Untersuchungen

Die Anzahl der wissenschaftlichen Untersuchungen zur agilen Softwareentwicklung nimmt stetig zu. Ein vollständiger Überblick würde den Rahmen dieses Buches sprengen. Sicher ist, dass sich zumindest einige der behaupteten Vorteile agiler Methoden auch wissenschaftlich nachweisen lassen. Diskussionen zu dem Thema und Referenzen auf wissenschaftliche Untersuchungen finden sich unter *http://xpbuch.it-agile.de*.

11.2 Für Bedenkenträger

Viele Softwareentwickler und Leiter von Entwicklungsprojekten sind zunächst skeptisch gegenüber eXtreme Programming eingestellt. Wenn Sie auch zu dieser Gruppe gehören und sich auch nach Lektüre der vorangegangenen Kapitel nicht sicher sind, ob Sie XP einsetzen sollten, ist dieser Abschnitt genau richtig für Sie.

11.2.1 Für Projektleiter und Manager

eXtreme Programming ist kein willkürlicher Prozess für »Hacker«. Die Entwicklungsmethode hinter XP besteht nicht einzig und allein aus: »Setze dich vor den Rechner und programmiere.« In den einzelnen Abschnitten dieses Buches haben wir dies deutlich gemacht und ausführlich argumentiert. Betrachten Sie XP nicht länger als einen unplanbaren, anarchistischen Entwicklungsprozess. Er ist es nicht.

XP gehört zur Gruppe der agilen Entwicklungsmethoden. Schauen Sie sich das Manifest der Agile Alliance einmal an (siehe [AgileAlliance]). Wir sind sicher, Sie werden viele Leitsätze finden, die Sie so oder so ähnlich für Ihr Projekt auch gerne umsetzen würden. XP ist eine Möglichkeit dazu.

Wie Sie XP einsetzen und für Ihr konkretes Projekt anpassen können und sollten, haben wir zuvor beschrieben. Wir können Ihnen natürlich nur aus unserer Erfahrung berichten. Wir sagen Ihnen auch, dass sich XP für alle unsere Projekte bewährt hat. Zu unseren Projekten gehören keineswegs nur kleine unwichtige Spielprojekte. Wir realisieren sogar Festpreisprojekte mit eXtreme Programming, auch wenn wir den Prozess dafür entsprechend anpassen müssen.

Wenn Sie sich von unseren Erfahrungen alleine nicht überzeugen lassen, können Sie ein Beispielprojekt durchführen. Stellen Sie ein Entwicklungsteam von 6-8 Personen zusammen, lassen Sie einen erfahrenen XP-Trainer das Projekt begleiten und versorgen Sie das Team mit einer sinnvollen Aufgabe. Wir sind überzeugt, nach nur wenigen Wochen werden Sie beurteilen können, ob sich XP für Ihre Projekte eignet und/oder wie Sie den Prozess anpassen müssen. Doch Vorsicht: Häufig stellen sich solche Teams als überdimensional effektiver und leistungsstärker heraus als alle anderen Entwicklungsteams und -projekte im Hause.

Seien Sie ehrlich

Noch eine Anmerkung: Oft probieren Teams XP-ähnliche Techniken aus, scheitern und behaupten danach, XP habe nicht funktioniert. Ein »echtes« XP-Projekt muss die XP-Techniken im Zusammenspiel verwenden und die Werte leben. Nur dann kann es wirklich behaupten, XP verwendet zu haben. Niemand tut sich einen Gefallen damit, ein falsches Bild von XP zu erzeugen oder zu verbreiten. Fallen Sie also nicht auf solche Aussagen rein und bewahren Sie sich davor, selbst solche Behauptungen aufzustellen. Ein sicherer Weg kann durch den XP-Trainer geebnet werden.

11.2.2 Für Entwickler

XP ist für viele Entwickler zunächst fremd. Das ging uns zu Beginn nicht anders. Auch wenn wir bereits früher, wie Sie wahrscheinlich auch, schon Teile aus XP verwendet haben, sind einige Teile doch ungewohnt.

Es ist etwas eigenartig, wenn auf einmal der eigene Code rücksichtslos von anderen kommentiert und geändert wird. Auch das Programmieren in Paaren ist ungewohnt, und man kann seine E-Mails nicht mehr einfach nebenbei lesen. Im Zweifelsfall wären Sie alleine eben doch schneller beim Programmieren, oder? Man darf auch niemanden mehr für einen Fehler im Programm verantwortlich machen. Wie einfach war das doch, als man noch einem Kollegen das Problem hinüberschieben konnte. Aber haben Sie nie Probleme zugeschoben bekommen? War nie ein Kollege ärgerlich über einen Fehler im Programm, den Sie verursacht hatten?

Lassen Sie sich einfach einmal für wenige Wochen auf ein XP-Projekt ein. Wir möchten diese Erfahrung nicht mehr missen. Die meisten unserer Kollegen (wie wir selbst auch) wollen gar nicht mehr alleine programmieren. Es ist viel einfacher, in einem Team jederzeit einen Kollegen dabei zu haben, mit dem man diskutieren und zu einem Ergebnis kommen kann. Die Tage, an denen wir von der Arbeit mit einem unglücklichen Gefühl nach Hause gehen, weil ein Problem am Rechner noch nicht gelöst wurde, sind auf ein Minimum gesunken.

Wichtig ist, dass Sie sich auf die XP-Idee einlassen müssen. Eigene Fehler eingestehen und Probleme frei zu äußern, sind elementare Bestandteile eines XP-Projektes. Ohne sie kann ein XP-Projekt nicht funktionieren.

Sofern Sie Ihren Anteil für eine erfolgreiche Zusammenarbeit beitragen, können Sie auch die Vorzüge eines XP-Projektes (aus Entwicklersicht) genießen. Natürlich kann auch ein XP-Projekt stressig werden, jedenfalls für einen begrenzten Zeitraum. Aber es lässt nicht zu, dass den Entwicklern grundlos die Schuld an irgendeinem Misslingen gegeben wird. Und ein gutes XP-Projekt bürdet seinen Entwicklern keine unhaltbaren Deadlines und unrealisierbare Ergebnisse auf.

In Kapitel 6 haben wir beschrieben, wie man ein guter XP-Entwickler wird. Beherzigen Sie die dort genannten Eigenschaften eines guten XP-Entwicklers. Als Dank werden Sie in einer freundlichen, hoch motivierten und äußerst produktiven Umgebung arbeiten.

11.3 Die Top-12-Fehler[1]

Die hinter Agilität stehenden Werte und auch die damit verbundenen Erwartungen an erfolgreichere Entwicklungsprojekte sind heute so weit anerkannt, dass sich schon deutlich mehr Teams und Methoden für agil erklären, als es tatsächlich sind. Agil zu sein ist auch gar nicht so einfach. Wir beschreiben hier die zwölf häufigsten Fehler, die wir selber gemacht oder in anderen Projekten beobachtet haben.

Die agilen Methoden sind heute im Wesentlichen positiv besetzt. Ohne Agilität scheint gar nichts mehr zu gehen. Auf Konferenzen werden Tutorials angeboten, die zeigen, wie der Unified Process und RUP[2] agil verwendet werden können. Das V-Modell des Bundes[3] unterstützt in der neuen Version V-Modell XT (XT = »eXtreme Tailoring«, vgl. [BMI 05]) nach eigenen Angaben agile Vorgehensweisen, und die Standish Group empfiehlt in ihrem aktuellen Chaos-Report (siehe [Standish 04]) sogar explizit die Verwendung agiler Methoden.

11.3.1 Agil = schwammig/beliebig

»Wir sind ja so agil! Und agil heißt doch, dass man schnell auf Änderungen reagiert. Also, da hätten wir hier schnell mal ein paar neue Anforderungen. Das schaffen Sie schon. Bis morgen, ach, übermorgen reicht auch noch.«

Klar sind agile Methoden schneller als klassische Vorgehensweisen, aber man muss aufpassen, dass die Reaktionsgeschwindigkeit auf neue Anforderungen nicht dazu führt, dass man ständig nur noch Anpassungen des Plans vornimmt. Zumindest für eine Iteration dürfen die Anforderungen nur konkretisiert, aber nicht geändert werden. Ansonsten ergeben sich Probleme, weil sich die Entwickler bei ihren Entwürfen an den Iterationszielen orientieren. Ändern sich diese Ziele stark, hinterlässt das auch im Entwurf unsaubere Spuren.

Die häufigste Ursache für dieses Problem ist ein falsches Verständnis von Flexibilität. Dies wird dann noch gepaart mit Kunden, die nicht mal für eine Iteration im Voraus planen können und sich ständig umentscheiden. Man kann sich vorstellen, wie verloren solche Kunden

1. Die in diesem Abschnitt wiedergegebenen Erfahrungen wurden bereits veröffentlicht in der Zeitschrift Objektspektrum, siehe [Roock & Wolf 05].
2. Der Rational Unified Process ist eine Ausgestaltung des Unified Process von der Firma Rational.
3. Das V-Modell des Bundes ist das Standardvorgehensmodell für IT-Projekte im öffentlichen Sektor. Siehe dazu auch die Beschreibung des V-Modell XT in Kapitel 3.

dann erst recht bei klassischen Herangehensweisen sind, die komplette Anforderungen in hoher Detaillierung zu Beginn des Projektes erfordern.

Als Gegenmaßnahme schlagen wir vor, dass die Entwicklung gestoppt wird (oder schon im Vorfeld eine Exploration stattfindet) und Kunde und Entwickler gemeinsam eine grobe Vision des Systems erstellen. Außerdem sollte es für das Release und die aktuelle Iteration eine Feature-Liste geben. Die Vereinbarung zwischen Entwicklern und Kunde sollte sein, dass sich während einer Iteration die Anforderungen nicht beliebig ändern dürfen; gegebenenfalls kann man die Iterationen kleiner machen, um dem Kunden die Möglichkeit zu bieten, seine Wünsche häufiger berücksichtigt zu finden.

Unser Hinweis: Agiles Vorgehen bedeutet, äußerst diszipliniert vorzugehen.

11.3.2 Kommunikationsprobleme

»Wir schaffen das schon. Ich will keine schlechten Nachrichten hören.«

Wir gehen davon aus, dass der Großteil aller relevanten Probleme in Projekten auf Kommunikationsprobleme zurückgeht. Allerdings sind Kommunikationsprobleme kein quantitatives, sondern ein qualitatives Problem. Es geht nicht darum, einfach mehr zu kommunizieren. Vielmehr geht es darum, klare Strukturen in der Kommunikation zu etablieren und beizubehalten: Wer nimmt welche Aufgaben wahr? Wer ist wofür verantwortlich? Wer hat welche Entscheidungskompetenzen? Wer muss wann zu welchem Zweck befragt werden? Wer braucht deshalb welche Informationen zu welcher Zeit? Diese klaren Strukturen müssen die Projektbeteiligten dann natürlich auch klar ausfüllen.

Das Problem entsteht häufig dadurch, dass Menschen dazu neigen, in der Kommunikation den einfachen Weg zu gehen und nicht den richtigen. Ein typisches Beispiel: Man weiß, dass der Chef keine schlechten Nachrichten hören will. Häufig sagt er das sogar (»Ich will nur Positives hören«). Daran orientieren sich dann die Projektbeteiligten und verheimlichen die schlechten Nachrichten. Bei den allermeisten Projektkatastrophen wussten die Entwickler lange vor dem Management von den Problemen. Tragischerweise hätte man häufig sogar noch gegensteuern können, wenn die Entwickler die Probleme gleich bei ihrem Auftreten kommuniziert hätten. Ehrlichkeit wird auch vom »IEEE Software Engineering Code of Ethics and Professional Practice« eingefordert (vgl. [IEEE 99]).

Strukturelle Kommunikationsprobleme können eigentlich leicht aufgedeckt werden, z. B. durch rechtzeitige und in der Kommunikation offene Retrospektiven; hilfreich ist dabei ein externer Moderator.

Bitte beachten: Kommunikation muss offen und ehrlich sein.

11.3.3 Überanpassung

»Wir haben ja eigentlich immer schon agil Software entwickelt.« »Gerade diese eine Technik kann man bei uns nicht einsetzen.« »Technik XYZ machen wir nicht. Wir machen ABC, das ist ja fast das Gleiche.«

Genau so, wie es in diesem Buch oder dem von Beck (vgl. [Beck 00], [Beck 04]) zu lesen ist, wird XP ja doch von kaum jemandem angewendet. Irgendwo steht doch auch, dass man das Ganze dann noch an projektspezifische Gegebenheiten anpassen muss. Prima, dann sind wir auch agil, ist ja auch »hype«.

Sieht man sich an, was in manchen Projekten vom agilen Gedankengut oder von XP übrig geblieben ist, wird man häufig nicht viel finden. Jede einzelne Abweichung hat schon ihren Grund, und solche Teams finden sich (zu schnell) mit diesen Gründen ab. Lustigerweise sind ja allerhand Teams angeblich auch schon immer agil gewesen (O-Ton: »Das haben wir ja schon immer so gemacht.«).

Weinberg beschreibt in seiner »Fast-Food-Fallacy« (vgl. [Weinberg 01]), dass häufiges »Das macht eigentlich keinen Unterschied« in der Summe sehr wohl einen Unterschied macht: Früher waren Hamburger noch echte Mahlzeiten, zubereitet aus vielen frischen Zutaten mit Salat, Tomaten etc. Dann sind ein paar schlaue Geschäftsleute auf die Idee gekommen, Hamburger als Massenware unters Volk zu bringen. Und über die Jahre haben sie immer wieder unmerkliche Kostenoptimierungen vorgenommen: »Wenn wir eine Gurkenscheibe weniger auf den Hamburger legen, merkt das sowieso keiner, und wir sparen ein Zehntel Cent je Hamburger.« Und so sind aus einstmals saftigen Hamburgern Dinge geworden, die mit dem Original nur noch sehr wenig gemein haben.

XP zeigt einen Weg auf, wie man sich ständig verbessern kann. Das bedeutet Lernen, und Lernen ist nicht immer angenehm. Also könnte man sagen: »Wenn es nicht weh tut, ist es nicht XP.« Wenn sich etwas ändern soll, muss man etwas verändern! Dabei ist es ja durchaus okay, wenn man nicht bei 100 % XP anfängt, aber man sollte doch zumindest anstreben, dem Ziel immer näher zu kommen.

Es gilt: Wenn sich etwas ändern soll, müssen wir etwas ändern.

11.3.4 Kein Tracking/Controlling

»Tracking bringt uns nichts. Das macht uns auch nicht schneller.«

Tracking ist die Voraussetzung, um Planabweichungen zu erkennen und auf diese zu reagieren. Agile Methoden zeichnen sich gerade dadurch aus, dass sie eine Reaktion auf Planabweichung erlauben. Wer kein Tracking einsetzt, verschenkt die Potenziale agiler Methoden und sollte lieber weiter mit klassischen Methoden arbeiten.

Man kann immer Gründe finden, warum man im Moment kein Tracking durchführen könnte (»alles so unklar«, »zu früh im Projekt«), aber dann sollte man es lieber sehr grob und ungenau machen als gar nicht. Nach unserer Erfahrung kostet Tracking nur sehr wenig zusätzlichen Aufwand.

Wir raten: Wir sollten lieber wissen, wo wir sind, als mit vermeintlicher Höchstgeschwindigkeit in eine beliebige Richtung vorzupreschen.

11.3.5 Wir stellen uns dumm

»Wir brauchen uns nicht um XYZ zu kümmern, das wird der XP-Prozess schon für uns richten.«

Ein expliziter Entwicklungsprozess ist eine feine Sache. Wenn er dann auch noch mit möglichst wenig Wörtern beschrieben wurde, ist es sogar noch besser. Wenn man glaubt, der Prozess würde dann schon in jedem Fall ausreichend und allumfassend sein, dann ist das zu kurz gegriffen. Nehmen wir z. B. das Thema Risikomanagement. In der Beschreibung von XP durch Beck steht davon erst einmal explizit nichts. Das muss aber deshalb definitiv noch kein Grund sein, sich gar nicht mit Risikomanagement zu beschäftigen.

Ein anderer beliebter Streitpunkt: Wie viel Vorausschau brauchen/sollten die Entwickler haben? Sollen sie entweder nur die Storys der gerade aktuellen Iteration kennen oder alle Storys und Features des gesamten Releases? Es scheint klar, dass Letzteres eigentlich nicht schaden dürfte, aber wir haben es schon erlebt, dass Leute der Meinung waren, zu viel Vorausschau führe zu Upfront-Design und sei daher zu unterlassen. (Als »Big Design Upfront« wird der nicht agile Ansatz bezeichnet, den kompletten Systementwurf im Detail bereits zu Projektbeginn zu erstellen.)

Wie auch bei anderen Methoden empfehlen wir: Vorgehen nach XP bedeutet, im Brain-on-Modus zu verfahren.

11.3.6 Naives Design

»Wir machen das, was im Moment den geringsten Aufwand verursacht.«

In XP gibt es die Technik Simple Design, die mit der Leitlinie gekoppelt ist, das Einfachste zu machen, das gerade noch funktionieren kann (»Do the simplest thing that could possibly work«). Dieses einfache Design wird häufig verwechselt mit No-Design oder simplizistischem Design und missinterpretiert in die Richtung: »Mach das, was jetzt am wenigsten Aufwand verursacht.« Insbesondere versäumen viele XP-Entwickler das Aufräumen, nachdem sie eine durch eine Story geforderte Funktionalität implementiert haben. Fast immer bleiben kleine, manchmal auch große Unschönheiten übrig. Erst wenn auch diese beseitigt sind, ist die Story erledigt. Alles andere führt zwangsläufig zu Strukturverlust in der Software.

Mit einfachem Design ist gemeint, Entwurfsaufwände kontinuierlich auf die Entwicklungszeit zu verteilen (also kein langwieriges Detaildesign bei Projektstart) und beim Design einfache Strukturen anzustreben. In der zweiten Auflage des XP-Manifests nennt Kent Beck die Technik »Incremental Design«, was den Kern der Sache besser trifft als »Simple Design«.

Ursache für Designschwächen ist mitunter auch fehlendes fachliches Verständnis der Entwickler. Das passiert z. B., wenn Entwickler in einem neuen Fachgebiet arbeiten sollen und direkt mit der ersten Releaseplanung begonnen wird und nicht mit einer vorgeschalteten Explorationsphase. Generell vernachlässigen viele Teams den fachlichen Entwurf zugunsten von Technologien (EJB etc.). Der fachliche Grundsatzentwurf stellt aber das Gerüst für die Stories dar. Ohne ihn sind Designprobleme vorprogrammiert. (Ein sehr empfehlenswertes Buch zum fachlichen Entwurf ist »Domain Driven Design« [Evans 03]. In Industrial XP stellt »Domain Driven Design« eine eigene Technik dar.)

Gar kein Design zu erstellen, ist verlockend, weil man dann Konflikte um den »richtigen« Entwurf nicht offen austragen muss. Er wird so implizit auf dem Rücken der Software ausgetragen – mit der Folge von Inkonsistenzen.

Bitte bedenken: »Mache es so einfach wie möglich, aber nicht einfacher.« (Albert Einstein)

Einfaches Design bedeutet inkrementelles Design und nicht No-Design.

11.3.7 Deployment wird unterschätzt

»Wir brauchen vor Auslieferung des Systems an den Kunden keine Testphase mehr. Die Unit Tests stellen sicher, dass wir keine Fehler mehr produzieren.«

Die meisten Teams können das System nicht direkt nach der letzten Entwicklungsiteration an den Kunden ausliefern. Trotz Unit Tests sind noch zu viele Fehler im System. Dann muss eine Stabilisierungsphase durchgeführt werden, in der keine Funktionen realisiert werden (Feature-Freeze).

In der zweiten Auflage seines XP-Buches benennt Kent Beck (vgl. [Beck 04]) die neue Technik des *Daily Deployment*: Jeden Tag soll eine neue Systemversion an den Kunden ausgeliefert werden. Beck warnt davor, die Technik unbedacht einzusetzen. Voraussetzung sei, dass das Team nicht mehr als ein halbes Dutzend Fehler im Jahr produziert. Das werden die meisten Teams niemals hinbekommen. Trotzdem kann Daily Deployment als Zielvorstellung für Qualitätsverbesserungen geeignet sein. Es ermahnt uns, die Qualität des Systems immer weiter zu verbessern.

Nur Mut: Deployment direkt nach dem Release ohne weitere Testphase ist die hohe XP-Kunst. Man braucht Jahre, um sie zu erlernen. Viele werden es nie schaffen. Aber versuchen sollte man es weiterhin!

Bis dahin verwenden Sie die klassischen etablierten Mechanismen: Führen Sie trotz automatisierter Tests vor der Freigabe des Systems manuelle Tests durch. Markieren Sie ausgelieferte Versionen in ihrer Versionsverwaltung und nehmen Sie Fehlerkorrekturen sowohl im Hauptentwicklungsstrang wie auch in dem markierten Release-Branch vor.

11.3.8 Collective Ownership skaliert nicht

»In XP haben wir Collective Ownership. Daher ändere ich überall alles. Das wird schon klappen.« »Ich ändere hier gar nichts mehr, weil ich nicht weiß, was passieren wird …«

Collective Ownership skaliert nicht beliebig (siehe auch [Eckstein 04]). Wächst das Team, entsteht schnell No-Ownership, und es fühlt sich niemand mehr für die Qualität des Systems verantwortlich. Die Systemqualität und die Entwicklungsgeschwindigkeit sinken dann mit atemberaubender Geschwindigkeit. Die Folge ist sofortige Demotivation der Entwickler.

Collective Ownership funktioniert nur innerhalb eines Teams, das einen starken Zusammenhalt hat. In vielen Teams funktioniert das bis zu einer Teamgröße von sechs bis acht Entwicklern, ganz wenige Teams können sich bis zu 12 Entwicklern hocharbeiten.

Daher müssen XP-Projekte in Teilprojekte zerlegt werden, wenn viele Entwickler teilnehmen sollen bzw. müssen. Jedes Teilprojekt bekommt sein eigenes Subsystem verantwortlich zugewiesen. Die Teams praktizieren Collective Ownership nur innerhalb ihrer Komponente.

Wichtig ist es, sich darüber klar zu werden, wozu Collective Ownership überhaupt praktiziert wird. Meistens ist das Ziel die Reduktion des »Truck-Faktors«. In den allermeisten Fällen reicht es für die Reduktion dieses Faktors vollkommen aus, wenn drei bis vier Entwickler eine Komponente beherrschen.

Zusammengefasst: No-Ownership ist etwas anderes als Collective Ownership. Komponenten beschränken Collective Ownership auf ein sinnvolles Maß.

11.3.9 Falsche Retrospektiven (zu technisch)

»Wir haben nur Probleme mit der Struktur XYZ. Da müssen wir jetzt unbedingt mal ein Refactoring machen.« »Wir müssen unbedingt Technologie ABC einsetzen.«

Viele Projektretrospektiven haben die Tendenz, zu technisch zu werden. Es fällt Entwicklern deutlich leichter, über versäumte Refactorings, unpassende und gewachsene Strukturen und vermeintlich Heil bringende neue Technologien zu reden als über Defizite im Prozess und in der Kommunikation. In gewisser Weise handelt es sich möglicherweise um einen Spezialfall des oben bereits aufgeführten Kommunikationsproblems: Entwickler scheuen vor notwendiger Kommunikation über den Prozess oder Kommunikationswege zurück, indem sie sich hinter technischen Diskussionen verstecken. Häufig wird dieses Problem auch dadurch gefördert, dass Retrospektiven ohne Kundenbeteiligung stattfinden (was durchaus auch mal sinnvoll sein kann).

Zum Trost sei den Entwicklern berichtet, dass wir es in einer gemeinsamen Retrospektive auch schon erlebt haben, dass die Kundengruppe die Veranstaltung gänzlich mit Diskussionen um neu zu strukturierende Prozesse gefüllt hat.

Wir empfehlen: Retrospektiven moderieren lassen. Ein erfahrener Moderator wird die Diskussion wieder auf das wesentliche Thema bringen. Retrospektiven können auch mal unangenehm sein. Konflikte auf der Beziehungsebene lösen sich nicht von selbst.

11.3.10 Unechter Kunde

»Mein Kunde weiß gar nicht, was er will.« »Warum sollte ich die Story des Kunden so implementieren, wie der das will, wenn der Boss das nachher sowieso ändert. Dann implementiere ich die Story lieber so, wie ich das meine ...«

Neben den vielen bemerkenswerten Änderungen für Entwickler enthält XP auch ein völlig anderes Rollenverständnis für die Kunden. Sehr leicht verlassen sich XP-Entwicklerteams darauf, dass der Kunde schon weiß, was er tut. Da es aber meist die Entwickler sind, die XP einführen (wollen), ist es wohl auch Teil ihrer Aufgabe, dem Kunden bei seiner Rollenfindung behilflich zu sein. Wenn es dem Kunden nämlich nicht gelingt, seine Rolle adäquat auszufüllen, dann kann er die Potenziale agiler Methoden für sein Unternehmen nicht ausnutzen. Aber auch dann, wenn einzelne Kunden für sich und ihren fachlichen Bereich ihre Rolle gut wahrnehmen, entsteht sehr häufig das Problem, dass wir eben in der Regel zwar von *einem* Kunden reden, die Rolle aber von vielen Personen gleichzeitig wahrgenommen wird. Im Zweifelsfall redet dann auch schon mal ein Vorgesetzter einem Untergebenen in seine Kundenpriorisierung oder sogar fachlichen Vorstellungen rein. In solchen Fällen kann es helfen, wenn man explizit die Rolle eines Produktmanagers einführt, der die Anforderungen der vielen Kunden bündelt und dann gegenüber dem Entwicklungsteam auftritt.

Immer beachten: Die Kundenrolle ist sehr anspruchsvoll. Der Kunde ist verantwortlich für die fachliche Projektplanung.

11.3.11 Grandioser Prozess

»Wenn das jemand schafft, dann Sie.«

Manche Teams können sehr viel produktiver sein als andere Teams. Dadurch kann der Eindruck entstehen, man könnte mit XP alles schaffen. Das stimmt natürlich nicht. Der Projekterfolg hängt nur zum Teil vom Entwicklungsprozess ab. Eine viel entscheidendere Rolle spielen die am Projekt beteiligten Personen.

Für jedes Team gibt es Probleme, die es nicht lösen kann. Seriöse Teams kennen ihre Grenzen und lehnen unlösbare Aufgaben ab.

Daran denken: XP ist weder für Unmögliches noch für Wunder zuständig. »Was nicht geht, geht nicht.«

»Man muss lernen, ›Nein‹ zu sagen.«

11.3.12 Kunde unterliegt Entwicklern

»Der Kunde hat doch gar keine Ahnung. Wir Softwareentwickler wissen doch viel besser, was der Kunde braucht.«

Besonders bei Produktentwicklung akkumulieren die Entwickler sehr viel Fachwissen. Die Produktmanager (Vertreter für Kunden) haben häufig weniger Fachwissen und daher mit Autoritätsproblemen im Planungsspiel zu kämpfen. Das Problem tritt in verschiedenen Varianten auf:

- Die Entwickler ziehen sich zurück und lassen ihr Fachwissen nicht in die Planung einfließen.
- Die Entwickler machen, was sie für richtig halten, und nicht das, was die Produktmanager entscheiden.
- Es gibt einen faulen Kompromiss zwischen Entwicklern und Produktmanagern (fauler Kompromiss: »Jeder bekommt, was keiner wollte«).

Stattdessen braucht man einen gegenseitigen Vorteil, also eine gemeinsame Lösung, die nicht einfach nur akzeptiert wird, sondern auf die sich alle Beteiligten verpflichten. In diese gemeinsame Lösung muss die Fachkompetenz der Entwickler einfließen, ohne dass die Entscheidungskompetenz der Produktmanager in Frage gestellt wird.

Nicht vergessen: Existierendes Fachwissen muss genutzt werden, egal, wer es besitzt. Die Entscheidungskompetenz bleibt auf jeden Fall bei dem, der die Verantwortung für die fachliche Projektplanung trägt: beim Kunden.

11.3.13 Fazit

Die beschriebenen Probleme sind spezifisch für agile Methoden und XP und treten in dieser Form in anderen Methoden selten auf. Allerdings liegen die Ursachen für die Probleme außerhalb von XP. Sie führen auch in klassischen Methoden zu Problemen, aber zu anderen als bei XP.

Nach allem, was wir in den letzten fünf Jahren erlebt haben, behaupten wir: Die meisten Teams, die für sich in Anspruch nehmen,

XP einzusetzen, erleben nur einen müden Abklatsch von dem, was XP sein kann.

Es geht nicht darum, XP zu praktizieren, um XP zu praktizieren. Die Projektteams müssen Wege finden, sich kontinuierlich und beharrlich zu verbessern. XP kann auf diesem steinigen Weg sehr hilfreich sein, genauso wie andere agile Methoden und der Blick über den Tellerrand (z. B. zur »Lean-Production« und dem »Toyota Production System«, vgl. [Poppendieck & Poppendieck 03], [Ono 95]).

11.4 Ausblick

XP ist vielleicht immer noch ein junger Entwicklungsprozess. Er liegt aber in der Zwischenzeit von Kent Beck in überarbeiteter Fassung vor, und viele Projekte haben gute Erfahrungen mit XP gemacht. Man kann heute also nicht mehr davon reden, dass XP nur eine Methode für wenige wäre. XP ist hier, um zu bleiben.

Natürlich wird sich XP weiterentwickeln. XP-Teams werden weitere Erfahrungen sammeln und herausfinden, in welchen Kontexten welche Adaptionen für sie hilfreich sind.

Wenn auch Sie interessante Erfahrungen gemacht haben, weiterführende Informationen suchen oder Hilfe brauchen, dann treten Sie in Kontakt mit uns unter *http://xpbuch.it-agile.de*. Wir freuen uns auf Sie!

11.5 Literatur

[AgileAlliance] The Agile Alliance: Agile Manifesto http://www.agilealliance.org

eXtreme Programming gehört zur Gruppe der agilen Prozesse. Neben den Vätern von XP hat sich eine Reihe anderer Interessierter zur Agile Alliance zusammengetan, um die Grundfesten agiler, leichtgewichtiger Softwareentwicklung festzuhalten.

[Beck 00] Kent Beck: eXtreme Programming Explained. Reading, Massachusetts, Addison-Wesley, 2000.

Die Beschreibung des XP-Originals.

[Beck 04] Kent Beck: eXtreme Programming Explained (2. Auflage). Reading, Massachusetts, Addison-Wesley, 2004.

Die neue Beschreibung von XP.

[BMI 05] Bundesministerium des Inneren: V-Modell XT Release 1.01, 2005.
http://www.kbst.bund.de/V-Modell/-,293/V-Modell-XT.htm

Die offizielle Beschreibung des neuen V-Modell XT.

[Eckstein 04] Jutta Eckstein: Agile Softwareentwicklung im Großen. Heidelberg, dpunkt.verlag, 2004.

Jutta Eckstein beschreibt, wie die Prinzipien der agilen Softwareentwicklung in großen Projekten angewendet werden können.

[Evans 03] E. Evans: Domain Driven Design. Reading, Massachusetts, Addison-Wesley, 2003.

Dieses Buch gibt wertvolle Hinweise zum Design der Fachlichkeit von Softwareprojekten.

[IEEE 99] IEEE: Software Engineering Code of Ethics and Professional Practice, 1999. http://www.computer.org/certification/ethics.htm

Die IEEE beschreibt ethische Grundlagen für Softwareentwickler.

[IXP 04] Industrial XP: http://www.industrialxp.com/

Die Website beschreibt Industrial XP, eine interessante Erweiterung und Adaption von XP mit weiteren Techniken.

[Manifesto 01] Manifesto for Agile Software Development, 2001. http://www.agilemanifesto.org

Das Agile Manifest ist die Grundlage aller agilen Methoden.

[Ono 95] T. Ono: Toyota Production System. Productivity Press, 1995.

Ono beschreibt das Toyota Production System, das viele für einen interessanten, weil stark auf Feedback basierenden Ansatz auch für Softwareentwicklungsmethodik halten.

[Poppendieck & Poppendieck 03] M. Poppendieck, T. Poppendieck: Lean Software Development. Reading, Massachusetts, Addison-Wesley, 2003.

Die Poppendiecks beschreiben Lean Software Development, einen Ansatz für Softwareentwicklung, der von manchen als würdiger Nachfolger agiler Methoden, von anderen als Ergänzung agiler Methoden angesehen wird.

[Roock & Wolf 05] S. Roock, H. Wolf: 5 Jahre XP – Wie erwachsen sind wir geworden? In: Objektspektrum, Ausgabe 04, 2005.

Die hier vorgestellten häufigen Fehler von XP-Projekten wurden in diesem Artikel zum ersten Mal aufgeführt.

[Schwaber 04] K. Schwaber: Agile Project Management with Scrum. Prentice Hall, 2004.

Beschreibung der agilen Methode Scrum von den beiden »Erfindern«.

[Standish 04] The Standish Group: Chaos Research Results. 2004. http://www.standishgroup.com

Die Standish Group untersucht Softwareentwicklungsprojekte und hat in ihrem Report von 2004 zum ersten Mal agiles Vorgehen unter die Top-10-Erfolgsfaktoren für Projekte gehoben.

[Weinberg 01] G. M. Weinberg: Secrets of Consulting. Dorset House Publishing, 2001.

Weinberg ist eine wichtige Quelle für alle, die als Berater tätig sind. Seine Reflektionen über seine Beratungstätigkeit, häufig auftretende Probleme in Organisationen und hilfreiche Lösungshinweise sind unverzichtbar für Berater.

Anhang A Häufig gestellte Fragen (FAQ)

In diesem Kapitel beantworten wir Fragen, die uns bzgl. XP immer wieder gestellt werden. Viele der Antworten verweisen auf die entsprechenden Stellen in diesem Buch. In diesem Sinne kann dieses Kapitel auch als eine Art aufgabenbezogenes Inhaltsverzeichnis verstanden werden.

Gibt es überhaupt nennenswerte Projekte, in denen XP erfolgreich eingesetzt wurde?

Es gibt eine Reihe von Projekten, die entweder erfolgreich abgeschlossen wurden oder noch mit Erfolg laufen, allerdings auch einige weniger erfolgreiche. Wir selbst haben verschiedene erfolgreiche XP-Projekte durchgeführt (siehe Einleitung in Kapitel 1 und Projektberichte in Kapitel 9). Dazu kommen eine Reihe weiterer Projekte in Deutschland sowie international.

Kann ich XP überhaupt anwenden, wenn ich Festpreisprojekte durchführen muss?

Durch das hochzyklische Vorgehen reflektiert XP die Gegebenheiten der Projektpraxis. Selten stehen Ziele und Funktionsumfang bereits zu Projektanfang unumstößlich fest. Sehr viel häufiger ändern sich Ziele und benötigte Funktionalität noch während des Projektes. Vor diesem Hintergrund argumentieren wir stets zunächst für Projekte, die nach Aufwand oder in einem festgelegten Budget durchgeführt werden. Sollte der Auftraggeber auf einem Festpreisprojekt bestehen, führen wir zunächst ein Vorprojekt (in der Regel im Umfang von wenigen Personentagen bis zu wenigen Personenmonaten) durch. Das Ziel des Vorprojektes besteht darin, die fachlichen Anforderungen zu klären. Auf der Basis des Vorprojektes kann dann ein Angebot für die Systementwicklung als Festpreisprojekt erstellt werden. Natürlich steigt das

Risiko für eine Fehleinschätzung mit der Projektgröße. Wir haben diese bis zu Gesamtprojektgrößen von 2.000.000 Euro durchgeführt. Allerdings sollte der Projektumfang bei diesem Betrag deutlich in mehrere Teilprojekte aufgeteilt werden. Einfacher scheint uns der XP-Umgang mit Festpreisprojekten bis ca. 100.000 Euro.

Beim Vorprojekt entsteht in der Regel ein Prototyp und/oder ein Dokument, das die fachlichen Anforderungen skizziert. Damit hat der Auftraggeber die Sicherheit, dass er das Ergebnis des Vorprojektes auch dann noch nutzen kann, wenn ihm das nachfolgende Angebot zu teuer wird. Er kann dann den Prototyp bzw. das Dokument verwenden, um den Auftrag an einen anderen Auftragnehmer zu vergeben.

Funktioniert XP auch für komplexe Projekte?

Ist der anwendungsfachliche Hintergrund sehr komplex, sollten die beschriebenen Interviewtechniken sowie Szenarios und Glossar (siehe Kapitel 5.1.1 und 5.2) verwendet werden.

Ist die politische Situation beim Auftraggeber komplex (weil z. B. der Auftraggeber andere Zielsetzungen verfolgt als die Anwender), ist eine Differenzierung der XP-Kundenrolle in Kunde und Anwender sinnvoll (siehe Kapitel 4.1).

Skaliert XP für lang laufende Projekte?

XP funktioniert auch für lang laufende Projekte. Häufig ist es sinnvoll, dann zusätzlich mit Referenzarchitekturen, einem Kernsystem mit Ausbaustufen, Spezialsystemen sowie Projektetappen zu arbeiten.

Skaliert XP für Projekte mit sehr vielen Entwicklern?

Die genaue Maximalgröße von XP-Projekten steht noch nicht genau fest. Es wird jedoch allgemein davon ausgegangen, dass ein XP-Projekt deutlich mehr als 14-16 Entwickler nicht verkraftet. Müssen sehr viel mehr Entwickler integriert werden, so ist es angebracht, mehrere Projekte zu definieren und einen Koordinationskreis mit Projektvertretern zu bilden.

Funktioniert XP auch, wenn ich keinen direkten Kunden im XP-Sinne habe (z. B. bei Standardproduktentwicklung, E-Business-Anwendungen, Frameworks)?

In diesem Fall muss der Kunde substituiert werden. Wie dies geschehen kann, ist in Kapitel 2 beschrieben.

Kann man XP auch dann anwenden, wenn die Projektmitglieder sehr heterogene Qualifikationen mitbringen?

Wird XP in Reinkultur mit sehr heterogen qualifizierten Entwicklern durchgeführt, kann es leicht zu Problemen kommen. Nach unserer Erfahrung ist dies jedoch weitestgehend unproblematisch, wenn die Situation allen Projektteilnehmern klar ist und gemeinsam auf eine Angleichung der Qualifikationen hingearbeitet wird. Dabei kann Programmieren in Paaren (siehe Kapitel 2) sehr nützlich sein. Für den Projektleiter bzw. Coach kann es in der Anfangszeit sinnvoll sein, Arbeit explizit zuzuteilen.

Wenn man so viele Änderungen und Erweiterungen an XP vornimmt, ist es dann überhaupt noch XP?

Diese Frage ist für uns eher von theoretischem Interesse. Was wirklich zählt, ist letztlich der Projekterfolg und nicht der Name der Methode. Aber bitte nennen Sie Ihr Vorgehen nicht XP, nur weil Sie keine Dokumentation machen und schon mal eine Testklasse geschrieben haben.

Auf welche XP-Technik könnte man am ehesten verzichten?

Erfolgreiche Projekte können auch ohne Programmieren in Paaren, Metapher und nachhaltiges Tempo durchgeführt werden. Allerdings ist nach unserer Erfahrung die Produktivität höher, wenn auch diese Techniken verwendet werden. Wird auf eine der anderen Techniken verzichtet, führt dies mit ziemlicher Sicherheit zu großen Problemen im Projekt. Siehe dazu auch Kapitel 8.

Führt man die XP-Techniken am besten alle gleichzeitig ein oder nacheinander? Welche Reihenfolge ist sinnvoll?

Die XP-Techniken sollten behutsam eingeführt werden. Eine mögliche Einführungsstrategie ist in Kapitel 8 beschrieben.

Was kann man denn tun, wenn die (anderen) Entwickler nicht XP machen wollen?

Menschen zu Methoden zu zwingen, die sie nicht wollen, ist äußerst schwierig und meist unfruchtbar. Nach unserer Erfahrung ist es eine gute Idee, wenn man einzelne XP-Techniken vorstellt, selber viele XP-Techniken verwendet und immer wieder die Vorzüge herausstellt. Bitten Sie dann, wenn nach und nach zumindest an manchen Techniken mehr Interesse als Zweifel geäußert wird, die Kollegen, sich mal für 2 Wochen auf XP einzulassen.

Was mache ich als Entwickler, wenn mein Management XP nicht will oder nicht unterstützt?

Eigentlich ist es ja recht unverständlich, wenn Manager XP nicht wollen, schließlich lässt sich kaum eine andere Entwicklungsmethode so gut kontrollieren und im Fortschritt messen. Viele Manager glauben aber immer noch, dass man Entwicklungsleistungen wie Autos einkaufen kann. Werden Sie nicht müde, die Vorzüge von XP gerade für Manager herauszustellen, auch oder gerade in Situationen, in denen sie mit klassischen oder anderen Methoden geraten. Bitten Sie um ein kleineres Projekt, um den Beweis anzutreten, dass XP auch für Ihre Organisation geeignet ist.

Wenn Sie von Ihrem Management hingegen nicht unterstützt werden, dann wird das vermutlich nicht unbedingt nur an XP liegen. Wichtig ist, dass Sie die gewünschte Unterstützung explizit machen und nicht erwarten, dass irgendeine Unterstützung von ganz alleine kommen wird.

Anhang B Programmierwerkzeuge

In diesem Kapitel diskutieren wir Softwarewerkzeuge, die sich in XP-Projekten bewährt haben. In diesem Zusammenhang nennen wir auch einige konkrete Softwareprodukte wie z. B. CVS. Es ist klar, dass Informationen über diese Produkte relativ schnell veralten und dass die Darstellung insgesamt nicht umfassend oder vollständig sein kann. Die hier präsentierten Informationen stammen von Mai 2005. Dennoch hoffen wir, damit zumindest Startpunkte für eigene Recherchen zu schaffen.

Es gibt eine Vielzahl von Werkzeugen, die fallweise sehr nützlich sein können. Diese alle zu nennen, würde den Rahmen dieses Buches sprengen. Wir beschreiben daher hier nur die Werkzeuge, die man fast immer sinnvoll einsetzen kann. Eine Liste weiterer Werkzeuge findet sich unter *http://xpbuch.it-agile.de*.

Die genannten Werkzeuge fokussieren auf Java, weil die meisten unserer Projekte im Java-Umfeld stattgefunden haben. Für viele der Werkzeuge gibt es Entsprechungen für andere Programmiersprachen wie z. B. C#.

B.1 Entwicklungsumgebungen

Es versteht sich von selbst, dass auch für XP-Projekte Entwicklungsumgebungen verwendet werden. Welche Entwicklungsumgebung für das jeweilige Projekt geeignet ist, hängt vom Projektkontext ab.

XP spielt seine Stärken nicht zuletzt in innovativen und anspruchsvollen Projektkontexten aus. Diese Projekte sind geprägt von sich ständig ändernden Anforderungen, politisch unklaren Situationen und neuen Technologien.

Kleine, flexibel kombinierbare Werkzeuge unterstützen solche Projektkontexte. Wenn sich ein Werkzeug als ungeeignet erweist, kann es leicht gegen ein besser geeignetes Werkzeug ausgetauscht werden.

Wir präferieren daher in Projekten Werkzeuge, die klein und leichtgewichtig sind wie XP selbst.

Eclipse

Eclipse (siehe *http://www.eclipse.org*) hat in den letzten Jahren eine enorme Verbreitung gefunden. Es bietet neben Editor, Compiler und Debugger umfangreiche Refactoring-Unterstützung sowie ein mächtiges Plug-in-Modell. Über das Plug-in-Modell können Zusatzfunktionen von Drittanbietern zu allen erdenklichen Themen in Eclipse integriert werden. Eclipse steht unter einer Open-Source-Lizenz, genauso wie viele der verfügbaren Plug-ins.

IntelliJ IDEA

IntelliJ IDEA (siehe *http://www.intellij.com*) bietet ähnliche Funktionalitäten wie Eclipse. IntelliJ IDEA steht unter einer kommerziellen Lizenz. Einige unserer Entwicklerkollegen ziehen IDEA vor, weil sie die Refactoring-Unterstützung besser finden und der Editor besser in der Hand liegt.

GUI-Builder

Häufig werden auch *GUI-Builder* zu den absolut notwendigen Werkzeugen gezählt. Im Java-Bereich gehören GUI-Builder aber nicht automatisch zur Entwicklungsumgebung dazu. Der Hauptgrund sind wahrscheinlich die Layout-Manager in Java, die die Entwicklung eines guten GUI-Builders zu einer anspruchsvollen Aufgabe machen. Nur wenige der verfügbaren GUI-Builder sind wirklich für den Praxiseinsatz in einem agilen Projekt geeignet.

B.2 Versionsverwaltungssysteme

Versionsverwaltungssysteme verwalten und versionieren Quelltexte und ggf. weitere Dokumente eines Projektes. Damit ist es jederzeit möglich, zu alten Versionen von Quelltexten oder Dokumenten zurückzukehren.

Damit sind Versionsverwaltungssysteme ein wichtiges Werkzeug für XP. Wird jede Version der Quelltexte im Versionsverwaltungssystem archiviert, trennen sich Entwickler einfacher von nicht mehr benötigtem Code.

In der Regel wird das Versionsverwaltungssystem auf dem Projektserver installiert. Will ein Entwickler einen Quelltext ändern, so bezieht er diesen vom Versionsverwaltungssystem, ändert ihn und transferiert ihn zurück ins Versionsverwaltungssystem.

XP harmoniert besonders gut mit Versionsverwaltungssystemen, die optimistische Sperrverfahren umsetzen. Bei diesen Systemen können Entwickler jederzeit alle Quelltexte vom Versionsverwaltungssystem beziehen. Ändern zwei Entwickler gleichzeitig denselben Quelltext, so darf nur der Entwickler seinen Quelltext ins Versionsverwaltungssystem schreiben, der ihn zuerst zurückschreibt. Versucht der zweite Entwickler seinen Quelltext ins Versionsverwaltungssystem zurückzuschreiben, wird ihm der entstandene Konflikt angezeigt. Er kann den Konflikt dann beheben, indem er seine Änderungen mit den bereits zurückgeschriebenen Änderungen abgleicht (engl. *merging*). Alternativ kann er einen alternativen Entwicklungszweig (engl. *branch*) eröffnen. Damit stehen beide Versionen des Quelltextes gleichberechtigt nebeneinander. Die beiden Zweige müssen dann zu einem späteren Zeitpunkt abgeglichen werden. Wir verwenden in unseren Projekten keine Abzweigungen (*branches*). Stattdessen integrieren wir konfligierende Änderungen sofort, wenn der Konflikt festgestellt wird. Damit tragen wir dem Umstand Rechnung, dass der Abgleich mit der Zeit immer aufwändiger wird.

CVS

CVS (Concurrent Versioning System, siehe *http://www.cvshome.org*) ist ein freies Versionsverwaltungssystem, das eine optimistische Sperrstrategie umsetzt. CVS ist heute der De-facto-Standard für Versionsverwaltungssysteme.

Subversion

Subversion (SVN) wird als CVS-Nachfolger gehandelt und verbreitet sich sehr schnell. Subversion beseitigt einige der CVS-Schwächen.

Sowohl für CVS wie auch SVN existieren Anbindungen an die gängigen Entwicklungsumgebungen wie Eclipse oder IntelliJ IDEA.

Lauffähigkeit von Servercode

XP-Projekte haben jedoch weiter gehende Anforderungen, die Versionsverwaltungssysteme alleine nicht erfüllen. So soll der serverseitige Programmstand immer vollständig kompilierbar sein und alle Testfälle erfüllen. Wird ein Versionsverwaltungssystem ohne weitere Konventionen eingesetzt, so kann das nicht garantiert werden. Holen sich zwei Entwicklerpaare gleichzeitig den Serverstand des Projektes, ändern dann unterschiedliche Klassen und schreiben die geänderten Klassen zurück, so entdeckt das Versionsverwaltungssystem keinen Konflikt auf Dateiebene. Holt sich danach ein anderes Entwicklerpaar den aktuellen Projektstand vom Server, so kann es passieren, dass nicht mehr alle Tests erfolgreich durchlaufen. Im schlimmsten Fall lässt sich das Projekt nicht einmal mehr komplett kompilieren.

Konventionen

Dieses Problem kann durch Konventionen gelöst werden. Eine solche Konvention könnte z. B. folgendermaßen aussehen:

1. Kompilieren und testen Sie Änderungen auf Ihrem Rechner.
2. Schreiben Sie die geänderten Klassen zurück ins Versionsverwaltungssystem.
3. Holen Sie den kompletten Projektstand vom Server.
4. Kompilieren Sie das Projekt komplett durch.

5. Führen Sie alle Tests aus.
6. Wenn sich das Projekt nicht kompilieren oder testen lässt, machen Sie alle Ihre serverseitigen Änderungen rückgängig.

Eine andere Konvention könnte darin bestehen, den geänderten Code auf einen physikalisch vorhandenen Integrationsrechner zu spielen, sich an diesen Rechner zu setzen und dort die Quellen neu zu kompilieren und das System zu testen.

Serverseitiges Testen

Diese Konventionen funktionieren. Allerdings gibt es mit den Konventionen Probleme, wenn den Projektmitgliedern XP-Erfahrungen fehlen. In diesem Fall werden die Konventionen nicht immer eingehalten, was zu korrupten Projektständen auf dem Server führt. Aber auch erfahrene XP-Entwickler nehmen die Konventionen als notwendiges, aber lästiges Übel wahr. Daher sind in den letzten Jahren Werkzeuge entstanden, die den Vorgang des serverseitigen Testens automatisieren. Beispiele sind Cruise-Control (siehe *http://cruisecontrol.sourceforge.net*) sowie Luntbuild (siehe *http://www.luntsys.com/luntbuild*).

B.3 Testtools für Komponententests

Für die XP-Technik *Testen* ist eine Unterstützung für die automatisierte Ausführung von Komponententests unerlässlich. Für diesen Zweck existieren für fast alle Programmiersprachen entsprechende Werkzeuge (siehe *http://www.xprogramming.com*). Für Java sind neben JUnit (siehe *http://www.junit.org*) von Erich Gamma und Kent Beck sogar spezielle Unterstützungen für den Test von verteilten Anwendungen und Servlets verfügbar. Erwähnenswert ist noch Easy-Mock (siehe *http://www.easymock.org*), mit dem Komponententests am Systemrand elegant formuliert werden können.

Sollte in einem Projekt eine Programmiersprache verwendet werden, für die keine Werkzeuge für den Komponententest existieren, kann ein entsprechendes Werkzeug mit wenig Aufwand selbst programmiert werden.

B.4 Testtools für Akzeptanztests

Neben den Werkzeugen für den Komponententest existieren mächtige kommerzielle Testwerkzeuge, die auch interaktive Tests unterstützen. Viele der von uns betreuten Projekte hatten entsprechende Testwerkzeuge im Regal. Benutzt wurden diese Werkzeuge so gut wie gar nicht. Dies liegt darin begründet, dass das Ändern von Tests mit diesen

Werkzeugen umständlich sein kann. Dieser hohe Aufwand steht im Konflikt mit dem hochzyklischen Vorgehen von XP.

Akzeptanztests können prinzipiell mit den Werkzeugen für Komponententests (z. B. JUnit) entwickelt werden, das ist aber nur selten empfehlenswert. Es existiert eine Vielzahl von Open-Source- und kommerziellen Werkzeugen zur Automatisierung von Akzeptanztests. Die Werkzeuge verfolgen unterschiedliche Strategien, sind für unterschiedliche Systeme geeignet (z. B. nur für Web-Anwendungen) und bringen immer eine Vorstellung davon mit, wie sich Entwickler und Kunde die Arbeit beim Formulieren und Ausführen von Akzeptanztests teilen. Eine vollständige Diskussion der verfügbaren Akzeptanztest-Werkzeuge würde den Rahmen dieses Buches sprengen, daher seien hier stellvertretend nur einige wenige Java-Werkzeuge genannt:

- Bei *Fit* (Open Source, siehe *http://fit.c2.com*) werden die Tests als HTML-Tabellen formuliert. Entwickler verbinden mit so genannten Fixtures (selbst programmierte Klassen) die HTML-Tabellen mit dem Programmcode. Ein Test-Runner führt die Tests aus und protokolliert die Ergebnisse wieder in HTML-Seiten. Fit ist neben Java für eine Vielzahl von anderen Programmiersprachen verfügbar.
- *Fitnesse* (Open Source, siehe *http://www.fitnesse.org*) basiert auf Fit und fügt ein spezielles Wiki-Web zur Organisation der Tests hinzu. Dadurch wird das Bearbeiten der HTML-Tabellen erleichtert. Außerdem gibt Fitnesse Anleitung für die Organisation von Akzeptanztests. Allerdings harmoniert Fitnesse nicht so gut mit Versionsverwaltungssystemen wie Fit.
- *JeFF* (Open Source, siehe *http://sourceforge.net/projects/jemmyfixture/*) arbeitet mit Fit und Fitnesse zusammen und erlaubt die Fomulierung von Oberflächen-Akzeptanztests für Swing-Anwendungen, ohne dass Entwickler Fixture-Klassen programmieren müssen.
- *Web-Test* von Canoo (Open Source, siehe *http://webtest.canoo.com*) fokussiert auf Akzeptanztests für Web-Anwendungen.

Fit und Fitnesse

Für automatisierte Akzeptanztests lassen sich z. B. Fit oder Fitnesse elegant einsetzen. Beide Werkzeuge lesen Tests aus HTML-Tabellen ein, führen die Tests auf der Anwendung durch und protokollieren die Ergebnisse wieder in HTML-Seiten. Dabei werden die Tests über *Fixtures* an die Anwendung gebunden. Die *Fixtures* bekommen die Eingabewerte aus den HTML-Tabellen übergeben, rufen mit den Werten

Systemfunktionen auf und liefern die Funktionsergebnisse zurück. Die Rückgabewerte werden vom *TestRunner* mit den erwarteten Werten aus den Testspezifikationen verglichen, und das Ergebnis wird protokolliert. Abbildung B–1 visualisiert den Ablauf.

Abb. B–1: *Akzeptanztests mit Fit und Fitnesse*

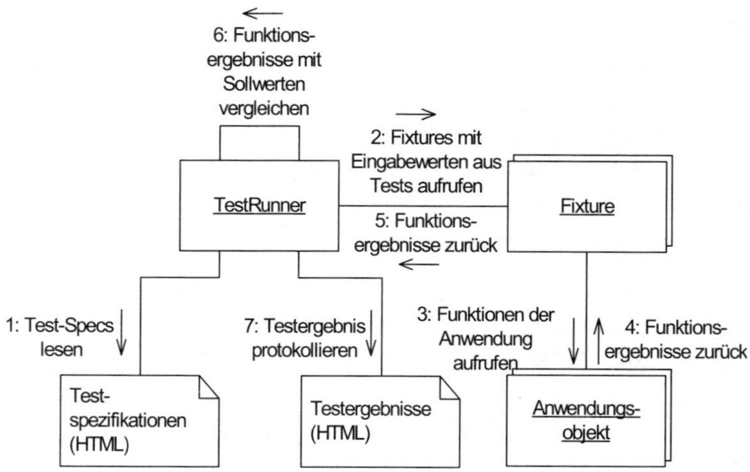

B.5 Refactoring-Browser

Für die XP-Technik des Refactorings existieren so genannte Refactoring-Browser, die die häufig auftretenden Refactorings unterstützen. Zunächst waren vor allem Refactoring-Browser für Smalltalk verfügbar. Inzwischen gibt es jedoch auch verschiedene Refactoring-Browser für Java (Beispiele sind Eclipse, IntelliJ IDEA etc.).

Typischerweise unterstützen Refactoring-Browser u.a. die folgenden Refactorings (siehe dazu auch [Fowler 99], [Opdyke 92] aus dem Literaturverzeichnis von Kapitel 2):

- Umbenennen von Klassen, Operationen und Attributen
- Aufsplitten einer Operation in mehrere Operationen
- Sicheres Löschen von Klassen, Operationen und Attributen
- Verschieben von Operationen und Attributen zwischen Unter- und Oberklasse
- Extrahieren einer Oberklasse aus einer Klasse

Die Refactoring-Werkzeuge stellen bei diesen Aktivitäten sicher, dass entsprechende Referenzen ebenfalls modifiziert werden. Wenn der Entwickler beispielsweise eine Klasse umbenennt, werden auch alle anderen Stellen im Sourcecode des Projektes geändert, die die umbenannte Klasse verwenden. Dadurch können Refactorings wesentlich einfacher durchgeführt werden. Ein automatisches Extrahieren eines Stückes Sourcecode aus einer Methode in eine eigene, kleinere Methode kann beispielsweise von den Refactoring-Browsern in der Regel vollautomatisch durchgeführt werden.

B.6 Make-Werkzeuge

Mit der XP-Technik der kurzen Releasezyklen erhält die *Produktion* des Softwaresystems eine besondere Bedeutung. In traditionellen Entwicklungsprozessen wird die Software zunächst *entwickelt*. Die anschließende *Produktion* (komplette Neukompilation, Testen, Erstellen der Dokumentation, Bereitstellung der Software zum Download im Internet etc.) spielt vom Aufwand her gegenüber den Entwicklungsaufwänden kaum eine Rolle.

Kurze Releasezyklen führen dazu, dass die Produktion der Software viel häufiger durchgeführt werden muss. Daher fallen die dabei entstehenden Aufwände auch viel stärker ins Gewicht. Vor diesem Hintergrund lohnt sich die Automatisierung der Produktion in XP noch viel mehr als in traditionellen Entwicklungsprojekten.

Schon seit langem existieren Werkzeuge, welche die Produktion von Software zumindest teilweise automatisieren. Im C++-Bereich werden GNU-Maketools (siehe *http://www.sourceforge.net*) eingesetzt. Im Java-Bereich hat sich Ant (siehe *http://ant.apache.org*) durchgesetzt. Ant wird mit XML-Dateien konfiguriert.

Ant ist ein komplett in Java geschriebenes Werkzeug. Seine Funktionalität erinnert stark an Makefiles aus dem Unix-Bereich. Beispielsweise kann Ant so konfiguriert werden, dass es automatisch alle Java-Sourcen des Projektes kompiliert, JAR-Files erzeugt und die JavaDoc-HTML-Dokumentation zum Projekt mitgeneriert. In einem Projekt haben wir Ant so konfiguriert, dass es ein komplettes, an den Kunden auslieferbares Release erzeugt hat. Auf Knopfdruck hat Ant alle Java-Sourcen kompiliert, ein JAR erzeugt, die JavaDoc-HTML-Dokumentation generiert und drei verschiedene ZIP-Dateien zusammengepackt (die ausführbare Version, die Dokumentation und die Sourcen des gesamten Prozesses).

Glossar

Dieses Glossar fasst die wesentlichen Begriffe kurz zusammen, die eXtreme Programming ausmachen und die in diesem Buch ausführlich in ihrer Bedeutung und Anwendung beschrieben sind. Es fehlen im Glossar einige Begriffe, die Kent Beck erst mit der zweiten Auflage seines XP-Buches eingeführt hat. Diese haben wir im Abschnitt 3.5 behandelt. Wem hier ein Begriff fehlt, der möge über das Stichwortverzeichnis suchen, wo der Begriff im Buch erläutert ist. Wer dort nicht fündig wird, schaue unter http://xpbuch.it-agile.de nach.

40 Hour Week siehe *40-Stunden-Woche*

40-Stunden-Woche

In einem XP-Projekt sollte kein Entwickler regelmäßig mehr als 40 Stunden pro Woche arbeiten. Diese Technik hat inzwischen einen neuen Namen bekommen: *Nachhaltiges Tempo*. Damit wird reflektiert, dass die geeignete Wochenarbeitszeit zwischen Projekten, Unternehmen und Ländern sehr unterschiedlich sein kann.

Acceptance Test

siehe *Akzeptanztest*

Accepted Responsibility

siehe *Verantwortung übernehmen*

Akzeptanztest (engl. Functional Test, Acceptance Test)

Akzeptanztests definieren die Kriterien, die erfüllt sein müssen, damit eine Anforderung als umgesetzt gilt. Akzeptanztests sind in der Regel keine vollständigen formalen Spezifikationen, sondern dienen der Vergegenständlichung der Absprachen zwischen Anwendern und Entwicklern.

An örtliche Gegebenheiten anpassen (engl. Local Adaptation)

XP muss an die örtlichen Gegebenheiten und Kultur des Unternehmens angepasst werden.

Assume Simplicity
siehe *Einfachheit anstreben*

Auf Sieg spielen (engl. Play to win)
Alle am Projekt beteiligten Personen sollen »auf Sieg spielen«. Dies bedeutet, dass sie den Willen haben müssen, das Projekt zum erfolgreichen Ende zu bringen. Dazu müssen sie auch überzeugt davon sein, dass dies überhaupt möglich ist. Wenn die Projektmitglieder nicht mehr auf Sieg spielen, sollte das Projekt beendet werden. Spielen einzelne Projektmitglieder nicht auf Sieg, sollte ihre Entfernung aus dem Team erwogen werden.

Coach siehe *Trainer*

Coding Standards
siehe *Programmierstandards*

Collective Ownership
siehe *Gemeinsame Verantwortlichkeit*

Communication
siehe *Kommunikation*

Concrete Experiments
siehe *Gezielte Experimente*

Continuous Integration
siehe *Fortlaufende Integration*

Courage siehe *Mut*

Customer siehe *Kunde*

Die einfachste Lösung (engl. The simplest thing that could possibly work)
Es soll stets die einfachste Lösung gewählt werden, die noch funktionieren kann. Das stellt sicher, dass mit dem geringsten Aufwand der geforderte Nutzen hergestellt wird.

Die Instinkte des Teams nutzen, nicht dagegen arbeiten (engl. Work with people's instincts, not against them)
Es sollen die Instinkte des Teams genutzt werden. Häufig wissen die Projektmitglieder instinktiv, wenn das Projekt in eine falsche Richtung läuft. Dies sollte entsprechend berücksichtigt werden. Auf der anderen Seite haben Entwickler, die lange in konventionellen Projekten gearbeitet haben, z.T. Instinkte ausgebildet, die in einem XP-Pro-

jekt nicht mehr adäquat sind. So werden solche Entwickler möglicherweise instinktiv zunächst versuchen, ein komplettes Datenmodell zu erstellen, was den XP-Werten deutlich widerspricht.

Ehrliches Messen (engl. Honest Measurement)

Der Verfolger misst den Projektfortschritt, die Programmqualität etc. Dabei sollte das ganze Projektteam ehrlich mit dem Messen umgehen. Allzu oft »lügen sich Entwickler selbst in die Tasche«, um sich Probleme im Projekt nicht eingestehen zu müssen.

Einfaches Design (engl. Simple Design)

Das System soll ein einfaches Design aufweisen. Nur so kann es schnell entwickelt, leicht verstanden und effektiv weiterentwickelt werden.

Einfachheit (engl. Simplicity)

Einfachheit ist einer der zentralen XP-Werte, der auf alles im Projekt angewendet wird: Programmdesign, Kommunikationswege, Projektpläne etc.

Einfachheit anstreben (engl. Assume Simplicity)

Bei mehreren Lösungsmöglichkeiten für ein Problem kann nicht immer leicht entschieden werden, welches die einfachste Lösung ist. Solche Entscheidungen folgen einem Lernprozess. Das Projektteam muss sich dazu jeweils bewusst sein, dass auch in diesem Bereich Perfektion (die einfachste mögliche Lösung) nicht immer erreicht, aber immer angestrebt werden kann.

Embracing Change

siehe *Veränderung wollen*

eXtreme Programming (XP)

eXtreme Programming ist die agile Entwicklungsmethodik, die in diesem Buch beschrieben wird. XP basiert auf vier Werten, die mit 14 (früher 12) Techniken umgesetzt werden.

Feedback

Wenn Menschen etwas herstellen, was andere Menschen betrifft, können sie selbst in der Regel nur schwer abschätzen, wie das Hergestellte auf andere Menschen wirkt. So können Entwickler selbst nur selten beurteilen, ob eine Lösung die Anforderungen der Anwender erfüllt. Die einfachste Möglichkeit, mit diesem Problem umzugehen, besteht darin, Feedback von den betroffenen Menschen einzuholen. So werden Entwickler die bereits programmierten Systemteile immer wieder den Anwendern vorführen und zur Verfügung stellen, um Feedback zu erhalten.

Fortlaufende Integration (engl. Continuous Integration)

Entwickler integrieren ihre Änderungen am System so schnell und oft wie nur irgend möglich.

Functional Test

siehe *Akzeptanztest*

Gemeinsame Verantwortlichkeit (Collective Ownership)

Das gesamte Projektteam ist für das Projekt und den erstellten Code verantwortlich. Dies bedeutet in der Konsequenz, dass in einem XP-Projekt jedes Projektmitglied im Prinzip zu jeder Zeit alles ändern darf.

Geringe Anfangsinvestition (engl. Small Initial Investment)

Die jeweiligen Investitionen sollen sich möglichst schnell auszahlen. Schließlich wissen wir alle nicht mit Sicherheit, wie sich die Welt morgen, nächste Woche oder nächstes Jahr ändern wird. Hohe Anfangsinvestitionen stellen also immer ein Risiko dar, weil wir nicht sicher sein können, dass sie sich auszahlen werden.

Gezielte Experimente (engl. Concrete Experiments)

Typischerweise treten im Projektverlauf immer wieder Unklarheiten auf (z. B. »Skaliert die Datenbank bis 500 Anwender?«). Diese Unklarheiten geht ein XP-Team mit gezielten Experimenten an.

Honest Measurement

siehe *Ehrliches Messen*

Incremental Change

siehe *Inkrementelle Veränderung*

Inkrementelle Veränderung (engl. Incremental Change)

Radikale Änderungen bedeuten immer ein hohes Risiko. Daher sollen Änderungen stets inkrementell in kleinen Schritten vorgenommen werden. Sind radikale Änderungen notwendig, ist dies mitunter ein Indiz für Probleme im Entwicklungsprozess. Dann sind nämlich kleine Probleme so spät entdeckt worden, dass sie zu großen Problemen geworden sind.

Kleine Releases (engl. Small Releases)
Es sollen jeweils kleine Erweiterungen des bereits entwickelten Systems ausgeliefert werden. Dadurch können die Anwender von der Fortentwicklung sehr früh profitieren und Fehlentwicklungen schnell erkennen.

Kommunikation (engl. Communication)
Kommunikation zwischen allen am Projekt Beteiligten ist essenziell für das Funktionieren des Projektes. Funktioniert die Kommunikation nicht mehr effektiv, kann dies sehr schnell zum Scheitern des Projektes führen.

Komponententest (engl. Unit Test)
Entwickler testen ihre Klassen mit Komponententests, z.T. auch Modultests genannt. Komponententests sollen den Großteil des Systems abdecken und im Minutentakt ausgeführt werden.

Kunde Der Kunde entscheidet, was die Entwickler programmieren sollen.

Kunde vor Ort (engl. On-Site Customer)
Es soll ein Kunde bzw. Anwender vor Ort verfügbar sein, damit Rückfragen schnell und unkompliziert beantwortet werden können.

Kurze Releasezyklen (engl. Short Releases)
Neue Versionen des entwickelten Systems sollen möglichst häufig erstellt und den Anwendern zur Verfügung gestellt werden. Dadurch wird ein kontinuierliches Feedback gefördert.

Lernen lehren (engl. Teach Learning)
Ein wesentliches Element von XP ist seine Flexibilität, sich auf veränderte Rahmenbedingungen einzustellen. Damit das Projektteam diese Flexibilität auch nutzen kann, muss es in der Lage sein, sehr schnell neue Anforderungen, Technologien etc. zu erlernen. Für die meisten Entwickler bedeutet dies zunächst, dass sie Lernen erlernen müssen. Demnach ist der XP-Trainer ganz wesentlich für das Lernen lehren zuständig.

Local Adaptation
siehe *An örtliche Gegebenheiten anpassen*

Metapher (engl. Metaphor)

Eine Metapher ist eine bildhafte, gegenständliche Vorstellung von etwas. Das System soll entlang einer kleinen Anzahl aussagekräftiger Metaphern entwickelt werden. Die Metaphern helfen dem Projektteam, ein gemeinsames Verständnis über das Verhalten und die Struktur des Anwendungssystems zu entwickeln.

Metaphor siehe *Metapher*

Mit leichtem Gepäck reisen (engl. Travel light)

Die Flexibilität von XP beruht auf der Leichtgewichtigkeit des Entwicklungsprozesses. In diesem Zusammenhang wird gerne die Metapher des leichten Reisegepäcks verwendet.

Mut (engl. Courage)

Mut ist einer der vier XP-Werte. Alle Mitglieder des Projektteams brauchen Mut, um XP umzusetzen und bei Bedarf ungewohnte Wege zu gehen.

Nachhaltiges Tempo (engl. Sustainable Pace)

Das Team soll mit der immer gleichen Geschwindigkeit vorgehen. Diese Geschwindigkeit muss so gewählt werden, dass sie dauerhaft durchgehalten werden kann, ohne dass Erschöpfungszustände eintreten. Diese Technik hieß früher *40-Stunden-Woche.*

Offene, aufrichtige Kommunikation (engl. Open, honest Communication)

XP beruht wesentlich auf Kommunikation. Der Nutzen kann jedoch nur dann erreicht werden, wenn offen und aufrichtig kommuniziert wird. Werden Probleme verschleiert oder insgeheim andere Ziele verfolgt als die kommunizierten, führt das zu Problemen im Projekt.

On-Site Customer

siehe *Kunde vor Ort*

Open, honest Communication

siehe *Offene, aufrichtige Kommunikation*

Pair Programming

siehe *Programmieren in Paaren*

Planning Game

siehe *Planungsspiel*

Planungsspiel (engl. Planning Game)
Im Planungsspiel legen Kunde und Entwickler fest, welche Anforderungen in der nächsten Iteration bzw. dem nächsten Release umgesetzt werden sollen. Dabei sind der Kunde für die Priorisierung und die Entwickler für die Aufwandsschätzungen zuständig.

Play to win siehe *Auf Sieg spielen*

Practice siehe *Verfahren*

Principles siehe *Prinzipien*

Prinzipien (engl. Principles)
XP hat fünf grundlegende Prinzipien: *Unmittelbares Feedback*, *Einfachheit anstreben*, *Inkrementelle Veränderung*, *Veränderung wollen* sowie *Qualitätsarbeit*. Diese Prinzipien geben den Projektmitgliedern Richtlinien für ihr Handeln im Projekt.

Programmieren in Paaren (engl. Pair Programming)
Beim Programmieren in Paaren arbeiten zwei Entwickler gleichzeitig an einem Rechner. Sie tauschen dabei gelegentlich die Tastatur und entwickeln gemeinsam Software.

Programmierstandards (engl. Coding Standards)
Programmierstandards sorgen für die Einheitlichkeit des Quelltextes und erleichtern somit z. B. gemeinsame Verantwortlichkeit.

Qualitätsarbeit (engl. Quality Work)
Entwickler wollen Qualitätsarbeit abliefern. In konventionellen Entwicklungsprozessen wird die Qualität der Arbeit häufig dem Termindruck geopfert. Das führt jedoch zu einer weiteren Verzögerung der Entwicklung sowie frustrierten Entwicklern. XP trägt dem Umstand Rechnung, dass Entwickler Qualitätsarbeit abliefern wollen und dass Qualitätsschwächen sich sehr schnell in Entwicklungsverzögerungen ausdrücken. In XP wird demnach bei Terminschwierigkeiten nicht die Qualität reduziert, sondern in der Regel die Funktionalität. Schließlich hat der Anwender mehr von einer korrekten Implementation der wichtigsten Funktionen als von einer fehlerhaften Implementation aller Funktionen.

Quality Work siehe *Qualitätsarbeit*

Rapid Feedback
siehe *Unmittelbares Feedback*

Refactoring Refactoring bezeichnet das Umstrukturieren eines Systems unter Beibehaltung seiner Funktionalität. Nach einem Refactoring müssen also alle Akzeptanztests erfüllt sein, die vor dem Refactoring erfüllt waren. Manchmal wird im Deutschen der Begriff »Refaktorisieren« verwendet, der den Sachverhalt nach unserer Einschätzung allerdings nicht ganz trifft.

Retrospektive (engl. Retrospective)
Retrospektiven (manchmal auch *Tuning-Workshop*) in der Softwareentwicklung sind rückblickende Reflexionen der Projektbeteiligten. Mit Hilfe von Retrospektiven sollen Probleme und Blockaden bei der Softwareentwicklung gefunden und für die zukünftige Entwicklung beseitigt werden. Projektretrospektiven werden in der Regel in Abständen von ein bis sechs Monaten mit allen oder ausgewählten Projektbeteiligten durchgeführt. Häufig wird ein Moderator hinzugezogen.

Role siehe *Rolle*

Rolle (engl. Role)
XP definiert eine Reihe von Rollen für das Projekt. Diese Rollen können sehr unterschiedlich auf die Personen im Projekt verteilt werden.

Short Releases siehe *Kurze Releasezyklen*

Simple Design siehe *Einfaches Design*

Simplicity siehe *Einfachheit*

Small Initial Investment
siehe *Geringe Anfangsinvestition*

Small Releases siehe *Kleine Releases*

Standup-Meeting
Die Projektteilnehmer treffen sich täglich zu einer festgelegten Zeit, um sich gegenseitig über die Projektfortschritte zu informieren. Das Standup-Meeting dauert 10 bis 15 Minuten und findet im Stehen statt.

Sustainable Pace
siehe *Nachhaltiges Tempo*.

Teach Learning siehe *Lernen lehren*

Testen (engl. Testing)
Systeme sollten in XP immer gut durch Tests abgesichert sein. Es werden Akzeptanz- und Komponententests unterschieden.

Testing siehe *Testen*

The simplest thing that could possibly work
siehe *Die einfachste Lösung*

Tracker siehe *Verfolger*

Trainer (engl. Coach)
Man macht aus einem konventionellen Projekt kein XP-Projekt, indem man den Projektmitgliedern nur dieses oder ein anderes XP-Buch zu lesen gibt. Es müssen ganz wesentliche Aspekte der Projektkultur vermittelt werden, und dies geht am einfachsten, wenn man jemanden ins Projekt holt, der XP-Erfahrung hat. Dieser XP-erfahrene Entwickler tritt dann als XP-Trainer auf.

Travel light siehe *Mit leichtem Gepäck reisen*

Tuning-Workshop
siehe *Retrospektive*

Unit Test siehe *Komponententest*

Unmittelbares Feedback (engl. Rapid Feedback)
Feedback sollte immer so schnell wie möglich gegeben bzw. eingeholt werden. Wird der Zeitraum zwischen einem Ereignis und dem Feedback auf dieses Ereignis zu groß, sinkt die Wahrscheinlichkeit, dass aus dem Feedback gelernt werden kann.

Values siehe *Werte*

Verantwortung übernehmen (engl. Accepted Responsibility)
In XP wird Verantwortung nicht zugewiesen, sondern von den Projektmitgliedern übernommen. Dies drückt sich in vielen XP-Aspekten immer wieder aus. Ein Beispiel ist das Schätzen von Anforderungen: Die Entwickler schätzen die Anforderungen und übernehmen damit

die Verantwortung für die Schätzung. In konventionellen Entwicklungsprozessen wird die Schätzung häufig vom Projektleiter vorgenommen und die Verantwortung für die termingerechte Realisierung den Entwicklern zugewiesen.

Veränderung wollen (engl. Embracing Change)

XP bricht mit einer Reihe konventioneller Annahmen, und viele XP-Techniken sind ungewohnt. Damit XP erfolgreich eingesetzt werden kann, muss das Projektteam die mit XP einhergehenden Änderungen auch wollen. Da XP ganz zentral auf dem Engagement der Projektmitglieder beruht, wird ein Projekt, dem XP aufgezwungen wird, wahrscheinlich ein Misserfolg.

Verfahren (engl. Practice)

XP definiert 14 (früher 12) Verfahren, die auch Techniken genannt werden.

Verfolger (engl. Tracker)

Der Verfolger überwacht den Entwicklungsprozess. Er nimmt an definierten Stellen im Entwicklungsprozess Stichproben und führt die so gewonnenen Ergebnisse zurück in den Entwicklungsprozess.

Werte (engl. Values)

XP beruht auf vier einfachen Werten: *Kommunikation*, *Einfachheit*, *Feedback* und *Mut*. Das Projektteam muss diese Werte verinnerlichen. Sobald dies erfolgt ist, ergibt sich der Rest fast von selbst.

Work with people's instincts, not against them

siehe *Die Instinkte des Teams nutzen, nicht dagegen arbeiten*

XP siehe *eXtreme Programming*

Stichwortverzeichnis

Z